能源互联网发展研究

能源互联网研究课题组　著

清华大学出版社
北　京

内 容 简 介

能源互联网是一种互联网与能源生产、传输、存储、消费，以及能源市场深度融合的能源产业发展新形态。能源互联网是推动我国能源革命的重要战略支撑，对提高可再生能源比重，促进化石能源清洁高效利用，提升能源综合效率，推动能源市场开放和产业升级，形成新的经济增长点，提升能源国际合作水平具有重要意义。

本书全面介绍了国内能源互联网的发展现状及进展，共分 4 篇，第 1 篇为战略篇，第 2 篇为技术篇，第 3 篇为应用篇，第 4 篇为机制篇，分别从发展战略、关键技术、实践应用和机制模式等层面对能源互联网进行了系统的阐述和探讨。

本书可供政府部门、能源行业、互联网行业及金融行业的从业人员和高校的相关学生、研究人员参考。

本书封面贴有清华大学出版社防伪标签，无标签者不得销售。
版权所有，侵权必究。举报：010-62782989，beiqinquan@tup.tsinghua.edu.cn

图书在版编目（CIP）数据

能源互联网发展研究 / 能源互联网研究课题组著. —北京：清华大学出版社，2017（2021.9 重印）
ISBN 978-7-302-45259-1

Ⅰ. ①能… Ⅱ. ①能… Ⅲ. ①互联网络-应用-能源发展-研究 Ⅳ. ①F407.2-39

中国版本图书馆 CIP 数据核字（2016）第 245099 号

责任编辑： 冯志强
封面设计： 欧振旭
责任校对： 胡伟民
责任印制： 沈 露

出版发行： 清华大学出版社
网 址：http://www.tup.com.cn, http://www.wqbook.com
地 址：北京清华大学学研大厦 A 座 邮 编：100084
社 总 机：010-62770175 邮 购：010-83470235
投稿与读者服务：010-62776969，c-service@tup.tsinghua.edu.cn
质量反馈：010-62772015，zhiliang@tup.tsinghua.edu.cn
印 装 者： 三河市龙大印装有限公司
经 销： 全国新华书店
开 本： 185mm×260mm **印 张：** 21.5 **字 数：** 540 千字
版 次： 2017 年 1 月第 1 版 **印 次：** 2021 年 9 月第 8 次印刷
定 价： 79.80 元

产品编号：070019-01

本书编委会

主编：

曾　嵘　清华大学能源互联网创新研究院院长

副主编：

高　峰　清华大学能源互联网创新研究院常务副院长

屈　鲁　清华大学能源互联网创新研究院博士后

陈启鑫　清华大学能源互联网创新研究院副院长

高文胜　清华四川能源互联网研究院常务副院长

欧振旭　清华大学出版社特邀编辑

编委（按姓氏笔画排序）：

马君华　史翊翔　孙宏斌　孙　捷　刘建明　刘敦楠　何继江

余占清　张　靖　张　涛　吴辰晔　林　今　欧文凯　周庆捷

果　岩　杨浔英　赵争鸣　郑泽东　洪　涛　胡　军　彭　澎

胡泽春　夏　清　郭庆来　郭焦锋　柴麒敏　康重庆　曹军威

曹　寅　程　林　温　琳　慈　松　廖　宇

序　言

能源是人类生存和发展的重要基石，是社会经济运行的动力和基础。每一次工业革命都离不开能源类型和使用方式的革新，推动着人类社会的发展和进步。目前，第三次工业革命正在世界范围内发生，而能源互联网是第三次工业革命的核心之一，是未来能源行业发展的方向。

能源互联网的提出和发展具有深刻的环境、经济、社会、技术和政策等诸多驱动力，既是能源系统自身发展的趋势，也有外部对能源系统提出的迫切需求。随着传统化石能源的逐渐枯竭以及能源消费引起的环境问题日益恶化，未来人类发展与传统能源结构不可持续的矛盾不断尖锐，世界范围内对能源供给与结构转变的需求愈发高涨，从而催生新型能源结构与供给方式的提出。以深入融合可再生能源与互联网信息技术为特征的能源互联网的提出，将是实现能源清洁低碳替代和高效可持续发展的关键所在。

发展能源互联网将从根本上改变对传统能源利用模式的依赖，推动传统产业向以可再生能源和信息网络为基础的新兴产业转变，是对人类社会生活方式的一次根本性革命。我国《国民经济和社会发展第十三个五年规划纲要》中提出“将推进能源与信息等领域新技术深度融合，统筹能源与通信、交通等基础设施网络建设，建设‘源-网-荷-储’协调发展、集成互补的能源互联网”。

为全面介绍国内能源互联网的发展现状及进展，系统阐述能源互联网的发展战略、关键技术、实践应用和机制模式等，总结我国在能源互联网相关领域中的研究成果，为以后我国能源互联网发展及建设提供有益参考，清华大学能源互联网创新研究院组织专家编写了《能源互联网发展研究》一书。

本书的出版，凝聚了我国能源领域众多专家和广大科研人员的汗水和心血，希望更多关心能源互联网的读者、有志投身于能源互联网的学者和工程技术人员，能从本书中汲取有用的知识，共同打造我国能源互联网的美好未来！

中国科学院院士　周孝信
2016 年 8 月 31 日
于北京

编 者 按

能源是人类社会赖以生存和发展的重要物质基础，是国民经济的基础产业和战略性资源，对保障和促进经济增长与社会发展具有重要作用。当前，融合信息技术、互联网技术和新能源技术的新一轮能源革命，正在引领第三次工业革命的浪潮。作为能源革命战略支点的能源互联网，是将互联网与能源生产、传输、存储、消费以及能源市场深度融合的能源产业发展新形态。

2016 年 2 月 29 日，国家能源局发布《关于推进“互联网+”智慧能源发展的指导意见》，能源互联网将在能源技术、生产、供应等多个环节激发“链式变革”，是推动我国能源革命的必然选择。

为了加深大众对能源互联网的认知，清华大学能源互联网创新研究院组织专家编写了《能源互联网发展研究》一书。由于能源互联网涵盖内容非常广泛，本书主要从发展战略、关键技术、实践应用和机制模式等角度，对能源互联网的相关问题展开论述，希望能对读者认知能源互联网带来帮助，为推动我国能源互联网的发展做出贡献。

本书的编撰得到了国家能源局能源互联网发展研究课题组的大力支持，编委会成员和作者均做了大量工作，在此深表谢意。文章仅代表作者观点，不代表作者所在机构观点。此外，限于编者和作者水平，书中难免存在错误和不妥之处，恳请广大读者批评指正。

编者联系邮箱：eiri@tsinghua.edu.cn

编委会

2016 年 8 月 31 日

于清华园

目　录

第 1 篇　战略篇

第 2 篇　技术篇

第3篇 应用篇

第4篇 机制篇

第 1 篇　战略篇

- 能源互联网引论
- 能源互联网与能源大数据战略
- 能源互联网与智能制造 2025——标准化促进电力装备制造业提质增效
- 能源互联网与智慧城市
- 能源互联网与国家能源安全

能源互联网引论

清华大学　曾嵘

1　引言

能源是人类生存和发展的重要基石，是社会经济运行的动力和基础。每一次工业革命都离不开能源类型和使用方式的革新，推动着人类社会的发展和进步。目前，第三次工业革命正在世界范围内发生，而能源互联网是第三次工业革命的核心之一，是未来能源行业发展的方向。

发展能源互联网将从根本上改变对传统能源利用模式的依赖，推动传统产业向以可再生能源和信息网络为基础的新兴产业转变，是对人类社会生活方式的一次根本性革命。《国民经济和社会发展第十三个五年规划纲要》提出，“将推进能源与信息等领域新技术深度融合，统筹能源与通信、交通等基础设施网络建设，建设‘源-网-荷-储’协调发展、集成互补的能源互联网”。当前我国正处在能源革命的关键时期，国家能源局《关于推进“互联网+”智慧能源发展的指导意见》的发布，将在能源技术、生产、供应等多个环节激发“链式变革”，是推动我国能源革命的必然选择。

2　能源互联网的发展动态与现状

能源互联网作为当前国内外一个全新的研究热点，多个国家的科研机构已经开展了初步的研究工作，以力图在此次技术革命中占领先机，并取得一定成果。

2.1　国外能源互联网的发展动态与现状

2004 年 *The Economist* 发表了 *Building the Energy Internet*，首次提出建设能源互联网，

通过借鉴互联网自愈和即插即用的特点，将传统电网转变为智能、响应和自愈的数字网络，支持分布式发电和储能设备的接入，以减少大停电及其影响。此后国际上针对能源互联网进行了广泛的研究，着力研究下一代能源系统。2011 年，美国学者杰里米·里夫金在其著作《第三次工业革命》中提出能源互联网是第三次工业革命的核心之一，使得能源互联网被更多人关注，产生了较大影响。下面对欧盟、美国、日本等提出的能源互联网构想和相关项目进行介绍、分析。

2008 年 12 月德国联邦经济和技术部发起了一个技术创新促进计划，以信息通信技术(Information and Communication Technology，ICT)为基础构建未来能源系统，着手开发和测试能源互联网的核心技术。之后，德国联邦政府发起 E-Energy，并将其作为国家性的“灯塔项目”，旨在推动基于 ICT 技术的高效能源系统项目，致力于能源的生产、输送、消费和储能各个环节之间的智能化。

2011 年欧洲启动了未来智能能源互联网(Future Internet for Smart Energy，FINSENY)项目，该项目的核心在于构建未来能源互联网的 ICT 平台，支撑配电系统的智能化；通过分析智能能源场景，识别 ICT 需求，开发参考架构并准备欧洲范围内的试验，最终形成欧洲智能能源基础设施的未来能源互联网 ICT 平台。

Vision of Future Energy Networks 项目由瑞士联邦政府能源办公室和产业部门共同发起，其重点是研究多能源传输系统的利用和分布式能源的转换和存储，开发相应的系统仿真分析模型和软件工具。该项目提出未来能源互联网包含两个元素，一是通过混合能源路由器(hybrid energy hub)集成能源转换和存储设备；二是通过能源内部互联器(energy interconnector)实现不同能源的组合传输。

2008 年，美国国家科学基金项目在北卡州立大学启动“未来可再生电能传输与管理系统”(Future Renewable Electric Energy Delivery and Management System， FREEDM)，并建立了 FREEDM 系统研究院，由 17 个科研院所和 30 余个工业伙伴共同参与。该项目重点研究适应高渗透率分布式可再生能源发电和分布式储能并网的高效配电系统，并称之为能源互联网(energy internet)。FREEDM 项目的核心在于将电力电子技术和信息技术引入电力系统，效仿通信网络中路由器的概念，提出能源路由器的概念并实施初步开发，以希望在未来的配电网层面构建能源互联网，实现分布对等的系统控制与交互。

2010 年，日本启动“智能能源共同体”计划，开展能源和智能电网等领域的研究。2011 年，日本开始推广“数字电网”计划，该计划是基于互联网的启发，构建一种基于各种电网设备的 IP 来实现信息和能量传递的新型能源网。通过提供异步连接、协调局域网内部以及不同局域网系统的数字电网路由器，并将其与现有电网及互联网相连，通过相当于互联网地址的“IP 地址”识别发电设备及用电设备在内的装置，由此进行统筹管理与能量调度。

由上，尽管各方认知方式的侧重点有所不同，但都是将互联网技术运用到能源系统，把一个集中式、单向的、生产者控制的能源系统，转变成大量分布式辅以较少集中式的新能源与更多的消费者互动的能源系统，以提高可再生能源的比重，实现多元能源的有效互联和高效利用。

2.2　国内能源互联网的发展动态与现状

早在 20 世纪 80 年代，清华大学前校长高景德便提出了 CCCP（现代电力系统是计算机、通信、控制与电力系统以及电力电子技术的深度融合）的概念。近年来，国内快速发展的智能电网也不断强调信息技术与现代电网的紧密结合。2012 年 8 月首届中国能源互联网发展战略论坛在长沙举行，对能源互联网概念进行了初步介绍。2013 年 12 月，北京市科委组织“第三次工业革命”和“能源互联网”专家研讨会。2014 年 2 月，国家能源局委托江苏现代低碳技术研究院开展“能源互联网战略研究”课题。2014 年 6 月，中国电力科学研究院牵头承担国家电网公司基础前瞻性项目“能源互联网技术架构研究”，着力构建未来能源互联网架构，搭建相应的能源互联网研究平台。中国科学院学部开展 “我国新一代能源系统战略研究”课题，提出了新一代能源系统的理念。

随着党的十八大提出能源革命战略、2015 年政府工作报告推出“互联网+”行动计划，能源与互联网正不断实现深度融合，极大地促进了国内能源互联网的发展。2015 年 4 月，国家能源局首次召开能源互联网工作会议。2015 年 4 月，由清华大学发起并组织，以“能源互联网：前沿科学问题与关键技术”为主题的香山科学会议在北京香山饭店召开，为我国能源互联网的发展建言献策，在国内外产生了重要影响。2015 年 6 月，国家能源局开展“国家能源互联网行动计划战略研究”，并将其作为国家“互联网+”行动计划的重要载体，由清华大学牵头承担其中能源互联网的形态特征、关键技术和技术标准、商业模式、效益评价等 5 个重点课题。2016 年 2 月，国家发改委、能源局、工信部联合发布国家能源互联网纲领性文件《关于推进“互联网+”智慧能源发展的指导意见》，提出了能源互联网的路线图， 明确了推进能源互联网发展的指导思想、基本原则、重点任务和组织实施。2016 年 3 月，国家“十三五”规划纲要明确提出“将推进能源与信息等领域新技术深度融合，统筹能源与通信、交通等基础设施网络建设，建设‘源-网-荷-储’协调发展、集成互补的能源互联网”。2016 年 4 月，国家发改委、能源局正式发布《能源技术革命创新行动计划（2016—2030 年）》，为未来我国能源互联网技术的发展制定了行动计划。目前，中电联（中国电力企业联合会）牵头并组织清华大学等高校和科研机构正在开展国家能源互联网系统标准的制定。

此外，清华大学、国防科技大学、华北电力大学、天津大学、中国电力科学研究院等高校与科研机构，从能源互联网的基本概念及形态、发展模式及路径、技术框架及拓扑、关键技术分析等方面展开了广泛的研究。

从目前的情况来看，能源互联网已经受到了国内各级政府和研究机构的高度重视，能源互联网的理念与技术也已在国内引起了越来越广泛的关注，正逐渐由以基础性研究为主的概念阶段向以应用性研究为主的起步阶段转变。

3 能源互联网的形态与特征

能源互联网理念一经提出，国内外不同行业和领域纷纷开展了有益的探索研究。尽管各方认知方式的侧重点有所不同，但都是将互联网技术运用到能源系统，以提高可再生能源的比重，实现多元能源的有效互联和高效利用。

3.1 能源互联网的形态

本文认为能源互联网可以分为三个层级：① 物理基础（多能互联能源网络），② 实现手段（信息物理能源系统），③ 价值实现（创新模式能源运营）。

3.1.1 物理基础：多能互联能源网络

能源互联以电力网络为主体骨架，融合气、热等网络，覆盖包含能源生产、传输、消费、存储、转换的整个能源链。能源互联依赖于高度可靠、安全的主体网架（电网、管网、路网）；具备柔性、可扩展的能力；支持分布式能源（生产端、存储端、消费端）的即插即用。

能源转换是多能互联的核心，其包括不同类型能源的转换（切换）以及不同承载方式的能源转换（变换）。不同类型的能源转换（切换）在能源生产端除了通常的利用发电机等各种技术手段将一次能源转换成电力二次能源外，还包括如电解水生成氢燃料，电热耦合互换等多种形式；在能源消费端，能源转换（切换）是指能源消费者可以根据效益最优的原则在多种可选能源中选择消费。不同类型能源转换的基本示意图如图 1 所示。不同承载方式的能源转换（变换）主要体现在能源传输环节，如在天然气网中，有液态和气态之间的转换。

能源存储在多能互联的环境下必将愈发凸显其重要地位。能源存储也不再局限于电能的存储与释放，冰蓄冷、熔盐蓄热、液态空气、氢气等均是能源存储的发展方向。如果氢燃料电池以电动汽车等途径进入千家万户，氢气或液氢的存储将可以提供持续的清洁可控电能，成为分布式太阳能和风能的重要补充。

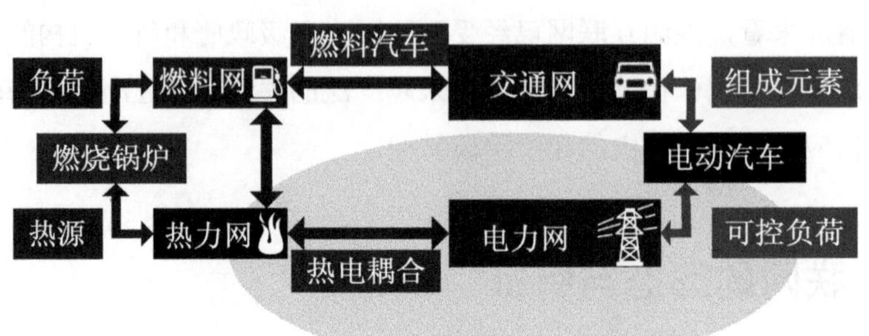

图 1　不同类型能源的转换（切换）

能源传输本身也具有多样性，如可持续传输的电网、管网等方式，非连续传输的航运、火车、汽车等，因此能源互联网必将呈现出形态各异的实现方式。多能互联能源网络将首先实现能源局域网，以微电网技术为基础，将冷、热、水、气等网络互联协调，实现能源的高效利用，如图 2 所示。

图 2　能源局域网

以能源局域网为基本节点，以电网、管网为骨干网架，由点及面形成广域互联，即能源广域网。多能互联能源网络为整个能源链的能源互补、优化配置提供了物理基础，其整体效能的最大化离不开信息物理系统的融合。

3.1.2 实现手段：信息物理能源系统

物联网、大数据、移动互联网等信息技术的飞速发展，可为涵盖能源生产、存储、传输、转换和消费整个能源链条的效率、经济、安全提供有效支撑。智能电网在信息物理系统融合方面做了很多基础性的工作，实现了主要网络的信息流和电力流的有效结合。在能源互联网下，信息系统和物理系统将渗透到每个设备，并通过适当的共享方式使得每个参与方均能获取到需要的信息，如图 3 所示。信息物理融合的能源系统必将产生巨大的价值，第一阶段的价值体现在信息获取上；第二阶段的价值体现在优化管理上，通过多能协同优化和调度，可以从整个能源结构的角度实现社会总体效益最大化；第三阶段的价值体现在创新运营上，在信息开放、共享的基础上，运用互联网思维，创新商业模式，带动市场活力，实现经济飞跃。

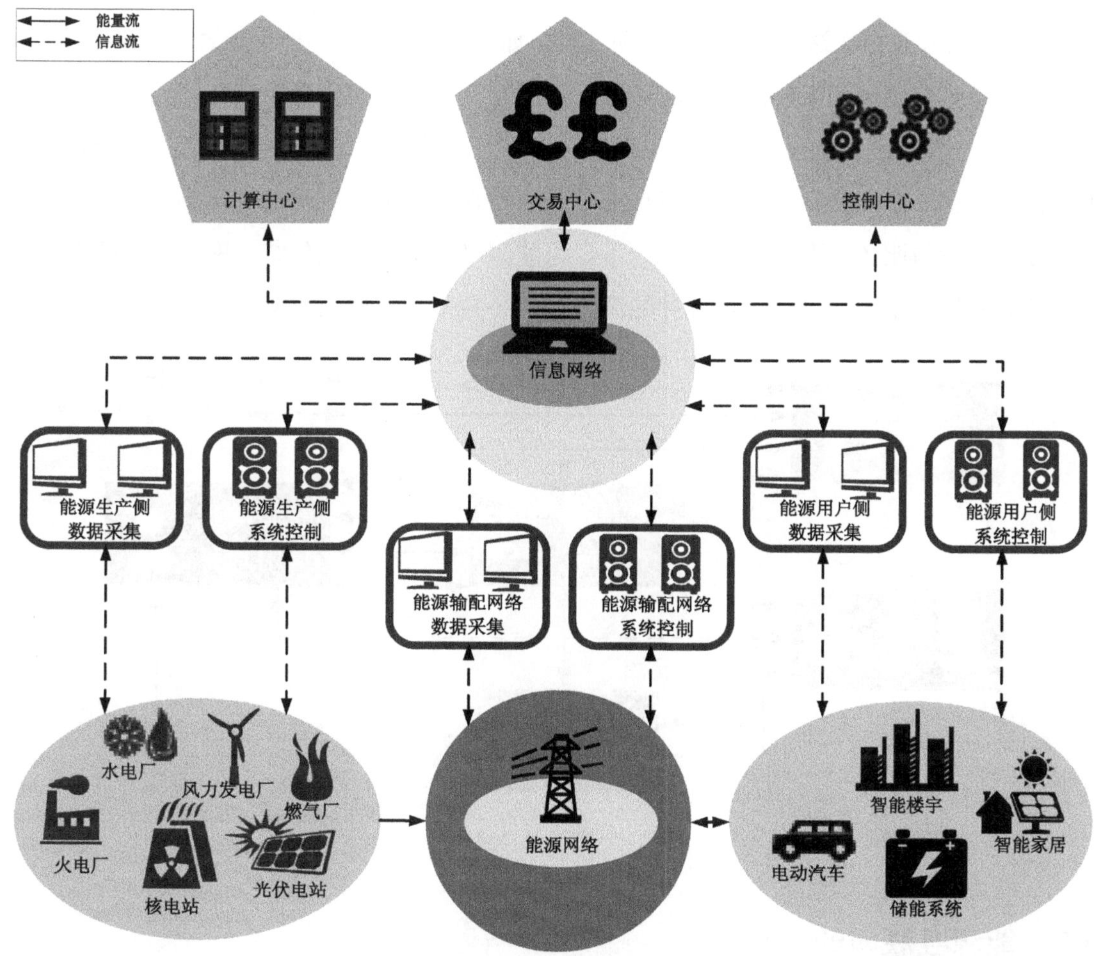

图 3　信息物理能源系统基本示意图

3.1.3　价值实现：创新模式能源运营

创新模式能源运营要充分运用互联网思维，以用户为中心，实现业务价值。在具有活力的市场环境下，包括能源生产、传输、消费、存储、转换的整个能源链相关方均能广泛参与，必然会有一大批具有创新模式的能源企业脱颖而出，如能源增值服务公司、能源资产服务公司、能源交易公司、设备与解决方案的电子商务公司等，从而带动能源互联网的产业发展。

以能源消费环节为例，传统的产业价值模式是能源供应商给能源消费者提供能源、可靠性和通用服务，并从能源消费者获取收益。而在能源互联网环境下，除了能源、可靠性和通用服务外，能源供应商还可以为能源消费者提供节能服务、环境影响消减以及个性化服务，而能源消费者还可以在需要时反向为能源供应商提供能源、需求侧响应、本地化信息等，从而使得信息流和资金流从单向变为双向。另外，还可以有第三方为其提供各种服务平台，使得价值、信息和资金在这些平台上流转和交换，如能量交易平台、能量聚合服务平台等。

创新模式能源运营需要监管者能够致力于构建以传统电网为骨干，充分、广泛和有效地利用分布式可再生能源，满足用户多样化能源电力需求的一种新型能源体系结构与市场；为运营者提供一个能够与能源终端用户充分互动、存在竞争的能源消费市场，使其提高能源产品的质量与服务，赢得市场竞争；不仅为能源终端用户提供传统电网所具备的供电功能，还为其提供了一个可以进行各种能源共享的公共平台，如图 4 所示。

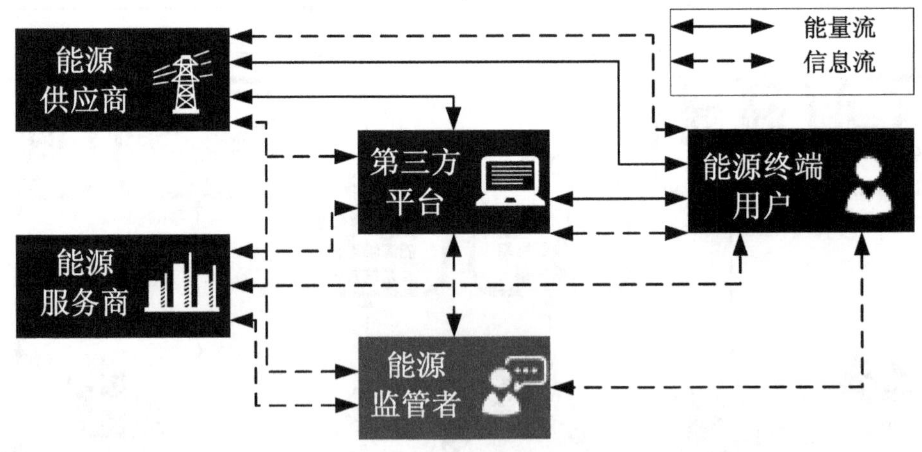

图 4　创新模式能源运营

3.2　能源互联网的特征

在能源互联网上述三个形态层级的基础上，本文总结出能源互联网的 6 大特征：能源协同化、能源高效化、能源商品化、能源众在化、能源虚拟化、能源信息化。

3.2.1 能源协同化

能源协同化通过多能融合、协同调度，实现电、热、冷、气、油、煤、交通等多能源链协同优势互补，提升能源系统整体效率、资金利用效率与资产利用率。

3.2.2 能源高效化

能源高效化主要着眼于能源系统的效益、效用和效能。通过风能、太阳能等多种清洁能源接入，保证环境效益、社会效益；以能源生产者、消费者、运营者和监管者等用户的效用为本，推动能源系统的整体效能。

3.2.3 能源商品化

能源商品化指能源具备商品属性，通过市场化激发所有参与方的活力，形成能源营销电商化、交易金融化、投资市场化、融资网络化等创新商业模式；探索能源消费新模式，建设能源共享经济和能源自由交易，促进能源消费生态体系建设。

3.2.4 能源众在化

能源众在化体现在能源生产从集中式到分布式到分散式实现泛在，能源单元即插即用、对等互联，能源设备和用能终端可以双向通信和智能调控。能源链的所有参与方资源共享、合作，将促进前沿技术和创新成果及时转化，实现开放式创新体系，推动跨区域、跨领域的技术成果转移和协同创新。

3.2.5 能源虚拟化

能源虚拟化是指借鉴互联网领域虚拟化技术，通过软件方式将能源系统基础设施抽象成虚拟资源，盘活如分散存在的铅酸电池储能存量资源，突破地域分布限制，有效整合各种形态和特性的能源基础设施，提升能源资源利用率。

3.2.6 能源信息化

能源信息化指在物理上把能量进行离散化，进而通过计算能力赋予能量信息属性，使能量变成像计算资源、带宽资源和存储资源等信息通信领域的资源一样，进行灵活地管理与调控，实现未来个性化定制的能量运营服务。

4　能源互联网的发展展望

在互联网技术、计算机技术、通信技术和电力电子技术等不断革新、进步的背景下，能源互联网将激发能源生产、传输、存储、消费等能源全价值链的变革，将形成集中式与分布式协调发展、相辅相成的能源供应模式；将对能量流赋予信息属性，实现信息流对能量流的灵活管控。能源互联网有望成为“第三次工业革命”的决定性推动力量，从而提高可再生能源比重，促进化石能源清洁高效地利用，提升能源综合效率，推动能源市场开放和产业升级，形成新的经济增长点，提升能源国际合作水平。

能源互联网可以借鉴互联网的发展历程。从电信网由一种中心控制型的网络、一个主导提供商为各个用户提供服务，演变成现在互联网基础设施。整个过程是将一个大一统的网络碎片化、消费者广泛介入的过程，移动互联网的爆发式发展更加体现了智能手机的发展和消费者介入的效应。随着太阳能发电、电动汽车等分布式能源技术的发展，消费者必将广泛介入能源网络，能源互联网的迅猛发展指日可待。

但能源互联网不能简单套用互联网的概念，照搬互联网的实现方式，因为能源的传输与信息的传输是有很大的区别的。举例来说，信息传输的过程中会有信号的衰减，需要通过使用能源的信号放大器进行增益，也就是说信息的传输要消耗能源；能源的传输过程中会有能源的损耗，由于能量守恒定律的限制，没有“能源放大器”去补充这些损耗，这就需要采用分布式能源等方式减少能源的传输，缩短能源传输的距离，或者研究如超导技术这样无损的能源传输方式。

能源互联网是一个全新的系统，本质上是一个物质，能量与信息深度耦合的系统，是物理空间、能量空间、信息空间乃至社会空间耦合的多域、多层次关联，包含连续动态行为、离散动态行为和混沌有意识行为的复杂系统，表现出混杂多尺度动态与复杂网络特性，具有更广阔的开放性和更大的系统复杂性。因此，需要对能源互联网的物理架构、体系结构、标准协议、协同控制方法等关键基础理论问题进行深入研究，揭示能源互联网的控制、运行和演化机理，研究能源互联网的信息能源融合机制，提出面向可靠性、安全性、自愈性等目标的能源互联网体系结构设计与优化技术，形成相应的基础理论和关键技术创新。

5　结语

能源互联网是以互联网的理念构建的新型信息与能源高度融合的网络，是以电力网络为基础架构，协同了冷、热、气等多种能源所形成的智慧网络。

本文首先梳理了国内外能源互联网的发展动态与现状，接着在分析能源互联网研究背景的基础上，初步提炼了能源互联网的形态与特征，认为能源互联网可以分为三个层级：物理基础——多能协同能源网络；实现手段——信息物理能源系统；价值实现——创新模式能源运营。文中还介绍了能源互联网具备的六大特征：能源协同化、能源高效化、能源商品化、能源众在化、能源虚拟化和能源信息化。最后结合我国相关能源政策和技术发展方向，对能源互联网的实现进行了展望。

发展能源互联网将从根本上改变对传统能源利用模式的依赖，是对人类社会生活方式的一次革命。能源互联网有望成为第三次工业革命的决定性推动力量。

能源互联网与能源大数据战略

清华大学　胡军

1　能源大数据战略目标

2016 年 4 月国家发改委印发了《关于推进“互联网+”智慧能源发展的指导意见》，明确提出“发展能源大数据服务应用”，从能源大数据的集成和安全共享、能源大数据的业务服务体系、基于能源大数据的行业管理与监管体系三个层面实施能源互联网框架下的能源大数据战略。

1.1　实现能源大数据的集成和安全共享

（1）实施能源领域的国家大数据战略，积极拓展能源大数据的采集范围，逐步覆盖电、煤、油、气等能源领域及气象、经济、交通等其他领域，实现多领域能源大数据的集成融合。

（2）建设国家能源大数据中心，逐渐实现与相关市场主体的数据集成和共享。在安全、公平的基础上，以有效监管为前提，打通政府部门、企事业单位之间的数据壁垒，促进各类数据资源整合，提升能源统计、分析、预测等业务的时效性和准确度。

1.2　创新能源大数据的业务服务体系

促进基于能源大数据的创新创业，开展面向能源生产、流通、消费等环节的新业务应用与增值服务。

（1）鼓励能源生产、服务企业和第三方企业投资建设面向风电、光伏等能源大数据运营平台，为能源资源评估、选址优化等业务提供专业化服务。

（2）鼓励发展基于能源大数据的信息挖掘与智能预测业务，对能源设备的运行管理进行精准调度、故障诊断和状态检修。

（3）鼓励发展基于能源大数据的温室气体排放相关专业化服务。

（4）鼓励开展面向能源终端用户的用能大数据信息服务，对用能行为进行实时感知与动态分析，实现远程、友好、互动的智能用能控制。

1.3 建立基于能源大数据的行业管理与监管体系

（1）探索建立基于能源大数据技术，精确需求导向的能源规划新模式，推动多能协同的综合规划模式，提升政府对能源重大基础设施规划的科学决策水平，推进简政放权和能源体制机制持续创新。

（2）推动基于能源互联网的能源监管模式创新，发挥能源大数据技术在能源监管中的基础性作用，建立覆盖能源生产、流通、消费全链条、透明高效的现代能源监督管理网络体系，提升能源监管的效率和效益。

（3）建设基于互联网、分级分层的能源统计、分析与预测预警平台，指导监督能源消费总量控制。

2 能源大数据战略实施方案

2.1 多领域能源大数据的采集与集成融合

多领域的能源大数据采集与集成融合，涉及能源资源、生产、消费、运输、输送管道、加工转换、库存、排放、效率、金融等全生命周期及其他相关领域的海量数据。由于数据源主体众多，数据类型各异，数据内容繁杂，因此能源大数据集成和共享将是一项长期而艰巨的工作，宜结合行业现状，采取分行业、分区域、分阶段的策略逐步实施；在推进初期，将信息化及数据管理水平相对较高的能源供给侧和消费侧的数据集成及共享作为实施重点。

能源供给侧大数据主要涉及：煤、油、气等化石能源绿色、清洁和高效生产；集中式智能风电场、智能光伏电站的智慧运行；水电、火电、核电等发电企业的生产运行；电网的生产运行及电力的市场化交易、结算等。能源消费侧大数据主要涉及：用户侧冷热电三联供、热泵、工业余热余压利用等综合能源利用；分布式可再生能源接入计量及其与天然气、氢气等分布式能源的协同；储电（包括各种分散、冗余、性能受限的储能电池、不间断电源、电动汽车等）、储热、储冷等多类型的集中式或分布式储能接入；智能家居、智能楼宇、智能小区和智能工厂的用能（含电、冷、热、气等）计量；充电桩、充电站、加油站等各类型交通工具耗能；钢铁、有色、石化、化工、房地产、住建等国民经济重点行业的耗能等。

多领域的能源大数据采集与集成融合，首先需要充分扩展能源基础数据源的覆盖范围，通过提高数据采集的自动化、智能化程度，提升数据可靠性和时效性，实现能源大数据的实时感知和信息反馈。为此，要进一步发展能源互联网的智能终端高级量测系统及其配套设备，加强以多能融合、开放共享、双向通信和智能调控为特征的各类能源互联网智能信息采集终端，尤其是智慧用能终端的建设。在能源消费侧，重点实现电能、热力、制冷等能源消费的实时计量与信息交互；丰富智能终端高级量测系统的实施功能，促进水、气、热、电的远程自动集采集抄，实现多表合一。

多领域的能源大数据采集与集成融合的关键问题还在于跨系统、多维度海量数据的互联互通。为此，需要重点推动不同能源信息系统在数据模型、数据存储、数据接口、信息通信等环节的规范化、标准化，研究建立能源互联网框架下的能源大数据通用标准体系，具体包括能源大数据计量采集、统一数据模型、信息交换、信息安全防护等各类标准。在制定能源大数据行业和国家标准的同时，致力于推动建立能源大数据相关的国际标准化技术委员会，努力争取核心标准成为国际标准，为将来实现与周边国家乃至全球范围能源大数据的互联互通奠定基础，为推进国家“一带一路”建设，建立健全开放共享的能源互联网国际合作机制，推动国内能源互联网面向全球“走出去”，提供大数据层面的技术和信息支撑。

2.2　实现能源大数据安全共享的综合生态体系

以国家及省地市各级能源大数据平台为核心，构建多元主体、多层次的能源大数据综合生态体系，实现能源大数据的安全共享，如图 1 所示。国家及省地市各级能源大数据平台在建设初期，首先实现能源供给侧和消费侧大型国有企业大数据平台的对接，以及国务院各部委和地方政府各部门的社会、经济、金融、能源消费等数据信息平台的对接。能源供给侧大数据优先接入重点包括煤、电、油、气、新能源（风电、光伏）等能源供给企业的生产运行数据；能源消费侧大数据优先接入重点包括钢铁、有色、石化、化工、房地产、交通、住建等国民经济支柱企业的耗能数据。通过国家及省地市各级能源大数据平台的建设，初步实现拓展数据汇集渠道和数据覆盖范围、细化数据时空颗粒度，打破数据信息壁垒、构建数据共享机制的小范围示范目标。国家及省地市各级能源大数据平台重点服务于国家及地方政府各级发改委简政放权、从行政审批向制定法规标准、加强监管的职能转变需求，从海量能源大数据价值深度挖掘层面支撑国内能源行业的健康可持续发展，形成能源战略规划科学决策支撑体系，提升能源行业发展态势评估及预测分析的准确性和实效性，推进基于能源互联网的能源监管模式转变，引领能源行业科学技术突破和产业生态创新。

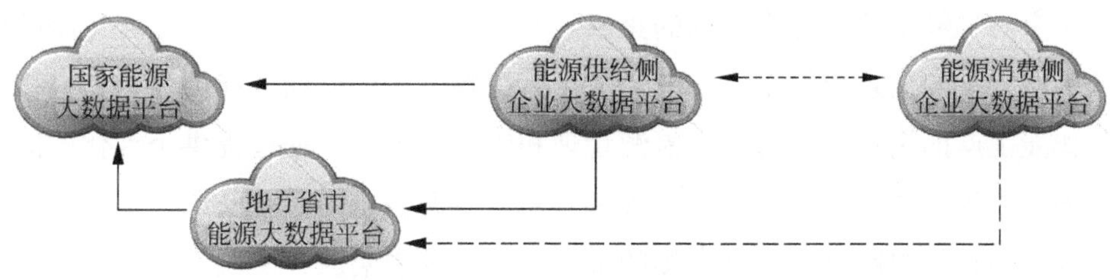

图 1　能源大数据综合生态体系

能源大数据综合生态体系的最终建设目标，是秉承“基础开放，大众参与”、“市场驱动，科学监管”的原则，发挥互联网在产业中的基础支撑作用，实现各类型供能、用能主体的广泛参与，实现各级大数据系统平台的高度开放和灵活接入，实现以开放、共享为主要特征的能源大数据产业发展新形态，实现以商业价值最大化为目标的能源大数据商业模式的全面创新和可持续发展。对于多方广泛参与、高度平等开放、完全充分竞争、价值深度挖掘的能源大数据综合生态体系的建设，两大关键问题分别在于数据共享和数据安全。

构建能源大数据综合生态体系，首先需要解决数据共享的驱动力来源。当前我国正在开展的能源革命致力于还原能源的商品属性，对于能源大数据同样需要赋予其商品属性，通过市场驱动，实现大众参与。类似于多层级的能源交易平台，构建基于互联网的多层级能源大数据开放共享和灵活交易平台，支持各类型供能、用能主体（尤其是能源消费侧各类创新商业主体）的广泛参与，支持随时随地、灵活对等的能源大数据共享与交易，鼓励交易平台间的开放与竞争，是面向能源互联网未来的能源大数据综合生态体系建设的核心所在。基于互联网的能源大数据共享和交易平台，是一个几乎没有任何参照对象的全新事物，因此无论是平台的物理信息架构、数据共享和交易的技术方案、相关的商业模式和市场机制等诸多环节，都亟需进一步深入探讨和设计研究。

通过可靠的信息平台、合理的商业模式和完善的市场机制，能源大数据共享和交易平台可以实现各种类型、不同规模的用户主体以直接、间接等多种方式自主参与高度灵活的能源大数据资源共享和交易，并基于合理有效监管之下由市场驱动的灵活定价机制，包括自主协商或通过交易平台集中竞价、撮合等多种方式，保障能源大数据共享和交易拥有合理的收益回报。通过相关政策引导，最大限度地激发市场活力，鼓励类似于 OPower 等国外先进技术企业的第三方能源大数据服务商的涌现，打造各类基于先进理念和技术的能源大数据衍生产品和创新业态，通过深度挖掘能源大数据商业价值，促进能源互联网应用创新，反哺能源大数据综合生态体系，促进能源大数据商业生态良性可持续发展。

通过多层级能源大数据开放共享和灵活交易平台的广泛参与主体，以及基于互联网的信息化服务平台，可以实现跨越家庭、园区、区域不同层次、涵盖最广阔空间时间范围内、最细致时间空间颗粒度的能源大数据的集成、共享与商业价值挖掘。在家庭、园区层面，基于智慧用能终端的信息数据采集，打造基于互联网平台的面向智能家居、智能楼宇、智能小区、智能工厂的用户能效监测、能源管理和综合服务商，通过提供个性化的能效管理与节能服务，多种能源的智能定制，与各种分布式资源、电力负荷资源、储能资源之间的微平衡，以及与输配电网络及其供电侧的市场交易和需求响应，实现用户侧能源大数据的商业价值。在最基层的分散用能主体基础上，可以逐步培育虚拟电厂、负荷集成商等新型市场主体，作为灵活性资源供应商，自主提供能量响应、调频、调峰等灵活的能源服务，以及基于互联网能量交易平台的动态、实时交易，实现更高层级的能源大数据的商业价值。虚拟电厂的集成对象除了用能用户，还可以是光伏、天然气、氢气等各种分布式能源发电对象，以及各种储电（包括各种分散、冗余、性能受限的储能电池、不间断电源、电动汽车等）、储热、储冷等多类型的分布式储能对象，通过私有或者公有化的光伏、储能等分布式能源管控和运营云平台，进一步对接能源大数据开放共享和灵活交易平台，实现基于互联网的分布式能源大数据的分享、交易和应用。

除了用户侧能源大数据，多层级能源大数据开放共享和灵活交易平台也能进一步充分挖掘和释放能源供给侧大数据的价值，为传统及新能源生产、输运企业提供基于多维度能源大数据深度挖掘的个性化、专业化服务。基于风电、光伏等能源大数据运营平台，可以为能源资源评估、选址优化等业务提供专业化服务；基于能源大数据的信息挖掘与智能预测，可以对能源设备的运行管理进行精准调度、故障诊断和状态检修；基于气候、环境相关数据的关联与扩展，可以实现基于能源大数据的温室气体排放相关专业化服务。

构建能源大数据综合生态体系，还需要解决数据共享的安全防护问题。在能源信息物理平台层面上，加强能源信息通信系统的安全基础设施建设，研究面向量测、电价、控制、服务等多种信息类型、安全可靠的信息编码、加密、检验和通信技术，根据信息重要程度、通信方式和服务对象的不同，科学配置安全策略；依托先进密码、身份认证、加密通信等技术，建设能源互联网下的用户、数据、设备与网络之间信息传递、保存、分发的信息通信安全保障体系，确保能源大数据的安全传输和共享。在能源大数据信息内容层面上，从国家安全、系统安全和用户信息安全需求出发，推进能源信息的分级分类，开展能源公共数据分级利用。在能源大数据监管政策层面上，研究制定能源数据使用管理和交易共享规范，加强能源大数据采集、传输、存储、处理和共享全过程的安全监管，提升能源大数据信息安全事件监测、预警和应急处置能力；加强能源大数据交易的市场监管机制，保障市场参与者的合法权益。

总体而言，能源大数据综合生态体系在具体技术和管理层面的建设实施，需要加强能源互联网信息基础设施共建共享，建立贯穿能源全产业链的信息公共服务网络和数据库，加强上下游企业能源信息对接、共享共用和交易服务；从国家安全、系统安全和用户信息安全需求出发，推进能源信息的分级分类；开展能源公共数据分级利用改革试点，研究制定能源数据使用管理和交易共享规范；加强能源大数据采集、传输、存储、处理和共享全过程的安全监管；鼓励互联网企业与能源企业合作挖掘能源大数据商业价值，促进能源互联网的应用创新。

能源互联网与智能制造 2025
——标准化促进电力装备制造业提质增效

中国电器工业协会 果　岩

1　引言

能源是向自然界提供能量转化的物质，是人类活动的物质基础。人类社会的发展离不开优质能源的出现和先进能源技术的使用。因此，能源的高效利用成为全世界、全人类共同关心的问题。

美国著名学者杰里米·里夫金在《第三次工业革命》中提出了能源互联网的愿景，其认为，以新能源技术和信息技术的深入结合为特征的一种新的能源利用体系，即“能源互联网”主要包含 5 大内涵：① 支持由化石能源向可再生能源转变；②支持大规模分布式电源的接入；③支持大规模氢储能及其他储能设备的接入；④利用互联网技术改造电力系统；⑤支持向电气化交通的转型。

我国 2016 年通过了《中国制造 2025》，作为我国政府实施制造强国战略第一个十年的行动纲领。《中国制造 2025》强调创新驱动、质量为先、绿色发展、结构优化和人才为本，旨在提升中国制造业的创新能力，促进产业转型升级，明确了 9 项战略任务和重点，提出了 8 个方面的战略支撑和保障，并且从技术创新、组织创新和模式创新 3 个方面提出了智能制造的基本构想。

从当前国际情况看，新一轮的工业革命正在蓄势待发，“能源互联网+智能制造”日益成为生产方式变革的重要方向。德国发布“工业 4.0”计划，美国先后发布了《重振美国制造业框架》、《制造业促进法案》、《先进制造业伙伴计划》，欧盟则启动“火花”计划。对我国来讲，“两化融合”工作的开展为“能源互联网+智能制造”工程的开展奠定了一定基础。

以电力为主要能源形式，以“能源互联网+智能制造”为手段的电力系统改造，以适应新环境下的能源生产、传输、存储、消费的新格局已迫在眉睫。《中国制造 2025》的提出为电力装备制造业的改造提升奠定了方向和目标，同时也为“能源互联网”的实践应用提供了范围和领域。

2 能源互联网、智能制造与电力装备制造业的关联

“互联网+智慧能源”是一种互联网能源生产、传输、存储、消费因能源市场深度融合的能源产业发展形态，具有设备智能、多能协同、信息对称、供需分散、系统扁平、交易开放等主要特征。

2016 年，国务院正式印发“互联网+”行动指导意见，确定了包括智慧能源 11 个具体行动计划。关于能源电力方面，行动计划提出“通过互联网促进能源系统扁平化，推进能源生产与消费模式革命，提高能源利用效率，推动节能减排。加强分布式能源网络建设，提高可再生能源占比，促进能源利用结构优化。加快发电设施、用电设施和电网智能化改造，提高电力系统的安全性、稳定性和可靠性”。而电力设备是能源生产与消费链条中的主要能源承载单元，也是发展“互联网+智慧能源”（能源互联网）的基础。

《中国制造 2025》同时确定了提高创新能力、推进两化深度融合、强化工业基础、加强质量品牌建设、推行绿色制造等方面的重点任务。针对电力装备，提出了“推动大型高效超净排放煤电机组产业化和示范应用，进一步提高超大容量水电机组、核电机组、重型燃气轮机制造水平。推进新能源和可再生能源装备、先进储能装置、智能电网用输变电及用户端设备发展。突破大功率电力电子器件、高温超导材料等关键元器件和材料的制造及应用技术，形成产业化能力”的要求。电力装备的质量可靠性、智能化、绿色低碳化是实现《中国制造 2025》发展目标的前提。

因此，以能源互联网为手段，以智能制造为基础，通过提升电力装备制造业能力，是实现提高电力能源利用效率、推动节能减排的有效途径。

3 当前电力装备发展面临的形势

“国家十三五规划纲要”确定了我国“十三五”时期经济社会发展的指导思想、目标任务和重大举措。在提高电力装备制造业发展平衡性、包容性、可持续性的基础上，推动产业迈向中高端水平。

3.1 《中国制造 2025》对电力装备制造业提出高要求

"十三五"时期是实施《中国制造 2025》、贯彻落实"中国制造+互联网"，建设若干国家制造业创新平台，实施一批智能制造示范项目，启动工业强基、绿色制造、高端装备等重大工程的关键 5 年。要把创新、协调、绿色、开放、共享 5 大理念全面落实到推进《中国制造 2025》的各项任务中，聚焦主要矛盾和薄弱环节，整合资源，掌握一批重点领域的关键核心技术，使优势领域竞争力进一步增强，带动电力装备制造业水平整体提升。

落实好《中国制造 2025》，要充分发挥制度优势，动员各方面力量，形成合力，在完善推进实施机制、营造良好发展环境上下功夫。一是要立足长远，整体推进。从战略上谋划长期发展，瞄准未来 10 年发展目标，实现差异化和梯次发展，加快推动转型升级和提质增效，在关键领域和重点行业率先突破，推动电力装备制造业整体水平提升。二是要上下联动，营造环境。要加强沟通与协调，加快构建电力装备制造业上下游联动工作机制，落实行业主管部门配套支持政策，重点营造公平竞争的市场环境、促进创新创业。三是要推动国企改革，民企融合。推动国有企业创新发展一批，重组整合一批，清理退出一批。引导民营企业通过产品创新、技术创新、商业模式创新、管理创新，向市场要效益，主动将企业发展与社会发展融为一体。四是生产服务，协调发展。生产性服务业是经济发展的新动能，每提升 10 个百分点，就有 12 万亿的增长空间，可以拉动 2500 万人就业，因此要落实《中国制造 2025》，需要推动生产性服务业与制造业协调发展。

3.2 "能源互联网"建设对电力装备制造业发展提供新契机

在经济发展进入新常态下，我国能源领域出现了一些新的变化，主要表现在：一是能源消费增速放缓，2015 年只有 0.9%，是 1998 年以来最低速；二是发展动力在转换，过去以重化工来拉动电力消费，现在服务业和居民用能逐步上升，能源发展动力出现积极变化；三是能源结构在优化，2014 年煤炭消费占能源消费总量 66%，2015 年下降到 64.6%，可再生能源和清洁能源的比例在上升。

近期国家能源主管部门提出了以改革创新为核心，以"互联网+"为手段，以智能化为基础，紧紧围绕构建绿色低碳、安全高效的现代能源体系，促进能源和信息深度融合，推动"互联网+智慧能源"（即能源互联网）新技术、新模式和新业态发展，支撑和推进能源革命。2016-2018 年，国家将围绕试点示范、关键技术、核心装备、市场机制、标准体系、综合服务等方面，着力推进能源互联网革命。这为电力装备制造业发展提供了新的契机，也提出了新的要求。

“能源互联网”是一种互联网与能源生产、传输、存储、消费以及能源市场深度融合的能源产业发展新形态，是推动我国能源革命的重要战略支撑，也是能源装备行业实施两化融合、智能制造的重要供给方向。电力装备制造业需以“互联网＋”为支撑，着力发展智能装备和智能产品，推进生产过程智能化，培育新型生产方式，全面提升企业研发、生产、管理和服务的智能化水平。在新能源、能源互联网、智慧城市、电动汽车、储能等新兴领域，整合资源，集中攻关，力争取得关键领域的实质性突破，也适应和满足我国能源互联网建设的需求。

4　以标准化带动电力装备制造业提升的意义

将智能化发电设备、输电电网设备、配用电设备和用户接入互联网形成一个大系统，使能源生产、传输、消费以及交易等过程中的所有数据进行实时交换，发挥互联网在数据采集、分析与利用方面的优势，以实现对整个系统的效率优化和安全调度，达到互联网与能源深度融合。

“标准化”在经济、技术、科学和管理等社会实践中，对重复性的事物和概念，通过制定、发布和实施标准达到统一，以获得最佳秩序和社会效益。利用标准化手段，奠定“能源互联网+智能制造”工程发展的基础，从而确定该工程下一步的工作重点和方向。

2015 年，工业和信息化部发布了《国家智能制造标准体系建设指南（2015 版）》（以下简称《指南》），明确了智能制造的系统架构、标准框架和实施途径，确定了基础共性、关键技术、重点行业共 3 个领域的 21 个重点领域，为各行业和企业务实推进智能制造指明了方向。但针对该《指南》中“电力装备”如何发展，以及电力装备制造业如何提升以满足国家开展“能源互联网+智能制造”工程，还需进一步规划完善。

国务院发布的《装备制造业标准化和质量提升计划》和《国家标准化体系建设发展规划（2016-2020 年）》均提出了关于开展“智能制造与装备升级标准化工程”的有关要求。对此，开展《装备制造业标准化和质量提升规划》标准化推进工作，可解决目前电力装备行业的突出问题，建立“能源互联网+智能制造”标准体系，并以标准为支撑，进一步提升电力装备制造业创新能力，强化工业基础能力，构建高效、清洁、低碳、循环的绿色制造体系。其意义在于：

在电力装备制造业提升层面，一方面可有效提升并强化自主创新能力，提高行业核心竞争力，通过工程的开展，突破重大技术装备关键技术和核心技术，并提升电工产品质量和可靠性，增强行业整体竞争优势；另一方面可有效推进节能减排、推行绿色制造；以资源节约、环境友好、低碳排放、绿色发展为前提，通过工程的开展可全面推广产品全生命周期低碳技术。

在标准化层面，一是进一步强化标准化与科技创新融合，促进提升企业标准化创新能力；二是破解制造业发展瓶颈和强化薄弱环节，系统解决设计、材料、工艺、检测与应用标准的衔接问题；三是制定电力装备成套和核心关键技术与零部件标准，解决核心技术及零部件受制问题，满足市场需要，加快智能制造科技成果转化。

5 围绕“能源互联网+智能制造”标准化工程

支撑和推进电力装备制造业的发展，切实解决能源与“互联网”融合深度严重不足的问题，现阶段工作包括：建立技术标准体系，对该领域进行统一规划和顶层设计；开展急需关键技术标准研究，引导具有潜力的能源技术应用和推广；开展服务于基础数据开发的基础标准，满足能源与互联网融合的需要。

围绕以“能源互联网+智能制造”、生产、传输、存储和消费，开展以下具体研究内容。

5.1 基础

“能源互联网重要基础标准及技术标准体系研究”采用“先顶层设计、后关键环节”的技术路线，重点解决系统的顶层设计、技术标准体系以及术语、接口等基础通用技术标准缺失问题。

5.2 生产

依托百万千瓦超超临界机组、百万千瓦水电机组、国产 CAP1400 核电站、可再生能源接入等示范工程，开展以下标准化研究内容。

- ❑ 高效清洁火电机组方面，研制节能环保和自动控制等方面相关标准，包括水管锅炉、锅壳锅炉、汽轮机热力性能试验、隐极同步发电机、机组超低排放、脱销装置性能验收等标准。
- ❑ 大容量水电机组方面，研制大型混流式及低水头贯流式水电机组关键标准，包括水利机械振动和脉动现场测试、超声流量计测流、压力脉动换算、自动化元件（装置、水轮机控制系统、机组检修维护规程等标准。
- ❑ 新一代核电机组方面，建成全面覆盖二代改进型核电机组及三代压水堆核电机组的标准体系，制定常规的高低压加热器、压水堆核电厂安全结构、非动能堆芯冷却、核电厂主数据管理、乏燃料组件干式贮存等标准。

- 燃气轮机组方面，研制气载噪声、安全、应用要求、质量控制等标准。
- 新能源及可再生能源发电设备方面，研制符合我国特殊环境条件，适用于大规模并网及分布式发电的风电、光伏标准；研究制定槽式、塔式、菲涅尔式光热发电标准体系和关键标准；制定通信基站燃料电池发电、波浪能/潮汐能发电转换设备、无人机巡检等标准。

5.3 传输

依托特高压交直流联网、柔性输电技术、多端直流电网等智能电网示范应用工程，开展以下标准化研究内容。

- 特高压直流输电成套装备方面，研制高压直流输电的性能、晶闸管阀、换流变压器、平波电抗器、换流阀用均压电容器、无间隙金属氧化物避雷器、控制与保护设备、大容量直流断路器等标准。
- 特高压交流输电成套装备方面，研制高压交流用电力变压器、预装式变电站、开关设备和控制设备、绝缘套管、并联电容器、金属氧化物避雷器、绝缘子、电线电缆、潮流控制等标准。
- 柔性直流输电成套设备方面，研制成套设计、变压器、换流阀子模块、启动电阻、系统性能、电线电缆等标准。
- 智能化输变电设备方面，研制智能变电站用开关设备和控制设备、电子互感器、电容器、负荷开关、熔断器等标准。
- 节能环保型输变电设备方面，研制充气式电力变压器、三相组合式变压器、油浸式并联电抗器以及电气设备能效等标准。
- 超导输变电设备方面，研制电阻型高温超导限流器、高温超导变压器、超导储能装置、高温超导直流输电电缆等标准。
- 大功率电力电子器件方面，研制电力电子系统和设备技术规范、晶闸管控制串联电容器、有源自激变流器等标准。

5.4 存储和消费

低压直流系统方面，研制剩余电流保护断路器、电弧故障保护断路器、电涌保护器（SPD）后备技术、绝缘配合等标准。

智能电网用户端方面，研制基于物联网的智能控制器用网络协议、测试规范，以及用户端能源管理等标准。

储能设备方面，研制抽水蓄能可变速机组、飞轮储能、液流电池、钠硫电池、铅酸蓄电池等标准。

工业电工电器方面，研制超声电机、小功率电动机、低压开关设备和控制设备、小型熔断器、家用和类似用途控制器、电动工具、船用电器设备等标准。

6　发展愿景与展望

以“能源互联网+智能制造”为目的，推进《装备制造业标准化和质量提升规划（电力装备篇）》标准化工程实施，可有效解决现阶段存在的共性技术基础薄弱、高端装备研制能力不足、核心零部件自给率不高、自出创新能力不强等问题，其经济效益和社会效益具体表现在以下几方面。

（1）结构调整逐步推进，产品结构满足国家能源结构调整需求，可再生能源和新能源发电设备所占发电设备产量比重提高到 35%以上；生产性服务业较快发展，电器工业服务增加值占工业增加值比重提高 4 个百分点；形成一批具有国际影响力和知名度的大型企业集团，以及一批“特点分明、协调统一”的“专精特”中小企业集聚区。

（2）电力装备产品的质量和可靠性达到发达国家水平，重点产品的可靠性和平均寿命显著提高；电力装备关键基础零部件的核心技术取得突破，行业共性技术支撑体系进一步完善，企业自主创新能力显著增强；中低端产能过剩状况得到缓解，高端装备和新兴产业发展提速，培育出一批世界知名品牌和具有国际竞争力的知名企业；两化融合水平达到“集成提升”阶段，电力装备示范应用取得突破；绿色制造推广取得一定成绩，清洁发电设备、高效节能产品占比提高。

能源互联网与智慧城市

清华大学　马君华

1　引言

智慧城市是信息技术与城市生活融合的新形态，它利用物联网、云计算、新型社交网络等技术，使城市的交通、医疗、能源、政务更加智能、高效。能源互联网是互联网与能源生产、传输、存储、消费以及能源市场深度融合的能源产业发展新形态，能源互联网是构建智慧城市的重要元素，它利用能源技术、信息技术等各种先进技术以及智能化手段，提高能源的优化利用效率，促进生态文明的建设，实现智慧城市低碳、节能、高效、环保的目标，在智慧城市能源和环保体系中，发挥重要的作用。

推进智慧城市能源互联网的建设，从能源生产、能源消费和低碳生活等环节进行规划建设和运营，培育低碳经济模式和文化生活方式，将能源的使用和碳排放指标纳入城区的规划和建设指标体系，从城市管理的角度对各项指标精细化、政策化、制度化；有效地减少碳排放和其他污染物的排放，节约一次能源和二次能源的消耗，降低能源消耗的成本，提高能源的综合利用效率和能源基础设施的利用率，保护生态环境。通过能源互联网的建设，推进智慧城市生态文明和美丽中国的建设。

2　智慧城市与能源互联网的架构体系

智慧城市是在 IBM 智慧地球的理念之后提出的，世界各国借助于这一开放创新的空间，打造城市的智能化应用服务，提升生活质量。欧盟、美国、新加坡等国家利用物联网技术，将城市的公共资源连接起来，包括水、电、气、油、交通、医疗、教育、政务等，在不同的方面给予用户交互体验，为市民提供智能化的服务。

智慧城市的架构体系分为三层，第一层是基础设施层。能源、交通、水资源、环保、ICT、热力管网是城市运转架构体系中不可缺少的基础设施，各种能源的互联互通高效利用是生态环保的基础，是智慧城市的保障。

智慧城市的架构体系第二层是监视控制层。通过能源互联网对能源信息采集分析和控制，分析城市的能源现状、用能特性、气象水文、用能预测等，结合各种能源使用情况，最大化利用新能源和可再生能源；根据用户用能设备的控制属性，分析并评估用能设备能效情况，提供用能建议，引导低碳环保的生活方式；将电动汽车的信息进行采集分析，实现电网与交通协同控制；利用能源互联网对城市环境进行采集、监控，分析污染源，对风险进行预警并给出治理方案。

智慧城市的架构体系第三层是决策层。利用能源互联网能源、交通、环境的信息，对能源结构、生态环境、市政和居民生活特点进行分析，为城市智能化决策提供支持。能源互联网的建设进一步完善了智慧城市的架构体系，为城市高效运行提供技术支撑。

3　智慧城市能源互联网的建设途径

利用清洁能源生产传输等基础设施，结合储能等调控技术和手段，根据当地的资源禀赋以及能源需求，进行供电、供冷、供热、供气等多能源协同优化建设，提高城市供能系统的综合利用效率，节约能耗，降低用能成本，实现能源的低碳化供应。

从满足冷、热、电等能源需求的角度，对能源资源进行经营管理与能源服务，提高能源消费的经济效益，提高能源利用率的不断升级和生态环境的持续改善。通过能源互联网物理信息系统对能源的生产和使用进行监控管理，对冷、热、电联供的智能控制，保证能源利用的精细化管理，节约能耗，降低用能成本，提高能源利用率和能源基础设施的利用率。

对城市的工商业和居民用能提供指导，通过能效服务和碳排放的管理，以及个性化的能源优化利用方案和节能技术，引导用能方式，培育能源环保理念。

利用智能化技术和手段，为城市的管理者提供污染排放和生态环境监控、应急管理、安全管理工作的技术支撑；引导城市的用能和环保意识，促进生态文明的建设和近零碳城区的建设。

4　智慧城市能源互联网的规划建设

4.1　规划建设能源互联网的基础设施

根据城市的资源和能源需求，考虑能源互联网的主要要素和能量流、信息流以及现金流情况，利用能源互联网新技术，对供电、供冷、供热、供气等能源基础设施进行协调规划和建设。增加新能源的占比，最大化利用可再生能源，通过多种能源互补等手段，提高能源利用效率，减少化石能源的消耗。利用可再生能源发电、分布式冷热电联产、地源热泵等清洁能源，结合储能、电动汽车、需求侧响应和多电源协同等调控手段，使用交直流配网与主网的协同方式，平抑电网运行的波动，与传统电网相比，再次提高能源和设备的利用率，减少化石能源的消耗。用户作为能源的生产者和消费者，利用对需求的敏感和对电网的友好互动参与调峰，进一步深化节能减排。

4.2 规划建设能源互联网体系

组建相应的商业化机构或能源公司，利用能源互联网的基础设施，满足城区用户对冷、热、电等能源的需求。协调能源管理者、生产者和用能者，协调能源政策、能源输送、交易方式，对城市的能源资源进行运营管理。

构建能源互联网运营管理体系，包括能源生产、传输、消费的组织机构和运行管理机制，负责能源调度运行、系统维护和能源交易，协调能源生产计划和业务扩展等业务,实现多种能源的综合供应和智能化管理。不断探索能源互联网运营模式，为用户提供增值服务，降低整体能源消费成本。

构建运营管理系统，为能源运营管理者提供技术支撑。使用各种先进技术，进行系统性建设，对多种能源调度运行、交易、设备维护和管理以及需求侧管理等工作提供技术支撑，形成可推广的能源运营管理模式和技术支撑的系统性成果。

4.3 规划建设城市低碳节能体系

为用能者提供低碳节能的技术集合，基于移动通信终端对用能监视和节能建议进行发布；对城区能源基础设施进行改造，结合需求侧设备和技术数据，从设备节能、技术节能、管理节能、能源综合利用等维度，建立具有行业和居民生活特征的能效模型。给出低碳能源利用的应用方法，尤其在移动互联技术方面，利用移动终端实现居民用户、工业或者整个区域总体的用能、碳排监控，对于具备节能潜力的设备和用户，进行节能措施方面的互动，用户提供反馈信息，并分享该信息给其他用户，促进区域用户和行业用户之间节能经验的共享，进行节能方式的改进。

4.4 规划建设能源环境监管评估体系

构建能源互联网能效环境评估机制，从能源利用、经济效益、产业发展和生态文明建设多个方面对项目进行跟踪评估，为智慧城市的建设和发展提供支持。对能源互联网的用能可靠性、经济性、安全性进行评估，为能源互联网的运营者提出改进的措施和建议；对能源利用效率进行评估，给出可再生能源和节能技术的应用状况和各项低碳指标，为能源的生产者和消费者提供改进依据；综合产业、能源、生态、人员等因素，对能源效率、生态环境等方面进行综合评估，为政府各项工作提供支撑，包含能源结构调整、环境监视、应急管理、安全管理、政策引导和生态文明建设等多个维度的内容。

5　智慧城市能源互联网的商业运营模式

5.1　能源互联网商业模式

智慧城市分布式能源生产有多种商业模式。业主可以建设可再生能源发电设施，发电自用、余电上网或者给邻域使用，收益于售电和补贴；可以投资建设可再生能源发电设施，然后出租给能源公司，业主收益于能源设施的租金；可以将场地出租给能源公司，由能源公司承建能源生产设施，业主收益于场地租金；可以从批发市场或者发电企业和其他售电企业购电，向用户售电，业主从差价中收益；可以参与需求侧响应，从平抑负荷的贡献中收益。对具备电网的企业，可以通过收取过网费获取收益，或者收取买卖双方的服务费用。

可再生能源生产的商业模式需因地制宜，除了以上各种不同的商业模式，还可以将电能供应与供热、供冷结合，降低单一业务的运营成本。结合电动汽车充电交易，进一步拓宽能源供应范围。

售能公司根据购电需求和市场能源供应，对能源价格做出预测，通过现货、期货、差价合约等多种交易方式，对购电成本进行优化，降低能源投入的风险，提高收益。

5.2　能源互联网服务模式

能源互联网的商业模式需要针对用能客户的类型进行设计，为各类工商业用户提供不同的服务，在满足安全、舒适的基础上，提供节能、环保方面的用能服务。为工商业用户提供各种电价方案，通过分析客户用电情况对工厂生产计划进行调整，实行削峰填谷等调整负荷的行为，引导用户错峰用电，减少电费支出；为工商业用户提供电力、燃气、燃油最佳能源组合方案，通过多能互补的能源使用方式，减少用能费用；为用户提供高可靠性的用能设备和改进设备方案，帮助用户实现节能减排的目标；减少客户的能源设备投资，为用户提供施工、维护、管理方面的能源服务，节约能源类投入。

为居民提供可选的节能方案，通过新型交流方式，与用户进行交流沟通。通过价格机制使居民对能源使用做出响应。为居民客户提供个性化账单，对制冷、供暖、基础负荷分布列出，通过与邻域用能客户比较，提升节能减排意识。

6 智慧城市能源互联网的市场监管

6.1 规范准入条件和退出机制

监管机构规范售能售电的能源公司准入条件，对不同的技术和服务级别给出差异化的资质。从技术能力、服务水平、财务状况和资金实力方面给出不同等级的评估标准，以便于供求双方合理选择。例如，大型工商业用户需要选择高资质的公司提供服务，对于规模以下的用户可以按照需求进行相应的调整。对于能源公司的违规行为，完善处罚机制和退出机制，以规范市场秩序，确保能源市场健康发展。

6.2 服务质量的监管

监管机构给出售电售能服务标准，对供电可靠性、供电质量、安全性给出评价指标，对故障抢修、电话投诉等给出服务指标，对企业形象、不同服务渠道和项目的客户满意度给出人文评价指标。监管机构将掌握的情况及时对用能者发布，使能源公司保证服务质量，以维护用户的利益，提高用户的满意度。

6.3 能源价格和运营成本的监管

监管机构对售电售能公司的价格和运营成本进行监管，根据不同能源技术经济特点，规定价格区间，给出综合标杆价格，以保护用能者的利益，防止售能公司利用对用户的垄断赚取超额利润。

6.4 开放的信息平台

监管机构建立开放的能源信息平台，提供全天候的能源服务和能源交易的商业环境。在平台上提供能源供求信息的发布和搜索，规定供求公司信息披露的内容，对基础电网投入等价格敏感信息进行公开，以便于建立竞争有序的售电售能市场。

7　小结

智慧城市面临着能源和环保的压力，为使能源互联网为智慧城市的建设保驾护航，本文分析了能源互联网在智慧城市架构体系中的作用，给出了智慧城市能源互联网的建设途径，阐述了能源互联网的规划建设内容及其商业模式和能源服务模式，并且提出了能源市场监管的措施，以供读者参考。

能源互联网与国家能源安全

国防科学技术大学　张涛　李洁

能源安全是非传统安全中的一种，是指为保障一国经济社会和国防安全，使能源特别是石油可靠而合理供应，规避对本国生存与发展构成重大威胁的军事、政治、外交和其他非传统安全事件所引起的能源供需风险状态。能源安全是国家安全的重要组成内容，能源安全直接关系到经济的平稳快速发展，国防的巩固和国家的稳定。保证我国的能源安全，对于维护国家安全，经济安全，提高人民物质和精神生活水平，促进社会发展，构建社会主义和谐社会具有十分重要的现实意义。

现阶段，我国的能源安全主要面临以下几方面的问题。

1. 人均占有量低，能源资源分布不均衡

中国人口众多,人均能源资源拥有量在世界上处于较低水平。我国煤炭、石油和天然气的人均占有量仅为世界平均水平的 67%、5.4%和 7.5%。近几年中国能源消费增长较快，但人均能源消费水平仅为发达国家平均水平的三分之一。能源资源分布不均衡表现在：煤炭资源与能源资源主要分布在华北、西北地区；水利资源主要分布在西南地区：石油、天然气资源主要分布在东、中、西部和海域。而中国主要的能源消费集中在东南沿海经济发达地区，资源分布与能源消费地域存在明显差别，因而形成了北煤南运、西气东输和西电东送等长距离输送的基本格局。

2. 能源结构不合理，环境污染严重

中国是世界上唯一以煤为主的能源消费大国。《2015 年国民经济和社会发展统计公报》公布，在现有的能源消费结构中，全年煤炭消费量占能源消费总量的比重为 64.0%。而煤的燃烧会产生大量的二氧化碳、二氧化硫，造成严重的大气污染。目前，中国二氧化硫和二氧化碳排放量居世界前列，大部分的烟尘和二氧化碳排放量、二氧化硫排放量、氮氧化物排放量均来自燃煤，不仅造成环境污染，也带来了经济损失。随着现代工业和社会经济的逐渐发展，石油具有煤炭无法比拟的优越性，石油替代煤炭是必然的发展趋势。早在 20

世纪 60 年代中期，美国、日本和英国等发达国家就基本完成了石油替代煤炭的能源结构转换，石油、天然气在能源消费中所占比重超过了煤炭。而我国随着工业的新一轮增长、居民消费结构的升级、城市化进程的加速，尤其是汽车使用的增加，石油消耗也正在加速。石油（天然气）替代煤炭的结构转换在我国才刚刚开始，将延续相当长的时期，这一结构转换的滞后，给我国今后的石油需求增加了更大的压力。

3. 能源对外依存度上升较快

石油对外依存度正在挑战我国的能源安全。石油对外依存度是一个国家石油净进口量占本国石油消费量的比例，是衡量一个国家和地区石油供应安全的重要指标。我国目前处于工业化阶段的中后期，能耗较大的汽车、家电等产品在经济中的比重急剧上升，国内对于石油需求大幅提升，石油消费还将持续较快增长。但是，我国国内石油产量当前还满足不了如此巨大的需求，使得在面临国内外市场供需失衡、市场供给不足时，难以短时间内保障油品的供应。并且，国内石油价格容易受到外部因素的影响，如金融，政治、自然灾害等因素，从而造成石油价格的暴涨或暴跌，不利于社会的稳定。并且，对进口石油的严重依赖，容易受制于国外，这将成为中国能源安全的软肋。未来，中国经济将继续保持较快增长势头，能源消费还会不断增长，能源保障存在巨大压力。此外，煤炭、油气储备能力不足，能源对外依赖性还会增大。

4. 石油运输困难重重

我国运输石油的进口路线缺少选择性，85%以上需要经过印度洋-马六甲海峡-南中国海航线，极易遭到封锁和控制。当前中东、非洲等世界石油主要产地局势不稳，马六甲海峡海盗经常出没，并且马六甲海峡是极具战略地位的海上咽喉要道之一。二战后，马六甲海峡归马来西亚、印尼和新加坡共同管理，而有些国家却一直染指并试图控制该地区的航运通道，试图遏制住中国的能源通道。如果马六甲海峡这条黄金通道存在问题，中国的石油进口就会受到严重威胁。除此之外，石油的长距离运输还要承担高额的运输成本，运送大量燃料也对人员的安全带来了巨大的风险，而且后勤组织的复杂性和成本也越来越高。由此可见，过度依赖海外进口其风险十分巨大。

5. 石油储备量少

战略石油储备的真正意义是为了应付突发事件，保障国家、社会与企业的石油安全供应。

建立完善的石油储备也是确保国家石油安全，尤其是应对因战争等因素影响石油进口的途径之一。国际经验表明，战略石油储备是石油安全战略的核心内容，建立必要的战略石油储备，不仅可以防止石油供应中断时对国民经济造成的损失，还可以在油价暴涨的情况下，起到稳定市场的作用。美国战略石油储备库从1977年开始注入石油，其质量上高于市场上一般的原油，而且成本更低。即使国际石油供应全部中断，美国战略石油储备也可供全国消费一百天以上。日本从1978年开始推进国家石油储备，其目前的石油储备量可供其消费169天，居世界第一。对于我国这样一个能源消费大国，石油战略储备是十分重要的，而我国目前的石油储备还处于生产性储备阶段，常规储备量不到美国、日本等国家储备量的二十分之一，难以承担补充国家石油储备和调节油价的作用。低储备量严重影响我国的石油安全及经济安全。

由此可见，能源安全对中国的经济发展和国家安全有着不容忽视的影响。为了保障国家能源安全，解决现阶段存在的主要问题，应推进能源互联网的建设。

能源互联网是一种互联网与能源生产、传输、存储、消费以及能源市场深度融合的能源产业发展新形态，具有设备智能、多能协同、信息对称、供需分散、系统扁平、交易开放等主要特征。在全球新一轮科技革命和产业变革中，互联网理念、先进信息技术与能源产业深度融合，正在推动能源互联网新技术、新模式和新业态的兴起。能源互联网是推动我国能源革命的重要战略支撑，对保障国家能源安全，提高可再生能源比重，促进化石能源清洁高效利用，提升能源综合效率，推动能源市场开放和产业升级，提升能源国际合作水平具有重要意义。

《关于推进“互联网+”智慧能源发展的指导意见》中明确提出“多能协同”，其为能源互联网划清了产业边界。从煤、油、气管网智能化到冷、热、电多能融合，均在能源互联网产业发展规划中，而不仅仅局限于电力。从系统运行的角度来看，包含多种能源相互补充、互为备用的能源互联网体系，可以有效提升能源系统运行的安全性和可靠性；从能源互联网企业的角度来看，意味着市场规模份额的扩大，由于能源智慧化技术在基础技术架构层面是相似的，因此能源互联网企业就有了跨界的可能，从而有了更广阔的发展空间。

能源互联网的推广有效解决了以下问题。

1. 提高可再生能源比重，保障能源来源

发展使用清洁能源的能源互联网，未来世界能源可实现低成本、充足供给。全球配置的能源市场将建立秩序井然的能源供需调节机制，健全的能源互联网系统将较少地受到金融操控、商业投机、地缘政治、自然灾害等因素的影响，保证能源来源，避免能源价格暴

涨暴跌。能源互联网通过建设智能风电场、智能光伏电站等设施及基于互联网的智慧运行云平台，实现可再生能源的智能化生产，推动对散烧煤等低效化石能源的清洁替代，实现化石能源绿色、清洁和高效生产；建设与化石能源配套的电采暖、储热等调节设施，发展天然气分布式能源，增强供能灵活性、柔性化，实现化石能源高效梯级利用与深度调峰。加快化石能源生产监测、管理和调度体系的网络化改造，建设市场导向的生产计划决策平台与智能化信息管理系统，完善化石能源的污染物排放监测体系，以互联网手段促进化石能源供需高效匹配、运营集约高效。水电、风电、太阳能发电等集中式和分布式电源的大规模接入，实现供用电关系的灵活转换。依托大电网控制技术、信息通信技术等，可精确预测用电负荷，动态调整电力系统结构，保障跨国跨洲电网安全稳定运行。可以看出，能源互联网抵御风险的能力更高，能够更高效地应对台风、地震等灾害及外力破坏。并且，通过发展能源互联网，用可再生能源代替化石能源，降低石油依存度，减轻了我国对国外进口能源的依赖程度，实现自给自足。

2. 发展储能，优化资源配置

带有储能的分布式能源网络是能源互联网的重要组成部分，储能应用于电力系统中，将改变电能生产、输送和使用同步完成的模式，弥补电力系统中缺失的“储放”功能，以达到优化电力资源配置、提高能源利用效率的目的。储能技术进步还带动了电动汽车的迅速发展。

能源互联网通过开发储电、储热、储冷、清洁燃料存储等多类型、大容量、低成本、高效率、长寿命储能产品及系统，推动在集中式新能源发电基地配置适当规模的储能电站，实现储能系统与新能源、电网的协调优化运行。通过整合小区、楼宇、家庭应用场景下的储电、储热、储冷、清洁燃料存储等多类型的分布式储能设备，及社会上其他分散、冗余、性能受限的储能电池、不间断电源、电动汽车充放电桩等储能设施，建设储能设施数据库，可将存量的分布式储能设备通过互联网进行管控和运营。建设基于电网、储能、分布式用电等元素的新能源汽车运营云平台，将促进电动汽车与智能电网间能量和信息的双向互动，应用电池能量信息化和互联网化技术，探索无线充电、移动充电、充放电智能导引等新运营模式。积极开展电动汽车智能充、放电业务，探索电动汽车利用互联网平台参与能源直接交易、电力需求响应等新模式。充分利用风能、太阳能等可再生能源资源，可在城市、景区、高速公路等区域因地制宜建设新能源充、放电站等基础设施，提供电动汽车充、放电及换电等业务，实现电动汽车与新能源的协同优化运行。储能技术的提高可以提升整个电网的稳定性，使能源使用更具有灵活性。

3. 因地制宜，保证能源供应

随着军队信息化的加速推进和信息化武器装备的不断增多，军事基地、军事部署及军事行动对电能的依赖程度越来越高。为了提高电能供应的稳定可靠，建立微电网势在必行。部队建立军事微电网，就是就地利用军事基地（设施）所在地区的太阳能、风能、地热能及其他分布式能源，构建的可以独立运行的供电网络系统，这样可以降低能源开支，就地取材，就地使用，减少运输开销，还可以摆脱对商业电网的依赖。军事微电网相对独立，自给自足，即使在商业电网被破坏的情况下，使用军事微电网的军事基地也可以通过可再生能源发电，从而维持数星期或数月的关键业务“离网”运行，保障了军事作战的能源供应安全。另外，微电网可以有效解决海岛的电力供应问题。海岛的发展需要安全、可靠的能源动力和充足的水资源作为保障，而多数海岛电力供应紧张，供电可靠性不高。建设海岛微电网，利用可再生能源发电为岛上居民及海水淡化提供电力供给，可以解决传统能源危机和淡水资源短缺两大问题。近年来海岛的保护、开发成为海洋事业的热点，有关国家都在积极研究和建设海岛微电网，其技术装备水平、装机规模均不断提升，我国也建设了多个不同规模的海岛微电网工程。海岛微电网从大类上可以分为并网型和离网型，主要构成基本相同，充分利用岛上丰富的风能、光能等清洁能源，一般以最小化投资运行成本和最大化可再生能源利用效率和可靠性为目标，为海岛提供清洁、稳定、安全的电力。未来的海岛微电网可以实现对绿色能源发电、多元化储能系统、不同能量转换装置以及冷、热、电多样性负荷的精确和人性化控制，最大程度地利用可再生能源，最大限度地降低各类损耗和灾害影响，最大化地提升运行可靠性和灵活性，满足海岛可持续发展的多样性功能需求。海岛微电网将成为未来能源互联网中的一个闪亮节点。

第2篇 技术篇

- ⏭ 能源互联网关键技术概述
- ⏭ 多能协同的规划设计
- ⏭ 信息物理能量系统：能量和信息融合技术
- ⏭ 能源与信息基础设施的协同
- ⏭ 能源互联网的关键设备——能源路由器
- ⏭ 新型能源网络——直流电网技术
- ⏭ 能源互联网与可再生能源消纳
- ⏭ 能源互联网与全成本电价
- ⏭ 能源互联网下的信息与计算
- ⏭ 能源转化的关键设备——热电气冷，与可再生能源协同互联网
- ⏭ ICT 与能源互联网
- ⏭ 能源互联网+ICT
- ⏭ 能源互联网标准
- ⏭ 让能源无处不在——无线电能传输技术及其应用
- ⏭ 能源互联网与绿色交通

能源互联网关键技术概述

清华大学　高峰

1　背景

能源互联网作为能源技术和互联网技术与思维的深度融合，是我国能源技术革命的具体实现，为能源环境的可持续发展与经济健康增长提供有效支撑，并将助力中国引领第三次工业革命。从国家层面开展能源互联网的顶层设计，是有序推进我国能源互联网建设的重要保障。需要把握能源互联网的形态和特征，分析技术发展的趋势，结合市场环境，实现技术创新，支撑创新商业模式，支撑我国能源战略，把握第三次工业革命带来的机遇。

能源互联网涵盖了材料、器件、设备、系统、通信、信息等多方面的技术环节，以及政策、金融、运营、管理、标准、市场准入（检测认证）等多方面的非技术环节。能源互联网的发展需要在“能源生产、能源储运、能源消费、能源管理”各个环节，针对每个重点创新研究方向，分别开展基础前沿技术创新研究、关键技术与设备攻关研究、示范应用与产业转化研究。

2　能源互联网的概念和体系架构

能源互联网是以可再生能源为优先，电能为基础，其他能源为补充的集中式和分布式互相协同的多元能源结构，同时通过以互联网技术为管控运营平台，实现多种能源系统需供互动、有序配置，进而促进社会经济低碳、智能、高效的平衡发展的新型生态化能源系统。

如图 1 所示，能源互联网可以划分为物理基础网络、信息数据平台和价值实现平台，每层的功能要求及具体内涵如下。

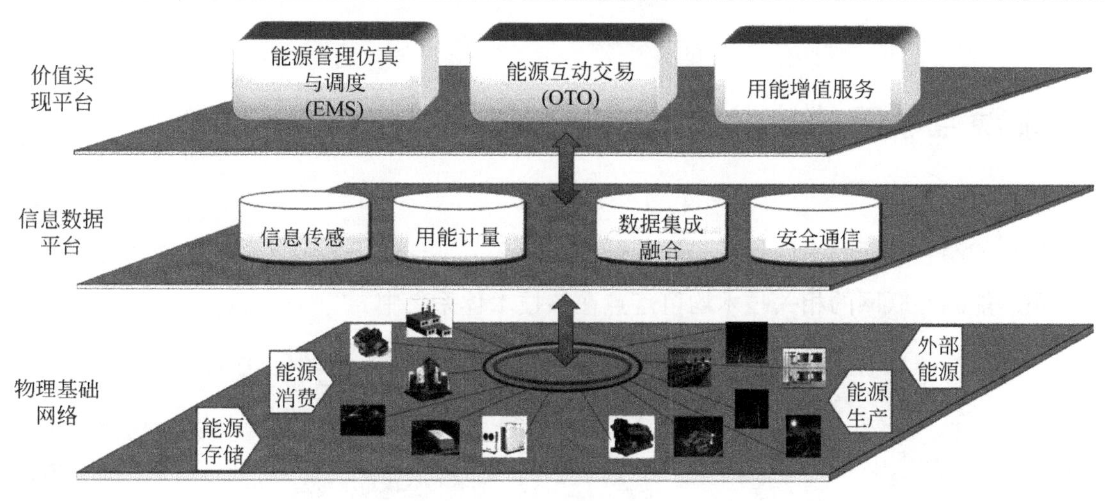

图 1　能源互联网架构

2.1　物理基础网络：实现多能融合能源网络

以电力网络为主体骨架，融合气、热等网络，覆盖包含能源生产、能源传输、能源消费、能源存储、能源转换的整个能源链。能源互联依赖于高度可靠、安全的主体网架（电网、管网、路网）；具备柔性、可扩展的能力；支持分布式能源（生产端、存储端、消费端）的即插即用。

2.2　信息数据平台：实现信息物理融合能源系统

多种能源系统的信息共享，信息流与能量流通过信息物理融合系统（CPS）紧密耦合，信息流将贯穿于能源互联网的全生命周期，包括其规划、设计、建设、运营、使用、监控、维护、资产管理和资产评估与交易。智能电网在信息物理系统融合方面做了很多基础性的工作，实现了主要网络的信息流和电力流的有效结合。

2.3　价值实现平台：实现创新模式能源运营

创新模式能源运营要充分运用互联网思维，利用大数据、云计算、 移动互联网等互联网技术，实现互联网+能源生产者、能源消费者、能源运营者和能源监管者的效用最大化，是充分发挥“‘互联网+’对稳增长、促改革、调结构、惠民生、防风险的重要作用”的核心所在。

3　能源互联网的技术体系

结合能源互联网的三层体系和能源链的 5 个环节，形成了如图 2 所示的能源互联网技术体系。能源互联网的相关技术均可落点在该技术体系之中。

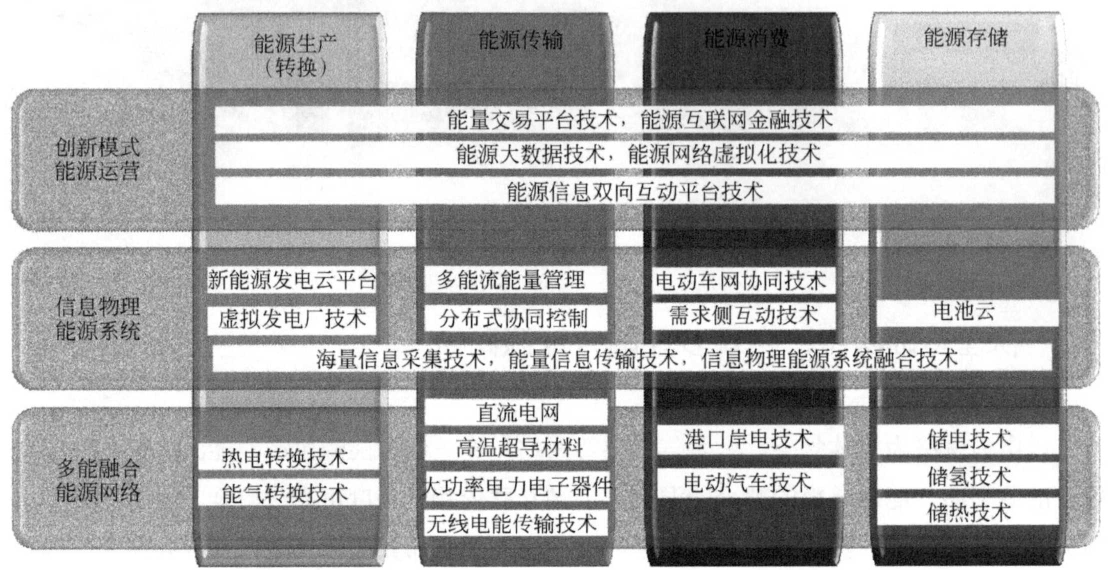

图 2　能源互联网的技术体系

3.1　能源互联网的支撑技术

3.1.1　多能融合能源网络支撑技术

（1）能源生产技术

能源互联网在能源生产环节需要在传统能源生产技术如热电联产技术基础上，更加关注新能源和分布式能源生产技术。

（2）能源转换技术

能源转换是多能融合的核心，其包括不同类型能源的转换（切换）以及不同承载方式能源的转换（变换）。不同类型的能源转换（切换）在能源生产端除了通常的利用发电机等各种技术手段，将一次能源转换成电力二次能源外，还包括如电解水生成氢燃料，电热耦合互换等多种形式；在能源消费端，能源转换（切换）是能源消费者可以根据效益最优的原则在多种可选能源中选择消费。不同承载方式的能源转换（变换）主要体现在能源传输环节。

（3）能源存储技术

能源存储技术主要有物理储能、化学储能、电磁储能、热能存储、氢能及燃料电池五大类十几种技术。目前，储能技术处于快速发展阶段，未来在可再生能源消纳、提供电力辅助服务、电动汽车、电力需求响应等多个方面都存在广阔的应用前景，是支撑能源互联网运行的关键技术。大容量、低成本、长寿命的新型储能技术，包括替代传统铅酸电池的钠盐电池，可快速充放电、长寿命的锂离子电池，高储能密度的超级电容等，为能源互联网中大容量、分布式能量缓存需求提供支撑，是未来储能技术的共同发展方向。

（4）能源传输技术

能源传输网络除了大家熟知的输油管道、输气管道等非电能源传输网络外，更主要的是传输电力能源的电力网络。电力传输网从最早的直流网络过渡到了交流网络，交流电力网络成为最近几十年最主要的电力输送网络。近几年在高压输电领域，随着需要传输的电力容量越来越大、距离越来越远，出现了特高压输电网络需求，与此相关，特高压运行理论研究、特高压电力装备和试验设备、特高压网络的保护控制装备的研发和生产技术，取得了一系列重大突破，并成功应用于工程实践。此外，基于局域通信网的网络式保护技术研究取得了突破，可适应现代主动配电网的需求，需要在保护原理进一步完善的基础上，进行推广应用研究。为防止配电网络故障引起的电压骤降对敏感用户的影响，快速断路器技术、固态断路器技术的研究也需要加强。

（5）能源消费技术

能源互联网下物理层的能源消费技术主要包括以下两个方面。

① 电动汽车技术

电动汽车是接入能源互联网最重要的移动设备，电动汽车能够同电力系统完美融合，成为能源互联网的核心之一，发挥多元作用。电动汽车将会是电力网络比重庞大的负荷，同时具有大规模能量存储能力。新能源汽车是能源互联网非常重要的组成部分，既是能源的使用者，也是能源的创造者、能源的存储单元和能源的传输主体。

② 港口岸电技术

港口岸电或岸基供电（简称 AMP）指船舶靠港期间，停止使用船舶上的发电机，而改用陆地电源供电。采用岸电措施后，可将靠港船舶的温室气体和污染物排放量减少 90%以上，显著改善了港口地区的空气质量和环境卫生。瑞典 2000 年率先采用，美国 2001 年采用，中国 2010 年开展示范工程。

3.1.2　信息物理能源系统支撑技术

信息物理能源系统包括能为能源互联网提供数据传输、资源共享的大规模、跨区域网络，包括这类网络末端的数据采集和系统控制节点，用以支持实现能源互联网中相关设备的互联和互操作。

（1）信息物理融合通用技术

信息物理融合通用技术主要包括：

- ❑ 海量信息采集技术；
- ❑ 能量信息传输技术；
- ❑ 信息物理能源系统融合技术。

（2）能源生产（转换）信息物理融合技术

能源生产领域信息物理融合现有支撑技术主要关注于安全生产、提高能源生产效率、降低生产设备运维成本。能源生产领域的新型信息物理融合技术更应关注于能源交易、辅助服务、降低信息系统本身的运维成本等。

① 虚拟发电厂技术

虚拟电厂是将分布式发电机组(Distributed Generation，DG)、可控负荷(Dispatchable Load，DL)和分布式储能设施(Distributed Energy Storage，DES)有机结合，通过配套的调控技术、通信技术实现对各类 DER 进行整合调控的载体。虚拟发电厂具有多样化电源集成的互补性和丰富的调控手段。因此，虚拟发电厂在电力市场中既可以参与前期市场、实时市场，也可以参与辅助平衡市场，改变可再生能源一向被动的局面。

② 新能源发电云平台技术

以传统互联网和大数据技术为基础，同时结合新能源和分布式电厂的运营技术、行业开发技术、管理技术，实现新能源发电云平台，可以对新能源电站发电情况进行实时集中监控、功率控制和能量管理，实现发电量损失降低，提升运营效率。最后通过大数据挖掘技术进行发电厂的亚健康诊断和故障预警。此外，还可以为每个电站进行全生命周期的资产风险评估和风险评级，从而判断电站的交易可能和潜在交易价值，降低电站投资风险，促进电站交易。在新能源发电资产都信息化、数据化之后，在此基础上创新商业模式的产生也会不断演化出平台，如能源资产交易平台、能源交易平台等。

（3）能源消费信息物理融合技术

能源互联网下信息层的能源消费技术包括以下 3 个方面。

① 需求侧互动技术

用户侧能源的互动、高效利用是能源互联网的终极目标，随着电力市场化逐步深入，用户侧用电呈现多样化发展，进一步提升的互动用电需求对灵活市场下的杠杆政策、新型用电元素的调控方式及互动策略都提出了新的挑战。

② 电动汽车协同技术

电动汽车的普及将改变能源消费的结构，是实现能源消费低碳化转型的重要途径。在此基础上，发展电动汽车充（放）电导引、充（放）电调控、参与电网优化运行、与新能源发电配合等，协同交通网、电力网和新能源发电层面的技术体系，将有效促进能源、交通和信息系统的融合，成为能源互联网的重要组成部分。

③ 电动汽车与电网互动

电动汽车与电网的互动技术包括电动汽车接入电网技术、电动汽车电池向电网放电技术、智能电网与电动汽车互联互通协同技术。通过电动汽车与智能电网的互动，实现电网大规模地接入电动汽车，通过电能在电动汽车和电网间的双向流动，实现削峰填谷、节能降耗目标。

（4）能源传输信息物理融合技术

电力传输网是能源传输的主要网络，现有的智能变电站系统、配电网自动化系统都是典型的 CPS 系统。配电自动化装置和配电自动化系统在配电网已广泛应用。基于故障指示器技术、地理信息系统（GIS）技术的配电网故障远程监测系统已经大量应用，并取得了较好的运行效果。但配电网单相接地故障检测技术的实用化程度还不够，针对具有大量分布式电源接入的主动配电网，其保护、运行控制、故障监测和故障定位技术还需要加强研究。

（5）能源存储信息物理融合技术

电池管理系统是实现电池成组、大规模应用的关键技术。其采集、分析电池模块的荷电状况、设备运行情况，并配合 SCADA 系统的指令，管理电池组进行充（放）电操作。SCADA 系统（数据采集与监视控制系统）采集、监视储能系统的运行，向上级管理系统（如电网的 SCADA 系统）传递运行数据，接收上级管理系统的操作指令，并下达给电池管理系统进行充（放）电操作。

3.1.3 创新模式能源运营支撑技术

（1）信息双向互动平台技术

用户参与并引导社会力量广泛参与是搭建能源互联网的关键，用泛在的可再生能源替代传统能源，可以降低产品成本，提高产品竞争力，并创造更多的就业机会。在能源互联网时代，部分传统优质电力企业将完成从传统的集电力生产、传输、运营于一体的单一电力能源生产商，转型成为电网管理运营服务的运营商。另外，创新型企业也将在能源互联网领域搭建类似“淘宝”这样的能源互动交易平台，从而真正实现能源的双向按需传输和动态平衡使用，最大限度地适应新能源的接入和生产。

（2）能源大数据技术

从能源设备全生命周期角度考虑，利用大数据技术，可以挖掘出零部件故障信息，追溯其在设计、制造、装配、运输、安装各个环节的潜在缺陷，快速找寻引起故障或失效的原因，及时提出关联性解决方案；依赖数据挖掘引擎，可以发掘产品设计仿真结果输入、输出之间的参数关联性，进而优化系统模型参数，提高数字化模型的准确性，缩短测试验证周期，进而降低产品设计研发成本。

（3）能源网络虚拟化技术

能源领域很多技术如需求侧互动、电力交易等领域，都需要更为灵活的网络架构支持。软件定义网络（Software Defined Network，SDN），是一种新型网络创新架构，是网络虚拟化的一种实现方式，其核心技术通过将网络设备控制面与数据面分离开，从而实现了网络流量的灵活控制，使网络作为管道变得更加智能。因此，在能源互联网领域，可以参考 SDN 技术和架构，使能源互联网架构更为灵活，以支撑未来业务和技术的发展。

（4）能量交易平台技术

主要考虑能源互联网的实现离不开市场机制，虽然由于市场模式或者说在市场模式基础上进一步衍生出的商业模式都没确定，但无论如何其实现都离不开交易平台支撑，从这个角度来说，现有的市场交易平台需要从海量用户接入、用户双向互动、售电公司代理竞价、跨国跨地区市场竞价等方面考虑对其支撑。

（5）能源互联网金融技术

互联网金融是目前互联网领域的热点研发方向之一。在能源互联网建设领域，将同样面对互联网金融的产品化。在传统能源产业同互联网结合的同时，需要在能源互联网领域建立信用机制，保障传输及交易安全。以区块链技术为代表的互联网金融技术是能源互联网的重要技术方向。

3.2　能源互联网的关键使能技术

能源互联网的关键使能技术是一项或者一系列能够体现能源互联网基本特征的支撑技术。如图 3 所示，能源互联网包括能源协同化、能源高效化、能源商品化、能源众在化、能源虚拟化和能源信息化 6 大特征。下面将针对这 6 大特征分别分析相应的关键使能技术。

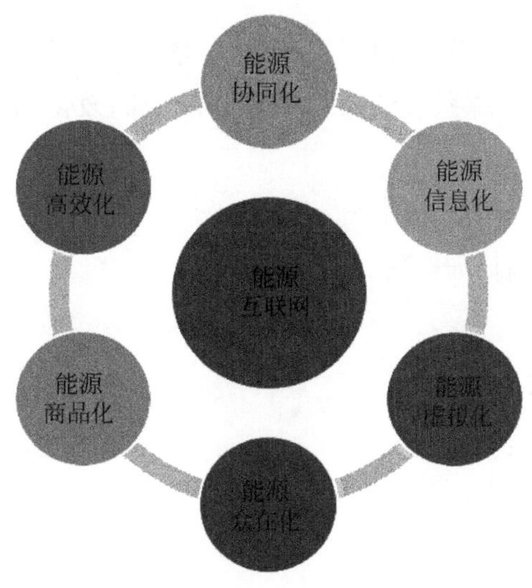

图 3　能源互联网的本质特征

3.2.1　能源协同化

能源协同化通过多能融合、协同调度，提升能源系统整体效率，资金利用效率与资产利用率。通过能源互联网技术可实现电、热、冷、气、油、煤、交通等多能源链协同优势互补，其潜在效益包括：在产能侧，通过储热、电制氢等方式，可以应对可再生能源的不确定性，减少弃风弃光，提高可再生能源的消纳能力，支撑高比例可再生能源的接入；在用能侧，通过多能综合利用，实现梯级利用和余能回收，提高一次能源综合利用效率，减少能源消耗和各种污染物排放等；多能源系统协同规划建设，可以减少重复建设导致的浪费，提高经济性；为用户多样化用能选择提供了优化空间，可以满足用户不同品位的能源需求，降低用能成本，提高供能的可靠性。能源协同化的关键使能技术包括以下几方面。

- ❑ 多能流能量管理；
- ❑ 分布式协同控制；
- ❑ 电动汽车协同技术；
- ❑ 新能源发电云平台；
- ❑ 热电转换技术；
- ❑ 能气转换技术；
- ❑ 储能技术。

3.2.2　能源高效化

能源高效化着眼于能源系统的效益、效用和效能。通过风能、太阳能等多种清洁能源接入，保证环境效益、社会效益。以能源生产者、能源消费者、能源运营者和能源监管者等用户的效用为本，推动能源系统的整体效能。能源高效化的关键使能技术包括以下几方面。

- 直流电网；
- 大功率电力电子器件；
- 高温超导材料；
- 网络友好型风力发电机；
- 无线电能传输技术；
- 电动汽车技术；
- 港口岸电技术。

3.2.3　能源商品化

能源具备商品属性，通过市场化激发所有参与方的活力，形成能源营销电商化、交易金融化、投资市场化、融资网络化等创新商业模式，探索能源消费新模式。通过以智能电网为配送平台，以电子商务为交易平台，融合储能设施、物联网、智能用电设施等硬件，以及碳交易、互联网金融等衍生服务于一体的绿色能源网络发展，实现绿色电力的点到点交易及实时配送和补贴结算，建设能源共享经济和能源自由交易，促进能源消费生态体系建设。能源商品化的关键使能技术包括以下两方面。

- 能源交易平台技术；
- 能源互联网金融技术。

3.2.4　能源众在化

能源生产从集中式到分布式到分散式实现泛在，能源单元之间对等互联，使能源设备和用能终端基于互联网进行双向通信和智能调控，实现分布式能源的即插即用，逐步建成开放共享的能源网络。能源链所有参与方资源共享、合作，将促进前沿技术和创新成果及时转化，实现开放式创新体系，推动跨区域、跨领域的技术成果转移和协同创新。能源众在化的关键使能技术包括以下几方面。

- 能源大数据技术；
- 能源信息双向互动平台技术；
- 能源路由器；
- 电动汽车技术。

3.2.5 能源虚拟化

虚拟化是指通过软件方式将物理资源抽象成虚拟资源，以提升物理资源利用率。能源虚拟化在物理基础层按照共享、可调度、可重用的模式设计而形成物理资源池，以按需分配、灵活组装、动态调度的方式来提供物理资源服务，涉及的物理资源包括化石能源（煤炭、石油、天然气）、非化石能源（水能、核能、风能、太阳能、生物质能等）及能源输送网络（含储能、能量形态转换等装置/设备/系统，涉及电力系统、石油天然气系统、交通运输系统等）。通过对物理资源的描述、抽象、配置、调度等，实现物理资源池的虚拟化。多个虚拟资源聚合形成虚拟资源池，在虚拟资源池之上，形成虚拟网络。虚拟化前，无论是电力系统还是石油天然气网络系统，其硬件与软件资源独立，软件必须与硬件紧耦合。虚拟化后，硬件和软件资源抽象成共享资源池；软件与硬件解耦，上层操作系统从资源池中分配资源。当软件与硬件彻底解耦时，可以实现软件定义每一件事（Software Defined Everything，SDE）。

能源虚拟化的关键使能技术包括以下几方面。

- ❑ 需求侧互动；
- ❑ 虚拟发电厂；
- ❑ 电池云；
- ❑ 能源网络虚拟化技术。

3.2.6 能源信息化

能源信息化基于能量流和信息流的融合，能源链的资源和信息共享，实现互联网与现有业态无缝对接的使能技术。能量信息化与互联网化管控的核心思想是在物理上把能量进行离散化（碎片化），进而通过计算能力赋予能量信息属性（信息化），改变能量的时空控制粒度，实现未来的个性化定制化的能量运营服务。基于能量信息化与互联网化技术，使能量变成像计算资源、带宽资源和存储资源等信息通信领域资源一样进行灵活地管理与调控，从而使供电与负载在用户侧无缝融合，从而支撑能源互联网发展中技术体系、模式与思维创新的需要。能源信息化的关键使能技术包括以下几方面。

- ❑ 海量信息采集技术；
- ❑ 能量信息传输技术；
- ❑ 信息物理能源系统融合技术。

4 能源互联网的技术标准

纵观能源互联网的技术发展和需求，给出能源互联网的标准体系内容，如图 4 所示。整个标准体系的内容以能源域、系统域和工作域三个维度的标准为支撑，以总体概述为引导，以测试评价为保障，将能源互联网的标准从不同的角度全方位地进行描述。

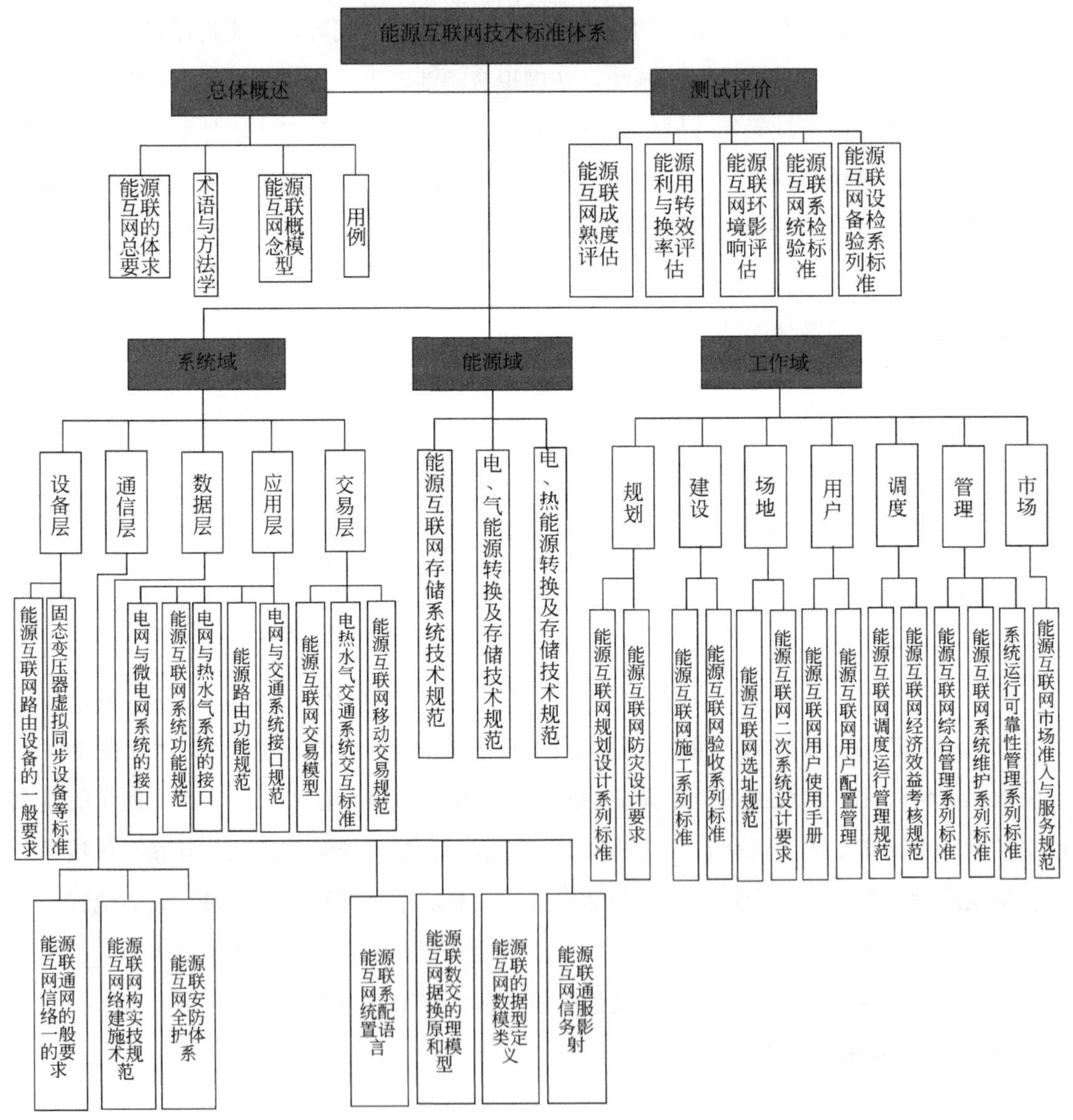

图 4 能源互联网的标准体系内容

5 小结

能源互联网的关键技术是构建能源互联网的核心支撑和关键要素，是开创能源使用新时代的基础保障。能源互联网关键技术的研究将为能源变革注入新的核心技术理念，提供新的发展动力。从能源互联网的基础物理技术到决策分析技术，从设备层标准到使用效率评估标准，在各个方面保障能源利用新模式的建设和能源利用效率的提高，保障各种服务与交易的提供，实现能源互联互通和资源共享，实现能源变革的长远目标。

多能协同的规划设计

清华大学　程林

现有能源系统中，各能源（电、气、冷、热、交通）的规划设计是解耦进行的。实际上，当前一些技术已将各类能源系统紧密地联合在一起，如燃气冷热电联供（气、电和热）、电动汽车（电和交通）、热泵（电和热）、太阳能热发电（电和热）、燃料电池（气和电）等。与独立的能源供给系统相比，综合能源系统在技术、环境、社会效益方面更有优势，体现在以下几方面。

- 提高能源供应充裕性和安全性；
- 提高系统能源的利用效率；
- 促进可再生能源的利用；
- 从系统层面优化集中和分布式资源。

本节将从规划范畴、规划方法、规划方案评估几个方面，对综合能源系统规划设计的要点进行阐述。

1　综合能源系统规划范畴分类

从地理范围看，综合能源系统可以小到单个建筑物，大到一个区域、一个城市乃至一个国家。对于一个建筑物，其冷、热、电、气供应存在多种解决方案，如采用屋顶光伏、燃气发电或者购入市电，采用空气源、地源热泵或燃气锅炉供热等，采取何种供能方案将影响建筑物的能源利用效率和经济性。建筑物多能源的供应和需求关系可用 energy hub 模型描述，如图 1 所示，来自外部的电力、天然气、太阳能经变压器、内燃机冷热电联供系统、光伏发电装置、热泵转换为建筑物所需的电、热、冷需求，利用 energy hub 模型可以将建筑物的能源供应表达为各负荷需求的线性函数，进而用以确定建筑物内各能源转换装置的配置方案和容量。

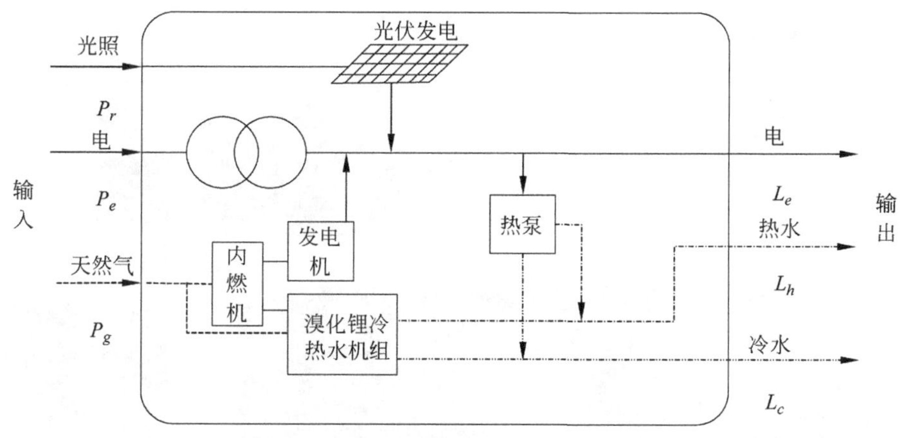

图 1　建筑物综合能源系统的 energy hub 模型

在用能密度较大的区域，规模效应下，区域集中式的能源供应在经济和环境效益上通常优于多个独立的能源供应系统。如百兆瓦（MW）级的区域集中供暖系统优于小于 10MW 小锅炉供暖系统；与单体建筑独立配置中央空调系统相比，采用区域供冷系统可减少制冷机组总装机容量约 20%～30%。区域型综合能源系统可覆盖数十平方公里的范围，如图 2 所示为区域综合能源系统示意图。区域综合能源系统可包含相对集中的冷、热、电供应设施，同时也包含分布在各用户的 energy hub 集合，集中式能源供应和各分散的 energy hub，通过配电线路、热力管、天然气管道等网络互联。区域能源系统的规划设计受到各能源供应网络服务能力的制约，如表 1 所示为典型能源供应的服务半径，各能源的服务半径与能量的品质、供能密度、损耗特性等密切相关。同时，区域能源供应网络结构存在多种形式，如环形或链式的配电网络，单热源枝状热网和多热源环状热网，一级或多级气网，如图 3（a）所示为包含多个分布式电源的链式配电网结构示意图，如图 3（b）所示为多源环状热网结构示意图。在 energy hub 模型基础上，引入针对供能网络约束的多能量混合潮流模型，可完整描述区域能源系统从能源输入、转换生产、传输到消费环节的关系。区域能源供应系统中能量转换的方式、集中式能源供应站的容量和布局、能源网络的结构和互联方案等，都是区域能源系统规划中需要考虑的内容。

若干个区域综合能源系统构成了智慧城市的能源系统，在城市能源系统中，区域系统可视为“多能源微网”，其具有独立的能量管理平台，并可与外部系统进行能量交易，在城市能源系统规划中，城市能源系统的规划需重点考虑能源供应的安全性和可持续性，建设统筹协调的能源供应骨干网络。

类似地，综合能源系统可扩展至一个国家或更大的地区，这些系统中能源的生产、传输和利用将采用更加宏观的描述方法，其涉及大规模可再生能源的利用、远距离的能量传输、长期和广域空间能源供应和需求的匹配。

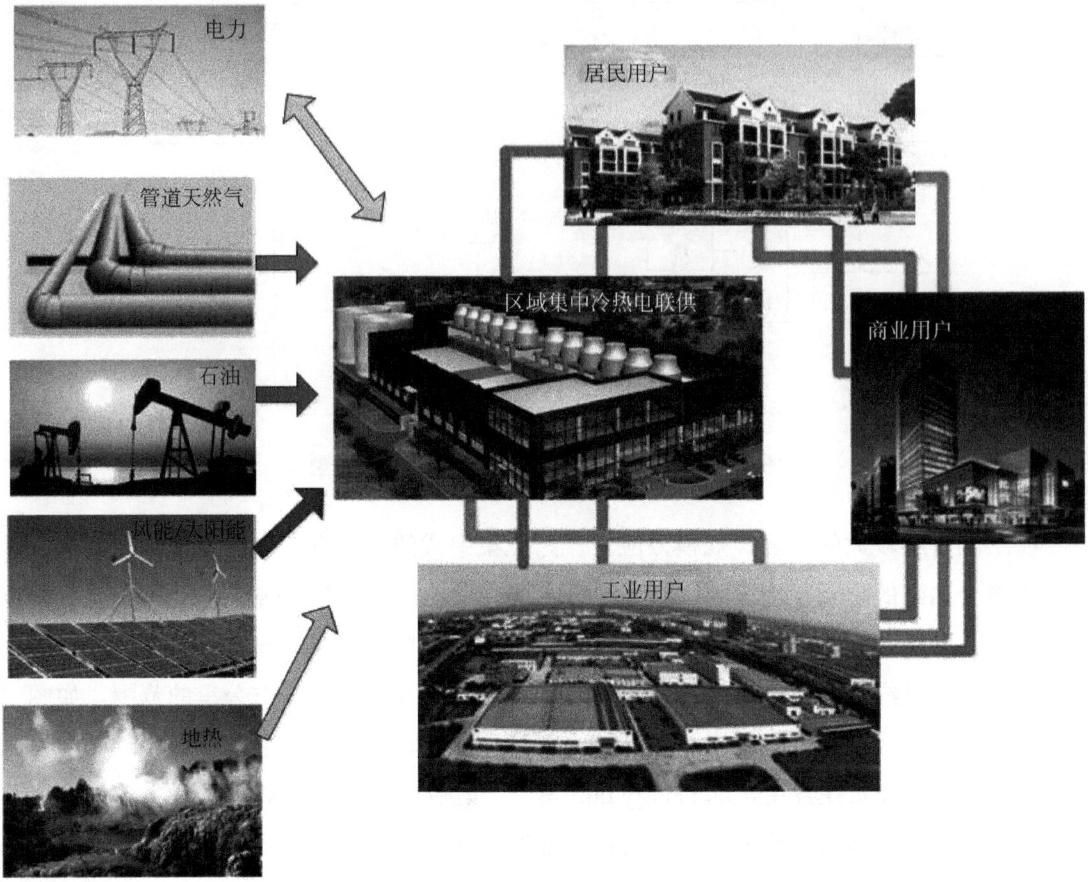

图 2　区域综合能源系统示意图

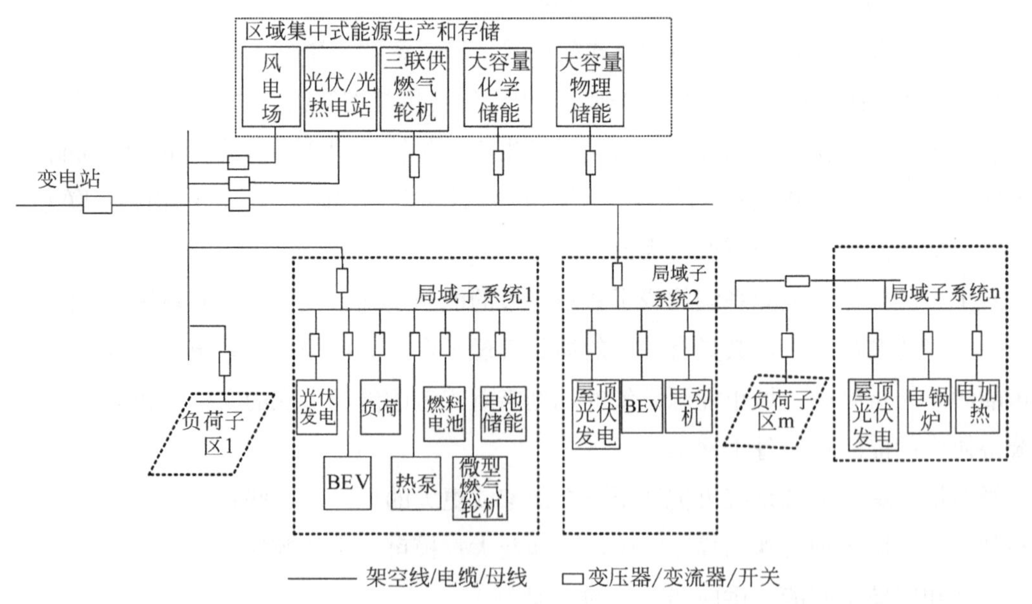

（a）链式配电网

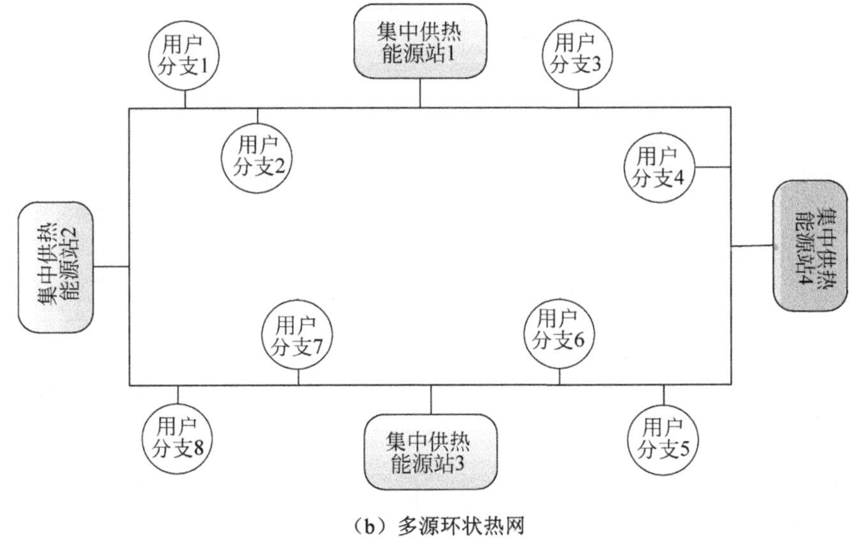

（b）多源环状热网

图 3　区域综合能源系统中的能源供应网络结构

表 1　各能源供应服务半径

能源形式	服务半径（km）
电力（10kV）	3～15
高温热水（≥110℃）	20
高压蒸汽（>3MPa, 240℃～300℃）	10
冷水（5℃～12℃）	1.5
中压管道燃气（0.2<P≤0.4MPa）	2～3（环线边长）
加油站/电动汽车充电站	0.9～1.2

以上从地理范畴对综合能源系统进行了基本描述，其可大致分为①建筑物能源系统；②区域能源系统；③城市能源系统；④国家和地区能源系统。

在地理划分的基础上，综合能源系统还可按照提供输入或输出的能源类型进行进一步划分。综合能源系统的能源输入可为风能、太阳能、地热、生物质等新能源，也可为煤、天然气、石油等化石能源，综合能源系统的输出即所提供的服务，可涵盖电能、燃气、冷/热供应、交通服务等。

2　自下而上的综合能源系统一体化规划方法

现有能源系统规划通常从供需关系出发，分别进行各能源的专项规划。以城市规划为例，如图 4 所示，电、热、气、交通各项规划独立进行。而实际过程中，各专项规划交互影响，可能带来负荷重复计算、占地冲突、能源结构不合理等问题。

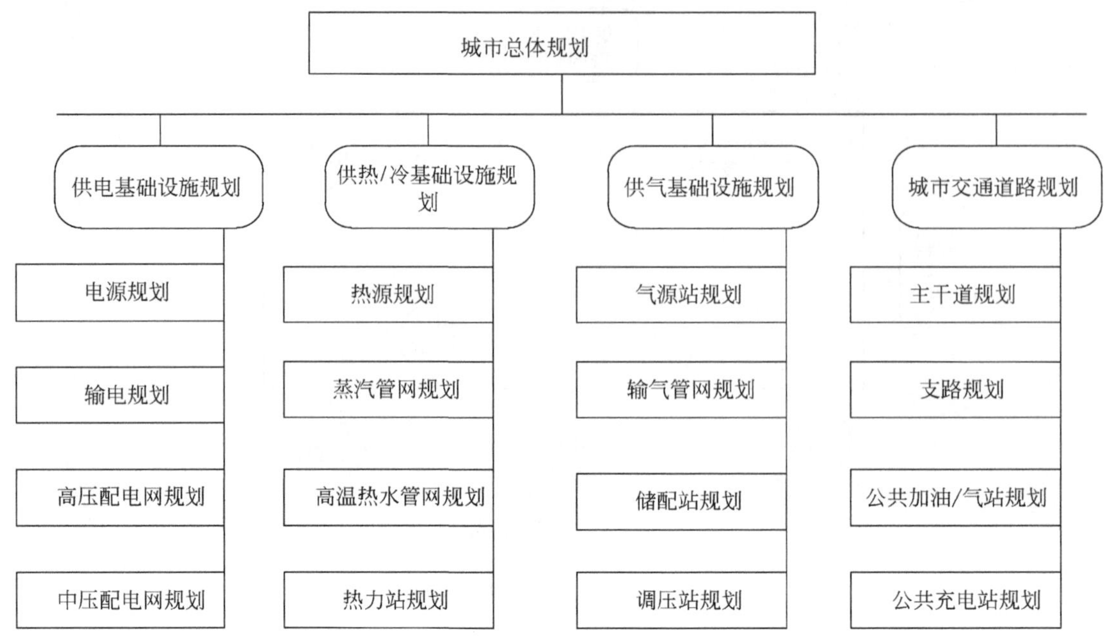

图 4　城市规划中各专项能源供应规划

在综合能源系统规划中，各能源系统的规划是一体的，如何在各能源交互影响和约束关系下，实现能源供应和需求的优化匹配是综合能源系统规划设计的关键问题。该问题可描述为：在一个限定的地理区域和规划周期内，满足用户冷、热、电、气等多种用能需求下，确定各能源资源的优化配置，各能源转换及存储技术类型和容量的组合，以及各能源供应网络的布局，使得系统在技术、经济、能效、环境效益等方面的多个目标下达到最优。

与单一能源规划相比，综合能源系统规划不仅为一个多目标优化问题，还面临着更多的复杂性和不确定性，包括：更多的优化对象，如在 CCHP 系统中，热电比例、蒸汽压力、冷热水温度、管网的直径和长度等都是待确定的变量；各能源耦合和转换带来复杂的约束关系；能源输入和输出中存在多重不确定性和相关性，如能源输入中风能、太阳能等能源的不确定性，以及能源服务中各种用能需求的不确定性，同时输入输出之间还可能存在时间或空间上的某种相关性，如气象变化将同时对风电、光伏发电和用户的冷、热需求造成影响；各能源的服务半径和动态特性的差异，使优化模型在时间和空间尺度的选择上难以把握。

上述因素使得综合能源系统的规划工作面临很大的挑战。现有规划工作中通常采用自上而下（top down）的方法，即先进行大范围的主要能源产生和传输规划，再进行局部区域的能源供应规划。对于各种能源交互影响的综合能源系统，这种方法难以进行，此时宜采用自下而上（bottom up）的规划方法。以区域综合能源系统为例，其涉及各用户本地能源供应、区域供能网络以及区域集中式供能装置的协同规划。如图5所示，规划工作分为两层，首先基于区域内各用户的多种用能需求，结合用户本地的资源条件，进行各用户本地能源供应系统（可理解为一个energy hub）的优化设计，在此基础上，明确各energy hub与外界的能量交互需求，再对区域集中式供能装置和网络进行优化配置和布局，当区域层的规划设计无法满足一些用户的需求时，再对用户能源供应系统进行调整，如此往复，达到各用户本地供能与区域集中式供能的协同规划。

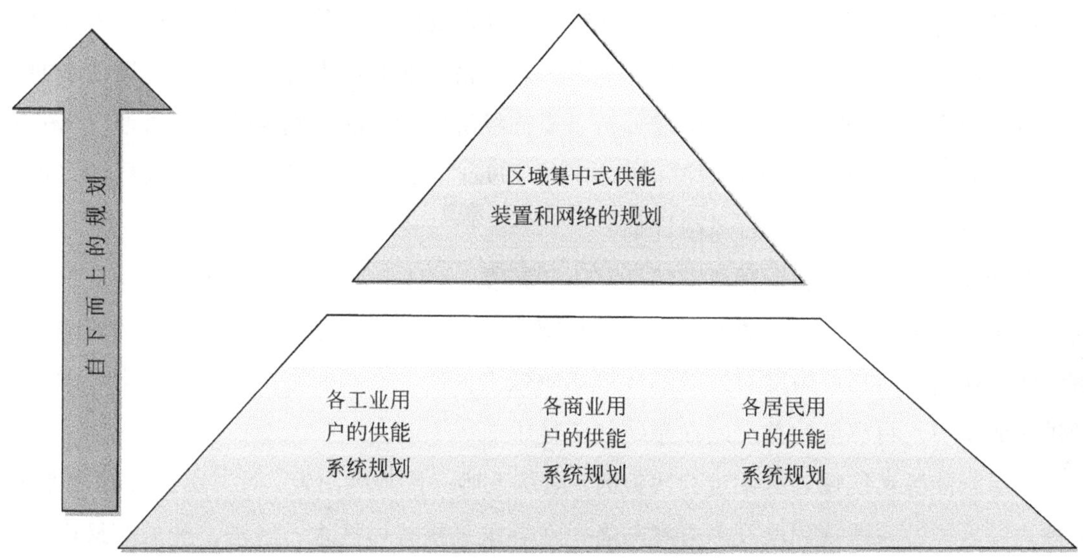

图5　自下而上的区域综合能源系统规划

3　综合能源系统规划方案的评估

综合能源系统的评价大体可从能源利用、经济性和环境三方面视角出发。不同的评价指标涉及的时间尺度不同（从小时到年），一些指标可采用确定性方法计算，而一些需要对其概率进行表述，一些指标是绝对值，而一些指标为相对值。在建立综合能源系统的评价指标体系时，也需要对应建立各指标的计算方法。

能源利用指标中，常见的输入输出能量转换效率不足以反映综合能源系统的整体性能，因此引入一些相对指标。例如，在三联供系统中，通常用一次能源利用率（PER）描述系统的能效，该指标定义为系统所提供能量与系统所消耗一次能源能量的比值，但该指标没有区分系统所提供不同能量的品质。因此，有文献提出了能源节约率（PES），定义为系统相对于单独提供冷、热、电所节约的一次能源比率，对于季节性的冷、热供应，应至少以年为时间尺度计算 PES。另外，㶲效率也是综合能源系统能源利用评估的重要指标，㶲效率以热力学第二定律为指导，既能反映能的数量，又能表示能的质量的有效利用程度，可更恰当地表述综合能源系统中能量转换和利用过程的特性。

经济性评价是综合能源系统规划方案决策的重要依据，常见的经济性评价指标包括投资回收年限、方案总费用年值、净现值等。在规划阶段，也需考虑系统的经济运行，以合理计算成本和收益。综合能源系统的运行成本和收益，很大程度上取决于各能源的市场价格，经济㶲效率指标依据各能量的市场价格，计算系统提供能量的总价格和输入能量总价格的比值，可粗略表征系统的经济性。能源市场价格、能源需求等都是经济性评估中的敏感因素，通常对这些因素进行敏感性分析以掌握经济性指标的不确定性。也可通过 Monte Carlo 仿真，计算系统在计算周期过程中的成本和收益，统计得到净现值、回收周期等指标的概率，对系统建设投资进行风险评估。

综合能源系统的环境指标通常包括 CO_2 排放量、CO_2 排放减少率、污染物排放量等，其中 CO_2 排放减少率为相对性指标。一般计算中，只考虑系统运行阶段对环境的影响，也有一些工作从生命周期角度对系统的环境影响做出评估。有些研究中将环保因素考虑在能源供应成本中，将环境效益反映在系统经济性中。

对综合能源系统规划方案进行决策时，应从上述评价角度出发，对方案进行综合评估。另外，综合能源系统规划涉及多方参与者，在寻求系统整体技术、经济、能效等最优的同时，还涉及多方利益诉求的均衡，涉及一些难以量化表述的因素，这增加了综合能源系统评价的难度。

4　综合能源系统的规划流程

如同传统规划工作，综合能源系统的规划工作同样包含调研收资、需求预测、制定规划方案、规划方案评估和决策几个阶段。以区域综合能源系统为例，如图 6 所示，首先收集规划所需的经济环境、技术发展、能源政策等外部信息以及相关历史运行数据，掌握用户的用能特性，并对用能源需求做出预测；对区域内各用户本地的能源供应设施的容量和类型进行优化，实现与其用能需求的匹配；掌握各本地能源供应系统与外部网络的交换功率特性，对区域供能网络进行规划，同时对区域内相对集中的电源、热源、储能等进行布局。在完成上述工作后，可基于规划方案的运行模拟结果对规划方案进行评估和决策。

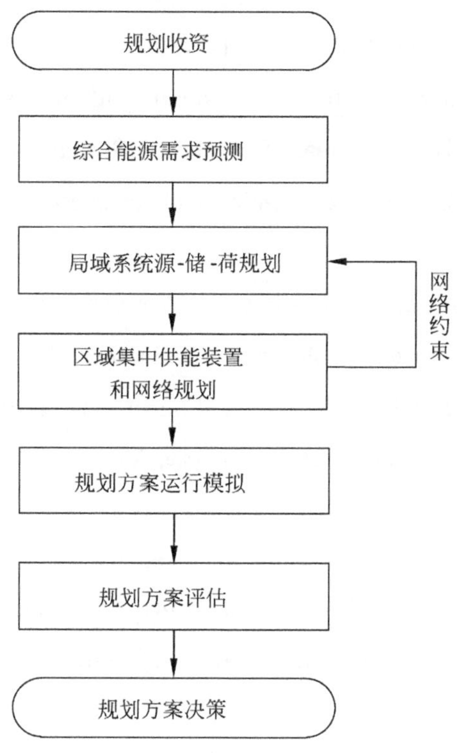

图 6　区域综合能源系统基本规划流程

综合能源系统的规划受到多方面因素的影响，包括规划区域的地理条件、气候特点、用能密度、能源价格、政策环境等。上述任何因素的变化，都会影响系统规划方案的设计，需要具体问题具体分析。国内外一些研究机构已开发了综合能源系统规划的支持工具，如 DER-CAM、HOMER、EnergyPLAN、eTransport、Balmorel 等，这些工具适用于不同规模和能源类型的综合能源系统，优化方法、目标及评估功能也不尽相同。综合能源系统要实现能源供应和冷、热、电、气、交通需求的精细化匹配，并实现局部系统优化和全局优化的平衡，与传统单一能源规划相比具有高度的复杂性和不确定性。关于综合能源系统的规划理论和方法仍有待完善，在现有规划模型中，多能源系统的耦合通常简化为线性关系，忽略了大量的非线性因素，同时各能源系统动态特性的匹配也鲜有考虑，评价指标和评估方法也未成体系。因此，综合能源系统的优化规划模型和评估方法仍是当前研究的重点内容。

参考文献

[1] Pierluigi Mancarella. MES (multi-energy systems): An overview of concepts and

evaluation models[J]. Energy, Vol. 65, pp. 1-17, 2014

[2] Mancarella P. Multi-energy systems: the smart grid beyond electricity Environmental energy technology division seminar. Berkeley, US: Lawrence Berkeley National Lab; August 2012. Available:http://eetd-seminars.lbl.gov/sites/eetd-seminars.lbl.gov/files/EETD-Sem-08-03-12.pdf

[3] I.van Beuzekom, M. Gibescu, J.G. Slootweg. A review of multi-energy system planning and optimization tools for sustainable urban development[J]

[4] G. Chicco and P. Mancarella, Matrix modelling of small-scale trigeneration systems and application to operational optimization, Energy, Volume 34, No. 3, March 2009, Pages 261-273

[5] P. Mancarella et al, Report on economic, technical and environmental benefits of Microgrids in typical EU electricity systems, WPH, EC FP6 More Microgrids project

[6] P. Mancarella, G. Chicco, Distributed Multi-Generation Systems: Energy Models and Analyses, Nova, 2009

[7] Q/GDW 1738-2012 配电网规划设计技术导则

[8] 发改能源[2016]617 号 热电联产管理办法

[9] DL/T 891-2004 热电联产热力产品

[10] 民用建筑供暖通风与空气调节设计规范

[11] 城市燃气输配系统规划

[12] GB50028-93 城市燃气工程设计规范

[13] 王进，李欣然，杨洪明等. 与电力系统协同区域型分布式冷热电联供能源系统集成方案[J]. 电力系统自动化, 38(16), 2014: 16-21

[14] 徐宪东，贾宏杰，靳小龙，等. 区域综合能源系统电/气/热混合潮流算法研究[J].中国电机工程学报，2015，35(14)：3634-3642

[15] 张涛，朱彤，高乃平，等. 分布式冷热电能源系统优化设计及多指标综合评价方法的研究[J]. 中国电机工程学报，2015，35(14)：3706-3713

[16] Krause T,AnderssonG, FröhlichK,Vaccaro A.Multiple-energy carriers: modeling of production, delivery, and consumption. Proc IEEE 2011;99(1):15-27

[17] Almassalkhi M, Hiskens IA. Optimization framework for the analysis of largescale networks of energy hubs. In: Proceedings of the 17th power systems computation conference. Stockholm, Sweden; August 2011

[18] Mancarella P, Chicco G. Energy and CO2 emission assessment of cooling generation

alternatives: a comprehensive approach based on black-box models. WSEAS Trans Power System 2008;3(4):151-161

[19] Almassalkhi M, Hiskens IA. Optimization framework for the analysis of largescale networks of energy hubs. In: Proceedings of the 17th power systems computation conference. Stockholm, Sweden; August 2011

信息物理能量系统：能量和信息融合技术

清华大学　慈松

1　背景与意义

当下能源行业经历着巨大变革——传统化石能源逐渐枯竭，分布式发电大量兴起，用电需求呈现多样性并快速增长。在人们不断探寻有效的能源革命路径的同时，以实现最大范围的信息互联共享为基本目标的互联网，正以前所未有的速度与力度影响着人类社会。互联网在改变人类生产生活方式的同时，也颠覆了许多传统行业保持了数十年的运行方式，推动了“工业 4.0”和“互联网+”的快速兴起。以互联网为载体的信息资源作为当今时代的一种新型生产资料，催化衍生出不同形态的产品、效益与价值。

互联网的成功在于借助信息技术实现了“人、机、物”的三元融合与互联共享，极大地激发了产业价值链上每个智能单元的创新能动性，进而推动了各行各业的创新与变革。随着互联网思想与应用潜移默化地渗透到人类社会活动的各个角落，第三次工业革命和能源互联网应时而生并成为“互联网＋智慧能源”的实现平台技术，其核心思想是传统产业模式与相应基础设施碎片化后进而通过信息技术进行优化重组融合。具体来说，在能源领域中，第三次工业革命和能源互联网表现为由现代化大工业催生出的集中式即发即用的单向发电供电模式，将转向与工业 4.0 为代表的定制化生产相匹配的大规模分布式发电和用电，同时将产生以满足用户定制化能量需求为目标的虚拟电网和电厂等新的业态。通过能量的信息化与互联共享技术对现存能源系统进行优化配置，达到盘活存量提高效率的目的。

从能量与信息的本质关系上看，能量与信息的内在联系被长期割裂。能量从信息领域的角度看通常只是一个模拟连续变量，即只关注其物理属性（如开/关、电流、电压、功率等）而忽略其内在的信息属性，更无法从信息领域进行能量的动态时空可变粒度调配。要实现类似于互联网中信息共享那样的能量互联共享，首先需要基于信息物理融合系统（Cyber Physical System，CPS）实现能量的信息化，即通过电力电子半导体技术在物理上把能量进行离散化存储在单体电池中，并通过信息技术将离散化存储的能量在时空可变控制粒度的层面进行处理和调度。能量信息化技术改变了传统电网即发即用的集中管控模式，极大提升了用户侧海量双向电源的接纳能力；其次，基于能量的离散化存储，将能量系统与负载系统通过信息化统一整合，使能量转化成同计算资源、带宽资源及信息存储资源等信息领域中可以精细管控和计量的资源，进而通过互联网技术进行灵活的网络化管理与调控，催生出能量云与能量大数据业务，支撑能量 C2C/C2B 的运营模式。

2 能量物理信息系统核心思想与分层架构

能量物理信息系统是通过 CPS 思想与能源互联网思想的融合，借助智能硬件、物联网技术、大数据、能量网卡、能量路由器、分布式储能技术、软件定义网络等关键技术，最终实现能量信息化与智能化互联的目标。

能量物理信息系统的分层架构如图 1 所示，分为能量与数据平面和管理平面。其中，能量与数据平面包含物理层、CPS 层、应用层与服务层；管理平面包含本地管理数据库和全局管理数据库，下面对各层进行说明。

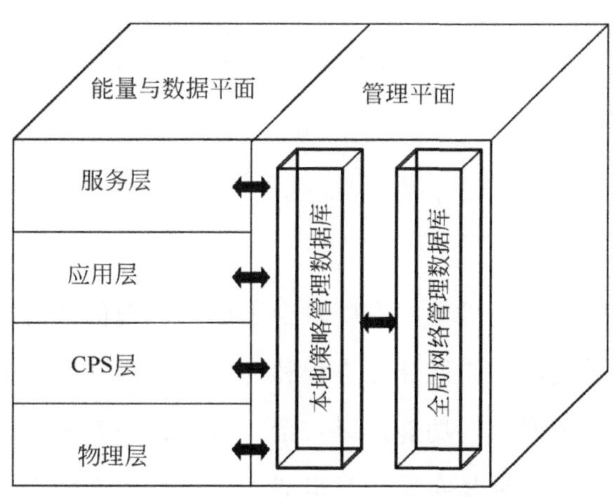

图 1 能量物理信息系统的分层架构

3 能量物理信息系统各层关键技术

3.1 物理层

如图 2 所示，能量物理信息系统的物理层是能源运营商构建的能源互网络基础设施，如电力网络中发、输、变、配、用的端到端网络，由于能源互联网中供给侧能源运营商的多元化，用电侧用户的用电选择同样多元化，因此，从供给侧到用电侧如何通过能量与信息融合技术，实现能源端到端最优管控与最优配给，是能源互联网的重要目标之一。

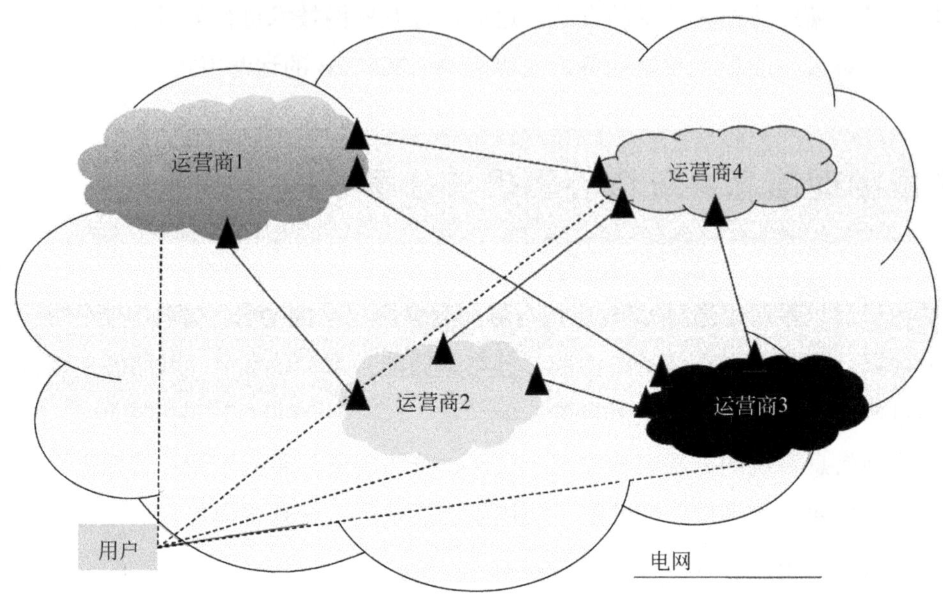

图 2　能量物理信息系统的物理层示意图

3.2　CPS 层

CPS 是一个在环境感知的基础上，深度融合了计算、通信和控制能力的可控可信、可扩展的网络化物理设备系统，它通过计算进程和物理进程相互影响的反馈循环，实现深度融合和实时交互来增加或扩展新的功能，以安全、可靠、高效和实时的方式监测或者控制一个物理实体。CPS 的最终目标是实现信息世界和物理世界的完全融合，构建一个可控、可信、可扩展并且安全高效的 CPS 网络，并最终从根本上改变人类构建工程物理系统的方式。其基本组件一般包括传感器及网络、执行器和决策控制单元。

CPS 节点是基于物联网技术与智能硬件技术，实现面向能源互网络多元化物理量、多空间尺度、多时间尺度的关键物理与能量的感知，如图 3 所示，为深度挖掘信息和能量的互换关系，以及能量与信息的智能管控，提供有效性的数据感知服务，CPS 节点逻辑上由数据采集单元、数据存储单元及数据计算与通信单元组成，并通过能量控制接口与信息控制接口形成能量与信息的双向交换。

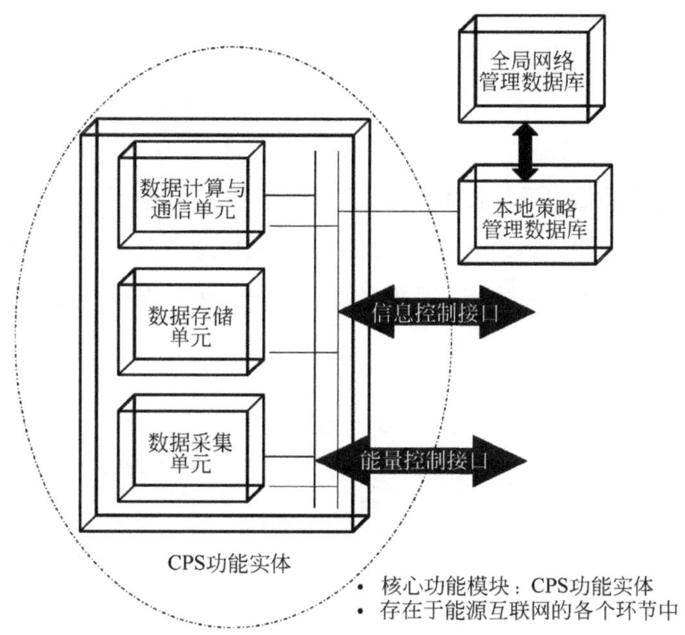

图 3　CPS 节点结构图

如图 4 所示，CPS 节点通过互联网或移动互联网向本地管理数据库和全局管理数据库上传采集信息，并接收本地化控制与远端云的控制信息。其中 CPS 节点的实现将借助智能硬件、低功耗广域网、物联网、分布式储能等技术以能量网卡形式实现。本地数据库与管控平台其存在形态，将以基于 ARM、FPGA、DSP 或 X86 服务器设备的近端分布式管控服务器系统实现，远端数据库与管控平台将基于云服务的集中管控系统实现。

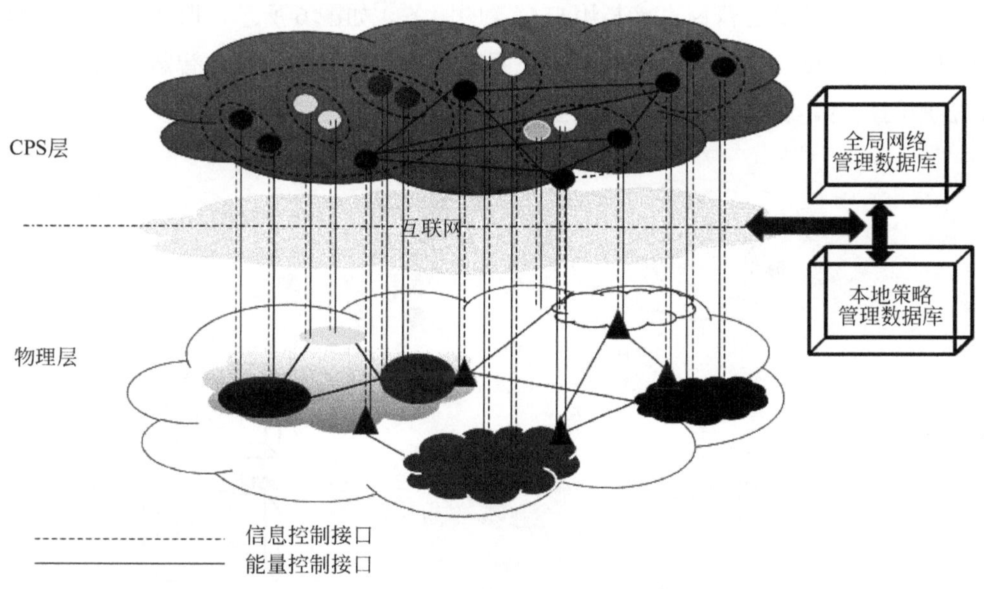

图 4　物理层与 CPS 层互联架构示意图

3.3　应用层

应用层是通过先进的信息通信技术（如大数据、软件定义网络、智能学习等），基于 CPS 层提供的用户相关信息、能量相关信息、网络拓扑相关信息等，为能源互联网服务提供支撑。如图 5 所示，其包含信息处理子系统、数据处理子系统、运营支撑子系统、监控子系统等。

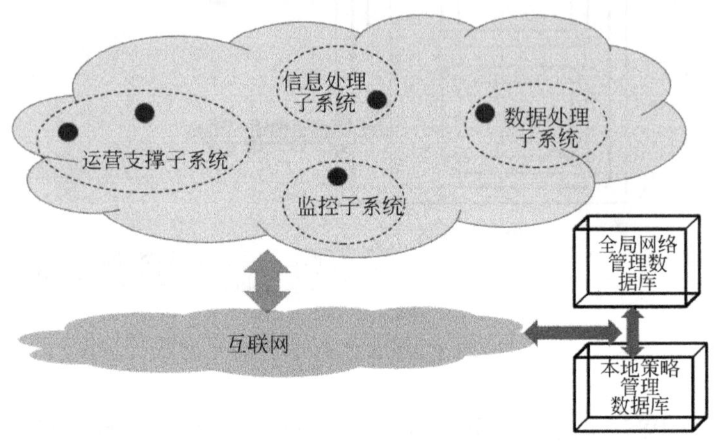

图 5　应用层示意图

3.4　服务层

服务层是提供能量运营商直接与用户交互的服务。如图 6 所示，服务层的服务形式可以包括用户门户网站、分布式发电应用、电网应用、能量交易应用、智慧城市应用、运维门户、客服门户等。服务层将随着能源互联网应用形式的无限可能不断发展。

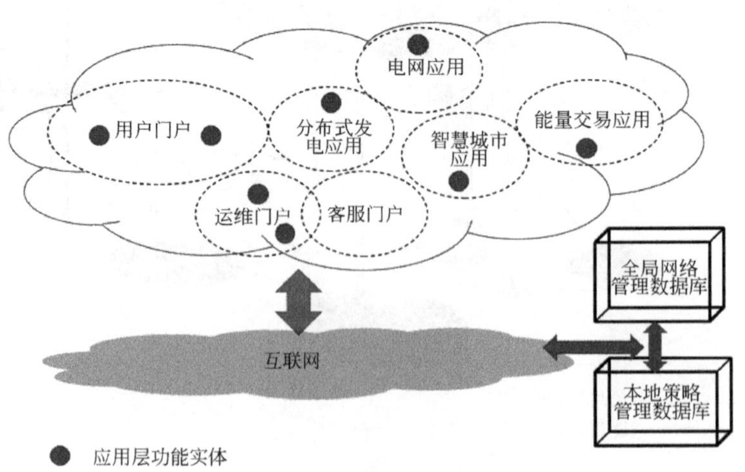

图 6　服务层示意图

4 信息物理能量系统实例：能源互联网的关键设备——能量网卡

在信息互联网中网卡的物理形态就是一块 PCB 电子线路板，其网络形态是互联网的末梢设备，其功能形态是成千上万网络设备及终端设备与互联网之间的物理接口。互联网时代之前的计算机是计算与信息的集中式承载，而互联网时代的计算机则通过互联网协议之间的交互，动态优化地使用分布式计算与信息资源，从而实现对计算、存储与通信资源进行灵活、可控、高效配置的目的。信息互联网网卡的主要功能是：① 物理连接功能，主要包括电气接口（通过双绞线、同轴电缆或者光纤，发送或接收经过调制的电信号）、信息接口（互联网中终端接收和发送双向信息流动的必要环节）。② 信息处理和通信功能，主要包括网络协议处理 / 转换（将接收数据包和发送信息通过解封与封装、解码与编码分别转换为高层协议能够识别的信息帧和能够在互联网中流通的数据包，保证终端与互联网有条不紊地进行交互）、终端设备状态管理（通过帧间距调整、流速控制，提高终端与网络的工作效率）、软件定义接口（协议软件可配置，并且在软件定义网络时代实现智能化控制的数据与转发功能相分离）、网络管理接口（网管网元可远程管理终端与网络设备）。

从人、机、物三元融合的角度看网卡的功能完成了信息物理融合中的两种重要互换：①物理世界连续变量和信息世界离散数字变量的互换；②信息流和能量流的互换。物理信息融合过程将之前碎片化的分布计算资源和存储资源连接整合成一个大的分布式计算系统，而网卡在这个大的分布式系统中起到的作用类似于人体中的毛细血管（信息能量）和神经末梢（控制信息），具备了信息流和能量流融合的特质。信息的能量属性是显而易见的，信息本身就是能量的调制（如调幅、调相、调频），所以能量是信息的使能技术，而网卡就是互联网中信息与能量融合具体实现的载体。

能源互联网同样需要能量网卡，能源互联网是信息与能量高度融合、高度自治与协同管控的网络。能量网卡从信息与能量融合上看有两方面作用。首先，在物理上把能量进行离散化（或碎片化），使离散化的能量在时空可变控制粒度的层面进行调度；其次，基于能量的离散化，将能量系统与负载系统通过信息化整合，使能量转化成同计算资源、带宽资源以及存储资源等信息通信领域资源一样的资源，进而通过互联网技术进行灵活的网络化管理与调控。能量网卡从连接功能上看是成千上万用能终端，与发、输、变、配等电力系统设备接入能源互联网的物理入口：首先，通过能量网卡实现各种电力设备中的信息交互、能量管控与能量交易；其次，通过能量网卡适配任意类型的电力设备，实现智能化的产能、储能与用能，以及平抑分布式能源的波动；再次，通过能量网络适配任意类型的分布式能源和大量的分布式碎片化的储能资源，从而实现能源利用率最大化。

对于能量网卡的技术研发进展，目前慈松教授团队已完成能量网卡的核心技术研究，特别是已研发完成了分布式能量管控芯片，分布式电池能量交换设备及电池网络系统软硬件和电池云平台，并已在数据中心、电动汽车及铁塔基站机房等领域示范应用。

在能源互联网时代，能量网卡将广泛应用于各类能量设备。如图 7 所示，在用户侧，能量网卡可用于家庭、写字楼、基站机房、电动汽车与数据中心等应用场景中的任一用能终端。针对于分布式储能的场景，用户可根据自身用能需求与投资预算，通过能量网卡选择任意厂家、类型、种类、品牌等。

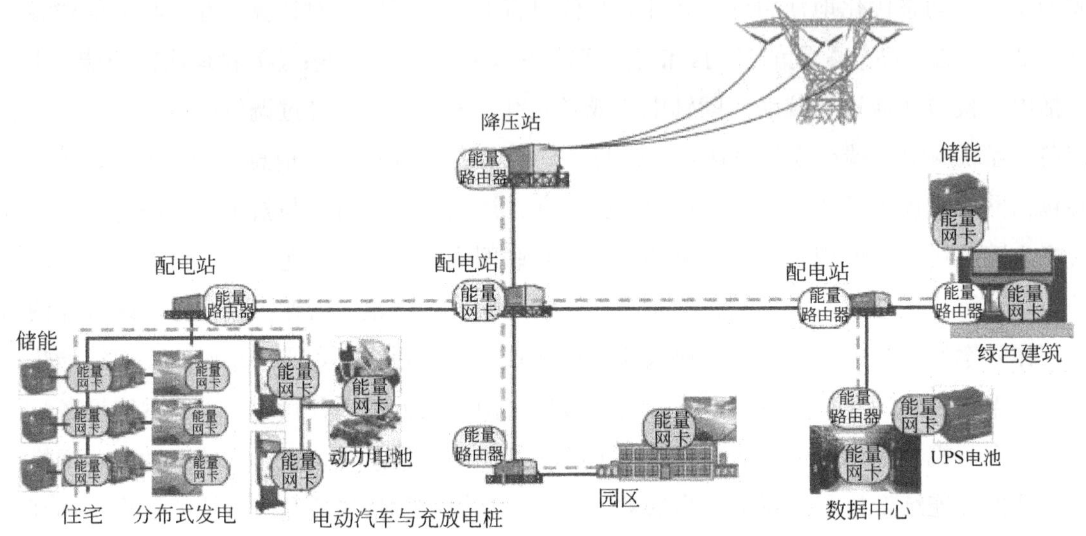

图 7　能量网卡应用场景

能源与信息基础设施的协同

清华大学　曹军威

1　协同概述

信息基础设施与能源基础设施发展的内在动因，决定了信息能源基础设施走向融合一体化发展的道路。未来信息基础设施以数据中心为核心，通过高速通信网络相连接，同时支持物联网和移动互联网的接入，其发展过程中遇到了明显的能源瓶颈；同时，智能电网与能源互联网的发展对信息化、智能化的要求越来越高，迫切需要新一代信息技术的支撑。信息能源基础设施之间的功能、性能等方面的互补性也为其融合一体化提供了经济可行性。

总的来说，信息通信与能源电力结合发展分为 3 个阶段。第一个阶段为数字化、信息化阶段。此时，信息通信为能源电力行业提供服务，带来方便、快捷等好处。第二个阶段为智能化阶段，也就是智能电网阶段。在该阶段，信息通信成为能源电力基础设施不可或缺的组成部分，以信息流与能量流的结合为特征。第三个阶段为信息物理融合阶段，表现为信息通信基础设施与能源电力基础设施的一体化，也就是信息能源基础设施一体化意义下的能源互联网阶段。

能源互联网的最终目的，是实现能源的有效利用，在提高能源利用效率的同时，实现分布式可再生清洁能源对传统石化能源的逐步替代，通过供需匹配，减少能源生产的开销，提高用户的用电质量体验，降低用电消费成本，实现发电商与用电用户的双赢。这一切，离不开与信息基础设施的协同。通过能源与基础设施的协同，可以保证电力网络和设备的状态信息实时传输、分析和监控。下面对信息基础设施应用于能源互联网的各种功能与能源的协同控制进行逐一介绍。

2　信息采集监控与能源的协同

为了实现能源的有效生产、传输和消费，需要对整个电力网络的发电、输电、变电、配电和用电整个过程进行有效的信息采集与监控，这与底层的信息采集监控基础设施密切相关。通过信息采集与监控设备，可以实时采集电网各个方面的相关细节数据，从而辅助控制管理人员以及自动智能控制设备，对全网运行状态有清晰、全面的了解，从而及时有效地做出相关决策和命令，并通过底层监控设备对相关命令的即时、正确执行，可以有效应对电力传输网络中可能出现的各种故障或功能失常，保证能源的安全、高效、鲁棒传输。信息采集监控基础设施可以看作能源互联网的“耳、鼻、眼”。

采集监控是能源互联网运行的基础，采集监控结果的实时性、精确性和完整性决定了能源互联网的整体性能。采集监控类包含标识、传感、集中、现场控制等 4 类技术。

2.1　标识技术

标识技术包括 RFID、二维码、三维码、生物特征识别（虹膜、指纹）等，其中 RFID（射频识别）技术在电力系统应用最为广泛。

RFID 利用射频通信技术，无须与被测物体接触就能进行信息交互。利用 RFID 技术，可以实现设备身份信息的自动化识别。

利用 RFID 技术结合定位技术，可以实现智能电网中的资产管理和远程信息管理系统的构建。同时，在电力线上实现 RFID 技术，也有人提出该技术不需要天线，可以对设备的接入进行识别。

在能源互联网中，为了保证能源的正常传输，人与设备或设备与设备之间的通信必不可少，物联网标识是设备自动化操作的前提条件。随着技术的发展，RFID 标识技术将与传感等技术相融合，实现标识、传感、控制一体化，其感知距离和准确度也将大幅提高。

2.2　传感技术

传感功能一般通过使用嵌入式传感器（或传感器网络），对电网内主要设备、线路和环境进行监测或控制，采集设备的状态量、电气量或量测量。通过信息交互，传感设备可以形成 SCADA、WAMS 或 CMA/CAC/CAG 等监测系统的终端侧。

电力系统可以使用具备多维状态综合感知能力的、可在复杂电磁环境下长寿命工作的传感电气集成装置、柔性纳米传感装置、无线传感装置等新型传感器，如智能间隔棒、无线红外点阵温度传感器、无线电压相位传感器，无线电缆屏蔽层泄漏电流传感器等，以及具备多感知节点覆盖、不同通信方式协同接入能力的汇聚网关及汇聚控制器装置。

用于电力的物联网传感器网络已经被广泛研究，包括信息模型及其应用，可以帮助数据包避开拥塞区域的路由协议，及其在网络的安全性问题等。基于传感器网络，用于电网需求侧能量管理的网页服务也被提出，可以为智能家居节省能源。

传感是智能感知和智能量测的基础，在能源互联网中将得到广泛应用。传感设备将向着网络通信自组织化、高带宽利用率、受环境影响小、能源自供给等方面发展。

2.3 信息集中技术

为了合理利用网络频谱资源和时间资源，减少传输能量开销和通信包头开销，本地集中处理必不可少。经过集中处理，在共享通信资源的同时，可以有效去除噪声，恢复丢失的部分数据，去除信息中的冗余，提高网络的并发用户数量。

由于能源互联网所收集的数据量巨大，且存在着噪声和丢失，因此数据集中将是一项很有价值的工作。未来的数据集中将着重于提高本地信息处理性能和效率，降噪，提取本质特性数据等方面。

2.4 现场控制技术

利用电力网络通信，可以对相关设备进行自动化现场控制，主要控制设备包括变送器、保护装置，继电保护和自动化设备等。受控设备可以及时接收网络故障定位结果，自动实现故障隔离，保护相关设备。

智能功率管理系统可以实现对无人子站的完全自动控制。而且，智能系统控制与智能电网之间存在相互促进作用。通过研究发现，利用动态控制优化算法，通过合理的负荷切除和动态生产控制可以防止在线电压崩溃。同时，可以将智能合作实体和模糊集控制算法相结合，实现一个分布式无结构的电压规范体系构架。

自动化现场控制在能源互联网中显得更加重要，因其需要支持分布式能源的大规模接入和保证网络运行的平稳性。现场控制系统将向着信息网络全覆盖，完全自动化和通信低时延保证等方向发展。

3 信息传输与能源的协同

为了通过对能源互联网相关信息的及时采集、汇聚和处理，实现能源的高效生产、传输和利用，离不开相关的信息传输基础设施。通过信息传输基础设施，可以实现相关信息快速、及时、有效地传输，在尽量减少传输时延的同时，留给相关控制设备更充裕的处理时间，保证监控命令在规定时延内有效地传输和执行，从而保证电力网络的整体高效性。

信息传输基础设施可以看作能源互联网的“神经”。

通信网络是能源互联网的重要基础设施。电网中的广域量测系统 WAMS，广域保护系统 WAPS（Wide Area Protection System），广域控制系统 WACS（Wide Area Control System）等都依赖于通信构架。由于电网系统存在多样性和分散性的特点，目前电网系统尚无统一的体系构架。

按照电网底层量测单元的不同，电网通信组网也可以看成两部分：一是由电网状态量测单元 PMU、RTU 构成的电力状态监测网络，该网络特点为局域范围内节点数量较少；二是由个人用户量测单元构成的信息网络，该网络的特点是节点数量大，可扩展性要求高。

3.1　个人用户网络

个人用户量测单元往往先通过局域网进行连接，再接入广域网。由智能电表连接组成的局域网包括家庭局域网 HAN（Home Area Network）和邻域局域网 NAN（Neighborhood Area Network），可用的组网方式有无线网络和宽频电力线传输 BPL（Broadband over Power Line）网络。其中利用无线网络构建智能电网个人用户局域网已有成型的协议，已有标准包括 ZigBee 协议和 OpenHAN 协议。上述两种协议均运行于 IEEE 802.15.4 无线网络标准基础之上。ZigBee 协议是无线传感器网络中的一种常用组网技术，多用于低速短距离无线网络构建。OpenHAN 则是针对家庭电力系统专门设计的一种无线网络组网协议，2008 年由开放智能电网用户组 OSGUG（Open Smart Grid Users Group）发布了第一版组网需求说明文档并于 2010 年进行了修订。构建个人用户局域网的组网结构有星型网络和网状（mesh）网络两种。其中星型网络的主要缺点是中央节点负担重，存在单点失效问题；而网状网络多见于无线传感器网络的构架，由于其较好的自愈特性，实际也多采用网状网络构建个人用户电力信息网，但临近集中节点（Access Point）的节点是网状网络的瓶颈。

3.2　电力主干通信网

电网主干通信网组网方式可以分为两类，第一类是电力网络和信息网络结合的构架方式，即通信载体本身是电力网络中的元素，包括基于电力线的通信 PLC（Power Line Communication），宽频电力线传输 BPL，光纤架空地线复合缆 OPGW（Optical Power Ground Wire）及全介质自承式架空光缆 ADSS（All Dielectric Self Supporting）。第二类是电网信息网的构架与电力网络分离，即采用额外的网络构架电力系统信息网。这种模式下也存在不同的信息网构架方式，大致可以分为 3 种，即采用光纤、无线信号及租用带宽。目前比较通用的做法是主干网络采用光纤搭建，边缘网络利用无线方式进行传输。

采用电力网络元素构建信息网的模式有利于节约成本，但容易造成电力系统和信息系统互相耦合，电力网络的故障将导致信息网络的故障。而分离模式则可以解决上述问题，使智能电网信息网构架更加自由，但分离模式下信息网必须另外选择传输载体，需要在成本和传输性能上进行平衡。特别是电力系统设备分布范围广，一些偏远地区不具备构架光纤或无线网络的条件，需要额外传输方式，已有方案如基于认知无线电 CR（Cognitive Radio）的传输构架模型，认知无线电的好处在于能从特定区域的频段中找出适合通信的空白频谱，在不影响已有通信系统的前提下利用传输带宽。IEEE 802.22 协议定义了空白频谱搜寻方式。目前 IEEE 802.22 协议已经在电视频谱中得到了部署，通过 CR 技术利用电视空白带宽，因此可用于在偏远地区构架信息网络。

4 信息处理与能源的协同

信息基础设施与能源协同的根本目的是通过相应的命令，指导能源网络的正常运行。因此信息处理基础设施尤为重要，可以看作能源互联网的“大脑”。由于在能源互联网的设计中，预计将产生海量的各种类型的数据，并需要进行及时的处理和决策，传统的数据处理方法将难以胜任，由此提出了将大数据技术与能源互联网结合，将大数据技术应用于能源互联网信息处理过程中，将极大提升整个电力网络的性能。

大数据技术以“4V”为其主要特点，即数据容量大（Volume）、数据类型繁多（Variety）、商业价值高（Value）、处理速度快（Velocity）。此外，大数据还具有价值密度低的特点，即其价值密度远远低于传统关系型数据库中的已有数据。大数据的分析处理过程主要分为大数据采集、大数据导入/预处理、大数据统计/分析、大数据挖掘等主要步骤，还可以包括数据存储和传输等辅助步骤。基于大数据更为严苛的数据性能处理要求，大数据一般采用云平台技术，通过对相关大数据分析算法的并行化实现（基于 map-reduce 思想），如并行化的 FP-Growth 算法，分类算法和聚类算法等。

能源互联网可以实现分布式可再生能源的大规模接入，具有微网集群间或微网和主干网间的电力双向自由共享，用户按需响应，以及利用大规模储能设施实现削峰填谷等功能。系统具有很大的计算复杂度和较严格的处理传输时延，以及海量的数据存储需求。同时，能源互联网由于其开放、对等、互联、分享等特征决定了能源互联网大数据分析有其自身的特点和要求。

首先，能源互联网的能量和信息交换是以开放平台和架构为基础的，任何节点（无论是电源、电网还是用户）都可以随时加入和离开，这对于大数据管理的标准化和安全性方面的要求都会比较高。其次，能源互联网节点间是对等互联进行能量和信息交换的，相当于一方面要完成传统能量管理系统的功能，同时还要保证系统的分散协同。例如，一个区域的能源互联网就要具有独立运营实体和能量管理，保证其运行的稳定性、电能质量、以及与用户的互动等，都对数据的采集、通信和处理提出了更高的要求。最后，能源互联网要支持灵活的能量和信息分享，尤其是新能源的接入、分散式能量管理和与用户负荷互动的加强，对数据处理的实时性提出了更高的要求。能源互联网是未来实现电力市场和实时电价的基础，因此大数据处理的实时性要支持从底层的能量交换控制、上层的能量路由与管理，乃至新的商业模式和市场机制等，大数据采集、分析和处理的速度要求更高。

能源互联网侧重分布式能源和可再生能源的接入和互联，大数据分析在能源互联网中的应用包括负荷建模、负荷预测、状态评估、电能质量监测与控制、需求侧管理与响应、分布式能源接入、多能调度规划、自动故障定位、系统安全与态势感知等。通过大数据技术，显著提升了能源互联网的数据分析和处理性能，保障了能源互联网的平稳有序运行。

通过能源与信息基础设施的协同，使得能源互联网具有一定的智能和反应速度，以保障电能的高效、安全使用，减少故障发生的概率，缩短故障恢复的时间，减少网络的运行维护成本，提升电能的质量和用户满意度，最终实现能源互联网整体性能的提高。

能源互联网的关键设备——能源路由器

清华大学　曹军威

能源路由器是能源生产、分配形式升级的必然产物，是能源互联网必不可少的组成部分。与路由设备在互联网中的功能类似，能源路由器是能量转发、缓存、交易的节点，同时也能对电能质量进行有效的控制。针对分布式能源的特点，能源路由器需要做到即插即用，具备高度的可扩展性，有助于实现能源互联网“开放、互联、对等、分享”的理念。总之，能源路由器是通过对能源信息的采集和处理，对能源的传输等进行高效控制，维持网络运行管理的能源互联网架构的核心部件。

1　能源路由器的功能

能源路由器作为构建能源互联网的核心部分，需承担能源单元互联、各微网单元互联、能源质量监控和调配、信息通信保障及维护管理机制部署等功能。

1.1　能源控制

在能源互联网中，骨干网络仍将承担能源远距离传输的功能，分布式能源单元不仅是能源负荷，也是重要的能源供应来源，实现不同特征能源流融合是能源路由器必须具备的功能。一方面，能源路由器必须要保证流入能源的质量满足需求要求；另一方面，应能够保证能源的合理流动，实现恰当数量的能源流向恰当的负荷；第三方面，能够及时监控能源流的质量，实时调节保证能源流的安全流动。

以电力能源为例，承担局域能源单元与骨干网络互联的能源路由器，必须能够实现骨干高压能源流到低压适用的能源流的变压调节、交流能源和直流能源的相互转换；局域能源单元互联的能源路由器必须具备消纳可再生能源生产，尽可能地保证可再生能源的高效利用，因此，变压、整流、存储和消纳功能是能源路由器必须具备的功能。保证能源流的适时流动要求路由器必须能够感知负荷和能源供应变化，具备改变能源流动方向和数量的功能，负荷监控和自动调节使其需具备的功能，多级别变压和能源存储管理技术能够较好地支撑该功能。电流质量的细微变化都有可能造成整个能源供应体系的崩溃，及时发现和处理能源质量问题是主要解决办法，在路由器上实现能源质量的监控和调节是分布式保证能源质量问题的有效方法，能源质量感知和自动安全保护功能也应该在能源路由器中加以设置。

1.2　信息保障

信息是决定能源路由器控制策略恰当与否的关键，准确性和时效性尤为重要，一方面，要求所有策略的选择都能够受最广泛信息的支持，避免片面信息引起决策失误；另一方面，要求所有信息必须被及时传送，避免过时信息的影响。兼容（或具备）信息通信和信息处理功能是能源路由器有效运行的必然要求，要求各能源路由器不仅能够分享其管理范围内所集的实时信息，还能够对得到的信息进行处理和利用。

信息保障的实现需要能源路由器具有两方面的功能：通信和计算。通信功能要求能源路由器应具有通信接口，能够与通信链路连接实现信息的接收与发送。为保证信息的传输时延、可靠性和安全性，能源路由器可以设置为支持多种通信模式，不仅能够便于在多种情况下保证通信功能的实现，还为通过冗余传输保证通信可靠性提供了基础。此外，设计有针对性的通信协议和安全防护机制也是通信功能保障必须考虑的问题。计算功能要求能源路由器具有信息处理模块，一方面可以联合信息采集设备，完成原始数据的收集和存储，并进行冗余信息的过滤和初步处理；另一方面，设计高效的信息处理架构或借用数据中心完成数据的深层次处理，并把有用信息发送到相应的控制单元。在信息采集阶段可以借用物联网的研究成果，云计算和大数据方面的研究成果可以较好地支撑信息的高效计算。此外，内部的信息模型也是值得关注的方面，它将保证各种信息流的有序高效流动。

1.3　定制化需求管理

支持用户个性化能源使用策略是能源互联网的主要功能之一，其实现基础在于支持用户和能源互联网的交互。一方面，用户可以根据当前的能源供应形势调整自己的能用使用策略，能源互联网根据所有用户能源策略制定能源供应模式满足用户需求；另一方面，能源互联网会搜集不同用户的能源使用数据，从中计算出相应的能源使用规律，制定合理的能源使用策略，作为一个最佳使用策略反馈给用户，供用户选择。因此，能源路由器应具有接收和处理所管理区域内用户请求的能力，并且能够及时准确地用能源价格等反映当前能源供应形势的信息反馈给用户，涉及交互和需求管理等功能模块。

未来的能源单元从范围上看，可以包括单一设备、家庭、建筑物、小区甚至一个区域或国家，定制化服务保障具有明显的范围特征要求，所需的信息和能源支撑方法存在差异，要求路由器具有针对性的解决方案。对于特定设备，如电动汽车，其对应的用电策略可能仅包括充供电管理，其仅需要能源网络提供当前的电压、电流水平和能源价格等信息，并能够接收和识别它的策略，设备移动性支持要求能源路由器之间具有协同工作机制；随着能源单元范围的扩大，包含的设备数量、类型都将大幅度提高，以家庭为例，它可以包括能源存储设备、能源生产设备（太阳能、燃气等）和能源消耗设备，能源路由器的工作重点在于协调各设备间联合工作，按照即定的目标安排能源生产、存储和消费。此外，为适应能源管理企业需求，能源路由器还必须设计必要的开放接口，允许第三方根据需求更有效地完成它们之间的协同工作。

1.4 网络运行管理

网络运行管理对能源互联网来说同样重要，实时保持网络的可用性、可扩展性、可靠性、可生存性、安全性等是追求的目标。能源路由器为实施网络管理提供了天然介质，设置管理功能模块，开发针对性的管理协议对于能源互联网的运营具有重要的意义。从功能角度看，管理功能应包括网络的接入识别、管理策略的远程部署、异常处理和修复，以及日志文件的设定与管理等。

能源路由器作为能源单元接入能源互联网的统一手段，便捷的管理界面是必不可少的功能，要实现类似 Internet 中路由器的功能，通过连接对应的信息和能源控制接口，能源路由器应具有友好、便捷的控制界面，通过该界面，用户可以根据需求选择或配置其需要的功能模块。通信、能源管理功能的实现将主要通过能源路由器来完成，远程控制管理模块将提高管理的效率，为保证网络的可靠性和可用性提供技术支持。异常的自动化处理和修复是时效性要求较高的能源互联网系统必须具备的功能，从能源角度看，远动、继电保护、测距等业务必须支持，通信模块为指令的传输提供支撑，通信模块和管理控制模块的联动是保证该管理功能实施的关键，规定和开发相应的标准是实现该功能的主要方式。记录系统运营过程中发生的各种信息，形成日志文件对系统的持续优化运行至关重要，针对能源互联网运营，设计合理的路由器日志文件内容和格式必须得到足够重视。

2　能源路由系统介绍

2.1　能源路由系统架构

能源路由系统可以实现能源信息的量测采集、能源路由的分析与控制，以及能源的定向传输。对应于能源互联网三级架构，如图1所示两级能源路由系统可以实现全方位的能量管控。

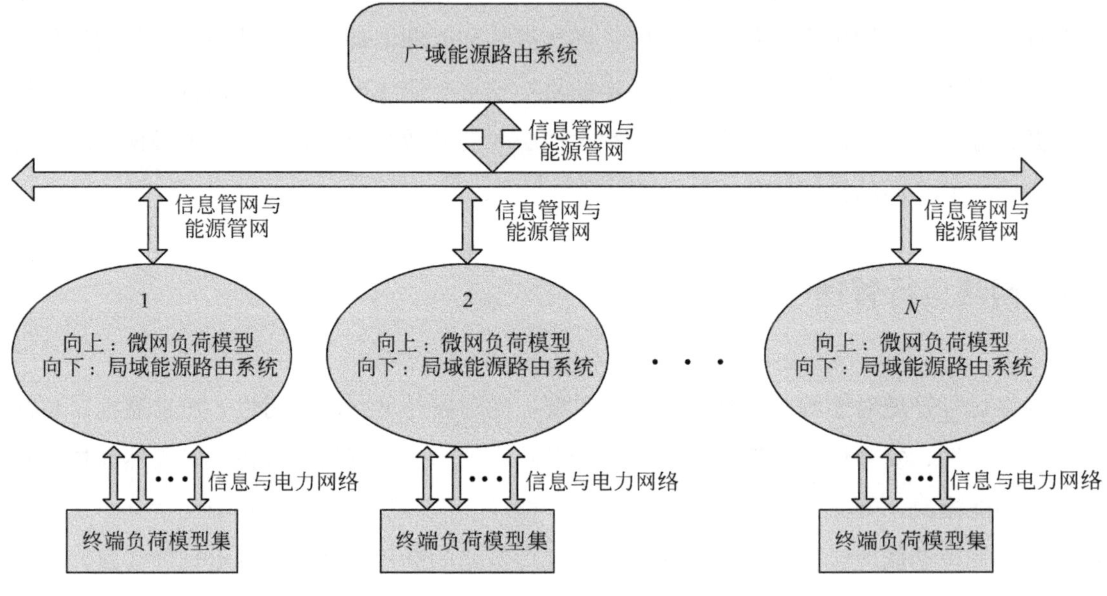

图1　两级能源路由系统

两级能源路由系统构成了能源互联网的全网能源控制。

2.2　能源路由器内部结构

如图2所示的能源路由器架构以电力能源为对象，整个路由器由通信平台、控制器和固态变压器3个主要功能模块组成，通信单元与控制器之间通过UART串行链路实现信息传递；控制模块重点在于实现微网内和微网间的能源配送；固态变压器在控制器信息的支撑下，通过电压调节实现各接口间电流的有向流动，保证电力的供需平衡；能源路由器之间的协同完全依赖于通信网络，并开发了专门的通信协议DNP3。

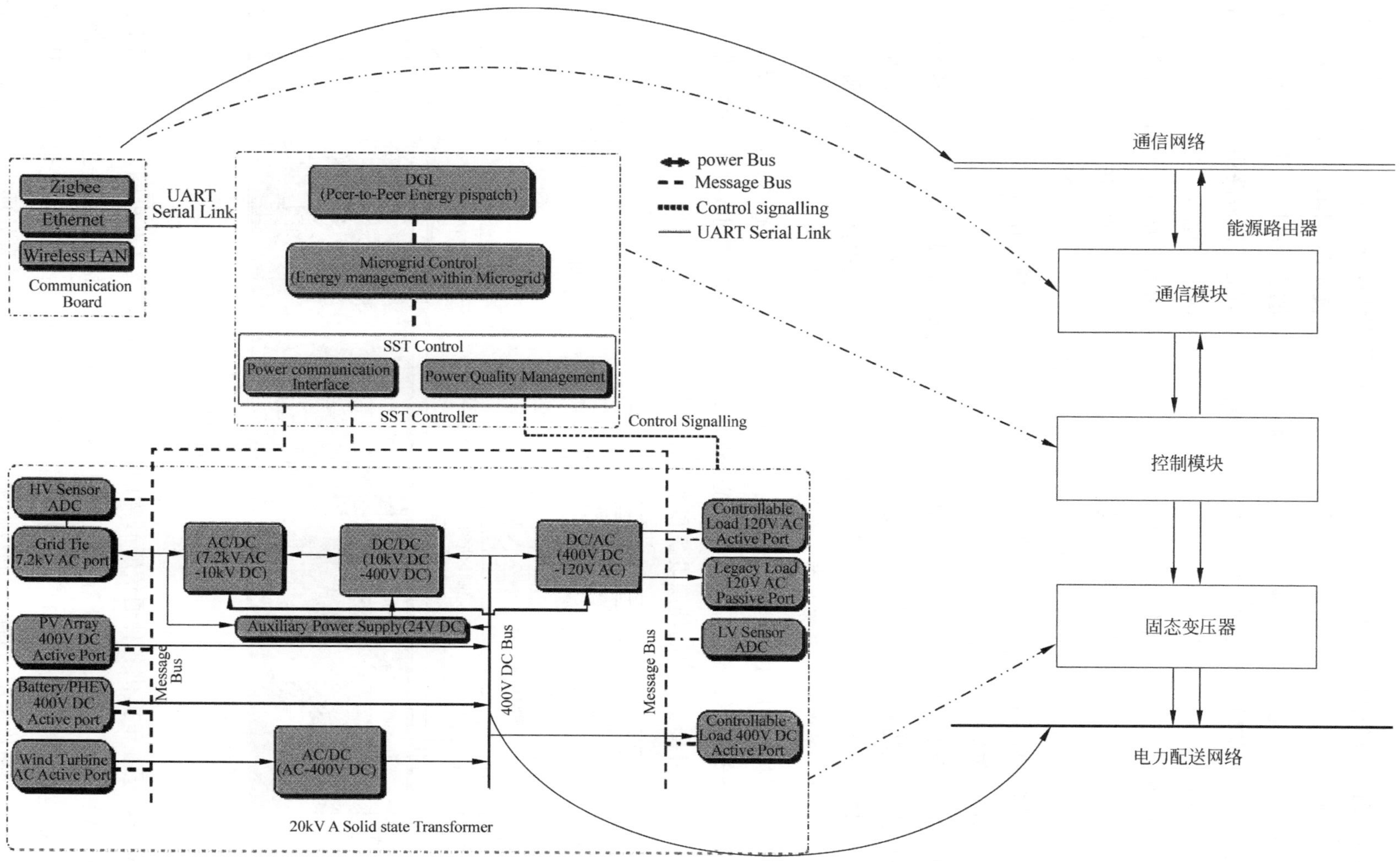

图 2　基于固态变压器的电力路由器架构

然而，当前能源网络（如电力网络）为保证系统的可靠性和安全性，大量管理和保护装置被广泛部署在网络中，且它们之间采用元件级的通信协议实现协同，因此，若能源路由器不能很好地与上述装置实现兼容，能源网络将面临巨大的安全威胁。鉴于此认为兼容保护功能，拓宽通信模块的支撑功能是可行的解决办法。一方面，能源路由器通过能源控制和信息保障来保证能源互联网的运行；另一方面，现有能源网络通信功能逐步扩展（如电力网络中的 PLC 技术），信息和能源的传输线路将进一步融合；此外，为满足用户个性化需求，应提供用户自定义控制策略的功能。因此从支撑关系看能源路由器保持 Internet 中路由器的两层架构，信息支撑层不但为能源控制层提供信息支持，还能够与保护等基础部件融合构成能源路由器的特有安保功能；从功能实现上看，应包括前面所述的能源控制、优化管理、安全防护和管理维护等。

直观地，基于上述功能需求，设计如图 3 所示的能源路由器架构。能源路由器管理界面是用户配置相关功能的平台，在恰当安装后，管理员可以设置不同的用户角色，并开放不同的使用权限，在保证安全的情况下方便用户访问。用户通过根据能源接口规则，把自己的生产、存储、消费等各类能源单元连接到能源路由器；根据业务需求和通信网络接口规则，在支撑层与能源路由器建立连接。用户登录能源路由器后，在接入控制、日志管理、安全设置、用能策略和监控管理等方面完成个性化设置，在智能控制数据中心的支撑下，能源路由器识别并接受用户的能源设备和个性化需求。

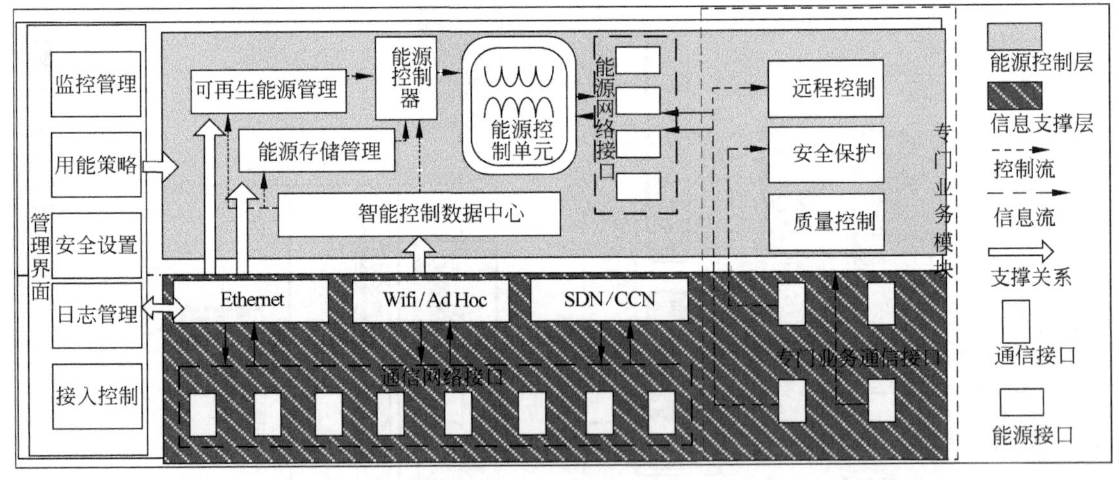

图 3　能源路由器架构设计

信息支撑层在于提供各种通信所必需的接口和相应的高效转发机制，不仅包括支持 Ethernet、Ad Hoc、CCN、SDN 等在内网络协议的接口，还包括用于远程控制、安全保护及能源质量控制的专用通信接口。通信协议兼容和可靠通信方式的支持是该层必须保证的功能，实现方法可以采用与智能控制数据中心联合构成一体化信息处理模块的方式，为方便广域能源路由器的协同工作提供支撑。

能源控制层在于提供能源接入、能源质量调节、能源消费优化的功能，设置各种能源接口，按类别实现与各类能源单元连接。直观地，可设置的接口包括骨干能源网接口、存储单元接口、负荷单元接口、可再生能源接口及与其他能源路由器级联的接口等。控制功能由综合数据中心和专门业务单元联合实现，控制指令由能源控制器统一调配能源控制单元实现，能源控制单元支持多种实现方式。

2.3　信息通路分集模块

能源互联网数据获取、保护和控制指令传递，能源单元间系统通信都需要通信系统的支持，高速、双向、实时、集成的通信系统是实现能源互联网的基础。为适应目前多种通信手段并存且可以相互补充的情况，下面给出了一种包括接口多样化、多模块并行处理、信息优化选择等在内的信息支撑层的分集方案，如图 4 所示。

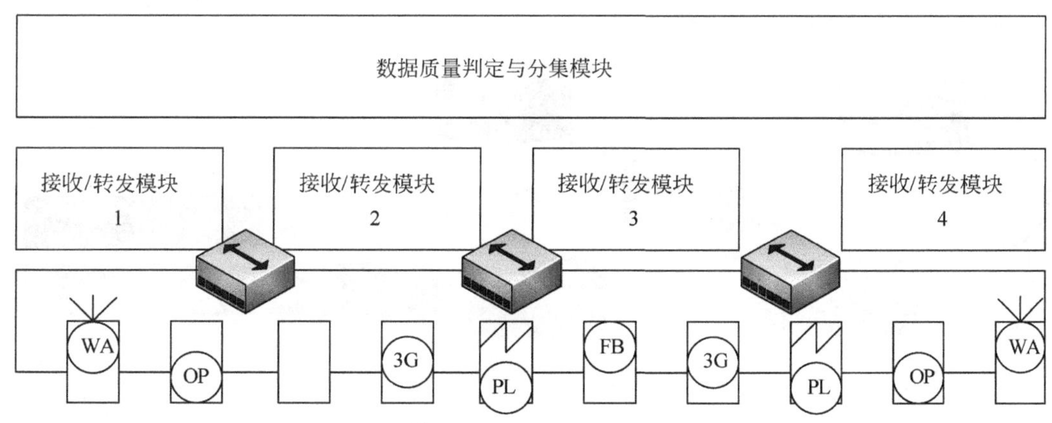

图 4　信息支撑层的异构分集模块设计

利用光纤通信的准确可靠性保障能源互联网安全通信，利用电力线通信极大限度地减少对辅助通信设施的依赖，采用 ZigBee、3G、Ad Hoc 等技术提高通信的灵活性，采用分集技术协同各种通信通道，提高新传输效率，保证数据质量。

为兼容目前主要的通信介质，如光纤、双绞线、电力线及电磁波等，能源路由器的通信接口应根据需要设置光纤通信接口、双绞线电缆接口、PLC 接口、WiFi 模块、3G 蜂窝通信模块等，并通过设置双接口备份保证通信方式的可靠性，各类接口可独立工作。为保证数据接收的可靠性，可设置多个接收/转发模块来并行工作，保证至少有 3 个模块同时接收同一个信息，并预留一个模块处于热机备份状态。信息数据质量判定与分集模块负责对所接收数据的安全性、可靠性等进行判别，采用分集技术竭力修复受损数据，如采用选举策略、组合优化策略等。

2.4　软件定义的能源路由器

软件定义网络（Software Defined Network，SDN），通过将网络设备的控制面与数据面分开，增加能够利用全网信息的 Controller 设备实现网络流量的精准控制，是提高网络效率的有效方法。为更好地支撑能源调度效率，适应更多的用户定制化要求，这里借鉴 SDN 的理念设计了软件定义的能源控制系统，如图 5 所示。

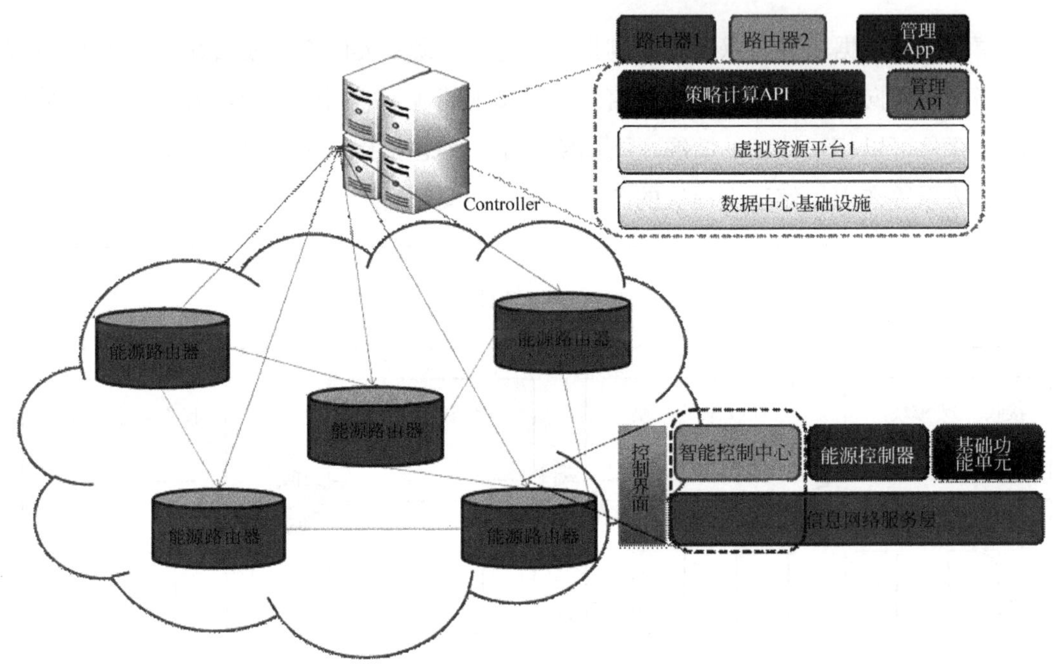

图 5　软件定义的能源控制系统

在由能源路由器组成的能源互联网中，每个路由器不仅可以依靠其智能控制中心计算、分析来实现对其管辖区域内能源设施的管理，还可以通过网络把其个性化需求提交给中心控制器，中心控制器针对每一个能源路由器，根据当前的信息由数据配备的数据中心计算最佳实施策略并向能源路由器发送相关指令。能源路由器需求来自于其管理区域内用户提交的个性化要求和运行过程中必须满足的条件，为使它们方便地形成可识别的数据文件，路由器控制界面提供相应的编程界面，并可以快速地封装成用户的 Instance 文件，如果路由器中未存放相应的处理对策，则向 Controller 提交；Controller 计算得到策略后，形成相应控制指令包，并下发到相关的路由器中，各路由器在控制指令有效期内保留并执行该策略。Controller 的构建可以采用云计算架构，通过构建集装箱式的移动式数据中心便捷安装、提高可扩展性。

2.5 定制化信息模型

如前面所述，能源路由器应具备应对用户个性化需求的能力，计算对应策略由路由器具有的智能控制中心模块和软件定义的控制系统联合完成。保证用户定制化要求的合理性、引导用户采用合理个性化需求是该部分重点解决的问题，其直接影响能源互联网的高效运行。众所周知，能源互联网与传统能源网络的本质区别在于对信息更全面的收集和更精细的利用，让用户实时明晰当前的能源网络状况，恰当、可扩展的能源需求定制模块，以及优化用能策略模板推荐是力图实现的定制化服务信息模型目标，如图 6 所示。

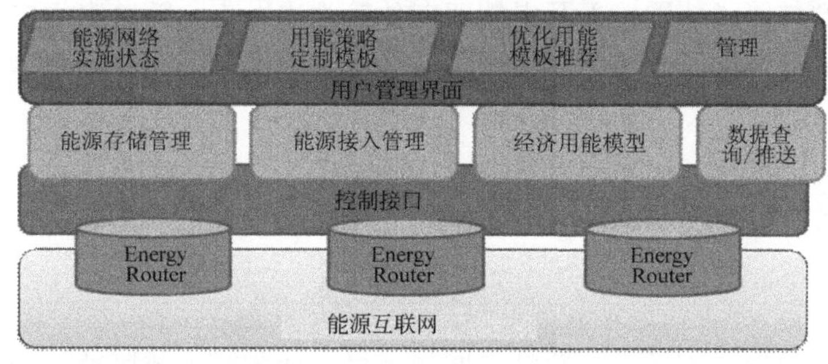

图 6　用户用能定制化信息模型

（1）能源实时状态通知。

能源路由器通过接收网络中监控设备发送的实时信息，以及数据中心发送的网络状态信息等内容，构建实时数据信息库，根据用户定制的需求信息实时通知用户。关注的信息包括当前的路由器负载、当前电价、用户可用的能源存储空间、可再生能源（自给能源）生产效率等。

（2）用能策略定制。

用能策略定制模板旨在方便用户选择策略指标，如能源费用最小、能源供应可靠性等，也允许用户选择储能设备的预留能源水平、自配能源生产设备的工作时段等控制指标。对于用户选择的策略，控制接口分别对应存储管理、接入管理和用能模型模块确定实施策略，并部署在相关路由器上。

（3）优化用能策略推送。

能源互联网在信息方面的优势使得网络中的大量数据可以被利用，如通过长时期监控区域的用户用能行为，可以较好地预测该地区的用能规律，结合实时的能源供应情况，可以得到多种指标优化的用能策略组合。该功能可由用户修改能源路由器管理控制功能来启动，并由数据中心完成实时向其推送各种策略。

新型能源网络——直流电网技术

清华大学　余占清

直流电网将是能源互联网中骨干网架以及配用电和微电网的核心，是实现能量高效率、低成本传输的关键。直流电网技术以提高电网系统的经济性、灵活性和稳定性为目标，以兼容分布式新能源与储能装置接入及电能双向传输为出发点。随着电力电子器件和应用技术水平的快速提升及直流装备的发展，直流电网已经具备了关键技术基础。

1　技术需求

随着我国新能源战略的推进，新型电网技术已经成为实现我国能源高效、低碳利用的关键环节。传统交流电网系统面对新型电力需求，面临严峻挑战。

（1）新能源和电动汽车呈现显著波动性和随机性，给平衡、同步传输的传统交流电力系统带来巨大挑战。

（2）直流驱动的负载比重越来越大，目前均通过变换环节间接使用交流能量交流电网中交直转换带来的能耗、可靠性问题凸显。

（3）众多高新行业对电能直流要求提高，对于半导体、数据信息、多媒体等，电压波动、闪络冲击、频率变化等均可能对产品质量造成较大影响。

（4）在电力市场改革和用户用能质量需求提升的背景下，未来电力系统迫切需要提供双向互动、高质低损的用能服务。

因此，需要研究新型直流电网系统，满足储能的高效、灵活、双向接入需求。直流电网技术是能源互联网的关键支撑技术，也是实现多能互联的核心技术，能够提高配电的效率、可靠性和灵活性。

2　技术优势

直流电网支撑技术可以减少配用电过程中转化的中间环节，提高配用电的效率、可靠性和灵活性，妥善解决分布式新能源和储能系统接入以后的系统稳定问题，是国际配用电研究领域的重要发展方向，其突出意义体现在以下几方面。

（1）可控性强

直流电网系统控制、能量变换、故障保护等环节核心设备均采用计算机和电力电子技术，可控环节和可控节点多，控制速度快，控制功能丰富。与传统电网相比，电压、功率的控制能力将大幅提升。

（2）供电可靠性高

直流线路不存在频率稳定和无功功率等问题，供电可靠性也较高。同时，直流电网可通过灵活的系统拓扑，采用多母线冗余或闭环技术提高供电可靠性；直流电网在故障条件下具有响应快、恢复时间短的特点；此外，电力电子变换器的采用使得直流配用电系统内可以形成自有保护区域，各区域内的故障不会波及外部系统。在电力电子技术不断成熟的前提下，直流配用电系统在用电可靠性方面优势凸显。

（3）电能质量高

由于系统控制能力的提升，冲击性负载对直流配电网造成的电压闪变将大幅降低。直流电网换流器不需要交流侧提供无功功率，并可灵活发出或者吸收无功功率，可以动态补偿交流母线和用户负载的无功功率，稳定交流母线和用户侧交流电压。

（4）供电容量大

直流电网只需两根导线,导线用量相同的条件下，容量可提高至交流 1.5 倍，直流电网可以利用原有交流通道实现扩容，提高供电设备负载率，节约配用电走廊，并扩大供电半径，限制短路电流；另外采用直流输电技术可以大幅提升输送容量。通过在现有配用电线路上合理地配置直流系统，可解决或缓解由于负荷增长造成的线路供电瓶颈问题，达到降低辅助设备成本，提高现有线路及设备的利用率、避免新增投资风险、改善供电可靠性的目标。

（5）节能降耗

目前，生活中的大量电器实际上都使用直流电工作，如电视机、个人计算机、电话、打印机、手机、游戏机以及便携式音乐播放器等，而且洗衣机、空调及节能灯等产品也是将交流变直流，直流再调制为高频交流电工作。直流电网可以为各种直流负荷提供稳定的直流电源，减少多次换流带来的能量损耗及电能质量问题。另外，直流系统不存在无功交换，可降低线损，降低无功补偿带来的建设成本和复杂性。直流技术可减少交流电缆金属护套涡流造成的有功损耗以及交流系统的无功损耗，大大减少了 AC/DC 的转换器件，降低了设备制造成本，设备本身也更环保。依托直流配电技术可有效降低由于交直流转换和传输产生的巨大电能消耗，减少电量消费，可节约大量电费支出，改善配用电环节的低碳化水平，缓解资源和环境压力。

3　关键技术

直流电网属于新兴配网技术，在关键技术工程化和应用方面尚需开展系统研究，目前需系统地开展直流配电技术研究，制定完整的架构与标准，研制关键支撑设备参数，开展直流配电网络系统特性和控制保护策略研究，开展直流配电技术在提高电能质量、新能源消纳、储能电站接入等领域的应用方案研究，确定系统的成本、技术优势及限制，分领域完成直流电网示范应用。

3.1　直流系统的主回路拓扑结构研究

提出符合能源互联需求、电力系统发展需求以及实际技术水平的智能化直流电网技术的整体架构与技术标准。研究满足特定可靠性、配电容量等需求的直流电网的拓扑；提出系统关键参数、系统的主设备接线方式等；提出从变电站到负荷中心及电能用户应采用的电压等级、电能形式和传输介质方案。

3.2　直流系统关键支撑技术研究

研究直流系统的控制保护理论；研究交直流系统之间的互动与影响；研究配用电系统过电压、防雷接地；研究直流配电系统的故障特性；研究直流系统过电压及雷电特性、防护措施；研究中性点和电气安全接地研究；研究接地措施和接地系统配置方案；建立先进的直流电网稳态系统模型；研究直流配网中各元件的电磁暂态模型，包括整流器、直流断路器、直流变压器、直流电缆、新能源接入模块、储能装置接入模块、避雷器、接地体等关键设备。

3.3　直流电网控制保护系统研究

研究各节点间协调控制技术和控制设备；研究直流电网能量管理技术和系统，实现能量的高效可靠传输；研究直流系统的故障机理、保护方式；研发主动和被动的直流系统保护设备；考虑包括直流断路器在内的新型直流开断设备与系统保护的协调配合，在保护策略和保护装置的基础上，配合直流断路器的应用进行适应性改造，实现在故障阶段快速隔离故障线路，减少故障停电时间和频率，在联络线间转移负载，实现用户不间断供电。

3.4 核心装备

直流电网核心装备包括换流器、直流断路器、直流变压器、直流电缆、直流量测和计量等。

（1）换流器

直流电网用换流器一般为电压源（VSC）型，采用电压源换流技术和全控电力电子器件，用于实现交流与直流的能量转换，实现交流与直流网络连接。换流器的研究目标包括提高输送能量密度、提高电压等级、提高效率、提高控制性能等。按照电压等级不同可采用两点平、级联多电平和 MMC 等拓扑结构，采用 SiC 等新型电力电子器件实现换流是重要的研究方向。

（2）直流断路器

直流断路器可实现故障电流分断、故障隔离和接线方式带再转换，是直流电网的核心技术之一，也是目前研究的热点。目前主要有机械式、电力电子式和混合式 3 种技术类型。混合式断路器结合了电力电子器件的高可控性和机械开关的低损耗特性，具有技术优势，随着电力电子器件的进一步发展，混合式和电力电子式将成为主流。用于高压、中压和低压的直流断路器均处于研发阶段，核心目标是提高可靠性、提高开断容量、提高速度和降低损耗。

（3）直流变压器

直流变压器用于实现直流电压的变换，基于高频变压器的电力电子变压器是目前的研究热点，目前的重点研发工作包括适用于直流电网络的不同电压等级直流电能变换装置、新能源接入装置、储能和电动汽车接入装置。具备能量和信息融合功能的能量路由器是直流变压器一个创新方向。

（4）直流电缆

直流电缆线路输送容量大、损耗小。电缆耐受直流电压的能力比耐受交流电压约高 3 倍以上，因此直流电缆比交流电缆输送能力大许多；直流电缆的损耗主要是电阻损耗，而交流电缆则还有介质损耗和磁感应损耗。直流电缆无电容电流，输送距离不受容性电流限制。但直流电缆运行中会出现介质电荷，特定条件下将造成电缆的绝缘破坏，直流电缆的电荷控制、击穿和老化机理、材料和工艺是目前的研究重点。

（5）智能终端

用电侧智能化是直流电网重要的发展能方向，核心任务是研发符合智能化直流输电技术标准的直流智能电表、电压电流传感器、用户电源适配器和智能插座等相关用电设备，实现用电侧的能量和信息双向互动，实现准确计量和传感。

3.5　直流电网标准

技术标准包括提出配电效率标准、电能质量标准、系统过电压标准等在内的智能化直流配电系统标准；形成主配用电系统、控制系统、监测系统、保护系统等技术框架。确保整体架构与技术标准稳定高效、切实可行并且满足配用电网智能化的要求。

4　应用场景

作为新技术，直流电网在诸多应用场景可解决传统电网存在的困难，具有显著的发展潜力。

（1）新能源接入

随着传统能源的逐渐消耗，能源结构低碳化的压力越来越大，电网接入以太阳能、风能为代表的可再生新能源势在必行。因此，在未来的城市智能配用电网中，分布式可再生能源将大规模接入。光伏等可再生能源一般体现为直流形式，大部分风力发电机组等目前也通过 AC/DC/AC 双向变流器实现并网发电。新型配网为分布式电源直接并入交流网提供缓冲，避免频率、相位各异的分布式电源对电网的冲击，减少换流次数，利用空间分布特性减小系统波动性，降低分布式电源带来的电能质量影响，提高系统稳定性，提高信息设备的功能稳定性并延长设备使用寿命。还可以有效简化供用电系统结构，优化资源配置。

（2）储能和电动汽车接入

电动汽车和各种储能装置，如蓄电池、超级电容器、超导磁储能（SMES）等，也是直流电的形式,新型配网可为储能和电动汽车接入提供高性能可控接口，实现能量和信息的双向互动，为电能的灵活充放和市场化交易提供坚实支撑；同时，通过建立合理有效的市场机制，引导电动汽车用户有序充放电，作为移动储能单元与电网互动，参与局部电网削峰填谷，缓解配网功率阻塞，稳定配网关键节点电压，对于电网安全、稳定、经济运行具有重要意义。

（3）敏感、重要负荷供能

城市用户面临产业调整和转型，高新产业比例日益扩大，对电能质量要求逐渐提高。新型配用电网可以实现对有功、无功、电压、频率的精细化控制，提升电能质量，抑制电压波动、闪络冲击、频率变化，避免冲击负荷造成的电压质量问题。

（4）独立系统供电

偏远地区、沿海区域、以旅游业为主的岛屿存在供电困难，建设海底电缆成本高、运行检修困难，柴油发电存在噪声、废气污染问题。采用分布式能源接入的新型配用电系统供电方式，可解决供电难题，避免产生环境污染。飞行器、船舶等电网中的敏感负荷、重要负荷及非线性负荷越来越多，交流配电面临线路损耗大、电压瞬时跌落、电压波动、电网谐波、三相不平衡现象加剧等一系列电能问题，采用直流电网技术可有效解决现有问题。

（5）提高配用电网容量

新型配用电可以利用原有交流通道实现扩容，提高供电设备负载率，节约配用电走廊，并扩大供电半径，限制短路电流。另外，采用直流输电技术可以大幅提升输送容量，可解决或缓解由于负荷增长造成的线路供电瓶颈问题，达到降低辅助设备成本，提高现有线路及设备的利用率、避免新增投资风险、改善供电可靠性的目标。

（6）支持需求响应

直流电网可提供电能双向互动，利用峰谷差电价等减少用户的用电成本，实现错峰用电，有利于电力企业实现削峰填谷,提高系统的经济效益。通过在合理位置配置储能系统，在负荷低谷期存储电能，在负荷高峰期释放，可起到提供电压支撑的作用；还可以在雷击、外力破坏、功率波动（如短路容量较小的变电站接入电弧炉等负荷）等扰动时提供功率支撑。

（7）直流负荷供电

直流电网可以为各种直流负荷提供稳定的直流电源，减少多次换流带来的能量损耗及电能质量问题。随着电力用户直流驱动的负载比重越来越大，以工业园区为典型的高耗能密度单位核心信息设备负载，越来越多地使用直流电能，空调、通风设备采用变频驱动，直流配用电系统的优势将进一步显现。

能源互联网与可再生能源消纳

清华大学　张宁　康重庆　王毅　杜尔顺

1　可再生能源发展现状与消纳困境

1.1　国内外可再生能源的发展现状与未来发展展望

以风电和光伏为主的可再生能源近十年内在世界范围内发展迅速，2015 年底全球风电装机容量达到 4.32 亿千瓦，十年内年均增速 21.8%，光伏装机容量达到 1.69 亿千瓦，十年内年均增速 43.7%[1]。我国风电与光伏发电已经开始呈现出从补充能源向替代能源过渡的趋势。2015 年底风电装机达到 1.48 亿千瓦，占世界风电装机 1/4 以上，光伏发电容量达到 0.43 亿千瓦，风电与光伏装机容量均居世界第一，短短十年时间，并网风电与光伏装机比例由 0.37%提升至 11.46%，成为我国重要的电源形式之一[2]。

根据我国未来能源战略规划，可再生能源将持续高速发展，在未来成为主要的能源供应形式。到 2020 年，我国风电装机将达到 2.5 亿千瓦，光伏装机达到 1.5 亿千瓦，规模化开发与集中并网已成为我国可再生能源开发利用的主要模式之一。根据 2050 年我国高比例可再生能源发展场景规划路线图，在 2030 年与 2050 年，可再生能源将分别实现 40%与 60%的一次能源消费比重，可再生能源发电将分别实现 53%与 86%的总发电量比例。其中，2050 年风电和太阳能将累计装机 50 亿千瓦，发电量占比 64%，成为未来主要的电力供应来源[3]。

1.2　可再生能源消纳困境

受风电与光伏自身特性以及我国电源电网特性的制约，我国的间歇性能源消纳问题突出。2015 年全年平均弃风率约为 15%，甘肃、新疆、吉林三省份弃风率均超过 30%[4]，2015 年弃光率达到 10%，甘肃弃光率达 31%；新疆维吾尔族自治区弃光率达 26%[5]。全年弃风与弃光折合经济损失超过 170 亿元，造成了能源的极大浪费。

2 可再生能源消纳能力限制因素分析

2.1 可再生能源消纳能力影响因素

可再生能源的消纳能力是指电力系统调用各种资源配合可再生能源运行，在不显著增加系统成本的前提下能够接纳可再生能源的容量。可再生能源消纳能力受到电力系统多方面因素的影响，整体而言，可以分为电源侧、电网侧、负荷侧以及市场与政策因素 4 个方面。其中电源侧的影响因素包括系统的调峰能力、调频能力、备用裕度、负荷跟踪能力以及风电的自身随机特性等；电网侧包括电网传输能力、系统稳定极限等；负荷侧包括负荷特性以及需求侧响应能力；市场与政策因素包括可再生能源并网政策、价格机制、补贴机制以及收购机制等。本章仅关注影响其消纳的技术因素层面，源、网、荷侧的影响因素可以统一概括为“系统灵活性”。电力系统本身具有一定的固有灵活性，天然具有一定的可再生能源的能力，当可再生能源容量增加，灵活性需求增大时，就会产生供不应求的现象进而影响可再生能源的消纳。研究表明，系统消纳可再生能源的能力大小取决于电力系统各方面灵活性中的短板因素，即符合木桶效应。

2.2 可再生能源消纳能力评估方法

目前国内外已开展了对可再生能源消纳能力的评估方法的研究。从处理不确定性的方法上来看，可分为确定性评估方法[6]与概率性评估方法[7]。确定性评估方法通过分别从需求侧分析可再生能源并网对系统调峰、调频、备用等灵活性的需求，从供给侧分析电源电网灵活性的调节能力，从供需平衡角度确定可消纳的最大可再生能源并网装机容量。概率性评估方法则通过建立全面的可再生能源并网运行场景库，对场景库内每一个场景进行运行模拟，计算可再生能源的消纳指标（如弃风弃光率），从置信概率角度确定可消纳的最大可再生能源装机容量。确定性评估方法相对更实用易操作，概率性评估方法相对更客观准确，从时间尺度看，可分为中长期、短期、实时可再生能源消纳能力评估[8]。中长期评估时间尺度为多年、一年、季度或月份，以电量分析为主，服务于可再生能源规划、机组检修安排、电量合约制定等；短期评估时间尺度针对运行层面，从日前角度评估次日可再生能源的消纳能力，服务于发电计划与联络线功率制定；实时评估考虑控制层面的影响因素，服务于系统实时控制。国内外目前已有一些考虑可再生能源并网消纳的运行模拟评估软件系统。丹麦 RISO 与 DTU 主导研发的 Wilmar 软件通过逐小时的运行模拟，评估系统能够接纳风电的能力以及接入成本[9]。清华大学研发的 GOPT 软件基于电力系统时序运行模拟模型，可精细化评估可再生能源并网对电力系统的影响[10]。

2.3 我国可再生能源消纳能力瓶颈因素

清华大学研发的 GOPT 软件，对我国目前可再生能源的消纳能力限制因素进行了量化分析[11]。如图 1 所示，列举了我国多个省份可再生能源消纳能力的瓶颈因素。我国北部与东北地区风电资源丰富，然而在冬季由于供暖需求导致供热机组最小出力限制，使得风电大量切除，风电消纳的瓶颈因素为调峰约束。我国西北地区风光资源丰富，然而当地负荷较小，可再生能源装机已经超过最大负荷需求，需要外送至东部负荷中心进行消纳，可再生能源消纳的瓶颈约束为电网外送传输功率限制[12]。我国东部沿海的江苏、广东地区，海上风电资源丰富，当地负荷需求较大，电源结构多元化，可再生能源消纳能力较强，然而负荷曲线峰谷差较大，系统调峰形势严峻，在某些极端方式下调峰约束会限制可再生能源的消纳[13-14]。我国西南的云贵地区电源结构单一，以水火为主，在丰水期常由于水电机组灵活性不足，限制可再生能源的消纳。

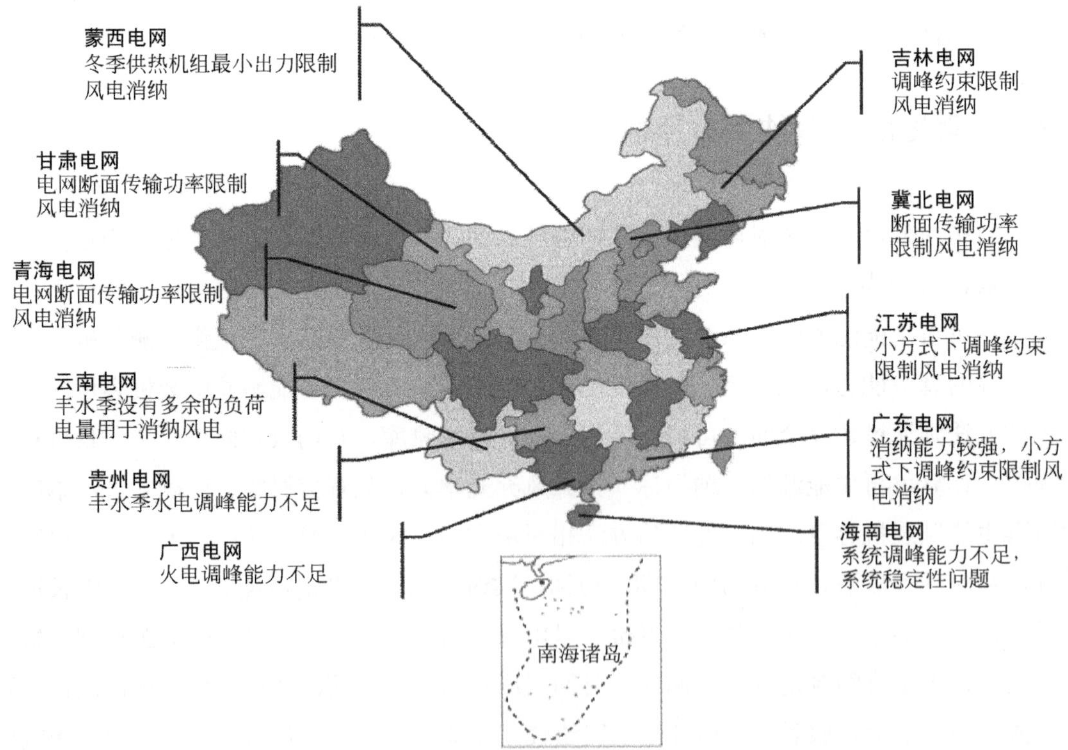

图 1 我国各省电网可再生能源消纳瓶颈分析

3 可再生能源消纳能力提升措施技术经济性分析

电力系统可以通过多种方式提升可再生能源的消纳能力。不同消纳能力提升措施具有不同的技术经济性，对于消纳可再生能源的效果因电网特性、可再生能源特性等不同而具有差异，因此也具有不同的适用场合。如图 2 所示，总结了现有的可再生能源消纳措施大致的技术经济性排序，以及适应的可再生能源渗透率的定性比较。一般而言，系统首先应选择成本较低的技术，随着这项技术在电网中运用的增加，其对可再生能源消纳的促进作用的边际效应递减，技术经济性变差。下面详细说明其中的部分措施。

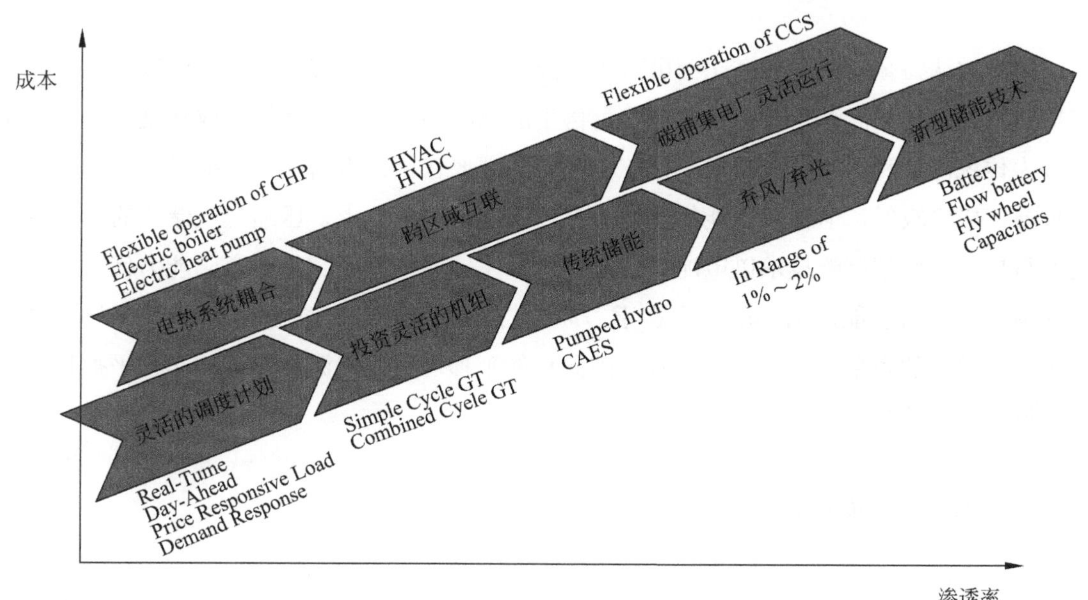

图 2 可再生能源消纳能力提升措施技术经济行分析

3.1 更灵活的系统调度运行方法

现有日前计划+实时调度为主的调度方式更适用于火电、水电等确定性电源，对于可再生能源而言，其日前出力预测误差较大，在实时调度中可能需要较多地改变日前计划，可能造成系统因没有调整空间而弃风弃光的情况。因此需要引入更灵活的调度运行方法，包括采用可再生能源概率性预测[15]，采用随机机组组合方法[16]，降低机组组合的时间间隔（由每日一次变为每 6 小时一次）等，研究表明，这些方式都能够增强电力系统运行时应对可再生能源不确定性的能力。

3.2　增强电力系统互联

可再生能源接入电力系统的根本难题，在于电力系统需要发电与负荷实时平衡，增强电力系统互联相当于扩大了可再生能源波动的平衡区，平衡区越大，一方面系统内可再生能源的平滑效应越强，另一方面系统能够调用的灵活性资源也越多，可再生能源的消纳能力也越强[17]。

3.3　储能设施

储能被认为是解决未来高比例可再生能源接入的重要技术突破口，其原理是通过灵活充放电平抑可再生能源的波动性、包容可再生能源的不确定性。从技术成熟度而言，储能可分为传统储能和新型储能技术。传统储能技术主要包括抽水蓄能和压缩空气储能，其技术成熟，成本较低，但抽水蓄能的建设对自然条件有较高要求，压缩空气储能的效率目前还有待提高。新型储能技术以电池、液流电池、飞轮储能以及超级电容储能为代表。目前储能应用于可再生能源消纳的问题在于：风电与光伏发电的波动性主要以日~多日为时间常数，而储能的容量目前仅为几小时，因此只能平抑可再生能源的短期波动，平抑长期波动时储能的经济性较差。

3.4　可再生能源供暖

可再生能源供暖指利用可再生能源的富余电力制热，将热量用于供暖，或利用高温储热进行存储，在夜间供热高峰期释放热量进行供暖。可再生能源供暖的优势在于：利用蓄热环节以及供热系统的热惯性，能够平抑可再生能源的波动，而蓄热设备的成本往往远低于电池且效率较高，相当于利用蓄热环节+电热耦合实现了电能的虚拟存储[18]。目前，风电供暖已在我国吉林、内蒙古等多个地区开展试点。

4　能源互联网促进可再生能源消纳的促进作用

安全、经济的消纳可再生能源是提出能源互联网愿景的重要动机，相比目前的能源系统，能源互联网在物理层面能够实现多能源系统相互耦合；在信息层面能够实现物理信息系统的深度融合；在商业层面能够实现灵活开放的市场机制。能源互联网在不同层面对能源系统的“革命”，对可再生能源的消纳起到重要的促进作用，具体表现形式如图 3 所示。

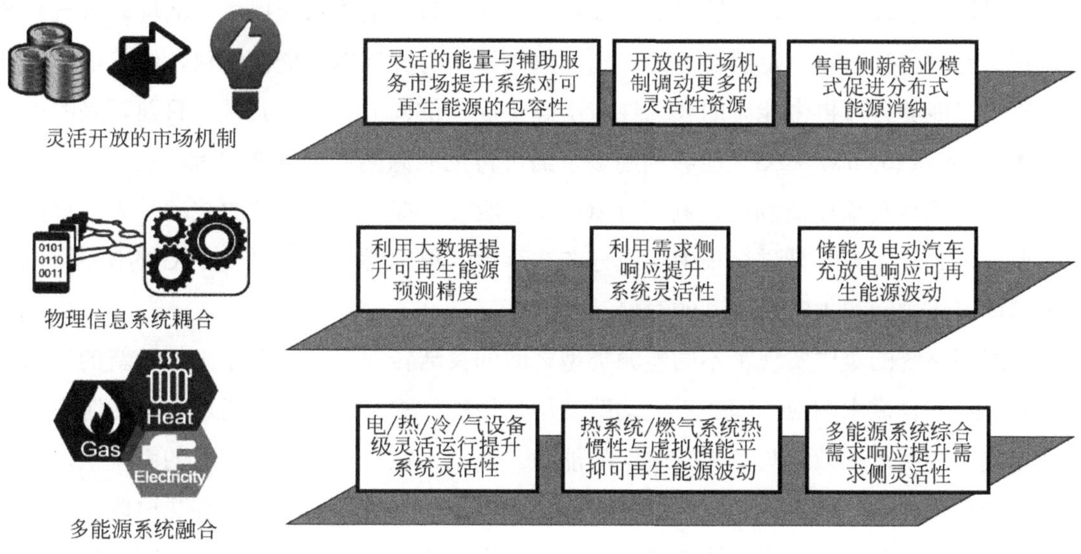

图 3　能源互联网促进可再生能源消纳的途径

4.1　多能源系统融合促进可再生能源消纳

多能源系统集成能够实现不同能源系统之间优势互补，其中最明显的互补在于多能源系统集成对可再生能源消纳的促进。由于电力系统需要满足瞬时的发电与负荷平衡，电力难以实现大规模存储，可再生能源的波动性与随机性为电力系统保持实时发电与负荷平衡带来困难，而供热系统与供气系统无须满足严格的实时供需平衡，同时，热、冷和气均能够较经济地大规模存储。因此多能源系统集成将为可再生能源消纳带来巨大潜力。

热电联产机组“以热定电”，使系统难以灵活地应对可再生能源的波动性和不确定性，热力系统中可以引入蓄热、电锅炉等可以提供灵活性的设备，打破“以热定电”运行约束，通过热力系统的灵活运行为电力系统提供灵活性。具体而言，在热电联产机组侧加装集中式储热或在用户侧加装分布式储热，能够实现热负荷在一定时间范围内的转移，可以在电负荷较高时提高热电联产机组供电量与供热量，同时蓄热，而在可再生能源出力较大时降低热电联产机组发电量与供热量，而热负荷主要通过储热系统释放热量来供应，进而提高了可再生能源的消纳空间；在此基础上，增加集中式或分布式电锅炉或热泵，能够在可再生能源出力较大时利用电加热装置供热，并且与储热装置进行协同，进一步增加了可再生能源的消纳空间。

供热系统存在较大的热惯性，使其在供热时不需要实时满足供需平衡。例如，对于居民供暖或生活热水的供应，仅需要满足一定温度在某一区间内，通过灵活安排热电联产机组、电锅炉、热泵的供热，能够在满足设定温度的同时为电力系统提供灵活性。供气系统与可再生能源运行存在一定的耦合，首先，供气系统为燃气电厂提供燃料，燃气电厂调节性能较强，能够为可再生能源的波动性与不确定性提供调节容量。其次，目前新兴的电转气技术（Power to Gas，P2G）能够利用多余的可再生能源制备氢气或甲烷，然后通过输气管道进行远距离传输以及利用，利用 P2G 技术能够平抑可再生能源的波动并为其提供备用。此外，燃气比较容易进行集中式或分布式存储，结合燃气电厂以及 P2G 的协调运行，能够实现可再生能源大时间跨度的存储。

多能源系统的集成实现了不同能源类型之间的灵活转换，进而衍生出一种新的需求响应方式——综合需求响应。即在不主动改变用户用能需求的前提下，通过调整能源生产及转换方式，使用户等效地具备需求响应的能力。例如，在电、热、气集成的系统中，微型热电联产与电锅炉联合实现供电与供热，当电力供需紧张时，可通过提高热电联产机组出力、降低电锅炉负荷的方式，降低整个能源系统电力需求，但从用户角度而言，用户的用电需求与用热需求并没有被压缩。综合需求响应根据实施方式，也可分为基于激励的需求侧响应与基于控制的需求侧响应，前者主要依靠不同类型能源的实时价格机制，通过区域综合能源系统根据价格机制自主实现需求响应，而后者主要通过集中调度实现。相比传统的电力需求响应，综合需求响应不影响用户的生产生活，因而能够避免高额的补偿费用，同时综合需求响应的可调容量的潜力相对较大，能够对大规模可再生能源实现较强的支撑作用，因而在研究中备受关注。

4.2　信息与物理系统融合促进可再生能源消纳

信息与物理系统的融合能够对电力甚至能源系统的运行状态进行实时感知，对未来系统状态进行有效预测和实时控制，从而保障系统的安全高效运行。信息与物理系统的融合包括更精细的信息采集，形成能源大数据；更快速的控制手段，开展精准性调度；更广泛的感知范围，进行多元化控制。

在能源大数据方面，主要包括评估和预测两个方面的应用。在评估方面，通过集成用能、系统状态、气象、经济等多元数据，利用先进的数据挖掘手段，可以对用户的用能模式进行提取和分析，建立用户用能行为模型，评估用户参与需求响应的各方面的潜力，从而能够有针对性地开展需求响应、节能服务等；还可以融合各种系统状态信息，对能源系统进行态势感知，快速评估在保证安全运行的条件下系统消纳可再生能源的能力。在预测方面，能够开展多时空尺度的负荷、可再生能源等预测技术。中长期的多空间负荷和可再生能源预测，能够为未来电源、电网规划提供可靠的边界条件，建立相适应的灵活性电源以及优化的电网甚至能源网结构，从而提高能源系统在区域和跨区等不同空间尺度上的可再生能源消纳能力。短期的负荷和可再生能源预测的对象可以细化到单一用户、延伸到整个系统，预测的结果可以简单到点预测、丰富到概率性描述，有利于日前、实时的能源系统优化运行。

精准性调度即能够利用信息技术对能源系统的各个环节，各个参与主体进行实时快速的控制。例如，对用户用电行为进行实时感知，通过对空调、热水器等设备，进行实时控制从而开展需求响应。实时需求响应控制使得负荷能够和可再生能源的波动进行同步匹配；基于激励的需求响应能够通过负荷聚集商（Aggregator）快速优化，精准地对每个用户进行实时控制；基于电价的需求响应则使得每个用户能够实时接收电价信息，用户各自进行优化决策，自主参与到与系统的互动中。

多元化控制则是指随着信息采集更加广泛，信息传输更加迅速，信息控制更加多元化，不仅仅包括传统的需求响应，未来可再生能源出力本身也可以进行实时控制，随着电动汽车和储能装置的不断普及，未来针对电动汽车、储能等多种形式的“广义负荷”的控制，也将成为消纳可再生能源的重要手段。在区域或配电网层面，分布式风电、光伏带来的电压越限、电压闪变等问题，能够通过控制储能、电动汽车的充放电进行电压质量的改善，从而减少因保障供电质量而造成的弃风和弃光。在跨区和输电网层面，大范围的储能、电动汽车集群控制能够为系统提供调峰、调频等各种形式的备用服务，信息化的控制手段使得广义可灵活调节的负荷能够做到“随风而动”，平抑可再生能源波动性，促进可再生能源的优化并网。

4.3 灵活开放的市场促进可再生能源消纳

能源互联网对能源对等、分享的理念将极大推进电力市场化进程，将利用互联网思维与互联网模式重构传统能源行业商业模式，主要表现在：能够提供灵活的价格机制为能量与辅助服务动态精确定价，实现价格向价值回归；通过开放的平台广泛调动灵活性资源；通过创新性的售电市场模式实现分布式能源的广泛共享。

目前单一的电价机制阻碍了我国可再生能源的接纳，在发电侧，发电企业固定的上网电价没有反映不同时间与空间上电能价值的变化，使其没有动力为可再生能源调峰，电网公司按与火电机组相同的电价收购可再生能源，在经济性上没有足够的动力优先安排可再生能源发电；在售电侧，居民、工业商业、农用电存在交叉补贴，居民电价被长期低估，造成了分布式发电、节能方案、储能、需求侧响应技术难以具有经济性。灵活开放的市场机制能够理顺电力系统中消纳新能源的责任和利益关系。当可再生能源大量发电时，市场上供求关系趋缓，系统边际电价逼近零甚至负电价，迫使常规电源关停或降低出力运行，鼓励储能及需求侧响应消纳可再生能源，而此时可再生能源可以以“微利”甚至“负利”发电，并通过政府补贴（按每度电计）等方式从市场外获取收益，而常规机组则因其为可再生能源提供调峰、备用等辅助服务而获益，电网和用户则从低电价中获益；反之，当可再生能源出力较低时，市场上供求关系趋紧，系统边际电价将上升，常规机组发电实现合理盈利。对于可再生能源而言，灵活的市场机制能够为可再生能源提供充分的市场信号促进其提高可控性、可预测性，让可再生能源为其预测偏差与出力波动合理“买单”，甚至能够促进其进行自调度降低波动性对电网的影响。对于系统其他灵活性资源而言，实时电价、辅助服务市场能够提供足够的激励，吸引灵活性资源参与可再生能源消纳，不仅常规机组能够通过参与调峰、调频、备用增加收益，弥补因频繁调整而产生的成本，系统中广泛存在的分布式储能、弹性负荷也能够通过开放的市场平台参与辅助服务而获益。灵活开放的市场机制这一“看不见的手”，实质上将消纳可再生能源的“红利”科学地在多个市场主体之间进行了合理的分配，进而能够调动系统资源推动可再生能源的消纳。

能源互联网还将在售电侧推动形成一个独立的、竞争性的能源交易平台，将为分布式可再生能源的消纳与分享提供便捷的交易渠道，平台可以提供类似“电力淘宝”的业务，售电商可以直接与分布式能源开展 B2C 交易然后再将分布式能源的电力卖给其他用户，平台也可以支持小用户（prosumer）之间基于 C2C 的互济余缺式的电能交易，吸引分布式储能、电动汽车等分散性灵活资源参与消纳分布式可再生能源。

5 小结

能源互联网是推动我国能源革命的重要战略支撑,对提高可再生能源比重,促进化石能源清洁高效利用具有重要作用。本章分析了电力系统可再生能源消纳的影响因素，分析了我国可再生能源消纳的困境以及瓶颈因素，从多能源系统融合、信息物理系统耦合以及灵活开放的市场机制三个层面分析了能源互联网对新能源消纳的促进作用。

参考文献

[1] Renewable Energy Policy Network for the 21st Century. Renewables 2015 Global Status Report [R]. 2016. http://www.ren21.net/resources/publications/

[2] 国家可再生能源中心. 2015 中国可再生能源产业发展报告[R]. 北京:中国环境出版社，

2016

[3] 国家可再生能源中心. 中国 2050 高比例可再生能源发展情景暨路径研究 [R]. 北京: 中国环境出版社，2015

[4] 国家能源局:风电弃风限电形势加剧 去年弃风电量 339 亿千瓦·时[EB/OL]. http://energy.people.com.cn/n1/2016/0203/c71661-28107597.html

[5] 国家能源局：2015 年光伏发电相关统计数据 10%[EB/OL]. http://www.ne21.com/news/show-73354.html

[6] 凡鹏飞, 张粒子, 谢国辉. 充裕性资源协同参与系统调节的风电消纳能力分析模型[J]. 电网技术, 2012, 36(5):51-57

[7] Q. Xu, C. Kang, N. Zhang, Y. Ding, Q. Xia, R. Sun, J. Xu. A Probabilistic Method for Determining Grid-accommodable Wind Power Capacity based on Multi-scenario System Operation Simulation[J]. IEEE Transactions on Smart Grid, vol.7, no.1, pp.400-409, Jan. 2016

[8] 徐乾耀, 康重庆, 江长明等. 多时空尺度风电消纳体系初探[J]. 电力系统保护与控制，2013, 41(1):28-32

[9] WEBER Christoph, MEIBOM Peter, BARTH Rüdiger, et al. WILMAR: A Stochastic Programming Tool to Analyze the Large-Scale Integration of Wind Energy. Optimization in the Energy Industry, Energy Systems: Springer Berlin Heidelberg, 2009. p437-458

[10] N. Zhang, C. Kang, D. S. Kirschen, Q. Xia, W. Xi, J. Huang, and Q. Zhang, “Planning Pumped Storage Capacity for Wind Power Integration,” IEEE Transactions on Sustainable Energy, vol.4, no.2, pp.393-401, April 2013

[11] Ershun Du, Ning Zhang, Chongqing Kang, Xiaoming Jin, Jianhua Bai, “Comparison between deterministic and probabilistic methods for evaluation grid-accommodative wind power capacity”, International Council on Large Electric Systems, 2016

[12] 张宁, 周天睿, 段长刚等. 大规模风电场接入对电力系统调峰的影响[J]. 电网技术, 2010(1):152-158

[13] 周天睿, 王旭, 张谦等. 大规模风电对江苏电网规划影响的实证分析[J]. 中国电力, 2010, 43(2):11-15

[14] 徐乾耀, 康重庆, 张宁等. 海上风电出力特性及其消纳问题探讨[J]. 电力系统自动化, 2011, 35(22):54-59

[15] Zhang N, Kang C, Xia Q, et al. Modeling Conditional Forecast Error for Wind Power in Generation Scheduling[J]. IEEE Transactions on Power Systems, 2014, 29(3):1316-1324

[16] Zhang N, Kang C, Xia Q, et al. A Convex Model of Risk-Based Unit Commitment for

Day-Ahead Market Clearing Considering Wind Power Uncertainty[J]. IEEE Transactions on Power Systems, 2015, 30(3):1582-1592

[17] Xu Q, Zhang N, Kang C, et al. A Game Theoretical Pricing Mechanism for Multi-Area Spinning Reserve Trading Considering Wind Power Uncertainty[J]. IEEE Transactions on Power Systems, 2015:1-12

[18] Zhang N, Lu X, Mcelroy M B, et al. Reducing curtailment of wind electricity in China by employing electric boilers for heat and pumped hydro for energy storage[J]. Applied Energy, 2015.(accepted)

能源互联网与全成本电价

清华大学　钟海旺　夏清

1　引言

能源互联网是以电力系统为核心与纽带，构建多种类型能源的互联网络，利用互联网思维与技术改造能源行业，实现横向多源互补，纵向源—网荷储协调，能源与信息高度融合的新型（生态化）能源体系。

能源互联网中，多种能源系统（电网、天然气网、热网等）互联互通，各个能源行业之间存在严重的信息不对称。各个能源系统之间的协调，难以通过统一的调度机构实现；以价格信号引导多能源系统的协调优化运行，是切实可行的方案。

在智能电网的研究中，人们关注的重点集中在以消纳更多新能源发电为目标的源—荷互动的经济调度[1-5]，而往往忽略了能源互联网的另一种互动效益，即以合理分摊电网全成本形成的节点电价引导的源–网–荷互动的经济调度。源—网—荷互动是能源互联网发展的主要特征之一[6-7]，然而现行的电价体系未精细考虑电源与负荷对电网资源的利用程度，难以引导负荷在时间与空间上的合理布局。电网垄断经营方式下的输电定价机制是成本加合理利润，而现行电网调度方式不考虑电网固定成本对发电计划的影响，由此形成的潮流只能是对电网投资的充分利用，难以判断电网投资的合理性，这种机制容易激励电网企业投资冲动。另一方面，如果短期经济调度不考虑输电固定成本，而是仅仅在售电价格中平均分摊输电固定成本，将扭曲节点电价信号。更重要的是，现行的电价机制没有体现“谁受益，谁承担成本”的原则，在输电成本分摊上存在着不公平，如果输电价格机制不能体现用户在不同地点消费电能应承担成本的差异性，那么这种价格机制便是扭曲的，将导致市场的无序、风险和不公平。因此需研究一种根据电源与负荷对电网资源的利用程度，分摊电网全成本的电价机制，以引导电源与负荷在时空尺度的合理分布，节约电网投资、抑制投资冲动、降低输电网损、激励需求侧响应、提升电网整体安全稳定运行水平。

本章从电能定价和输电成本分摊两个方面综述国内外研究现状。节点电价的概念最早可追溯到美国学者 F. C. Schweppe 提出的现货价格（spot price）概念[8-9]，自那以后，国内外学者对节点电价的概念和模型进行持续的扩充和完善[10-15]。节点电价的差异主要由线路阻塞和网损造成，没有考虑输电固定成本的影响，在电网运行与规划中，输电成本占比很大[16]，仅靠节点电价回收的边际输电收益无法补偿总输电成本[17]。于是人们开始研究在节点电价中考虑输电成本，在扰动 KKT 条件的原始—对偶内点法求解结果上计算节点边际电价，并根据潮流追踪法按照不同比例，叠加线路输电固定成本到发电和负荷节点形成不同的节点电价[18]，提出一类发电与输电综合优化计算边际成本的“网嵌入”的边际成本定价法，计算考虑输电成本的边际电价[19]，在借鉴英国 NETA 定价方法的基础上，提出一种适应我国的输电定价方法[20]。

在输电成本分摊研究领域，目前主要有邮票法、费用流法、兆瓦公里法、潮流追踪法等。邮票法[21]按照功率大小将成本分摊给用户，计算简单，但未考虑用户对电网的利用程度，这就对地理位置不同的用户缺乏公平性。费用流法[22]将功率流转化为费用流，对费用流进行追踪并分摊成本。兆瓦公里法[23]考虑用户的用电功率和地理位置信息，采用分布因子进行计算但存在负向潮流的问题。潮流追踪法[24]基于比例共享原则，能够明确发电机、负荷以及线路之间的功率比例关系，能够体现功率路径的概念，同时拓扑分布因子始终为正值，避免了反向潮流和负费用的产生。

综上所述，计及全成本的电价研究尚处于起步阶段，电价体系的理论与应用还有很多问题待研究。为此，本章提出了基于全成本电价的源—网—荷互动模式与方法，文章结构如下：第 1 节提出基于全成本电价的源–网–荷互动模式；第 2 节阐述基于潮流追踪的全成本电价的理论推导过程；第 3 节建立源–网–荷互动模型；第 4 节对本章提出的互动模式进行可行性分析；第 5 节分析模型求解中存在的问题，提出高效的解决方法；第 6 节基于 IEEE 30 节点系统开展实证研究；第 7 节为本章小结。

2　基于全成本电价的源–网-荷互动模式

本节提出基于全成本电价的源–网–荷互动模式，其过程如下。第一步，在传统经济调度模型中考虑输电成本对发电计划的影响，由此形成了考虑电源对电网资源利用程度的潮流结果。第二步，根据上述潮流，采用潮流追踪方法，将电网固定成本分摊到各节点，以形成具有显著性差异的全成本电价。第三步，计算负荷对全成本电价的需求侧响应。如此迭代，直到发电计划收敛。以下分别介绍互动模式中的环节。

2.1　考虑输电成本的经济调度

传统经济调度的优化目标是发电成本最小，在这种调度模式下，机组将按照发电成本从低到高依次发电。远离负荷中心的电厂（如坑口电厂）单位发电成本低，但电网为此付出了较高的输电成本；负荷中心的电厂单位发电成本虽高，但电网为此付出的输电成本较低，且能够支撑电网安全稳定运行。传统的经济调度没有考虑输电固定成本对发电计划的影响，由此形成的电网潮流掩盖了电网投资的有效性。

为此，本章提出了考虑输电成本的经济调度新模式。在经济调度的目标函数中增加输电成本，使发电机出力的目标函数系数随着网络潮流的变化不断更新，发电计划更趋合理，接着考虑了电源与负荷应公平承担的输电成本，电源、电网、负荷基于此真实的成本互动起来，由此形成反映全成本的潮流。

考虑输电成本的经济调度根据发电机组应承担的发输电全成本优化发电计划，实现了负荷中心电厂出力增加，负荷需求就近满足，全网潮流减轻，提高电网安全裕度；同时能够根据考虑输电成本的经济调度所形成的潮流，甄别电网无效投资，促使电网企业理性规划、高效投资。

2.2 全成本电价

现行的节点电价体系没有根据负荷利用电网资源的程度分摊输电成本，在直流潮流不考虑网损且线路没有出现阻塞时，各节点电价没有差异，不能体现输电成本对电源与负荷时间和空间分布的影响。

本章定义的全成本电价包含发电全成本和输电全成本，发电全成本包含固定成本和变动成本，对于固定成本，将其折算到每度电。将两部分成本相加形成发电全成本；输电全成本也包含固定成本和变动成本，在考虑直流潮流的模式下，暂不考虑输电变动成本。运用潮流追踪法将发电成本和输电成本合理分摊到各节点形成具有显著性差异的全成本电价，在潮流变化时全成本电价也随之修正，始终保持全成本分摊的公平性和准确性。全成本电价的价值体现在：一方面，对于单个负荷而言，在电网运行状态变化时将产生不同的电价，精细反映负荷对电网利用程度的变化；另一方面，全成本电价随着高成本发电机组功率占比提高而逐渐提高，更好地引导电源投资、激励需求侧响应。

3 基于潮流追踪的全成本电价

为了将发电成本和输电成本公平合理地分摊到各节点，本章采用潮流追踪法开展理论推导，并以此形成全成本电价。

潮流追踪法假设流入潮流完全融合，流出潮流严格遵循比例共享原则，确保了成本分摊的公平性，用以研究市场参与者发出或接收的功率在网络中的流动情况。该方法既能明确每一对发电–负荷节点对的功率对应关系，又能明确节点与线路的拓扑分布因子，同时拓扑分布因子体现的分配比例始终为非负值，避免负向潮流给成本分摊带来的难题。

潮流追踪法能够解决输电成本“谁受益，谁承担”的问题，这是因为“潮流追踪”根据潮流分布分摊成本的过程实际是形成了成本流。对一个节点，根据流入该节点的潮流，计算该节点的平均全成本，这里的平均全成本是根据各注入支路的潮流与其支路成本的乘积除以注入该节点的总潮流而得到；该节点平均全成本与流出该节点支路的成本相加，形成了对该支路流出节点平均全成本的成本依据。全成本电价示意图如图 1 所示。

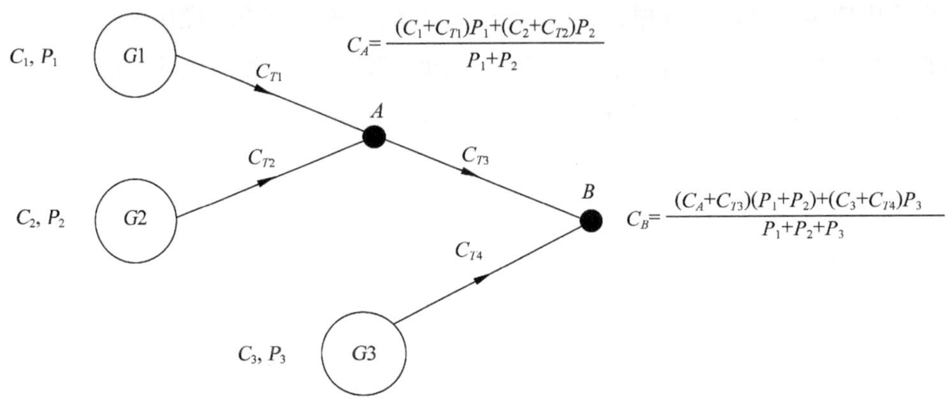

图 1　全成本电价示意图

从图 1 中可以看出，上游发电节点的发电成本和输电成本通过传输线路注入节点 A，形成 A 点的全成本电价；而 A 点的全成本将进一步流向后续节点 B，与 B 点的其他注入支路带来的成本形成 B 点的全成本电价。

由于潮流追踪法的网络矩阵表示形式具有形式清晰、解析化表达、物理意义明确等优点，本章采用矩阵形式开展相应的推导和计算，得到全成本电价的数学表达式。

3.1　全成本电价的发电成本分量

负荷节点 k 全成本电价的单位发电成本分量(G_{UGk})：

$$C_{\text{Total}Gk}=\frac{P_{Lk}}{P_k}\sum_{i=1}^{n}([\boldsymbol{A}_u^{-1}]_{ki}P_{Gi}C_{Gi}) \tag{1}$$

$$C_{UGk}=\frac{C_{\text{Total}Gk}}{P_{Lk}}=\frac{1}{P_k}\sum_{i=1}^{n}([\boldsymbol{A}_u^{-1}]_{ki}P_{Gi}C_{Gi}) \tag{2}$$

式中：$C_{\text{Total}Gk}$表示节点 k 需要承担的总发电成本；G_{UGk}表示节点 k 全成本电价的单位发电成本；C_{Gi}表示发电节点 i 的单位发电成本（包含固定成本与变动成本）。

3.2 全成本电价的输电成本分量

负荷节点 k 全成本电价的单位输电成本分量(C_{UTk}):

$$C_{\mathrm{Total}Tk}=\sum_{\text{所有线路}ij}\left(\frac{F_{ij}}{P_i}[\boldsymbol{A}_d^{-1}]_{ik}P_{Lk}C_{Tij}\right) \tag{3}$$

$$C_{UTk}=\frac{TC_{Tk}}{P_{Lk}}=\sum_{\text{所有线路}ij}\left(\frac{F_{ij}}{P_i}[\boldsymbol{A}_d^{-1}]_{ik}C_{Tij}\right) \tag{4}$$

式中：$C_{\mathrm{Total}Tk}$ 表示节点 k 需要承担的总输电成本；C_{UTk} 表示节点 k 全成本电价的单位输电成本；C_{Tij} 表示线路 ij 的单位输电成本。

3.3 全成本电价

全成本电价定义为发电成本和输电成本的线性叠加，统一下标后，有：

$$C_{Uk}=C_{UGk}+C_{UTk}=\frac{1}{P_k}\sum_{i=1}^{n}([\boldsymbol{A}_d^{-1}]_{ki}P_{Gi}C_{Gi})+$$

$$\sum_{\text{所有线路}ij}^{m}\left(\frac{F_{ij}}{P_i}[\boldsymbol{A}_d^{-1}]_{ik}C_{Tij}\right) \tag{5}$$

全成本电价包含发电成本和输电成本分量。按照潮流追踪法分摊电网全成本，体现负荷由于空间分布不同产生对电网利用程度的差异性，从而承担差异化的发输电成本。

4 基于全成本电价的源–网–荷互动模型

基于第 2 节全成本电价的定义，建立基于全成本电价的源-网-荷互动的数学模型。目标函数：

$$\min\sum_{k=1}^{n}C_{Gk}P_{Gk}+\sum_{\text{所有线路}ij}C_{Tij}\left|F_{ij}\right| \tag{6}$$

约束条件：

（1）发电-负荷平衡约束

$$\sum_{k=1}^{n}P_{Gk}=\sum_{k=1}^{n}P_{Lk} \tag{7}$$

（2）发电机出力上下限约束

$$P_{Gk,\min}\leqslant P_{Gk}\leqslant P_{Gk,\max} \tag{8}$$

式中：$P_{Gk,\max}$，$P_{Gk,\min}$ 对应于发电机组 k 的出力上下限。

（3）线路潮流极限约束

$$-F_{ij,\max} \leqslant F_{ij} \leqslant F_{ij,\max} \tag{9}$$

式中：$F_{ij,\max}$ 为线路 ij 的有功传输极限。

（4）线路潮流与发电出力转移分布因子关系约束

$$F_{ij} = \sum_{k=1}^{n} G_{ij-k}(P_{Gk} - P_{Lk}) \tag{10}$$

式中：$G_{ij\ \ k}$ 为机组 k 对线路 ij 的发电转移分布因子。

（5）全成本电价约束

根据第 2 节对全成本电价的推导，可得到全成本电价约束如下：

$$C_{Uk} = \frac{1}{P_k}\sum_{i=1}^{n}([\boldsymbol{A}_d^{-1}]_{ki} P_{Gi} C_{Gi}) + \sum_{\text{所有线路}ij}(\frac{F_{ij}}{P_i}[\boldsymbol{A}_d^{-1}]_{ik} C_{Tij}) \tag{11}$$

（6）需求侧响应函数

$$P_{Lk} = f(C_{Uk}) \tag{12}$$

式中：$f(C_{Uk})$为负荷节点 k 的需求响应函数，可根据需要采用不同形式的函数，为简化分析，本章采用线性响应函数。

式（6）中包含发电成本和输电成本，由于转移分布因子控制的线路潮流会出现负值，因此在输电成本项中引入线路潮流的绝对值项以保证输电成本计算的正确性。同时，全成本电价约束中带有矩阵求逆项等非线性表达式，导致模型非线性强，难以直接求解，在第 5 节中将提出高效的求解方法。

5　基于全成本电价的源–网–荷互动的可行性分析

5.1　全成本电价适用于管制和市场模式

本章研究内容既适用于政府定价环境也适用于电力市场环境，其核心思想是希望根据负荷对电网资源利用程度的大小，让负荷承担相应的输电全成本，体现“谁受益、谁承担成本”的原则。目前节点电价没有考虑输电固定成本，扭曲了节点价格信号。

5.2　互动模式的执行主体

本章的互动模式是为电网调度部门决策发用电计划设计的。监管部门负责制定考虑输电全成本的调度模式规则，是立法机构；调度部门按照规则执行调度，是执法机构，不能仅考虑电网公司的利益。

5.3 设计以电网短期运行引导长期投资的机制

只有在短期中考虑固定成本，才能以短期运行的潮流分布和价格信号科学地引导电网长期的投资。传统短期经济调度由于没有考虑输电的固定成本，一方面，如果输电固定成本采用邮票法平均分摊给用户，则对靠近电源的用户不公平；另一方面，如果基于传统经济调度的潮流结果，采用潮流追踪法分摊输电成本，也存在不公平，因为用户被动地接受了昂贵的输电价格。事实上，如果让靠近用户的电厂多发电则可避免其承担远距离的输电成本。

在有需求弹性的前提下，传统经济调度模型目标函数为发电成本最小，其目的是追求发电和用户共同形成的社会福利最大化，但其所决策的潮流未考虑输电成本的影响，其潮流结果缺乏公平性；而本章模型目标是发输电全成本最小化，虽然小幅提升了短期调度运行的变动成本，但其决策的潮流则是与固定成本的合理分摊相关联，体现了“谁受益，谁承担”的经济学基本原则，因而所形成的潮流反映了投资的有效性。

在本章提出的互动模式下，从短期看，输电线路的利用率可能降低，意味着电网投资成本回收期可能变长；但从长期看，对引导节约电网投资建设成本有深刻的影响，用户不再只是被动承受电网的不合理投资造成的成本，而是通过对全成本电价的响应，反馈影响电网投资规划决策，节约电网投资以产生更加有效的社会福利。

5.4 全成本电价有利于防止电网阻塞

在传统节点电价机制下，各节点的电价在电网发生阻塞前基本一样，难以起到引导用户用电行为的作用。而在全成本电价机制下，由于距离发电中心较远节点的负荷将承担更多的输电固定成本，势必造成这些节点的电价显著提升，将有效激励这些节点的负荷在时序上重新分布，实现移峰填谷；从长期来看，居高不下的节点电价将激励负荷产生空间转移，从而减轻远距离输电线路的潮流。因此，与传统节点电价相比，全成本电价机制有利于防止电网发生阻塞。

6 基于全成本电价的源–网–荷互动模型求解方法

由于全成本电价约束式（11）中存在逆流矩阵 A_d 并进行求逆运算，矩阵元素分母上含有变量，该约束条件具有很强的非线性，并且在全网潮流方向改变时矩阵中元素的位置会发生变化，基于这两点原因，模型难以统一优化求解。

为此，本章提出了迭代计算的求解流程，负荷初值选取为 IEEE 标准系统的原始负荷，将目标函数中的绝对值消除[25]。模型中经济调度部分，即式（6）～（10），转化为线性模型，在每次迭代中利用线性规划方法可快速计算；全成本电价的计算及需求侧响应非线性部分，即式（11）～（12），作为迭代模块计算，该求解方法物理意义明确，过程清晰；不需要对每一种潮流方向进行枚举，每次经济调度线性模型确定潮流大小和方向，再代入迭代模块求解，迭代次数减少，收敛速度提升，大幅加快模型整体的求解速度。

模型求解的步骤如下。

（1）设定负荷初值以及系统网络边界条件。

（2）采用线性规划求解工具计算考虑输电成本的经济调度。

（3）根据经济调度的发电功率和线路潮流结果，计算基于潮流追踪的发电成本、输电成本分摊，形成全成本节点电价。若满足收敛条件，即两次计算中每个节点的全成本电价之差均小于阈值，跳转至步骤（6）；若未满足收敛条件，跳转至步骤（4）。

（4）节点负荷对全成本节点电价做出需求侧响应。

（5）将响应后的负荷作为新的负荷初值，跳转至步骤（2）。

（6）计算结束。

其求解流程如图 2 所示。

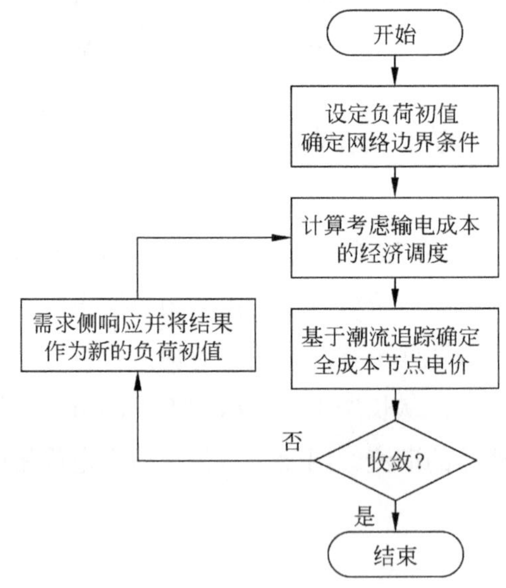

图 2　算法求解流程图

本章方法的价值在于：实现决策发电计划的因素由单纯的发电成本转变为包含发电成本和输电成本的全成本，将适度激励负荷中心电厂多发电，负荷需求就近满足；将减轻全网潮流，尤其是远距离输电线路上的潮流，提高电网安全裕度；根据基于全成本的电网潮流，能够科学地甄别线路有效容量，促使电网企业理性规划、高效投资；能够根据用户对电网资源利用程度的大小，合理地分摊电网的成本，确保负荷空间分布的有序性、合理性；激励源、网、荷基于真实成本充分互动，激励需求侧响应；最终能够提升电网投资与运行的高效性、公平性、有序性和安全性。

7 实证研究

本节采用 IEEE 30 节点标准系统的网络参数和结构，机组单位发电成本及考虑输电线路长度的单位输电成本数据参考我国某区域电网实际数据。

由于采用迭代求解的方法，需求侧响应函数可以取不同形式的函数，为简化分析，本章采用线性响应函数如下：

$$P_{Lk} = -a_k C_{Uk} + b_k \tag{13}$$

式中：a_k 取 0.005^0；b_k 取 IEEE 30 节点标准系统负荷初值。

7.1 经济调度对比

如表 1 所示为传统经济调度和本章经济调度的对比结果。

表 1　发电机组出力对比

发电节点/MW	传统经济调度	本章方法
1	0	29.233
2	0	0
5	83.4	100
8	0	31.624
11	100	85.251
13	100	37.292

从表 1 中可以看出，传统经济调度未考虑输电成本的影响，仅按照机组单位发电成本从低到高依次发电；而本章方法能够在调度决策时精细考虑发电机组对网络的使用情况，同时在目标函数中引入非线性，使得目标函数式中，发电功率的系数随着网络潮流的变化不断更新，使发电计划更趋合理。

本章方法考虑了输电成本的影响，从表 2 中可以看出，总输电成本显著下降，降幅达 39.1%。传统方法并未考虑输电成本在运行中的影响，形成的潮流是对电网的充分利用，但不能体现电网投资的有效性，本章方法考虑了输电资源的最优利用，从全局评价电网投资的有效性。

表 2　总输电成本和线路潮流对比

算法	总输电成本/元	总线路潮流/MW
传统经济调度	12 074.55	674.461
本章经济调度	7 352.56	429.719

7.2　不同输电成本分摊方法需求响应结果对比

本章对下列两种方法进行了对比，结果如表 3 所示。

- ❑ 方法 1：基于邮票法的电价响应方法。
- ❑ 方法 2：基于潮流追踪的全成本电价响应方法（本章方法）。

表 3　全网总负荷对比

方法	总负荷/MW
方法 1	243.170
方法 2	240.425

从表 3 中可以看到，方法 2 与方法 1 的响应结果对比总负荷下降了 2.76%。

如图 3 给出了两种方法的潮流对比情况，图中展示的是方法 2 减去方法 1 的线路潮流差值。从图 3 中可以看出：大部分线路潮流下降明显，体现了整体潮流下降的趋势。部分靠近发电节点的线路，如线路 1、2、10、19、24、29 等，体现在整体负荷相对下降的情况下，出现方法 2 的结果相比方法 1 部分线路潮流降低程度较低甚至出现潮流增高的现象，说明潮流并非均匀下降；而离发电中心距离较远的线路，如线路 13、33、41 等，潮流下降显著。以上结果体现了基于全成本电价的需求侧响应使得全网潮流再分配，远端线路的潮流向靠近发电中心的线路转移，潮流产生“近大远小”的现象。

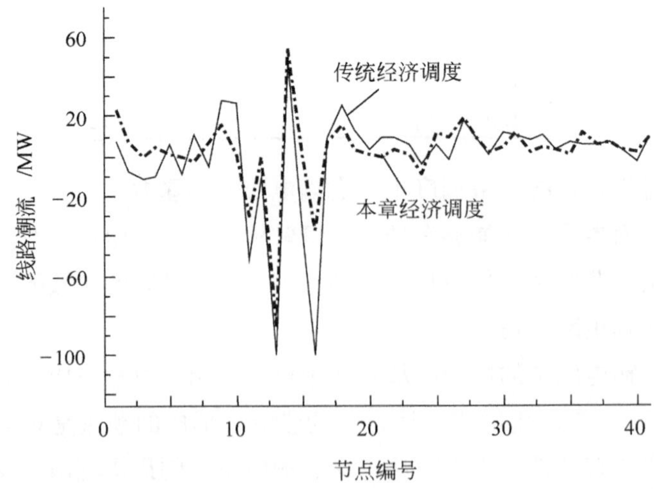

图 3　线路潮流对比图

如图 4 和图 5 所示为两种方法对于负荷的影响，通过观察发现，在靠近发电中心的负荷节点上，两种方法负荷差别较小，部分节点基于全成本电价响应后的负荷更高；而对于远离发电中心的负荷节点，方法 2 使这些节点分摊更高的输电成本，因此负荷明显降低，体现了采用本章的方法实现负荷在空间上合理布局的目的。

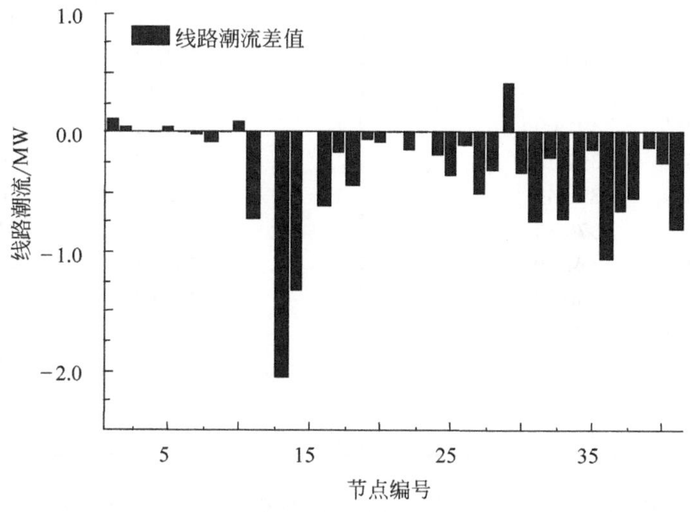

图 4　潮流追踪法-邮票法线路潮流差图

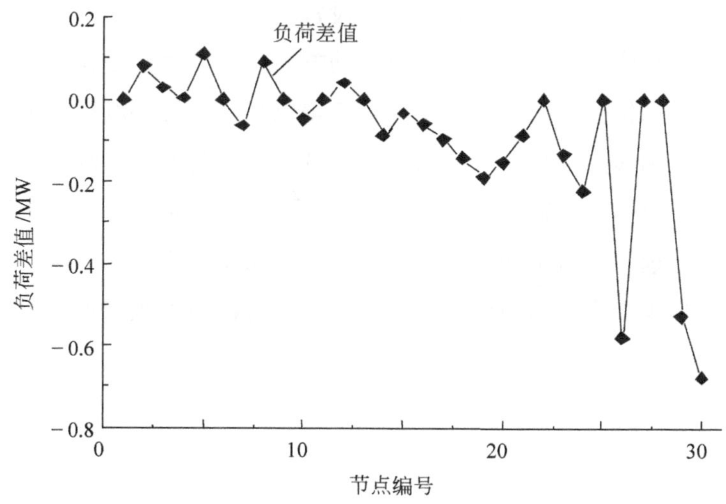

图 5　基于潮流追踪法—邮票法响应节点负荷差值图

如表 4 所示为全成本电价对比，由表 4 中可以看出，基于潮流追踪的全成本电价在远离发电中心的节点上价格提高显著，体现了“谁受益，谁承担成本”的原则。对于供需距离远的节点，分摊成本大，考虑输电固定成本的全成本电价在阻塞出现之前已有明显提升，结合图 3，线路潮流尤其是远端线路已有明显下降，验证该方法有利于防止线路阻塞。由

图4可以看出，价格提高较多的节点经过需求侧响应后的负荷有明显的下降。

表4　全成本电价对比

节点编号	邮票法/¥	潮流追踪法/¥	节点编号	邮票法/¥	潮流追踪法/¥
1	380.00	380.00	16	382.12	393.87
2	402.03	385.81	17	372.93	392.17
3	402.12	396.52	18	382.12	410.67
4	400.86	400.13	19	373.14	410.99
5	392.16	370.17	20	372.12	402.70
6	350.00	391.60	21	372.12	389.63
7	379.96	392.78	22	350.00	396.79
8	408.88	390.49	23	382.12	409.02
9	350.00	370.80	24	374.03	418.70
10	372.12	381.80	25	351.91	451.62
11	350.00	350.00	26	374.03	489.62
12	382.12	374.00	27	356.26	442.76
13	360.00	360.00	28	356.76	399.85
14	382.12	399.59	29	378.37	484.29
15	382.12	388.82	30	378.37	513.94

结合图3以及表4，本章方法在经济调度以及全成本电价中均考虑输电成本，体现发电机组和电力用户对电网的实际需求，将电网企业的输电投资回报与发电机组和电力用户对电网的利用程度相结合，促使电网企业理性投资。

综上所述，基于全成本电价的源–网–荷互动方法体现了“谁受益，谁承担成本”的原则，在用户基于新的电价做出响应后，全网潮流得以降低，线路潮流由远端节点和线路向靠近发电中心的节点和线路转移，负荷布局合理分布，达到激励电源与电网、负荷与电网之间互动的目的，从而引导负荷合理分配；同时对于供需距离远的节点，分摊成本较大，通过需求侧响应减轻远距离输电线路的潮流，防止线路发生阻塞，有利于电网安全；将电网企业投资回报与机组和用户对电网的利用程度相结合，引导电网理性投资。

8　小结

本章提出了基于全成本电价的源–网–荷互动模式与方法，在考虑输电成本的经济调度基础上，利用潮流追踪法计算节点的单位发电成本和单位输电成本，形成全成本电价，负荷根据全成本电价进行需求侧响应。

在能源互联网逐步发展的情况下，分布式、多类型的新能源将大量接入电网，电网的成本流动和分摊将成为能源互联网发展的重点问题之一。本章方法能够深度剖析电网成本流的流向；激励电源、电网、负荷基于真实成本充分互动，深入挖掘三者互动产生的价值；能够根据电源和用户对电网的利用程度，形成具有显著性差异的全成本电价，体现“谁受益，谁承担成本”的原则；引导潮流基于全成本合理分配，由距发电中心远处向近处适度地转移，激励用户需求侧响应，引导负荷需求就近满足，提升全网潮流的均衡度，有利于电网安全；将电网运行与发输电全成本相结合，以短期运行的价格信号和潮流分布，能够识别线路有效成本和无效投资，提升电网的投资效率。

参考文献

[1] 陈洁，杨秀，朱兰等．微网多目标经济调度优化[J]．中国电机工程学报，2013，33(19)：57-66

Chen Jie，Yang Xiu，Zhu Lan，et al．Microgrid multi- objective economic dispatch optimization[J]．Proceedings of the CSEE，2013，33(19)：57-66(in Chinese)

[2] 白杨，汪洋，夏清等．水-火-风协调优化的全景安全约束经济调度[J]．中国电机工程学报，2013，33(13)：1-9

Bai Yang，Wang Yang，Xia Qing，et al．A full-scenario SCED with coordinative optimization of hydro-thermal- wind power[J]．Proceedings of the CSEE，2013，33(13)：1-9(in Chinese)

[3] 刘小聪，王蓓蓓，李扬等．计及需求侧资源的大规模风电消纳随机机组组合模型[J]．中国电机工程学报，2015，35(14)：3714-3723

Liu Xiaocong，Wang Beibei，Li Yang，et al．Stochastic unit commitment model for high wind power integration considering demand side resources[J]．Proceedings of the CSEE，2015，35(14)：3714-3723(in Chinese)

[4] Zhai Q Z，Wang L Y．Estimation of generating costs reduction as a result of demand response[J]．Proceedings of the CSEE，2014，34(7)：1198-1205

[5] 王蓓蓓，刘小聪，李扬．面向大容量风电接入考虑用户侧互动的系统日前调度和运行模拟研究[J]．中国电机工程学报，2013，33(22)：35-44

Wang Beibei，Liu Xiaocong，Li Yang．Day-ahead generation scheduling and operation simulation considering demand response in large-capacity wind power integrated systems[J]．Proceedings of the CSEE，2013，33(22)：35-44(in Chinese).

[6] 姚建国，杨胜春，王珂等．智能电网“源-网-荷”互动运行控制概念及研究框架[J]．电力系统自动化，2012，36(21)：1-6，12

Yao Jianguo，Yang Shengchun，Wang Ke，et al. Concept and research framework of smart grid "Source-Grid-Load" interactive operation and control[J]．Automation of Electric Power Systems，2012，36(21)：1-6，12(in Chinese)

[7] 张东霞，姚良忠，马文媛. 中外智能电网发展战略[J]. 中国电机工程学报，2013，33(31)：1-14

Zhang Dongxia，Yao Liangzhong，Ma Wenyuan．Development strategies of smart grid in China and Abroa[J]．Proceedings of the CSEE，2013，33(31)：1-14(in Chinese)

[8] Caramanis M C，Bohn R E，Schweppe F C．Optimal spot pricing：practice and theory[J]．IEEE Transaction on Power Apparatus and Systems，1986，PAS-101(9)：3234-3245

[9] Caramanis M C，Roukos N，Schweppe F C．WRATES：a tool for evaluating the marginal cost of wheeling [J]．IEEE Transactions on Power Systems，1989，4(2)：594-605

[10] El-Keib A A，Ma X．Calculating short-run marginal costs of active and reactive power production[J]．IEEE Transactions on Power Systems，1997，12(2)：559-565

[11] Kaye R J，Wu F F，Varaiya P．Pricing for system security [power tariffs][J]．IEEE Transactions on Power Systems，1995，10(2)：575-583

[12] Zobian A，Ilic M D. Unbundling of transmission and ancillary services. I. Technical issues [J]．IEEE Transactions on Power Systems，1997，12(2)：539-548

[13] 谢开，宋永华，于尔铿等．基于最优潮流的实时电价分解模型及其内点法实现——兼论最优潮流中 λ_p，λ_q 乘子的经济意义[J]．电力系统自动化，1999，23(2)：5-10，40

Xie Kai，Song Yonghua，Yu Erkeng et al. Optimal power flow based spot pricing algorithm via interior point methods—On the economic meanings of λ_p and λ_q[J]．Automation of Electric Power Systems，1999，23(2)：5-10，40(in Chinese)

[14] 汤振飞，唐国庆，于尔铿 等. 电力市场输电定价[J]. 中国电机工程学报，2001，21(10)：91-95

Tang Zhenfei，Tang Guoqing，Yu Erkeng et al. Power market transmission pricing[J]. Proceedings of the CSEE，2001，21(10)：91-95(in Chinese)

[15] 丁晓莺，王锡凡．一种基于独立电价变量的节点电价模型[J]．电力系统自动化，2006，30(8)：16-20．

Ding Xiaoying，Wang Xifan. Nodal pricing model based on independent price variables[J]．Automation of Electric Power Systems，2006，30(8)：16-20(in Chinese)

[16] Shirmohammadi D，Rajagopalan C，Alward E R et al．Cost of transmission transactions：

an introduction [J]. IEEE Transactions on Power Systems，1991，6(3)：1006-1016

[17] Rubio-Oderiz F J，Perez-Arriaga I J. Marginal pricing of transmission services：a comparative analysis of network cost allocation methods[J]. IEEE Transactions on Power Systems，2000，15(1)：448-454

[18] 范宏，许仪勋，张节潭. 计及固定成本分摊的输电定价方法[J]. 上海电力学院学报，2012，28(3)：291-297.
Fan Hong，Xu Yixun，Zhang Jietan. Transmission pricing method in consideration of fixed cost allocation [J]. Journal of Shanghai University of Electric Power，2012，28(3)：291-297(in Chinese)

[19] 言茂松，辛洁晴. 在电力市场环境下网嵌入的边际成本输电定价新方法[J]. 中国电机工程学报，1998，18(2)：111-116
Yan Maosong，Xin Jieqing. Grid embedded marginal-cost transmission pricing (GEMP) in power market [J]. Proceedings of the CSEEN，1998，18(2)：111-116(in Chinese)

[20] 张瑞友，韩水，张近朱 等. 一种适用于我国电力市场的输电定价方法[J]. 中国电机工程学报，2008，28(4)：78-82
Zhang Ruiyou，Han Shui，Zhang Jinzhu，et al. A kind of transmission pricing approach for power market in China[J]. Proceedings of the CSEE，2008，28(4)：78-82(in Chinese)

[21] Happ H H. Cost of wheeling methodologies[J]. IEEE Transactions on Power Systems，1994，9(1)：147-156

[22] 穆钢，王华伟，韩学山. 基于费用流法的输电网节点电力成本分析[J]. 中国电机工程学报，2002，22(12)：36-40
Mu Gang，Wang Huawei，Han Xueshan. Determining bus electricity cost of transmission system by the cost flow method[J]. Proceedings of the CSEE，2002，22(12)：36-40(in Chinese)

[23] 荆朝霞，段献忠，文福拴等. 输电系统固定成本分摊问题[J]. 电力系统自动化，2003，27(15)：84-89.
Jing Zhaoxia，Duan Xianzhong，Wen Fushuan，et al. A literature survey on allocations of transmission fixed costs[J]. Automation of Electric Power Systems，2003，27(15)：84-89(in Chinese)

[24] Bialek J. Topological generation and load distribution factors for supplement charge allocation in transmission open access [J]. IEEE Transactions on Power Systems，1997，12(3)：1185-1193

[25] 徐伟宣，何建秋，邹庆云. 目标函数带绝对值号的特殊非线性规划问题[J]. 优选管理

与科学，1987(3)：9-13

Xu Weixuan，He Jianqiu，Zou Qingyun．Special nonlinear programming problem with absolute value of the objective function[J]．Chinese Journal of Management Science，1987(3)：9-13(in Chinese)

[26] Vespucci M T，Allevi E，Gnudi A et al．Cournot equilibria in oligopolistic electricity markets[J]．IMA Journal of Management Mathematics，2010，21(2)：183-193

能源互联网下的信息与计算

清华大学　吴辰晔
斯坦福大学　于洋

信息与计算科学在过去的数十年中，以日新月异的惊人速度迅猛发展，并且渗透到我们生活的方方面面。相较之下，我国乃至世界的能源领域，尤其是电力行业，仍未完全利用信息计算领域的先进成果。随着智能电网、能源互联网等概念的提出，电力研究者越来越重视信息和计算在能源领域的价值。

基于此，本章在第一部分先回顾电力经济学中关于“信息的价值”的相关理论，从市场的角度印证信息在传统能源系统以及正在改革中的能源系统中已经十分重要。而后，深度地探讨信息与计算在能源互联网中的作用——计算的视角决定了能源互联网的拓扑结构、计算的边界决定了电力市场的结构、计算增强了多系统的耦合控制、计算技术决定了能源互联网的可持续发展水平。结合上述观点，本文着重阐述在未来能源系统中，如何利用计算方法，尤其是算法设计和机器学习等手段，来理解、利用这些数据，并且帮助能源系统更加平稳、高效、可持续地运行。与此同时，如何对隐含其中的信息安全，信息源隐私保护等诸多问题进行权衡。

1　信息是未来能源系统的命脉

2006 年，诺贝尔经济学奖得主梯若尔和著名电力经济学家乔斯科从机理上解释了为什么零售市场竞争化改革不会带来改革红利，相反还会阻碍发电市场的改革红利对国民经济的反哺。他们指出，由于没有智能电表，售电公司无法知晓每个用户的具体用电行为、更无法根据不同用电行为对用户区别定价，因此售电市场是一个信息不完全的市场。在这个信息不完全的售电市场中，自由竞争市场比垄断更加无效率。因为竞争只会让市场中每个供给者对消费者掌握的信息更少，从而降低了整体市场的效率。

梯若尔和乔斯科的研究成果是颠覆性的，给能源经济学界带来了革命性的改变。从他们的研究开始，能源经济学领域开始重视信息的价值，特别是信息在市场化改革中的价值。

从整个能源系统的角度看，信息的价值仍然不言而喻。随着可再生能源，尤其是风电、光伏太阳能等无法进行准确长期预测的能源的并网，为了整体电力系统的稳定运行，电力系统运营商需要及时更新的可再生能源预测信息来快速应对各种突发状况。这些及时更新的信息甚至已经逐步改变电力系统原有的预防性控制机制（preventive control）。现在的电力系统已经逐步采用预测控制机制（model predictive control）来更好地利用这些及时更新的信息。在能源系统中，尤其是多能源系统中，信息的交互和共享本就是核心。

由此可见，信息掌控了未来能源系统的命脉。

2　计算的视角构建了能源互联网的拓扑结构

电力系统运行、控制中存在着大量的优化问题，如电力调度等。这些问题在传统电力系统中，绝大部分都是进行集中式求解。随着能源互联网的普及，整个网络都已经智能化，未来的能源系统，完全有能力将诸多问题进行分布式求解。这些计算方法，就决定了能源互联网的基本拓扑结构。

从另一个角度看，信息与计算也决定了能源互联网中数据共享的粒度和采样率等维度信息。电力系统中信息共享中的重要维度是粒度和采样率。粒度越细、采样率越高，产生的数据量就越大，而信息的含量通常越高。例如，在每个节点上，每隔 5 分钟采样一次，对于目前的整体电力市场运行基本就可以提供足够的信息；在每个节点上，每隔 1 秒采样一次，就可以进行电力系统频率调整；在每个节点上，每隔 1 毫秒，甚至更短的采样间隔，可以更好地理解可再生能源对于系统瞬态产生的不稳定影响。对于每一户居民，每隔 1 个小时采样一次，对于结算电费来说就已经足够了；对于每一户居民，每隔 5 分钟采样一次，就可以更好地促进这些居民参与到电力市场中，为电力市场提供各项增值服务（削峰、频率调整等）；对于每一户居民，每隔 1 秒采样一次，那么可以非常准确地预测这户居民早晨何时起床、何时出门上班、何时回家、何时用餐等用户行为信息。

因此，供电部门和电力研究者，需要对信息采集（能源互联网内信息传输）的各个维度和信息源的隐私性进行平衡，从而在根本上尽力保障用户的隐私。例如，如果控制的目的或者研究的目标仅仅是系统控制，就不必要将粒度过细、采样率过高的数据传输到供电控制部门。如果目的是分析用户的行为，那么可以利用用户本地的智能资源，对于高采样率、细粒度的数据进行分析，最后把经过用户允许的分析报告传送回分析机构。

3 计算技术的边界决定了电力市场的结构

2014 年，德克萨斯州学者普乐和韦斯特用德克萨斯州电改数据验证了梯若尔和乔斯科的理论判断。他们的研究指出，由于缺乏用户的个体消费行为信息，德州电改地区和未改革地区相比，售电市场的市场集中度降低了，但是竞争水平却没有增高。电改地区的定价模式仍然维持垄断定价模式。这一困境带来的后果是非改革地区电价下跌的同时，改革地区销售电价的不断上涨。实证分析还证实，由于缺乏智能电表和基于用户行为的定价手段，发电侧改革挖掘的红利大多被售电公司获得，而基本没有造福用电者——包括工商业用电者和居民。

随着智能电网的发展，智能电表的普及，细粒度、高采样率的数据，为用户本身更好地了解自己，供电部门更好了解用户提供了良好的基础。对于普通居民来说，通过用电数据的分析，居民可以自行判断，家中平时有哪些是可以灵活调配的负载，这些负载的占总用电量的比例如何，灵活度如何等。在实行统一电价或者峰谷电价时，这些信息并没有太大的用处，然而实行实时电价是大势所趋，这些信息对于用户是否可以充分利用实时电价的优势十分重要。同样地，对于企业、商业用户而言，面对未来的实时电价，评估自身用电的灵活性也十分必要。如果供电部门掌握这些信息，那么从理论上便可以制定更为有效的实时电价，这也是现在热门的用电侧管理的重要部分。

然而，从采样数据到理解用户行为、评估用电灵活性，并不是一个简单的过程。因为需要解决下述问题：知道了用户一天中实时的用电量，想知道在每一个时刻，都有哪些用电器在运行，从而知道每种用电器的运行时间的信息。对于同一用户进行长时间的监控，才能更好地判断用户的用电灵活性。显然，对于这样的组合优化问题，随着用电器数目的增多，难度也越来越大。因此，评估企业、商业用户的灵活性，通常需要诸多假设和简化。当前的研究成果主要是利用压缩传感（compressive sensing）等手段来近似求解此类问题，然而，这通常要求对于大型用户需安装多个智能电表。能否在只有一个智能电表的前提下，利用电器的不同特性，对大型用户进行准确的灵活性评估，仍是一个重要的研究课题。

4 多系统协同控制中的信息与计算

信息对于电力市场的改革，必将连带着促进整体电力系统的控制方法的改革。正如在前面指出，现在的电力系统控制已经广泛使用预测控制机制。然而，预测控制机制尽管在实际中运行的效果不错，其运行效果在理论上并不清晰。近些年来，研究者都在研究改进的办法及理解其理论运行效果。其中，加州理工大学的威尔曼教授提出的平均预测控制机制（average model predictive control），在很多情况下就有良好的理论运行效果保证。这是计算方法为控制理论提供理论和实践保障的一个良好案例。

从多系统协同控制的角度来看，能源互联网更加重要。因为能源互联网也肩负了电力系统、环境系统、城市系统等多系统的协同调度和耦合控制。这类控制国内外尚无明确的分析，而能源互联网就需要确定从各个系统中，应该得到何种粒度、采样率的数据，如何分享，如何耦和控制，这对于控制方法提出了更高的要求。

5　计算技术决定了能源互联网的可持续发展水平

尽管信息是未来能源系统的命脉，并且能够帮助理解和控制能源系统，但过多的信息隐含着信息源隐私暴露，甚至电力市场紊乱，电力系统崩溃等严重后果。我们从信息采集和信息源隐私平衡，以及信息传输过程中的信息安全两个角度来论述，计算技术决定了能源互联网的可持续发展水平。

（1）信息的采集和信息源隐私的平衡。

如果需要研究用户用电灵活性的行为特征，虽然粒度确定，但是采样率并非越高越好。产生过大的数据量既是对于存储资源的浪费，也把用户暴露在危险之中。对于居民用户而言，过分详细的数据是个人隐私。对于商业用户而言，过分详细的数据可能暴露的是商业机密，竞争对手有可能通过分析这些数据，掌握这家公司的生产状况等诸多情况。因此，信息采集维度和信息源隐私性之间的平衡非常重要，也是从根本上杜绝隐私泄露的唯一手段。

要进行这类权衡，一种方法是考虑机器学习的分析极限。由于计算能力的限制，对于不同种类的数据，机器学习的方法都有理论学习的极限，这个极限和数据的粒度、采样率息息相关。把这个参数作为信息源隐私性的考量，就可以更好地做出权衡。然而，学界不具备分析机器学习真实学习极限的条件，如何更好地逼近这一真实的极限，会对信息的采集方法做出指导性的意见。这从一个角度说明，计算决定了能源互联网的可持续发展水平。

（2）信息传输过程中的信息安全。

如果不注重信息安全，那么对于任何一种粒度和采样率的数据进行肆意篡改，都可能对系统运行产生重大的影响，或者暴露信息源的隐私。2015 年岁末，乌克兰的大规模停电事件，就给能源领域的各界人士敲响了警钟。在多能源系统协同的系统中，信息协调出现偏差，就可能会更容易地导致整个能源系统供应链的（短时）破裂，造成不可挽回的损失。

在未来的电力系统中，随着能源互联网概念的普及，居民及企业用电必将对信息越来越敏感。因此，信息安全对于能源系统改革的成功至关重要。

信息安全的基础是密码学，密码学的基础是计算理论中的复杂性理论。随着计算能力的加强，越来越多的密码体系瓦解。很多加密方法的基础是假定没有有效的算法来做质因数分解。然而，随着量子计算机研究的不断进步，量子算法已经可以高效地进行质因数分解，从而使众多现有的加密算法陷入危机。这便需要基于更强假设的加密方法。然而在实践中，加密算法的保密性固然是最重要的衡量指标，但加密算法实施的效率也十分重要。在这方面的研究中，对于产生的数据量越来越大，关系到国计民生的能源互联网也是核心问题。这样从另一个角度再次论证，计算技术决定了能源互联网的可持续发展水平。

6 小结

在本章的结尾，我们想强调，现有的计算资源仍然远远达不到能源互联网的要求。智能电表虽然已经在普及，但是还不具备分析用户行为的能力。分布式计算的资源也没有在能源系统中广泛安装和使用。能源互联网的提出和实施，必将促进提供计算资源产业（计算机、云计算、智能电表）的繁荣，这不仅可以带动各个地方政府的经济发展，也会反哺整个计算产业、能源产业，促进改革深化。

能源转化的关键设备——热电气冷，与可再生能源协同互联网

清华大学　史翊翔

能源互联网是利用互联网技术，通过大规模分布式发电/储能系统接入，实现以可再生能源为主要一次能源的新能源体系的广域共享，具备以下关键特征。

（1）高可再生能源融合比例。

（2）非线性随机特性：可再生能源、用户负荷，以及设备"即插即用"带来的动态拓扑结构具有复杂的随机特性。

（3）多源大数据特性：高度信息化的结果。

（4）多尺度动态特性：耦合了物理空间、能量空间、信息空间乃至社会空间的多域、多层次系统。

能源互联网不仅仅是电力互联网，其真正内涵应包涵了热电气冷等多能源形式的融合互补。

分布式能源网络系统是实施能源互联网热电气冷多能源转化的关键，其典型特征在于位于用户附近、模块化发电技术和能量储存技术。常见的发电装置包括以生物质、太阳能、风能等可再生能源，以及以煤、油、天然气等化石能源为基础的发电装置，典型的关键发电部件包括内燃机、太阳能热发电、光伏发电系统、燃料电池、风力发电机、微型燃气轮机等。与大型、集中式发电站相比，分布式能源网络系统融合了大量分布式可再生能源发电装置和分布式储能装置，能够实现能量和信息的实时流动，从而提升用户侧体验效果及整体系统能效。分布式能源网络的容量范围可以从低于 1 千瓦到数十兆瓦之间。可以用作为备用电站、电力调峰、边远地区/独立电站以及热电联产电站。

天然气分布式能源系统通过冷热电多联产的方式，耦合热电气冷多能源实现能源梯级利用。当可再生能源融入分布式能源网络中时，一系列新问题随之而来。可再生能源主要以电能和热能的形式融入能源系统，热能的传递过程与响应时间相对缓慢，而且热能供需匹配要求较低，对能源系统乃至热网热流的影响相对较小；而可再生电能的融入对能源系统的影响则大为不同。用户用电质量要求远高于用热质量，由于可再生电能自身的间歇性、

波动性以及随机性，造成能源供给侧也产生波动和随机性，降低供电质量。天然气发电作为调峰电站有希望支撑可再生能源在大电网中的大规模接入，本身具有一定的负荷调节特性。然而，在一个应用于微电网的分布式能源系统中，天然气发电一方面不具备过剩能量消纳能力；另一方面，天然气发电的负荷响应特性还不能很好地满足分布式能源系统的动态响应的要求。为保证供能质量，分布式能源系统进一步提出了对储能设备的需求。此外，通过对高品位能源的回收以及梯级利用，是系统优化和能效提升的一大关键。因此，在一个完整的可再生能源与天然气融合的分布式能源系统中，应包含 4 大环节：发电环节、储能环节、回收环节以及应用环节。4 个环节通过一个能源管控中枢实现能量的协调管控和综合调配。如图 1 所示为典型的多能源流四环节分布式能源系统，该能源系统耦合了电热气冷 4 种能量形式。生产环节由天然气与可再生能源发电/供热设备组成；储能环节则包含储电、储热、蓄冷等设备；回收环节包含余热锅炉、有机朗肯循环（ORC）、换热器等尾气和余热利用设备；应用环节则包含用户侧的电热气冷等各类负荷。事实上，无论一个能源系统包含 4 个环节中的几个环节，只要该能源系统具有能量生产和能量消纳的能力，即可认为是一个完整的能源系统。可再生能源大规模融入的分布式能源系统需要及时应对可再生能源以及用户负荷的随机性。甚至伴随着能源系统网络化和高度信息化，4 个环节的设备向着“即插即用”化发展，随之带来的能源系统拓扑结构动态化，导致能源网络需要处理多尺度的非线性随机过程。为了应对这样的非线性随机性，保证可再生能源更好地融入分布式能源系统，对能源系统乃至能源网络的协同控制策略与技术支持提出了进一步的优化要求，未来通过互联网信息技术的应用，有望形成以主干电网、气网、热网为信息——能源融合“广域网”中的“主干网”，以分布式能源系统及微网为“局域网”。

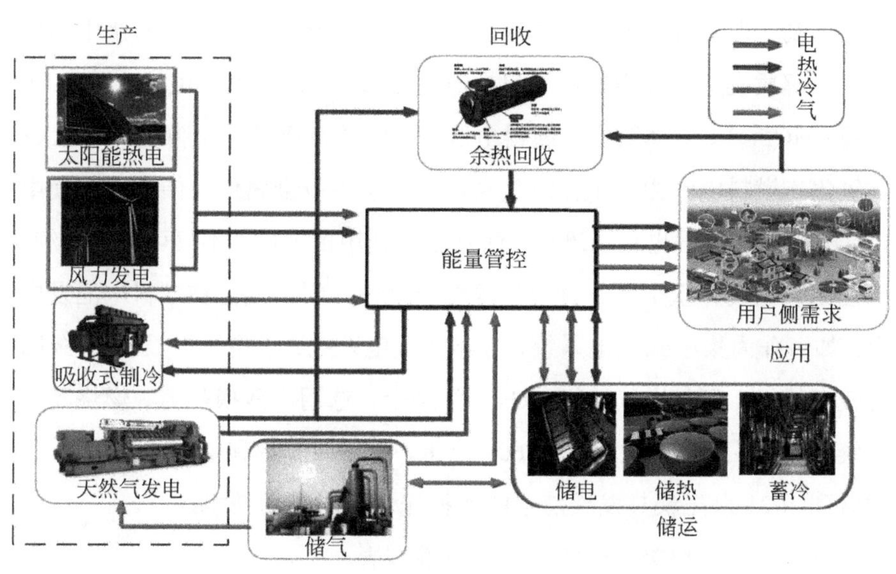

图 1　热电气冷与可再生能源协同的分布式能源系统结构

1　分布式能源网络发电设备

从西方发达国家能源产业的发展过程来看，基本经历了从分布式供电到集中式供电，又到分布式供电方式的演变。随着社会的发展，我国能源产业不可避免也会面临类似的问题。因此，从长远角度分析，构建一个集中式供电与分布式供电相相结合的合理能源互联网系统，将为我国能源产业的发展打下坚实的基础。目前已有的基于传统化石能源的分布式能源网络系统主要以石油或天然气作为燃料。特别是以汽油、柴油或天然气为燃料的往复式内燃机是目前应用最广的分布式发电方式。随着煤气化技术的快速发展，可将其与目前日益成熟的微型燃气轮机技术相结合，以煤气化得到的煤气作为燃料，以代替常规分布式能源网络系统中的气体或液体化石能源。通常的技术路线为：将煤气化产生的煤气经过脱硫等净化处理，去除煤气中的灰分、硫分等杂质，获得清洁燃气，供应微型燃气轮机或内燃机做功发电，烟气余热可进一步应用于热电联供，或增加溴化锂等制冷系统向用户提供冷源。目前以天然气为燃料的分布式冷热电联产技术已相对比较成熟，将是未来分布式能源网络的重要组成部分，而煤气化为基础的分布式冷热电联产技术也有望与此类似，成为未来能源互联网的关键技术之一。

燃料电池可将储存在燃料中的化学能直接转化为电能，不受卡诺循环限制，避免了中间环节的能量损失，具有能量转换效率高，洁净、无污染、噪声低、模块结构性强，比功率高等优点，受到了世界各国的广泛重视，可望成为未来分布式能源网络中的重要组成。燃料电池按照电解质类型可分为碱性燃料电池（AFC）、磷酸燃料电池（PAFC）、熔融碳酸盐燃料电池（MCFC）、固体氧化物燃料电池（SOFC）及质子交换膜燃料电池（PEMFC）。其中，固体氧化物燃料电池由于工作温度高，不必使用贵金属作为催化剂，使电池成本大大下降，同时电极反应过程也相当迅速，而且燃料使用范围广，不仅可以使用纯 H_2 作为燃料，还可以使用天然气、重整气、合成气等混合燃料。固体氧化物燃料电池发电技术可用于多种场合，如可作为集中式发电系统、分布式发电系统、小型发电设备、移动式电源等。其废热具有较高能级，可与燃气轮机（GT）相结合，选用高效换热器、燃烧器等部件组成混合发电系统，可使系统发电效率达到 60%以上，而整体能量利用率则可达到 70%～80%，被国际能源署列为 21 世纪最具发展前景的 4 种先进煤炭利用技术之一。

如表 1 所示为几种主要类型的燃料电池特性列表。

表 1　几种主要类型的燃料电池特性列表

类型		磷酸型燃料电池（PAFC）	碳酸盐型燃料电池（MCFC）	固体氧化物燃料电池（SOFC）	质子交换膜燃料电池（PEMFC）
燃料		煤气、天然气、甲醇等	煤气、天然气、甲醇等	煤气、天然气、甲醇等	纯 H_2、天然气
电解质		磷酸水溶液	KliCO3 溶盐	ZrO2-Y2O3(YSZ)	离子(Na 离子)
电极	阳极	多孔质石墨（Pt 催化剂）	多孔质镍（不要 Pt 催化剂）	Ni-ZrO2 金属陶瓷（不要 Pt 催化剂）	多孔质石墨或 Ni（Pt 催化剂）
	阴极	含 Pt 催化剂、多孔质石墨、Tefion	多孔 NiO（掺锂）	LaXSr1-XMn(Co)O3	多孔质石墨或 Ni（Pt 催化剂）
工作温度		～200℃	～650℃	800～1000℃	～100℃
优点		产生热量高，CO 排放低	高效，耐 CO	高效，耐 CO	启动快，无泄漏
缺点		漏液，电导率低	启动时间长，易结碱	启动时间长，工作温度高	不耐 CO，水管理复杂
应用领域		公共发电，机动车，便携电源	公共发电，电站	公共发电，电站，重型机车	电站，机动车，便携电源

2　电力存储关键设备

电力存储设备主要包括抽水蓄能、压缩空气储能、飞轮储能、电池储能、电解储能、超级电容与超导储能等。如表 2 所示为不同储能装置的关键参数与特点对比。从技术成熟性及成本来看，抽水蓄能与压缩空气储能是优先选择的储电技术。

表 2　不同电能存储装置的关键参数与特点

储能技术	循环效率	容量	占地空间（m^2/kW·h）	特点
抽水蓄能	70%～80%	100-5000 MW	0.02	技术成熟，低成本。基础规模大，对水资源的要求，影响生态环境
压缩空气储能	70%～89%	5～300 MW	0.01	技术成熟，成本低。规模与占地空间大，地下储存，需要天然气
电解储能	66%～85%	0～50 MW	0.003～0.006	可跨季节性储能，可实现可再生能源远距离输运
电池储能	70%～90%	<10 MW	0.02～0.06	需求不断增大，快响应
飞轮储能	90%～95%	0～250 kW	0.03～0.06	使用寿命长，效率高
超级电容	84%～95%	<100 kW	0.04	快速响应，低电压持续运行及高频渗透能力
超导磁储能	95%～98%	0.1～10 MW	6～26	需要超低温环境，成本高，秒量级储能

在各类储能技术中，电制气技术是通过电解的方式将电能以高能量密度燃料的形式存储的一类电解储能技术，一般通过电解制取氢气、合成气或者甲烷燃料，再对燃料气进行

直接利用或者转化成其他高利用价值的燃料或者化学品。电制气系统核心设备是电解池，将电能转化为燃料气的化学能，再利用燃料电池、内燃机或者燃气轮机将化学能转化成电能，从而形成储能—释能的过程。尤其当电解池向着可逆化发展时，即可逆燃料电池（Reversible fuel cell，RFC），还可实现电解/燃料电池双模式运行。基于 RFC 的 PtG 技术对于以可再生能源为主要能源的分布式能源系统，是重要的补充。然而，储氢的经济性与安全性问题限制了氢能的直接利用。而甲烷可广泛用于供热、交通运输、发电、化工等领域，PtG 合成甲烷不仅能直接通入天然气管网而不受限制，还能实现 CO_2 的资源化利用。因此，利用 H_2O 和 CO_2 为反应原料，合成甲烷燃料成为电制气技术一大具有前景的发展路径。作为一类新兴的长期储能技术，在热电气冷与可再生能源协同耦合的分布式能源系统和能源网络中，具有广阔的应用前景。

3 储热关键设备

储热/储冷技术是利用物质内部能量的转化，通过人为干预的方式对热能进行收集、储存、运输和释放，进而实现对热能供求关系的合理调控，在太阳能热利用、电力调峰、建筑隔热保温等方面具有规模化应用前景。储热和储冷技术的本质相同，只是对相对环境温度较高或者较低的热进行储存，以调控用户在不同时期对供暖和制冷的需求。储热技术可分为显热储热、潜热储热及热化学储热 3 类，如表 3 所示。显热储热相对最为成熟，应用最广，结合热泵技术可实现面向用户的建筑节能与集中供暖，但其也存在能量密度低，热损失严重，占地面积大，受到地质、矿产和水文等条件限制等问题；潜热储热具有能量密度高，成本较低，设备灵活简单的优势，近恒温工作也使得储热/放热过程易于管控；热化学储热能量密度高，能量品味降低小，储能材料安全易处理，但其储热成本高，系统复杂，技术还停留在装置试验层面。

表 3 不同储热方式比较

特性	显热储热	潜热储热	热化学储热
体积密度（kW·h/m^3）	50	100	500
体积密度（kW·h/kg）	0.02～0.03	0.05～0.1	0.5～1
热损失	长期储能时较大	长期储能时大	低
储能温度	储能阶段温度	储能阶段温度	环境温度
储能周期	有限（有热损失）	有限（有热损失）	理论上无限
运输	短距离	短距离	理论上无限制
优点	成本低，技术成熟	储能密度中等，系统体积小	储能密度高，长距离运输，热损小
缺点	热损大，装置庞大	热导率小，材料腐蚀性强，热损大	技术复杂，成本高

参考文献

[1] Rifkin J. The third industrial revolution: how lateral power is transforming energy, the economy, and the world[M]. New York: Palgrave MacMillan, 2011

[2] 查亚兵，张涛，黄卓等. 能源互联网关键技术分析[J]. 中国科学:信息科学，2014，6：702-713.

[3] Huang A Q, Crow M L, Heydt G T, Zheng J P, Dale S J. The future renewable electric energy delivery and management (FREEDM)system: the energy internet[J]. P IEEE, 2011, 99: 133–148

[4] 查亚兵，张涛，谭树人等. 关于能源互联网的认识与思考[J]. 国防科技，2013, 33(5)：1-6

[5] 曹军威，孟坤，王继业，李文焯，林闯等. 能源互联网与能源路由器[J]. 中国科学：信息科学, 2014, 6: 714-727

[6] 曹军威，杨明博，张德华等. 能源互联网——信息与能源的基础设施一体化[J]. 南方电网技术, 2014, 8(4)：1-10

[7] 于慎航，孙莹，牛晓娜等. 基于分布式可再生能源发电的能源互联网系统[J]. 电力自动化设备, 2010, 5: 104-108.

[8] Xu Y, Zhang J, Wang W, Juneja A, Bhattacharya S. Energy router: Architectures and functionalities toward Energy Internet[C]//Smart Grid Communications (SmartGridComm), 2011 IEEE International Conference on. IEEE, 2011: 31-36.

[9] 董朝阳，赵俊华，文福拴等. 从智能电网到能源互联网：基本概念与研究框架[J]. 电力系统自动化. 2014, 15：1-11.

[10] Beaudin M, Zareipour H, Schellenberglabe A, et al. Energy storage for mitigating the variability of renewable electricity sources: An updated review[J]. Energy for Sustainable Development, 2010,14:302-314.

[11] Fu Q, Mabilat C, Zahid M, et al. Syngas production via high-temperature steam/CO_2 co-electrolysis: an economic assessment[J]. Energy & Environmental Science, 2010,3:1382-1397.

[12] Choudhury A, Chandra H, Arora A. Application of solid oxide fuel cell technology for power generation—a review[J]. Renewable and Sustainable Energy Reviews, 2013,20:430-442.

[13] Bünger U, Landinger H, Pschorr-Schoberer E, Schmidt P, Weindorf W, Jöhrens J, Lambrecht U, Naumann K, Lischke A. Power-to-Gas(PtG) in transport Status quo and perspectives for development, http://www.lbst.de/ressources/docs2014/mks-studie-ptg-transport-status-quo-and-perspectives-for-development.pdf.

[14] Gahleitner G. Hydrogen from renewable electricity: An international review of power-to-gas pilot plants for stationary applications[J]. International Journal of Hydrogen Energy, 2013, 38(5): 2039-2061.

[15] Weltweit größte Power-to-Gas-Anlage zur Methan-Erzeugung geht in Betrieb, 2015, http://www.zsw-bw.de/infoportal/presseinformationen/presse-detail/weltweit-groesste-power-to-gas-anlage-zur-methan-erzeugung-geht-in-betrieb.html

[16] New approach for energy storage: Solutions for power-to-gas ,2014, New approach for energy storage, https://www.siemens.com/content/dam/mam/tag-siemens-com/projects/customer-magazine/bilder-und-videos/printarchiv/process-news/process-news-2014-1-en.pdf

[17] Power-to-Gas Energy Storage is booming, http://www.betterworldsolutions.eu/power-to-gas-energy-storage-is-booming/

[18] Jensen S H, Graves C, Mogensen M, Wendel C, Braun R, Hughes G, Gao Z, Barnett S A. Large-scale electricity storage utilizing reversible solid oxide cells combined with underground storage of CO_2 and CH_4[J]. Energy & Environmental Science, 2015, 8(8): 2471-2479.

[19] 吴娟. 热化学储能体系 Ca（OH）2/CaO+H2O 的性能研究[D]. 华南理工大学 2015

[20] Abedin A H, Rosen M A. A critical review of thermochemical energy storage systems[J]. Open Renewable Energy J, 2011, 4: 42-46.

[21] 王毅. 硬脂酸复合相变储热材料的自组装合成及性能研究[D]. 兰州理工大学 2014

ICT 与能源互联网

中国电机工程学会电力信息化专委会　刘建明

1　ICT 技术与应用简介

信息通信技术（ICT），是信息技术与通信技术融合而成的技术领域，其基本特征为信息处理与传输的高速化、大容量化、数字化、泛在化与智能化。ICT 技术是信息社会形成与发展的重要动力与标志，正在并仍将深刻地影响包括能源领域在内的人类生活。

能源互联网具备“源－网－荷－储”协调发展、集成互补的特性，可以极大地促进能源全领域、全环节的智能化发展，以提高能效、降低能耗，营造洁净低碳、开放共享的能源生态体系，是我国乃至全球能源产业发展建设的方向。根据规模不同，能源互联网可以分为家庭能源互联网、区域能源互联网和全球能源互联网 3 个层次。

1.1　家庭能源互联网

家庭能源互联网可以认为是能源互联网的“最小结构单元”，通常在一个家庭至一栋楼宇的范围以内，主要包含家庭能源管理系统（HEMS）和楼宇能源管理系统（BEMS）两个层级的管理结构。HEMS 是指通过网络管理的手段控制户用电灯、空调、冰箱、电脑、热水器甚至燃气等光、电、热、气设备，在满足使用需求的前提下实现最大节能效果的管理系统。BEMS 也称建筑物能源管理系统或建筑能源管理系统，将能源综合管理的范围扩大至楼宇级别。如图 1 所示为家庭能源互联网示意图。

电力光纤是智能电网建设的一部分，通过将光纤线嵌入电力线缆中，能够起到“有电的地方就有通信”的作用，是能源互联网得以实现的必要条件。在智慧城市中，利用智能电网已有的网架结构，一方面可以避免重复建设，另一方面可以为城市提供便捷的公共网络系统平台。如图 2 所示为电力光纤到户组网图。

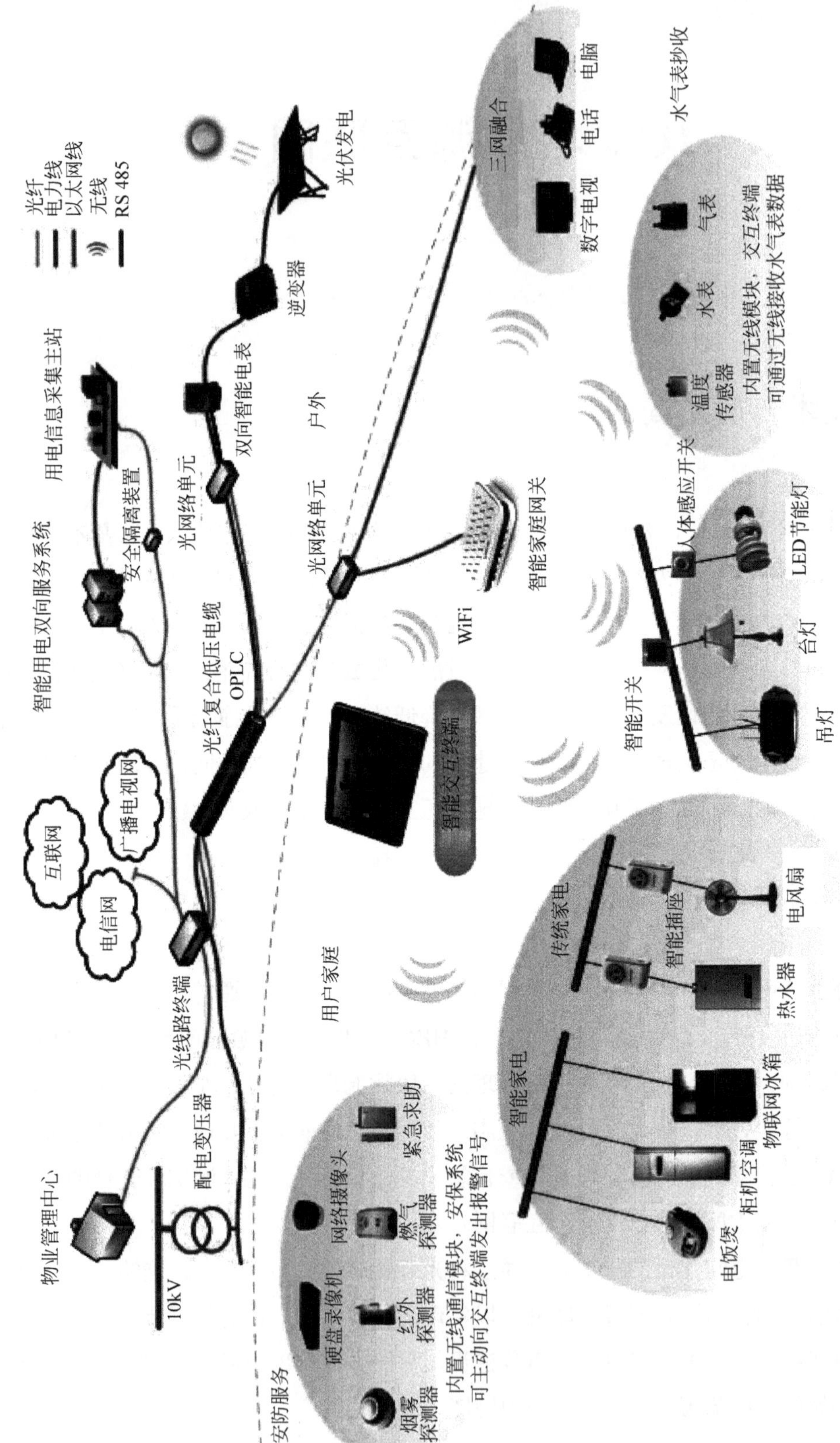

图 1　家庭能源互联网示意图

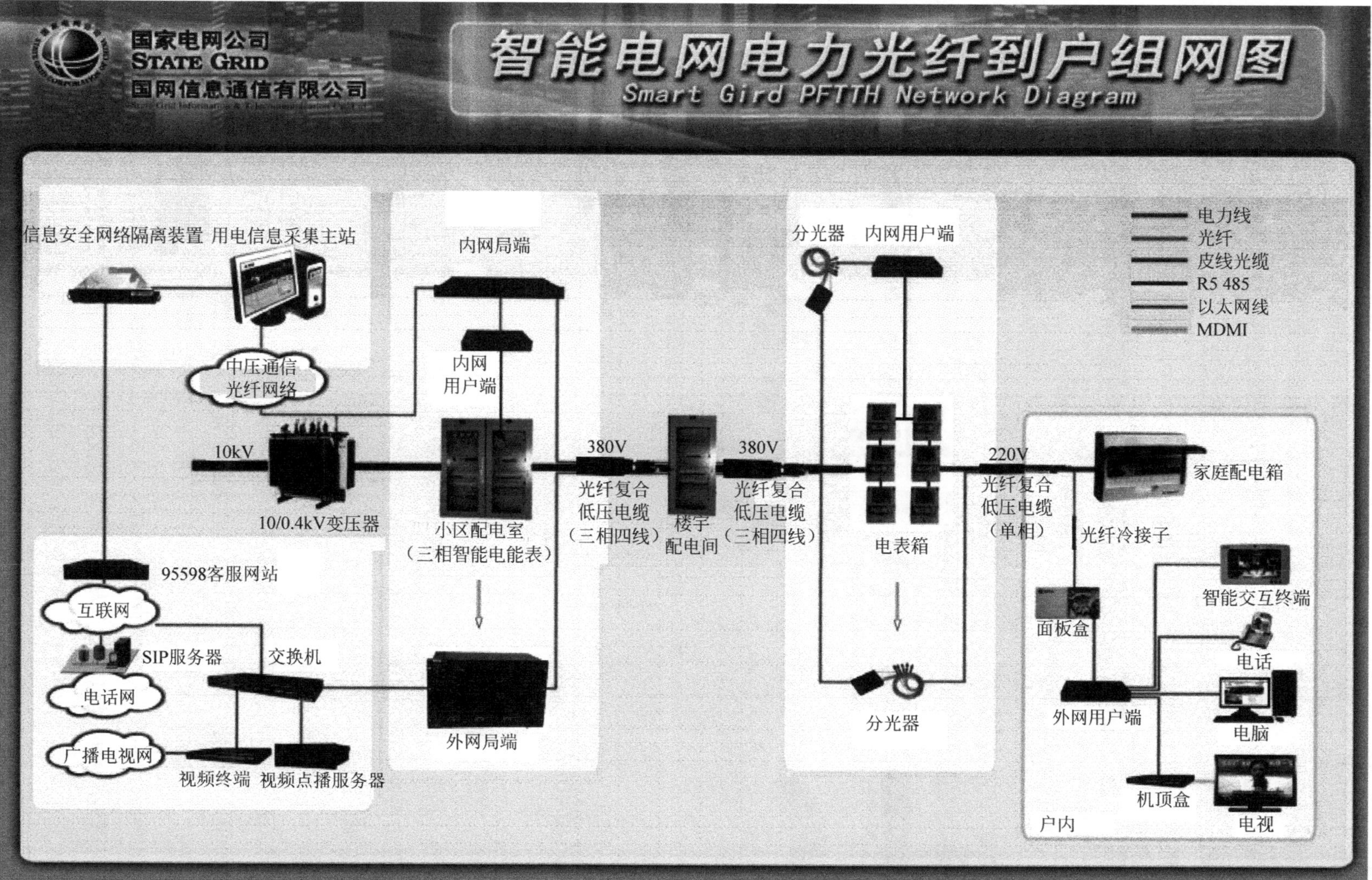

图 2 电力光纤到户组网图

除电力光纤到户之外，智能电网还包括智能电表、电动汽车、分布式电源（光伏、风电、太阳能热水器）、智能家居/家电、家庭安防、社区服务等内容，是家庭能源互联网乃至智慧城市服务平台的主要支撑。智能电网可以利用海量用能数据提供绿色指数、用电明细、耗能分析等家庭能源消费指标，也可以提供天气预报、新闻推送等信息服务。如图 3 所示为依托智能电网的智慧城市服务平台。

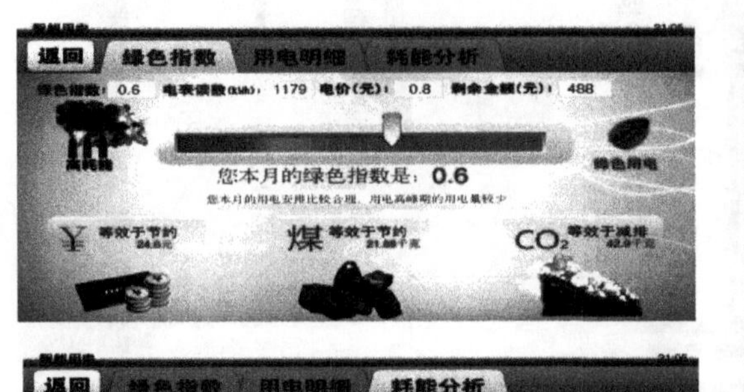

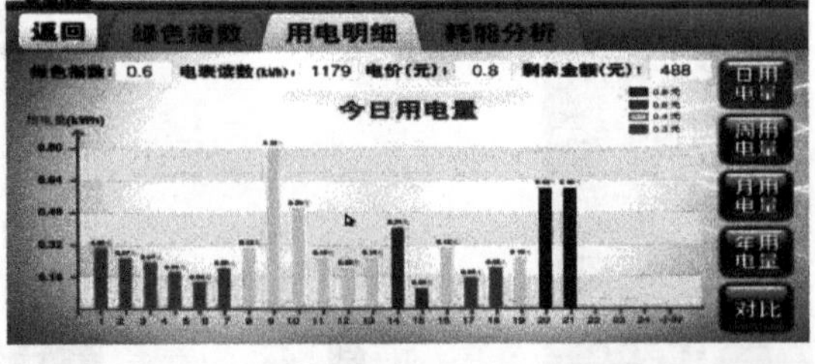

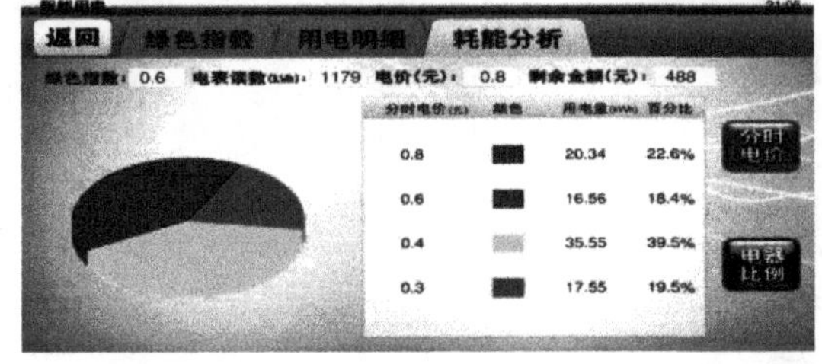

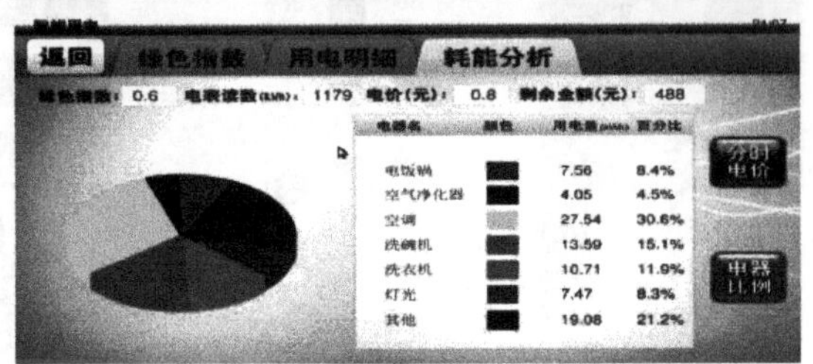

图 3　依托智能电网的智慧城市服务平台

1.2　区域能源互联网

相比于家庭能源互联网，区域能源互联网是范围更广的能源互联网。它通常可以包括智能建筑、具有一定规模的分布式可再生能源系统、燃气系统、冷热电储能系统等组成部分，智能电网是其骨干网架。当前，我国已经有了多处区域能源互联网示范工程，如中新天津生态城、甘肃省智能用电园区、国网客服中心等。

中新天津生态城是中国、新加坡两国政府战略性合作项目。生态城市的建设显示了中新两国政府应对全球气候变化、加强环境保护、节约资源和能源的决心，为资源节约型、环境友好型社会的建设提供积极的探讨和典型示范。生态城坐落于天津滨海新区，包括中央大道光伏、蓟运河口风电、污水处理厂光伏、动漫园多微网、永定洲电动汽车充电站，嘉铭小区智能家居、生态城智能电网展厅等项目。生态城内可再生能源利用比例将不低于 20%，可再生能源种类包含风力发电、太阳能发电及生物质能发电 3 种，其总装机容量将达到 175 兆瓦，预计年发电量为 3.9 亿度左右，可以满足约 13 万普通家庭的用电需求。如图 4 所示为天津生态城示意图。

图 4　中新天津生态城示意图

甘肃省智能用电园区共涉及甘肃省白银市 17 家企业、兰州市 3 家企业，涵盖了冶金、钢铁、化工、农林、医疗器械、食品等多个行业，用户负荷总容量达 41000 多千伏安（kVA）。园区的智能用电系统通过减少峰段负荷、优化平段负荷、增加谷段负荷的方式，在耗电量一定的情况下为企业共节约了 8.6%的电费，优化了负荷结构也降低了用电成本，提高了企业的利润。如图 5 所示为甘肃省智能用电园区示意图。

图 5　甘肃省智能用电园区示意图

国网客服中心北方园区位于天津未来科技城地区，一期工程建设用地 317 亩，总建筑面积 142790 平方米，其中地上面积 115361 平方米，地下面积 27429 平方米，容积率 1.05%，绿地面积 61671 平方米，绿化率 41.1%。园区建设了利用太阳能、风能、地热能等多种可再生能源满足符合需求的能源供给网络，以网络运行调控平台驱动冷、热、电、热水等多种能源的协同生产，实现园区能源生产和消费需求的动态匹配。如图 6 所示为国网客服中心北方园区示意图，如图 7 所示为能源网运行调控平台的功能。

图 6　国网客服中心北方园区示意图

图 7　能源网运行调控平台示意图

如图 8 所示为实际运行的能源管理监控中心。通过二维、三维相结合的方式，对园区内所有能源系统进行监测。监测指标包括：园区节能减排指标、园区运行指标、能源系统节能减排指标、能源系统生产情况、能源系统故障率、运行效率、设备运行指标、设备运行参数等。

图 8　实际运行的能源管理监控中心

1.3　全球能源互联网

全球能源互联网发展构想由国家电网公司前董事长刘振亚提出，2015 年 9 月 26 日在联合国发展峰会上对全球能源互联网构建的探讨倡议，可以认为是全球能源互联网发展构想的里程碑。

高电压、大容量电网互联是互联网思维在电力行业的具体体现，大规模、高比例有效消纳可再生能源是能源互联网的突出特征之一。以跨洲特高压骨干通道连接各个洲级电网和可再生能源基地，是全球能源互联网的基本结构。如图 9 所示为全球能源互联网的基本结构图。

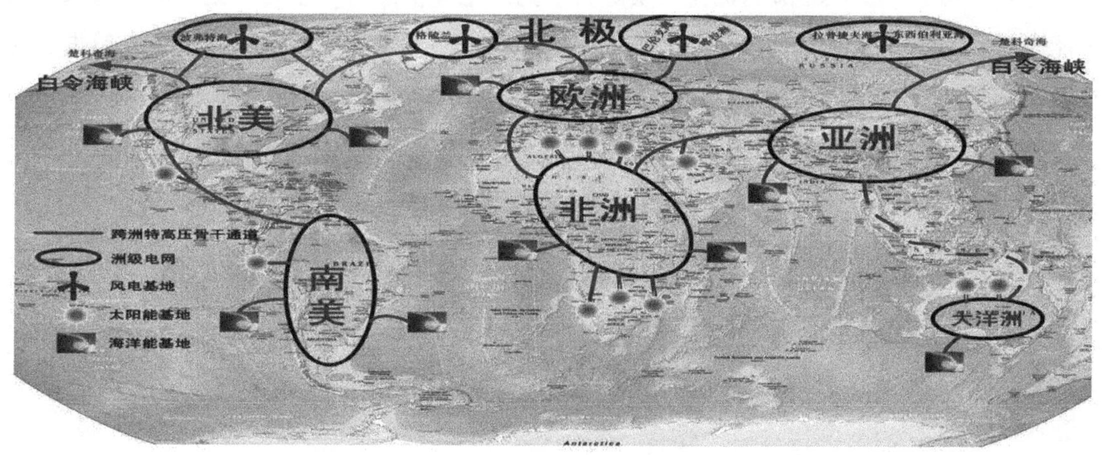

图 9　全球能源互联网基本结构图

如图所示，各个主要负荷中心的负荷曲线形状基本相似，工作时间和晚间为两个用电负荷高峰时段。然而将欧洲、北美和中国三大洲级区域电网的负荷叠加，则可以得到一条近乎平直的负荷曲线，由此可见，将全球电网以跨洲特高压骨干通道相连，构建全球能源互联网，将极有利于实现“清洁替代”与电能替代，并推动人类文明的进一步发展。

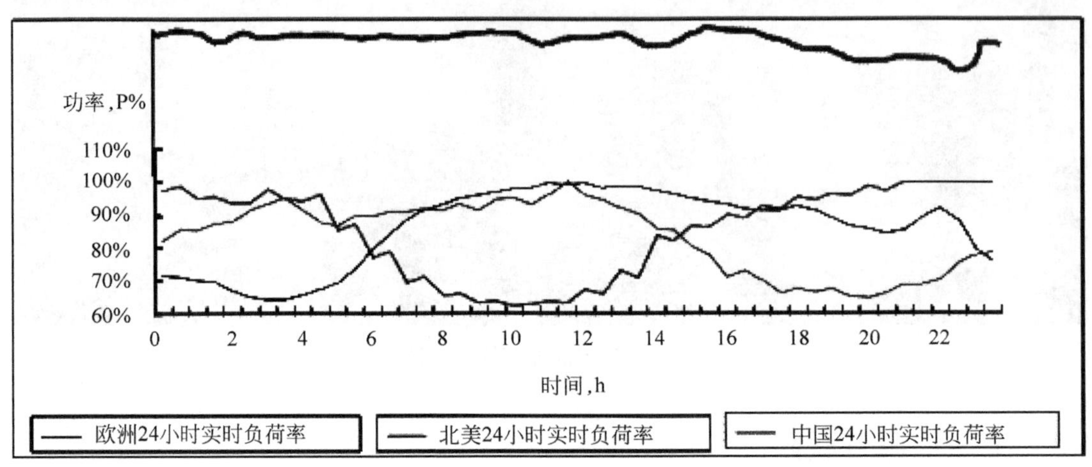

图 10　三大区域电网典型 24 小时负荷率曲线及叠加曲线

2　展望

能源互联网“源－网－荷－储”协调发展、集成互补的特性对海量信息的精准、快速传输提出了前所未有的需求。有效的信息服务可以极大地拓展决策者的理性限制边界，并为能源互联网各个物理环节的优化与实际价值的产生提供助力。由此可见，ICT 技术将成为能源互联网核心技术的组成部分之一，在能源互联网发展的过程中体现出越来越重要的价值。

能源互联网+ICT

清华大学　慈松

1　ICT 产业可持续发展的背景

随着“宽带中国”、“信息消费”、“智慧产业”、“云计算与大数据”、“三网融合”、“第四代移动通信（4G）”等重大信息通信技术（ICT）产业发展政策的出台，我国的 ICT 产业规模已经迅速扩大到近 4000 亿美元。信息服务业和大数据的快速兴起导致数据量的井喷式增长，IBM 的报告显示人类所有数据的 90%是过去两年内产生的，2020 年的数据规模将是现在规模的 44 倍。与此同时，ICT 产业的快速发展带来能耗急剧上升，据统计，我国 2011 年数据中心的耗电量相当于三峡电站的全年发电量，而全球数据中心的耗电量约为 30 座核电站的全年发电量。环境保护和应对气候变化是可持续发展中被屡屡提及的两大话题。最新发布的“Gesi Smarter 2020”预测，到 2020 年，ICT 行业自身的二氧化碳减排量将达到 13 亿吨，占全球温室气体排放量的 1.3%。ICT 产业已成为化工、钢铁之后第五大能耗产业。

因此，能耗将成为未来 ICT 发展的终极障碍，必须开展支撑 ICT 健康持续发展的有效方法和技术。

2　ICT 产业可持续发展的核心问题

根据谷歌（Google）的分析报告，如今人们每两天产生 10^{18} 字节的数据，其相当于从人类文明社会起源至 2003 年以来人类产生的数据的总和，以 2010～2015 年为例，全球移动互联网数据业务将增长 26 倍；根据摩尔定律芯片晶体管数量（处理能力）每 18 个月增长一倍；ICT 设备的能耗受到模拟器件技术、芯片光刻技术等发展速度的限制，其降低速度低于前两者的发展速度。从这些数据可以看到数据量增长速度蚕食了芯片计算能力增长速度，未来 ICT 产业发展仍然需要大量额外的 ICT 设备，而 ICT 物理设备能耗下降速度相对较慢，提升 ICT 系统本身能效解决 ICT 产业能耗问题的方法最终会受到三者速度差的限制。

我们对 ICT 产业能耗追本溯源的分析，目前 ICT 信息领域的各个主要组成部分均已实现硬件离散化、软件分布化和服务云化（如刀片式服务器和存储，分布式云操作系统，云服务等），系统结构呈现为扁平化的网状拓扑结构。但是，ICT 信息系统的供电结构依然是被动单向供电模式，系统结构呈现为单向树状结构。换句话说，ICT 信息系统的供电方式只是被动的受电模式，即通常说的电源模块，电网和 ICT 信息系统呈现出烟囱式的系统集成方式，而且 ICT 信息系统对电网（包括目前的智能电网和智能微电网）来说都是负载。因此，单向潮流树状结构的电网必然无法支撑呈指数速率增长的 ICT 信息系统负载。此外，作为目前能源供给体系中主要来源的化石，能源面临着资源枯竭和环境污染等重大挑战。

因此，现有的 ICT 产业能量供给方式无法支撑未来其可持续的发展。

3　ICT 可持续发展的方法——能源互联网+ICT

目前世界各国和各大 ICT 厂商都非常关注能耗的问题，把能效技术视为 ICT 最核心的技术之一。值得注意的是，ICT 厂商而不是电网运营商在关注 ICT 的能效问题。世界各大 ICT 厂商目前都在不同的领域做出新的尝试，例如，苹果公司目前正在美国北卡罗来纳州建设 100%分布式可再生能源供电的大型数据中心；谷歌和脸书(Facebook)公司于 2011 年率先发起数据中心机房供电革命，将传统的集中式 UPS 和铅酸电池完全去除；特斯拉(TESLA)公司采用 8000 多节笔记本电脑用 18650 电池做出了世界最快的电动跑车；Solarcity 采用互联网手段解决户用分布式光伏发电和管控取得了巨大成功。上述这一切意味着传统能源领域的众多变革已经从供给方发起转移到需求侧驱动，尤其是在分布式能源的利用和 ICT 能量供给体系的变革中格外明显，为互联网思维变革传统能源领域提供了思路和案例。而且上述例子也说明，ICT 领域的能耗问题不能仅仅停留在 ICT 自身寻求答案，有时的确需要换位思考和机制创新。

人们应该在信息领域内深入研究和挖掘信息和能量之间的关系，引入分布式可再生能源和能量管控机制，构建信息和能量紧密耦合交互指引的能量信息化平台，即互联网化能量管理平台，支撑 ICT 产业的可持续发展。具体来说，信息的能量属性是显而易见的，信息本身就是能量的调制（如调幅、调相、调频），所以能量是信息的使能技术。然而，信息领域之前一直忽略了能量的信息属性，我们通常只强调能量的物理属性（如开 / 关，电流，电压，功率等）而忽略了能量的动态时空可变粒度调配。为了支撑可持续 ICT 的发展，必须把能量（传统能源和可再生能源）和能量进行解耦，把能量离散化和量化（碎片化），进而将能量信息化和互联网化，使能量成为和计算资源、带宽资源、存储资源等 ICT 领域的其他资源一样，可以通过信息手段和模式进行网络化管理和调控。此外，只有将能量信息化并使之进行网络化管控，才能真正实现分布式可再生能源在 ICT 领域里的有效利用，支撑未来 ICT 的健康持续发展。

目前能量从信息领域的角度看还只是一个模拟变量，为了实现能量信息化，首先要在物理上把能量进行离散化和量化（类比：自来水和瓶装水），这就需要研发一个基于信息化的可变控制粒度的分布式储电系统；然后需要把分布式储电系统进一步网络化，并同信息系统紧密耦合在一起，实现能量、计算、带宽和存储的一体化调度，这同样需要研发一个面向信息与离散化能量高效传输的能量路由器；此外，基于分布式储电系统和能量路由器的分布式能量和信息一体化管控平台，来实现 ICT 系统内部的能量和信息双向流动，也是需要着重研究的内容。

4　能源互联网+ICT 的核心技术

互联网化的分布式能量管理是以互联网思维，基于先进的信息和通信技术实现能量的信息化与网络化，从而支撑可持续 ICT 的发展。具体而言，包括三项核心技术及对应模块：分布式储电系统与技术，分布式储能技术由于可以有效消除能量流的不确定性，并使能量的时空转移和能量流的有序流动成为可能，成为实现能量的离散化与互联网化的重要基础支撑；能量网卡、能量路由器以及能量交换机，“存储”与“转发”是互联网的两大特征，是实现互联共享的基本要素。在能量的信息化与互联网化过程中，分布式储电系统解决了能量的“存储”问题，而能量交换机及路由器则是实现能量“转发”的关键设备，能量网卡则为用、配、变电设备的能量接口和信息接口；物理信息系统与技术，即基于物联网、大数据挖掘以及智能计算等，深度挖掘信息和能量的互换关系，在信息物理系统(CPS)的技术框架下实现信息流和能量流在 ICT 系统内部进行双向流动，从而对用户呈现一个可管、可控、安全、可靠的形态。

5　能源互联网+ICT 的应用实例

从国外的经验来看，发展可再生能源数据中心是大势所趋。虽然目前已有百度等国内运营商或互联网公司为其数据中心引入可再生能源的报道，但是我国在数据中心使用可再生能源方面已经大大落后于国外。数据中心的建设依赖的最主要因素是数据中心所在位置的供能能力，即数据中心系统是一个能量受限的系统，同时其能耗与碳排放问题日益严重。据统计，截止到 2012 年，全球数据中心的总量已达到 360 万个，我国数据中心达到了 50 万个，拥有服务器总量约 340 万台，并以年复合增长率 14%的速度持续增长。同时，数据中心的急速发展带来了严重的能耗问题，从 2011 年到 2012 年，全球数据中心能耗由 2100 亿千瓦·时增加到了 3320 亿千瓦·时，增幅高达 63%。与此同时，这一趋势也导致数据中心碳排放呈几何倍增长。

因此，慈松教授团队率先将能源互联网技术引入数据中心，提出并实践了一套解决数据中心供能与能耗问题的方案。能源互联网的核心思想之一，就是由需求驱动能量的优化分配与共享。所谓需求驱动，其本质即为以能耗行为为依据，运用能源互联网思想解决数据中心的能源问题，首先要充分掌握数据中心的能耗构成。传统数据中心的能耗构成如图 1 所示，其中制冷设备占总能耗三分之一；利用市电对服务器进行供电，需要进行交、直流的多次转换，这些损耗以热量形式散发造成了二次能耗损失，UPS 和服务器电源损耗约占总能耗的 50%。

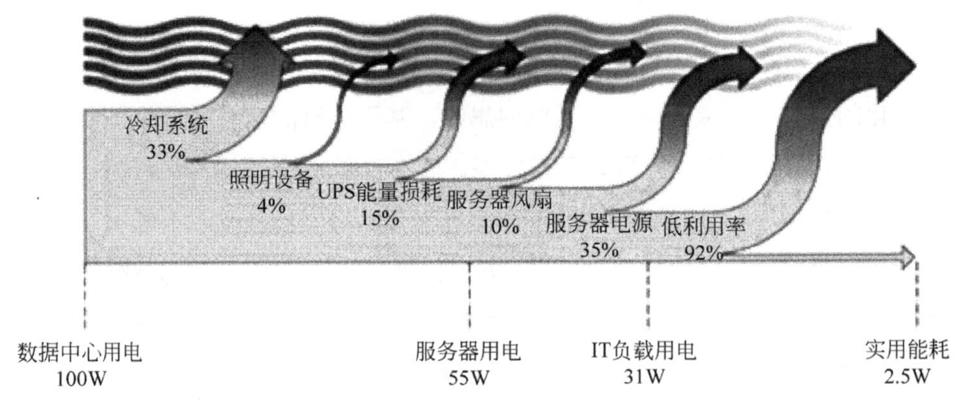

图 1　数据中心能耗构成

因此，将能源互联网的基础——分布式储能技术引入到数据中心的供能系统。通过以基于锂电池的分布式储能代替传统 UPS，能够减少交直流转换次数，大幅度提高能源利用率与可靠性，更重要的是，将电池网络优化管理技术与数据中心相融合，在数据中心中实现类似能量互联网的能量优化分配，更有利于可再生能源的接入，从而结合“节流”与“开源”的方式，从多个层面上综合解决数据中心的供能与能耗问题。

引入分布式储能的数据中心的能量优化架构如图 2 所示，分布式储能装备通过互联网形成电池网络为服务器供能，能量路由器则作为执行电池网路管理的实际载体，根据电池状态、市电与可再生能源的能量输入状态、服务器及其他用电设施的负载状态，控制市电、可再生能源的接入、电池网络的充/放电控制及拓扑结构的动态调整。

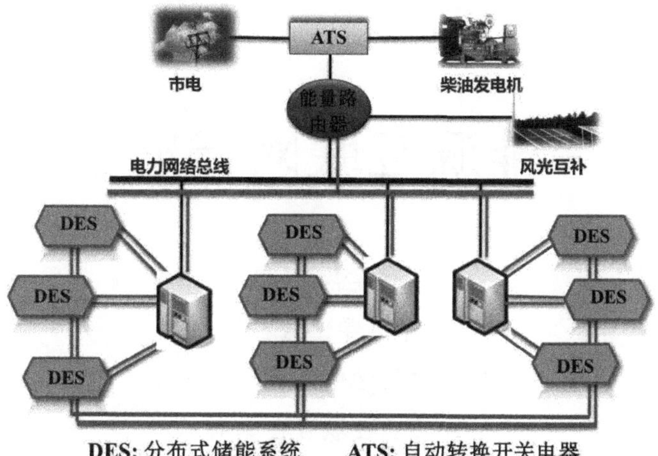

图 2　引入分布式储能的数据中心能量优化架构

慈松教授团队完成了相关设备的研发，包括分布式储能设备、分布式储能电池管理平台等系统设备的研发，并应用于数据中心机架服务器的能量管控，实现了实地验证测试，实际系统如图 3 所示。通过本能源互联网+ICT 思想升级的数据中心机房的总能耗降低了 30%，总运营成本降低了 20%，并已形成产业化基础和商业化模式向全国推广。

图 3　实际系统图

能源互联网标准

清华大学　马君华
中国电力科学研究院　张东霞
中国电力企业联合会　刘永东

1　引言

能源互联网作为能源和电力技术发展的重要方向，将带动技术的进步和产业的发展。规范统一的标准体系是支撑产业发展的基本条件，是实现复杂系统建设的保障。建立能源互联网的技术标准体系，制定能源互联网的核心技术标准，规范和指导关键设备的研制，引导并发展部分关键技术标准，成为国际能源互联网的技术标准，是能源互联网标准化的重要工作。

能源互联网的标准体系需要与能源互联网的技术和产业的发展相适应，应满足系统性、协调性、兼容性、自主性和开放性原则，符合结构合理、层次清楚、覆盖全面、相互协调、适应需求等要求，对能源互联网技术和管理以及试验、认证、评估进行合理规范和科学引导。与智能电网、智慧城市和物联网相比，能源互联网的系统性更强，复杂性更高，需要从全社会层面对能源互联网的基本概念、体系架构和评价指标等方面形成共识，以支撑未来产业的发展。

基于以上考虑，本章分析了能源互联网的标准体系架构和内容，旨在对能源互联网技术标准体系有清晰的认识，为标准化工作奠定坚实的基础。

2　能源互联网体系架构设计

2.1　相关标准体系的发展

近几年来，国内外标准化组织在与能源互联网相关的技术领域开展了标准体系研究。IEC SG3 致力于智能电网标准体系的研究和建设，开发了智能电网模型架构和标准体系，于 2010 年发布了《IEC 智能电网标准化路线图》v1.0，将 IEC 61850、IEC 61970、IEC 61968

等确立为智能电网核心标准；国家电网发布了智能电网技术标准[8]，涵盖了发电、输电、变电、配电、用电、调度、信息通信、综合规划 8 个专业方向，26 个技术领域，总计 92 个标准系列；美国国家标准与技术研究院(National Institute of Standards and Technology，NIST)相继发布了 3 个版本的《智能电网互操作标准框架和技术路线图》，审查并通过了包括美国国家标准学会（American National Standards Institute，ANSI）、IEC、IEEE 等制定的 71 个标准，对需求侧响应和能效管理、储能、电气化交通、高级量测体系（Advanced Metering Infrastructure，AMI）、DMS（Distribution Management System，配电管理系统）、安全、通信、广域状态监视 8 个优先技术领域推荐了 25 个技术标准。此外，在互联网、智慧城市、物联网等与能源互联网密切相关的技术领域，国际标准组织、主要国家的标准组织也开展了标准研究，制定了一系列标准。通过上述工作，产生了大量的国际标准、区域标准、国家标准、行业标准和企业标准。能源互联网标准体系要以上述标准为基础，做进一步的梳理和拓展开发工作。

2.2 能源互联网标准体系架构

在确定对能源互联网标准体系设计目标和原则的基础上，结合能源体系的特点，从能源结构、系统构建、关键设备、信息交换、商业支持以及关键技术几个角度，分析相关领域已有的、正在制定、修订的和计划制定的标准，提出三维立体能源互联网标准体系架构，如图 1 所示。在图 1 中：第一维是能源域，包括风能、太阳能、主网电能、储能等不同种类和形式的能源类型；第二维是系统域，体现出人类生产活动中使用的不同系统和设备的抽象性功能，包括设备层、通信层、信息层、应用层和交易层；第三维是工作域，是与能源生产、传输、管理和使用等有交集的人类活动域。该标准体系覆盖范围广泛、逻辑清晰，涉及能源互联网的各个方面，每一个技术领域、系统设备以及标准化工作都有其所属的位置。

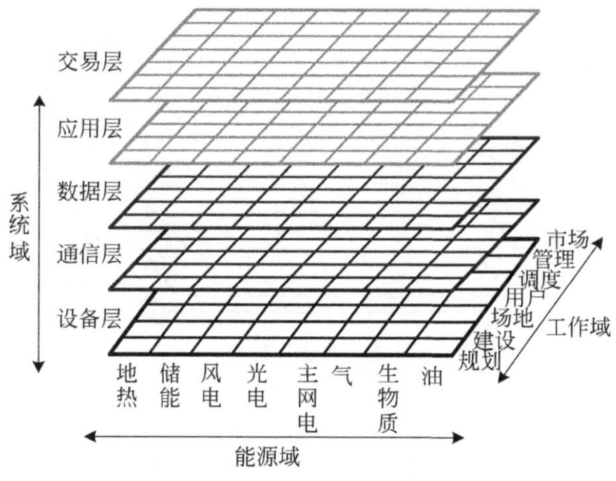

图 1　能源互联网标准体系架构

为了使能源互联网体现平等、开放、协作、共享的互联网思想，对构建的标准体系架构模型赋予如下内涵。

- 一种能源标准可以贯穿到其他能源的工作域；
- 一个技术标准可以涵盖多个能源域；
- 一个技术标准可以涉及多个工作域；
- 一个技术标准可以涵盖多个系统域；
- 一个工作域的标准可以用于多种能源；
- 不是所有能源的技术标准都在这个体系中；
- 三个维度的内容可以分别增加；
- 不是所有的位置都必须拥有技术标准。

3　能源互联网标准体系架构的使用方法

该标准体系是从宏观能源的角度，将每一种能源作为能源互联网标准体系架构的一个纵切面，可以过渡到单一的能源标准体系。每一个纵切面按照其能源传输特点和形式，通过再描述能源域的内容，又构建了各自的三维立体标准体系架构。如图 2 所示为能源互联网电网部分的标准体系。能源域包括发电、输电、变电、配电、分布式电源、微电网、用电；工作域包括规划、建设、输变配用环节、调度、管理、市场等；系统域包括设备层、通信层、数据层、应用层和交易层，体现出一次设备、通信设备、二次设备、管理决策分析以及交易系统等。

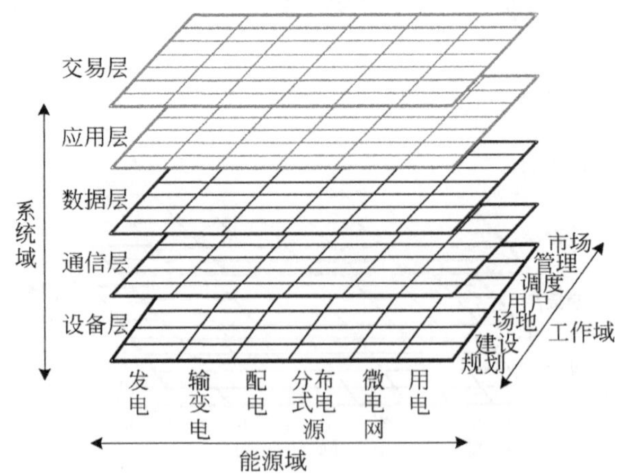

图 2　能源互联网中电网部分的标准体系架构

风能、太阳能发电、燃气等能源在规划、生产、调度、管理方面与主网电能不同，从设备层到交易层有各自一系列的标准，按照这种方式对各种能源进行综合分析，构建出完整细致的能源互联网标准体系。

4 能源转换和新技术在标准体系架构中的描述

各种能源在生产和使用方面有相互之间的交集，这些交集的技术标准是应用于完成能量转换共享和系统设备互联的标准，如图 3 所示为能源互联网标准体系架构下的能量转换和部分新技术的标准体系架构。能量转换与共享通过交易层对应用层到设备层的控制来完成，该标准体系从各个方面支持实现整体能量使用达到最优的目标。

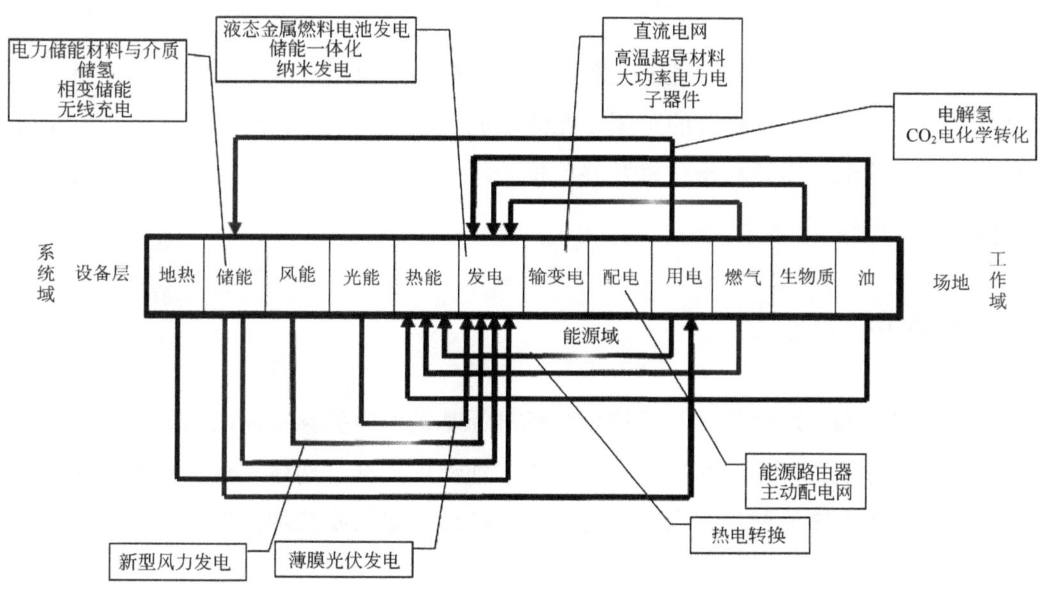

图 3 能量转换与新技术标准体系架构

通过从总体到单一的三维立体标准体系架构的使用方法，对现有的不同能源类型、不同工作环节和不同系统标准进行综合分析，再从能量转换与新技术的角度以及宏观管理协作的角度分析，结合技术发展的需求和方向，分析出需要制定和修订的标准，给出今后的标准化工作建议和计划，为能源互联网的创新和科研、技术、产品的健康发展保驾护航。

5 能源互联网标准体系的内容

由于能源互联网是以电力为核心能源和纽带，以能源总体效率最优为目标，所以智能电网的很多标准将成为能源互联网的核心标准。传统互联网标准作为智能电网标准中的支撑标准将被继续使用。物联网标准、智慧能源标准以及智慧城市标准中的一部分，将作为能源互联网标准的补充而被引用。

纵观能源互联网的技术发展和需求，结合能源互联网标准的体系架构，给出能源互联网的标准体系的内容，如图 4 所示。在图 4 中，下半部分三维域灰度框为标准体系架构中所在的域和位置，另外一种非灰度框是所在位置的标准。整个标准体系的内容以能源域、系统域和工作域三个维度的标准为支撑，以总体概述为引导，以测试评价为保障，将能源互联网的标准从不同的角度全方位地进行描述。

5.1　总体概述

总体概述从宏观的角度构建能源互联网的概念模型，提出能源互联网的总体要求，给出术语以及用例，介绍整个标准的范围、业务功能、需求、架构、运行环境、安全性要求等内容。总体概述部分需要根据技术发展前景，综合智能电网的研究成果，结合国内外工程实际情况进行制定。

5.2　测试评价

测试评价以能源互联网设备及系统检验标准为基础保障类标准，以成熟度评估、环境影响评估以及总体能源利用与转换效率评估为宏观评价标准，构建完善的检测方法和评价体系，为建立涵盖全产业链的产品检测与质量认证体系提供支持和保障。

5.3　能源域

能源的转换共享和互联互通是能源互联网的核心，能源域作为核心内容描述在图 4 中的中心位置。标准体系重点描述了能源转换类、能源存储类和新型能源传输类标准，需要根据当前的能源利用和转换效率制定该域内的标准。对于各类能源的基础标准在其各个行业早已经制定和应用的，在本标准体系中将直接引用。

5.4　工作域

工作域的标准涉及从规划、建设、场地、用户、调度、管理以及末端市场的各个环节，提出满足能源转换、存储、传输目标与系统运行要求的工作规范和标准。

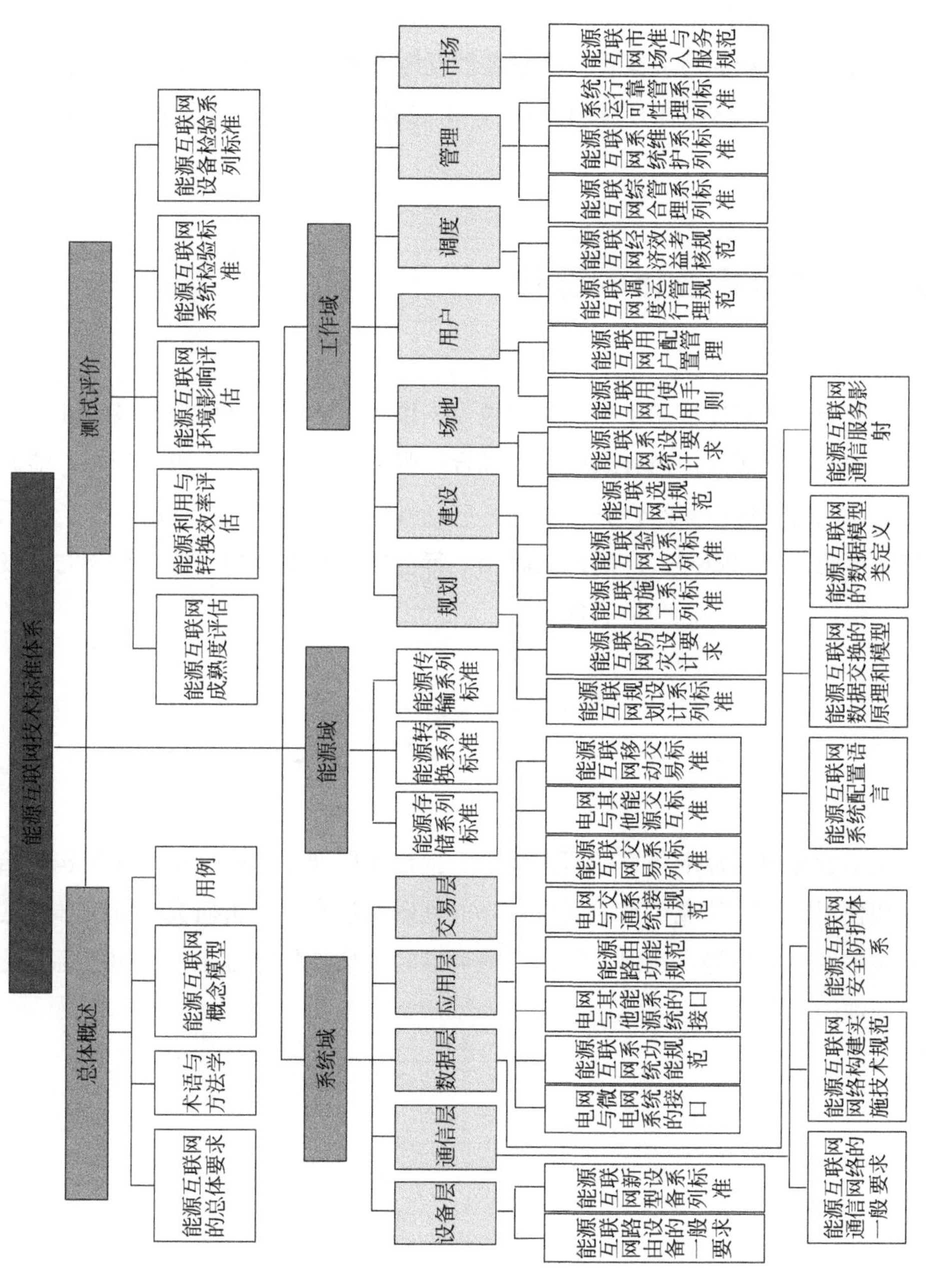

图 4 能量互联网标准体系的内容

5.5 系统域

系统域将在设备层对能源互联网的新型设备提出一般要求，通信层、数据层和应用层全面利用现有的较完善的标准，如 IEC 61970、IEC 61850、IEC 61968 等，提出相关的数据交换模型，给出应用的边界条件，为设备的互联互通和互操作性奠定坚实的基础。交易层要充分分析各类能源交易的用例和特性，考虑各类能源调度的特点，制定能源交易类标准。

6 能源互联网标准化的建议

标准化组织是开展标准化工作的重要技术支撑，由于能源互联网涉及行业多，包括电力、热力、油气、交通等，内容跨度大，综合性强，需要创新标准组织形态。能源互联网的标准化工作应充分体现系统性、协调性、广泛性、专业性和开放性的特点，从系统角度出发，打破行业之间的障碍，广泛地吸收相关行业的龙头企业和专业机构参与，发挥其专业特长，确保标准的一致性和协调性。

7 小结

本章基于智能电网标准体系的研究成果，提出了能源互联网标准体系架构；给出了架构的内涵和使用方法，体现了当前共享协作的互联网思想；分析研究了标准体系的内容，符合当前技术发展的趋势，在保证标准的协调性和一致性的基础上，给出了标准化的工作建议。更详细的标准化工作内容还需要进一步研究。

让能源无处不在——无线电能传输技术及其应用

清华大学电机系　赵争鸣　贺凡波　张艺明　陈凯楠　袁立强

1　引言

电能作为人类最重要的二次能源，支撑着现代文明的运转与前进。自从电力系统建立以来，电力的传输与接口一直都离不开导体的连接。在此技术条件下，一方面，导线束缚了电气设备的空间位置，影响了其使用体验，另一方面，电气接插件对电气设备的可靠性、安全性和成本都造成了不利影响。为了解决这些问题，人们一直在尝试摆脱导体的束缚，采用无线的方式传输电能和接驳设备。

无线电能传输技术无须导体连接就可以实现电能的传送，具有安全、便捷的突出优势。这项技术的普及将对人类的电能利用场景产生深远影响，将使电气设备摆脱电线的束缚，让能源像空气一样，无形但无处不在。

2　无线电能传输技术简介

无线电能传输技术分类如图 1 所示。按照能量传输媒介的不同，可以分为电磁媒介和机械媒介。以机械振动为媒介的能量传输通常采用超声波的形式，在固体（如金属壁）、液体（如水）、气体（如空气）中进行传播。以电磁场为媒介的无线电能传输又可分为基于近场电磁场的无线传输和基于远场电磁场的无线传输两类。其中基于远场电磁场的传输方式以电磁辐射形式的能量为主，定向性较好，传输距离较远，如微波、激光，但传输效率较低。而基于近场电磁场的传输方式几乎没有电磁辐射形式的能量，定向性较弱，传输效率较高，但传输距离较近。基于近场电磁场的无线电能传输又分为两种形式，分别是基于电准静态场的电场耦合式和基于磁准静态场的磁场耦合式。其中电场耦合式因传输距离、传输功率、传输效率、安全性等原因，应用范围相对较窄，因此学术界和工业界的相关研究和开发以磁场耦合式为主。

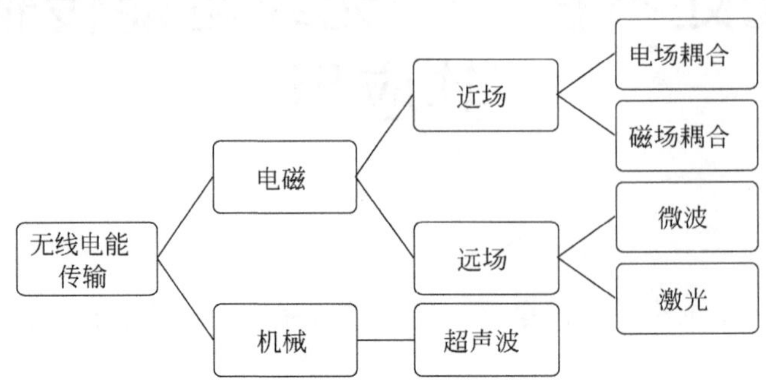

图1　无线电能传输技术分类

为了提高磁场耦合式无线电能传输系统的效率，一种有效的方式是引入补偿网络，并设定恰当的工作频率，使接收线圈和补偿网络工作在谐振状态，这种系统称为磁耦合谐振式无线电能传输系统。一种典型的磁耦合谐振式无线电能传输系统如图2所示。若不引入补偿网络，或者虽然引入了补偿网络，但是系统没有工作在谐振频率，则这样的系统传统上被称为感应式无线电能传输系统。谐振式和感应式磁耦合电能传输技术在基本原理上并无本质差别，都是利用了电磁感应的原理，区别在于谐振式构造了一种较优的工作状态，可以提高能量传输效率。

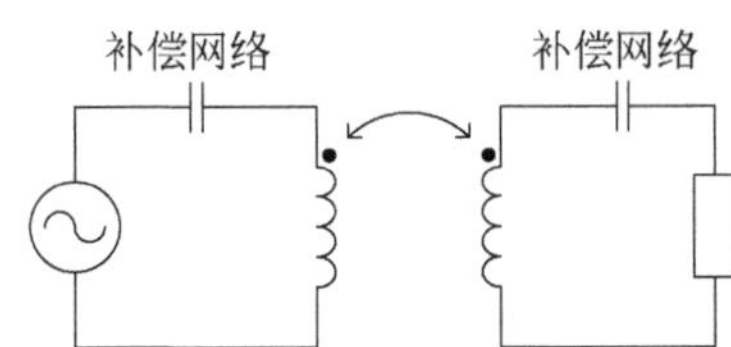

图2　磁耦合谐振式无线电能传输

2007年，美国《科学》期刊刊出了介绍磁耦合谐振式无线电能传输技术的文章，引发了近十年相关研究的热潮。该文章采用耦合模理论（coupled-mode theory）对系统进行分析，然而这一理论并不为电气工程研究人员所熟知，电气工程研究人员更熟悉基于互感模型的电路理论。幸运的是，在此类以磁准静态场为主的电磁系统中，耦合模理论和电路理论具有等效性，采用电路理论进行分析获得的结果与采用耦合模理论进行分析获得的结果相一致，并与实验结果相吻合。

磁耦合无线电能传输系统的功率电路框图如图3所示，包括：电源、负载、发射线圈、接收线圈、电源与发射线圈之间的电力变换器（用于将工频电或直流电转换为发射线圈所需的高频交流电）、接收线圈与负载之间的电力变换器（用于将接收线圈输出的高频交流电转换为负载所需的电能形式）。在此系统中，对于传输线圈而言，提高频率有利于提高效率；然而，对于变换器而言，提高频率不利于提高效率。为了实现整个系统的高传输效率，需要进行恰当的折中。一方面，在保证较高传输效率的前提下，尽量降低传输线圈的谐振频率；另一方面，在保证较高变换效率的前提下，尽量提高变换器的输出频率。由此，引出了磁耦合谐振式无线电能传输系统的两个核心技术点：一是电磁设计，二是变换器设计。电磁设计将决定传输线圈的尺寸、形状、材料、谐振频率等参数，需考虑功率、效率、距离、抗偏移、体积、重量、电磁兼容等因素。变换器设计的关键是同时实现高频率输出和高变换效率。

图 3　无线电能传输系统

3　无线电能传输技术的应用

以目前的技术水平，无线电能传输已经有非常广泛的潜在应用场景，一些典型的应用场景如下：消费电子（如手机、平板电脑等）、家用电器（如电视机、电炊具等）、电动汽车（如电动公交、电动乘用车、电动物流车等）、个人代步工具（如电动平衡车、电动自行车等）、机器人（如服务机器人、无人搬运车等）、医疗器械（如植入式设备等）、水下设备（如水下机器人、潜艇等）、航天器（如在轨服务机器人、导电关节等），其中一些应用场景已经有了初步的示范和产品。

3.1　国外应用情况

20 世纪 90 年代，美国通用汽车（General Motors）公司的子公司 Delco Electronics 研制出了一款名为 Magne Charge 的纯电动汽车的充电器，为最先商业化的一款电动汽车感应耦合充电器之一。美国汽车工程学会（Society of Automotive Engineers）根据该充电系统设计并发表了使用感应耦合技术给电动汽车进行充电的建议实施条例 SAE J1773。

从 20 世纪 90 年代开始，新西兰奥克兰大学就开始从事无线电能传输的研究。他们开发出了一套用于国家地热公园游览车的无线充电系统。奥克兰大学与新西兰的 PowerByProxy、德国的 Wampfler 和日本的 Daifuku 等公司合作，将电磁感应无线电能传输技术应用到诸多领域，并推向了产业化。为了进行技术转化，奥克兰大学成立了一家隶属于 Auckland UniServices 公司的 HaloIPT 公司，是世界上最早出售电磁感应式无线充电装备的技术公司之一。2010 年 11 月，HaloIPT 公司在伦敦展示了雪铁龙电动汽车的无线充电。

2000 年，德国 Wampfler 公司开发了一套适用于电动公交车的无线充电系统，功率等级达 30 kW，这是电动公交车无线充电的早期实践。

2011 年美国高通（Qualcomm）公司完成对 HaloIPT 公司的收购，致力于电动汽车的无线充电系统的研发。2015 年 10 月 24 日，在北京举办的第二届电动方程式（Formula E）锦标赛上，高通公司展示了全新的 Halo 电动汽车无线充电技术，如图 4 所示。传输功率从 3.6 kW 提升到 7.2 kW，同时在设计时考虑了半静态充电和动态充电的场景，即在等红灯、堵车甚至是全速行驶时都能通过 Halo 进行无线充电。

图 4　搭载 Halo 无线充电技术的宝马 i8 安全导引车

在美国麻省理工学院（Massachusetts Institute of Technology，MIT）支持下成立的 Witricity 公司在 2011 年与美国汽车部件生产公司 Delphi 联合研制了电动汽车无线充电系统。在 2014 年，与日本丰田公司合作，致力于电动汽车磁耦合谐振式无线充电系统的研发。所研制的系统如图 5 所示。该系统能基本克服发射线圈和接收线圈偏移的影响，系统对电磁干扰进行了优化，并提升了发射线圈的结构稳定性。

图 5　Witriciy 与丰田合作开发的电动汽车无线充电系统

美国橡树岭国家实验室（Oak Ridge National Laboratory）在电动汽车的静态充电和动态充电等方面做了大量的研究工作，如将 SiC 应用于电动汽车无线充电和功率控制等。所做的电动汽车动态充电演示系统如图 6 所示。

图 6　美国橡树岭国家实验室的电动汽车动态充电演示系统

韩国高等技术学院（Korea Advanced Institute of Science and Technology，KAIST）在移动式无线充电上同样做了很多研究工作，提出了 OLEV（On-Line Electric Vehicles）概念，即动态地在线为电动汽车/大巴进行无线充电，如图 7 所示。在传输距离为 26 cm，工作频率为 20 kHz 的条件下，以 80%的效率实现了功率为 100 kW 的无线充电。

图 7　韩国高等技术学院的 OLEV

2011 年 5 月，日本东京大学与长野日本无线有限公司（Nagano Japan Radio Co., Ltd.）开发出了一套磁耦合谐振式电动汽车无线充电系统，如图 8 所示。他们使用兼容于工业、科学和医疗用波段（ISM band）的 13.56 MHz，从背面墙上以 88%的效率和 30 cm 的间隙传输 1 kW 的功率。

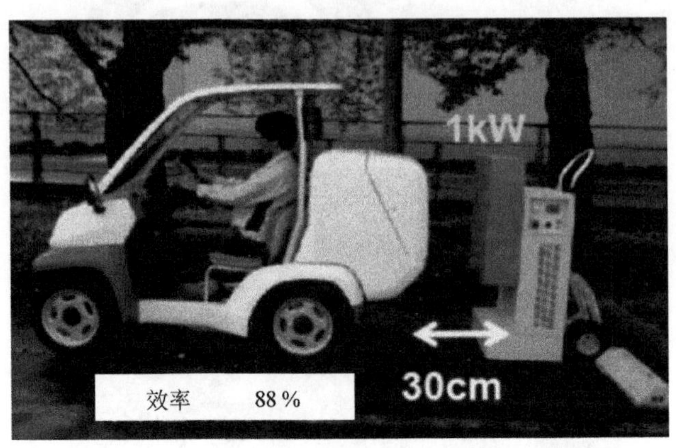

图 8　东京大学研制电动汽车无线充电系统

位于德国的庞巴迪电动交通事业部 PRIMOVE 致力于电动公交的大功率无线充电，研发了 200 kW 无线充电系统，如图 9 所示，已在欧洲建设了若干试验线路。2016 年，庞巴迪宣布将在中国青岛建设试验线路。庞巴迪的解决方案采用了机械升降装置，可以调节发射器与接收器之间的位置，从而提高传输效率和工况适应性。

图 9　庞巴迪 200kW 无线充电大巴

在消费类电子产品无线充电领域，全球首个推动无线充电技术的标准化组织无线充电联盟 WPC（Wireless Power Consortium）成立于 2008 年，包括美国 TI、美国国家半导体和韩国三星电子等国际知名公司，并于 2010 年推出了全球首个无线充电标准 Qi。目前已有符合 Qi 标准的无线充电设备进入市场。2012 年，无线充电同盟 A4WP（Alliance for Wireless Power）成立，同样致力于制定无线充电的行业标准。2012 年，另一个致力于无线充电的联盟 PMA（Power Matters Alliance）成立。2015 年 11 月，A4WP 和 PMA 宣布合并，更名为 AirFuel，合并后的 AirFuel 联盟拥有 195 家会员，包含 Intel、AT&T、高通、三星、星巴克等。美国的 WildCharge 公司和英国的 Splash pads 公司分别研制出了可以给手机等进行无线充电的产品。在植入体内医疗器械领域，新西兰的 Telemetry Research 公司研制出了一套给植入式检测仪进行无线充电的系统，当装置电量过低时，可以利用体外的电源进行无线充电。利用无线电能传输技术，避免了手术，降低了风险。

3.2 国内应用情况

国内也有很多大学和研究机构，对磁耦合谐振式无线电能传输的原理和实际应用展开了研究。重庆大学对磁耦合无线电能传输技术的建模与分析、电压控制、负载识别等方面开展了大量研究，将多年来的研究成果应用于实际产品的开发，先后研制出了多套不同功率等级的实验样机。天津工业大学在国家自然科学基金的支持下，对电磁-机械同步共振理论和磁耦合谐振式无线电能传输技术进行了深入的研究，并开发了相关的实验系统。哈尔滨工业大学在 2008 年开始从事磁耦合谐振式无线电能传输的研究，并应用在了电动汽车、无线传感网络、消费类电子产品等领域。东南大学在 863 重大项目“基于无线充放电技术的电动汽车与智能电网互动技术及关键装备研究”的支持下，对电动汽车无线充电的电磁环境、障碍物等相关问题开展了研究。此外，香港大学、南京航空航天大学、浙江大学、华南理工大学、中科院电工所、湖南大学、福州大学、上海交通大学、大连理工大学和清华大学等也都在不同方面对无线电能传输技术及其应用开展了大量的卓有成效的工作。

清华大学从 2011 年开始从事磁耦合谐振式无线电能传输的研究，先后研制出了 4 套磁耦合谐振式无线电能传输装置。第 4 套是面向电动汽车的无线充电系统，如图 10 所示。额定功率为 5 kW，发射线圈和接收线圈均为正方形，其边长为 50 cm。当传输距离为 20 cm 时，从电网到电池的最大效率达 95.4%。

图 10　清华大学研制的电动汽车无线充电系统

2010 年 8 月以来，海尔集团与重庆大学合作研发出了适用于如电饭煲和搅拌机等厨房家电的无线充电系统，称为“无尾家电”。2010 年在美国举办的国际消费电子展会上，海尔集团展示了“无尾电视”，对电视液晶显示屏进行能量和信息的无线传输，如图 11 所示。

图 11　海尔无尾电视

2009 年，中兴通讯股份有限公司（简称中兴通讯）开始开展无线充电技术研发。2014 年 9 月，中兴自主研发的国内首条大功率无线充电公交商用示范线在湖北襄阳投入使用，如图 12 所示。目前中兴通讯已与超过 20 个省、市关于无线充电技术开展合作，并且已在全国各地成功应用。

图 12　湖北襄阳无线充电公交商用示范线

2015 年 12 月，广西电网公司的“面向智能电网的无线电能传输关键技术研究”项目通过了评审验收，在南宁建成了国内首条为电动汽车进行无线供电的车道，并投入使用，如图 13 所示。该车道能实现动态在线地为电动汽车进行无线充电，有助于减少电动汽车对电池的依赖，提升了续航里程。

2015 年，中兴通讯联合知名高校、科研机构与车企，共同发起成立了非营利性的大功率无线输电产业联盟（WPTA），旨在推动产业链各方在大功率无线输电技术标准制定、产业化促进、互联互通和兼容性测试、应用推广、知识产权管理等方面开展深入交流与紧密合作。

图 13　电动汽车无线供电车道

4　无线电能传输技术发展中的关键问题

4.1　电磁环境

基于电磁场的无线电能传输系统中，在传输空间内会形成交变电磁场，可能会对处于此电磁场中的生物体或其他设备造成潜在的影响。

在含有电磁场屏蔽部件的中短距离无线电能传输系统中，电磁场较强的区域被限制在发射器与接收器构成的局部空间，如图 14 所示。在电动汽车无线充电等应用场景中，可以保证使用者所处的电磁环境符合国际非电离辐射防护委员会（ICNIRP）所推荐的电磁场公众暴露限值。

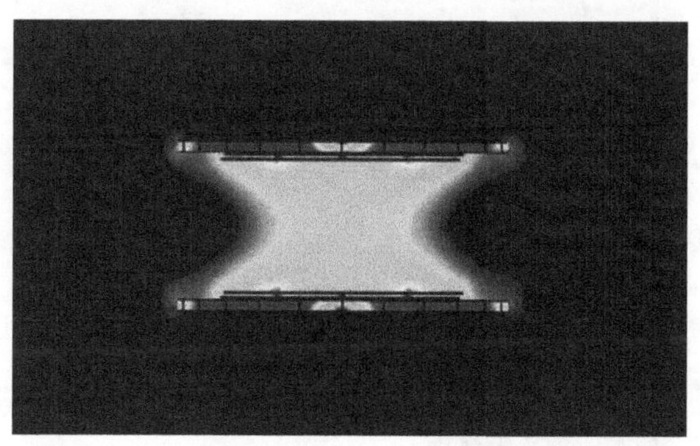

图 14　无线电能传输系统中的磁感应强度分布

在远距离传输、一对多传输等场合，传输系统所产生的电磁场是开放式的，电磁场较强的区域分布范围更广，甚至不可避免地会覆盖到用户所处的区域。虽然目前并没有充分的证据表明相应频段和强度的电磁场会对生物体造成负面影响，但此类系统在商业化进程中，会遇到用户的安全焦虑问题。因此，业界会持续关注和研究电磁场对生物体的影响，同时也在研究不影响能量传输的前提下如何减小强电磁场的范围。

类似地，在电磁兼容方面，近距离传输系统比远距离传输系统对其他设备的影响更小。对于应当采取的测试方法和限值，业界正在制定相关标准。

4.2　异物检测

在大功率无线电能传输系统中，交变电磁场会对其中的金属物体尤其是铁磁性金属物体产生感应加热作用，在一定场合下将导致火灾风险。

以下实验研究了金属异物位于传输线圈之间和之外时的热效应。所测试的金属异物为生活中的常见物品，包括钥匙、硬币（1 元、1 角、5 角）、钥匙环、螺丝钉、图钉、水泥钉、曲别针等。

首先测试系统工作前后，线圈间金属异物的温升。将各种金属异物放置于线圈之间，如图 15（a）所示。然后启动无线电能传输系统，传输功率约 1 kW。启动系统 0 分钟和 10 分钟时，分别用热成像仪拍照，结果如图 15（b）和图 15（c）所示。金属温升在 100℃以上。

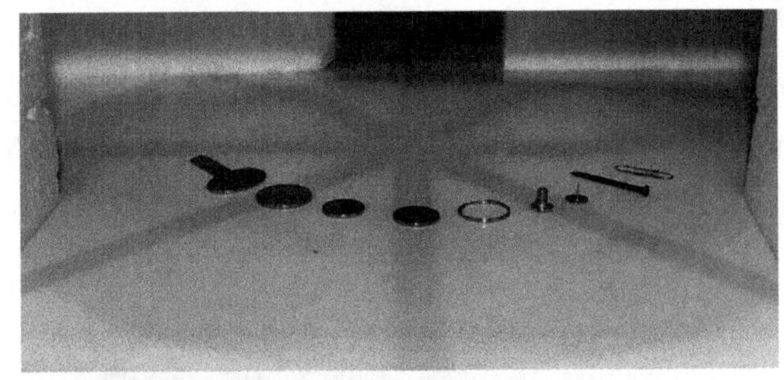

（a）线圈间的金属异物

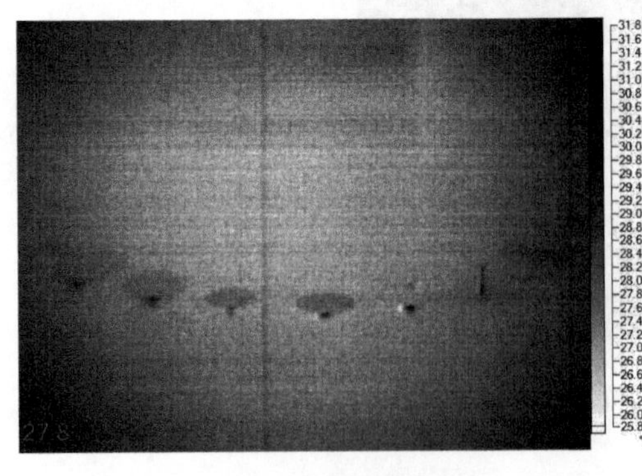

（b）工作 0 分钟的温度

（c）工作 10 分钟的温度

图 15　线圈间各种金属异物的温升情况

然后测试不同位置的金属异物温升情况。将 5 个 5 角硬币沿径向置于线圈间的不同位置，并将不同金属异物置于线圈外，如图 16（a）和图 16（b）所示。启动无线电能传输系统 10 分钟时，分别用热成像仪拍照，结果如图 16（c）和图 16（d）所示。线圈内的金属温升较高，线圈外的金属温升几乎为 0。

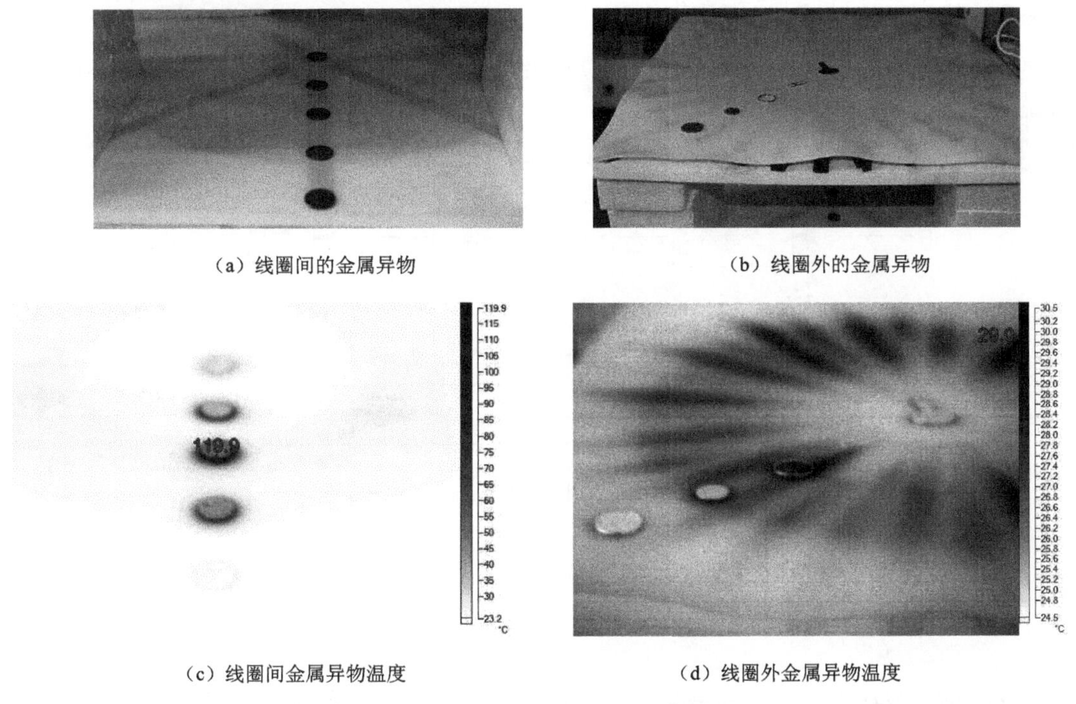

（a）线圈间的金属异物　　（b）线圈外的金属异物

（c）线圈间金属异物温度　　（d）线圈外金属异物温度

图 16　线圈间和线圈外金属异物的温升情况

由以上实验可知，有必要在传输线圈之间进行金属异物检测。一种检测原理是利用电磁场进行金属探测，当检测到在电磁场中损耗较大的金属物体时，即认为有火灾风险。另一种检测原理是在系统工作时对线圈表面的温度实时监测，当发现高温时，即停止工作。

4.3　设备成本

无线能量接口的目标是作为数量巨大的基础设施存在，因此对成本非常敏感。下面以电动汽车充电为例，对比分析有线充电与无线充电的成本。

充电机是一个功率变换系统，其功率链如图 17 所示。来自电网的工频交流电被整流器变换为直流电，然后被逆变器变成高频交流电，驱动磁耦合器件的原边。磁耦合器件提供必要的电气隔离以保证安全。磁耦合器件的副边输出高频交流电，被整流器变为直流电，再经过一级可选的 DC/DC 变换器，给电池充电。

有线充电机将以上所有功率变换设备安装于地面（即直流充电机）或安装于车上（即车载充电机）。而无线充电机将磁耦合器件原边之前的部分安装于地面，将磁耦合器件副边之后的部分安装于车内，其功率链与有线充电并无差异。

无线充电成本较高的部分在于，为了保证一定的传输距离和抗横向偏移性能，磁耦合器件采用性能更好的材料，并采用更多的材料。这些材料的主要成分是铜和铁。相比而言，功率变换器在成本构成中占有更大的比例。因此，无线充电的成本会略高于有线充电，但不会高出太多。

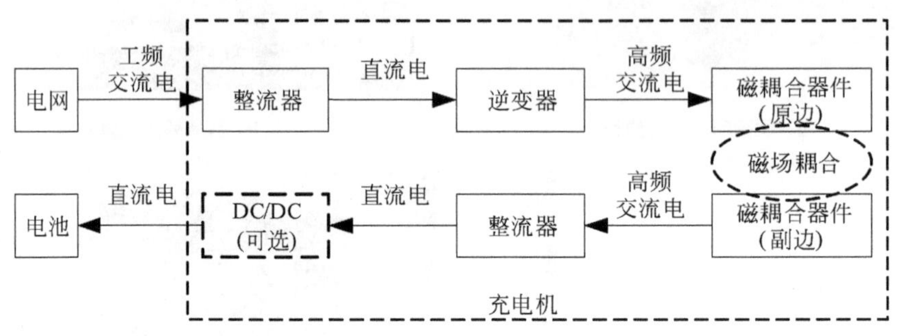

图 17　充电机的功率链

4.4　技术性能

为了提供更好的用户体验和更方便的工程实现，业界一直在努力提高无线充电系统的技术性能，包括传输效率、传输距离、允许的横向偏移、设备的外尺寸、设备的重量等，在材料、结构、电磁设计、补偿网络、系统控制、电力变换器等方面进行改进。

4.5　互操作性

无线电能接口必须实现广泛的兼容性才能得以普及。这就要求不同厂商、不同功率等级的电能发射装置与电能接收装置尽量具有互操作性，涉及到功率接口、通信接口、机械接口、控制方法、管理系统等一系列标准。目前国际上 IEC、ISO、SAE 等组织和国内 WPTA 等组织正在制定相关标准，部分标准已经面向社会发布第一版。

5　小语

无线电能传输技术具有便捷、安全的突出优点，便于实现无人值守的能量接口。随着终端设备的电气化、智能化和无人化，无线传电必将成为未来能量接口的主流方式之一。基于磁场耦合原理的无线电能传输技术正日趋成熟，已经在消费电子、电动汽车等场景有了初步的应用。业界正在努力解决电磁环境、异物检测、设备成本、技术性能、互操作性等问题，加速无线电能传输技术的推广应用，最终实现无须用户干预，能量随处可得，用电设备与电网随时保持连接的目标。

能源互联网与绿色交通

清华大学　郑泽东

在发达国家，交通运输业的能源消耗在总的终端能耗中的比重接近30%，是除了工业之外的第二大耗能行业。交通运输业消耗了绝大部分的石油，是化石能源产生环境污染的重要因素。电气化交通的发展，特别是电动汽车技术的成熟和普及，以及城市轨道交通网的建设，一方面降低了能耗和污染排放，也使电气化交通成为城市中最大的电能消耗用户，其电能需求特性对于城市电网的建设和运行起到非常重要的影响。交通运输行业中，除了石油等化石能源外，还有电力、氢能、天然气等能源的消耗，是一个典型的多能耦合网络，在交通网中实现多种能源的互补和网-荷的互动、提高能源利用效率、降低污染物排放，是未来建设能源互联网的重要组成部分。

1　绿色交通网概述

公路、水路、轨道交通和航空运输是目前交通网的主要组成部分，在美国、德国等发达国家，作为运载工具的汽车、轮船、火车和飞机消耗了接近27%的能源，并且还在持续增长。交通运输业消耗了全世界石油的70%，是环境污染排放的重要部分。目前电气化交通等技术的发展，包括电动汽车、电气化轨道交通、船舶电力推进等，可以大大降低交通运输业的能耗水平和污染排放，是应对能源危机和环境污染的重要手段，并将对全球能源消费格局产生重大的影响。因此交通运输业的技术进步和能源消费方式的变革，催生了低能耗、低排放的绿色交通网，并将在能源互联网中扮演重要角色。

目前交通领域中使用的能源有石油、天然气、电能等多种形式，其中电能的产生可以有火电、新能源发电、氢燃料电池等，根据整体的能源形势和技术发展，交通领域中的多种能源可以互为补充，发挥能源的最大效力。电气化交通中还有大量的储能存在，包括锂离子电池、铅酸电池、超级电容等，这些分布式的储能装置，可以与电网实现如V2G等互动，作为电网储能的重要组成部分来参与到电网的运行和控制中。所以交通网是一种典型的多能源网络，通过不同能源形式之间的调控，可以实现能源的优化利用，是建设能源互联网的理想领域。

能源互联网的最终目标是要推进能源生产与消费模式革命，提高能源利用效率，推动节能减排，加强分布式能源网络建设，提高可再生能源占比，促进能源利用结构优化。作为占能源消费近 1/3 的交通系统，在其中必然要起到关键作用，一方面要提高能源利用效率，另外一方面要调整能源利用结构，加大清洁能源的占比，降低污染排放。如表 1 所示为能源消耗估计表。

表 1　能源消耗估计表

January to March	2016	2015	2014	2013	2012
End-Use Sector					
Residential	6,134	6,904	7,197	6,533	5,744
Commercial	4,723	5,017	5,104	4,782	4,488
industrial	7,754	7,829	7,864	7,737	7,744
Transportation	6,784	6,588	6,409	6,330	6,350
Primary Total	25,391	26,348	26,588	25,379	24,317

2　绿色交通的组成部分

2.1　电动汽车

纯电动汽车、混合动力汽车、氢燃料电池汽车是目前电动汽车发展的主要方向。纯电动汽车可以降低排放，降低能耗，其充放电对电网的运行会产生越来越大的影响，因此研究电动汽车充电的接入是未来电网要应对的一个重要问题。特别是 V2G 等概念的提出，对于电网的运行也将产生重要影响。混合动力汽车可以提高发动机的燃油效率，对降低化石能源的消耗和污染也是一个重要的手段。氢燃料电池技术不断进步，成本不断降低，在日本已经有能够市场化销售的燃料电池小型汽车上市。随着技术的发展，氢气的存储和运输难度不断降低。而氢气的来源可以有多种方式，既可以利用电网的低谷时段制氢，也可以利用不能被电网消纳的可再生能源发电制氢，因此可以作为一种提高可再生能源消纳率、实现多种能源相互转换的重要方式。

2.2　电气化铁路

轨道交通包括铁路和城市轨道交通，运输的载体包括燃油机车、电力机车、地铁列车等，是一种经济、高效的交通运输方式，在国民经济中起着举足轻重的作用。随着我国经济的快速发展和国民出行需求的增长，未来我国轨道交通行业还将持续快速发展。在铁路领域，电力机车因为其输出功率大、效率高、速度快等优点，将逐步取代传统的燃油机车，未来电气化将成为轨道交通的主体。目前我国高铁单列列车最大功率超过 20 兆瓦，运行时速超过 300 公里/小时，但是每人每百公里耗电仅 3.8 度，低于电动汽车的耗电，更远低于普通燃油汽车的能耗。因此电力机车、动车组和高铁的日益增加，可以大大减少交通运输的能耗水平，减少环境污染和温室气体排放。

随着电气化铁路的增加，铁路负荷也会快速增长，同时大量的铁路沿线土地、车站屋顶等，都可以作为分布式可再生能源的发展空间，并且分布式发电的电能可以就地被铁路牵引系统消纳，既可以抵消一部分铁路负荷，又增加了可再生能源的利用率。

2.3　城市轨道交通

城市轨道交通是解决中大型城市交通拥堵的重要途径，地铁的平均能耗远低于小汽车，是一种快捷、便利、环保的现代交通工具。目前北京的地铁运营里程已经超过 550 公里，但是离纽约等城市还有较大差距。2015 年北京市轨道交通用电量达到 14 亿千瓦/时，占地铁整体运营成本的四成，约相当于 73 万户三口之家一年的用电量。其中列车牵引供电系统和通风空调系统是城市轨道交通两大用电系统，分别占轨道交通系统总能耗的 50%和 33%。随着城市轨道交通的快速发展，轨道交通将成为城市最大的能耗用户。城市轨道交通的运行等对城市电网的负荷有较大的影响，而轨道交通的客流量可以根据城市的运行状况实现较为精确的预测，并且轨道交通客流高峰与工业和商业负荷高峰有一定的互补关系，所以可以通过对轨道交通运行的管理，实现与电网负荷峰谷的互动。

地铁的运行管理对能耗水平有较大的影响。轨道交通是一种频繁启停的交通工具，在地铁进站制动过程中蕴藏着大量的制动能量。目前可以利用能量回收技术，把地铁进站时的制动能量回收到牵引电网或者地铁站的供电网络，从而实现制动能量的回收利用。制动能量的回收，还可以减少能耗电阻的使用，降低地铁列车进站的发热，从而减少车站制冷空调的能耗。理想情况下，地铁制动回收能量可以占到牵引总能量的 50%左右，所以制动能量的回收利用前景非常可观。

地铁站的空调和通风系统约占整个系统能耗的 1/3，而地铁站多处于地下，有较大的热容量，地面车站则有较大的屋顶光伏发展空间，通过通风制冷系统的技术革新、优化设计和优化运行，空调和通风系统的能耗减少的空间也非常大。

2.4　船舶综合电力系统

船舶是远洋运输的主要力量，也是主要的耗能交通工具。传统的船舶推进采用热机直接带动螺旋桨，能源利用效率较低。电力推进船舶则采用热机带动发电机发电，然后采用电动机带动螺旋桨，实现了功率、航速与热机转速的解耦，在不同的航速下都可以实现较高的燃油效率，采用电力推进后，船舶能够节省燃料20%以上。电力推进船舶采用电缆代替机械轴作为功率的传递方式，因此可以优化船体设计，提高机动性能。电力推进的船舶还可以安装侧推进器，在船舶进港和出港的时候可以不依靠辅助船舶，良好的机动性可以加快进出港口和停靠码头的速度，减少低速频繁启动，从而可以降低污染物的排放。

随着船舶用电设备的增加，目前技术发展的方向是把船上所有的发电机并网运行，组成一个局域的综合电力系统，各种用电设备和推进器通过电力系统获取能源，这样可以提高这个系统的可靠性和效率。在船舶不同的运行阶段，可以采取不同的发电机并网组合，提高燃油效率。在船舶综合电力系统中，还可以配置分布式光伏发电、储能等装置，降低能耗，提高系统可靠性。船舶航行的燃料有柴油、重油，还有核动力等能源形式，天然气同样可以作为船舶燃料，相对于传统的燃油船舶，能够减少近100%的硫化物排放、15%～20%的温室气体排放和接近80%的颗粒物排放。因此在船舶上，同样存在多种能源的耦合，因此也是一种典型的区域能源互联网。

随着技术的进步，出于对效率进一步提高和结构优化的角度考虑，船舶中压直流电力系统已经成为一个新的发展方向。船舶中压直流电力系统可以带来以下好处：电力系统的谐波等问题得到解决；采用双极性供电的直流电缆比交流电缆更节省空间；发电机可以采用多相、高速电机，提高了可靠性和功率密度；发电机可以变速运行，在轻载的时候可以提高燃油效率。目前ABB集团已经推出了采用低压1000V直流的船舶电力系统，据测算燃料损耗相对于交流系统可以进一步降低20%。未来随着直流断路器、直流变压器等技术的突破，中压直流系统必将成为船舶电力系统的发展方向。

船舶靠岸后，船舶上要维持基本的生活和设备供电，而采用船舶发电机不仅效率低，更对港口的环境造成污染。而各种船舶电力系统的电制有较大差异，因此采用电力电子设备的港口岸电电源被大量采用。船舶靠岸后，船舶电力系统与港口电力系统并网运行，船舶上的发电机可以看作是分布式发电设备，船舶电力系统就是一个个并网或者孤岛运行的微网，与港口的多种能源利用、分布式发电、储能等组成一个新的能源互联网。

2.5 多电飞机

航空多电飞机技术主要是指多电航空发动机技术，是多电飞机的核心系统，也是推动多电飞机快速发展的原动力。多电发动机是在传统航空燃气涡轮发动机的基础上，采用内装式整体起动/发电系统、磁浮轴承、电作动器及分布式电子控制系统等技术的新型航空发动机，被誉为21世纪的推进装置。多电发动机的使用可以大大降低系统重量和成本，提高发动机的维护性和可靠性。多电航空发动机使用电力驱动系统部分代替原有的由液压、气压、电和机械能驱动的混合次级功率系统。例如，使用电力作动器来取代液压作动器和气动作动器等执行部件；用电动泵取代机械传动的滑油泵和燃油泵。

多电发动机技术的应用表明该技术能有效地使发动机的成本降低 15%，而 NASA（美国国家航空航天局）认为能降低燃油费用 5%；采用电气驱动使得电气元件减少 35%，电缆减少 40%，附件重量减少 40%，并节省安装时间 60%，可靠性提高 20%，维护费降低 5%。作为全电飞机发展过程中的重要阶段，由电力系统取代部分次级功率系统形成的多电飞机和多电航空发动机系统，将为最终实现全电飞行器奠定技术基础。我国也准备在 C929 及宽体客机中采用多电技术，其电源系统包括启动发电一体化、环控、电除冰和电作动等，是影响我国大飞机供电核心技术国产化的关键。

此外，飞机在机场滑行阶段，从动力需求上并不需要全部的发动机都启动，此时的发动机低负载运行造成了较多的燃油损耗和污染排放。目前波音、空客等都在研究绿色滑行技术，即采用单发动机或者辅助发动机来发电，在起落架上安装电机来推动飞机滑行，在起飞时再启动全部的发动机。绿色滑行技术可以使滑行阶段的排放降低一半，降低航空运输业的油耗。采用绿色滑行技术后，飞机可以自行滑出停机位，因此可以提高进出港的速度。

3　绿色交通与能源互联网

绿色交通技术的未来发展，一是通过电气化等技术，来降低能源消耗和污染物排放；二是要借助交通网实现多种能源的融合，实现多种能源的综合、高效利用；三是要实现交通网与大能源网的连接与互动，使交通网能够参与到整个能源互联网的调控中，推动整个能源互联网结构和运行的优化。

3.1　推进交通电气化，建设绿色交通网

交通电气化是解决目前交通运输业能耗过高，污染物排放重的关键技术。通过电气化技术的推广，无论是电动汽车代替燃油汽车，还是轨道交通代替传统交通方式，还是船舶和飞机的多电/全电化，都给交通运输业带来技术上的变革，有利于降低能源消耗并减少废气的排放。

3.2　多能源在绿色交通网中的融合

交通中涉及石油、天然气、氢气、电能等多种能源，还涉及可再生能源消纳、分布式

储能等与电网运行相关的技术。因此在绿色交通网中，可以实现多种能源的融合、互动。通过电动汽车的充放电、轨道交通等实现城市交通网与电网的融合；通过混合动力汽车、氢燃料电池汽车，实现与化石能源、电网、氢能源之间的融合；通过船舶电力推进技术，实现海洋运输与化石能源的融合、港口电力系统与船舶电力系统之间的融合。在交通网中，还有分布式发电、储能和冷、热等多种能源形式的相互融合，它们之间的协调运行和互动，是建设能源互联网的理想领域。在交通领域实现多能源的协调与融合，可以优化能源消费结构，降低污染物和温室气体排放，提高交通运输业的效率。

3.3 绿色交通网与能源网之间的互动

绿色交通中，不仅可以实现多种能源的融合，还能够实现交通网与其他能源网之间的互动运行。最为典型的就是电动汽车充电与电网中间的互动。在大型城市中，轨道交通的供电系统也可以通过与电网之间的互动，或者通过列车运行调控等，来参与电网的峰谷调节。未来装备了先进的岸电系统的港口，在船舶靠岸后可以实现港口或者海岛电力系统与船舶电力系统之间的互动。飞机停靠廊桥等待阶段，也可以通过廊桥的连接，实现飞机电力系统与机场电力系统之间的互动，提高航空发电系统的效率和利用率。

4 小结

交通系统的能耗在全世界能耗中占有较大的比重，并且交通网的能源涉及石油、天然气、电能等多种能源形式，是一个典型的多能源融合的网络。因此建设低耗能、多能互补、网-荷互动的绿色交通网，是建设能源互联网的重要组成部分，也是实现能源互联网的理想场合。通过交通电气化技术的发展，可以降低交通网的能耗水平和污染物排放量，通过交通网与能源网之间的互动，可以实现交通网的运行与能源网运行的互动，为能源网的高效、可靠运行提供支撑。

第3篇　应用篇

- 美国能源互联网实践
- 能源互联网与“全民光伏战略”
- 能源互联网与风电光伏智能管理
- 能源互联网与分布式储能
- 能源互联网与集中式储能
- 车电分离、自主换电
- 能源互联网与电动汽车发展
- 能源互联网与氢经济
- 能源互联网与电力需求侧管理
- 能源互联网与虚拟电厂
- 能源互联网和碳交易市场
- 能源互联网的实施效益评估
- 天然气分布式能源：“互联网＋化石能源”的先行者
- 多能协同的新一代能源网络

美国能源互联网实践

清华大学　高文胜　张靖

1973 年的石油危机打破了美国原有 180 多个股份制发电和输配电公司（Investor-Owned Utilities，IOUs)的区域垄断经营电力行业格局，随着独立的电力服务供应商的出现，结束了 IOUs 的全面垄断。同时，1970 年后由于环境问题和政府政策引导，大量可再生能源发电涌现，监管部门要求电网不仅要无条件接入还要无条件购买分布式能源的剩余电力；另外，由于当时 ICT 技术的迅猛发展，ICT 公司极力推动在能源消费末端和电力系统运行控制中的 ICT 技术应用，电力消费全环节参与者包括政府和 IEEE 标准化机构开始关注 ICT 技术与电网的融合，进而定义了智能电网的发展将与互联网类似，是一个各种控制、自动化，计算机、新技术和电力设备融合协同工作的系统。同一时期在联邦政府层面成立的美国能源部（the Department of Energy，DOE）主要职责是推动能源效率提升和清洁能源利用，DOE 推动多种资本合作的能效、清洁能源、智能电网和微电网示范项目，其中 DOE 对智能微电网定义为作为一个包含负荷与分布式能源的主动控制单元，与电网有清晰的分界点，可以实现并网和孤网运行模式。在此基础上，DOE 联合政府、电力公司和社区，在美国推进 41 个智能微电网示范项目，投资总额约 10 亿美元。

在州政府层面，加州设定 2020 年 33%可再生能源发展目标。加州政府为此制定了相应的政策法规，其中加州 695 法案 2009 年 11 月确立并受到广泛支持，且征得了加州 IOUs 的同意。在法案基础上，加州公共服务委员会制定的直接交易政策，允许符合条件的非居民实体从独立电力服务供应商处购买电力而不是从 IOUs 购买，但 IOUs 仍需要提供传输和紧急备用服务。独立电力服务供应商需在州公共服务委员会注册并符合技术和财务要求，分别与 IOUs 签订服务合同，与用户签订供能合同，并按照用户用电需求制定发电计划。另外，加州还要求新建建筑符合能源和环境设计验证。如图 1 所示为加州五大 IOUs 的供电范围。下面将以加州两个区域能源互联网建设为例，解说美国能源互联网的实践，由此为中国在能源互联网发展背景下电力公司的转型，以及区域能源网络多能协同规划提供可借鉴的经验。

1　圣地亚哥煤气电力公司智能分布式微电网互联发展战略及实践

1.1　背景

圣地亚哥煤气电力公司（SDG&E）供电面积为 11000 平方公里，曾经是加州最小的一家电力公司，拥有 4.5GW 发电装机容量，4000 万米线路，340 万用户。根据加州政府的发展规划 2020 年可再生能源发电比例达到 33%，圣地亚哥煤气电力公司面临着高渗透率的可再生分布式能源高效接入电网问题，例如，2013 年 10 月出现了 202MW 的可再生能源电力峰值功率通过 28000 个屋顶太阳能发电系统并入电网的情况。考虑到智能电网新技术和 ICT 技术应用的预期价值，圣地亚哥煤气电力公司电网需要升级，以适应间接性能源接入及新技术的创新，通过实时监控优化性能，并解决双向潮流所瞬时的变化对运行、停电和最终用户的影响，同时需要利用智能微电网的孤网运行，避免大面积停电事故，提高电网可靠性。

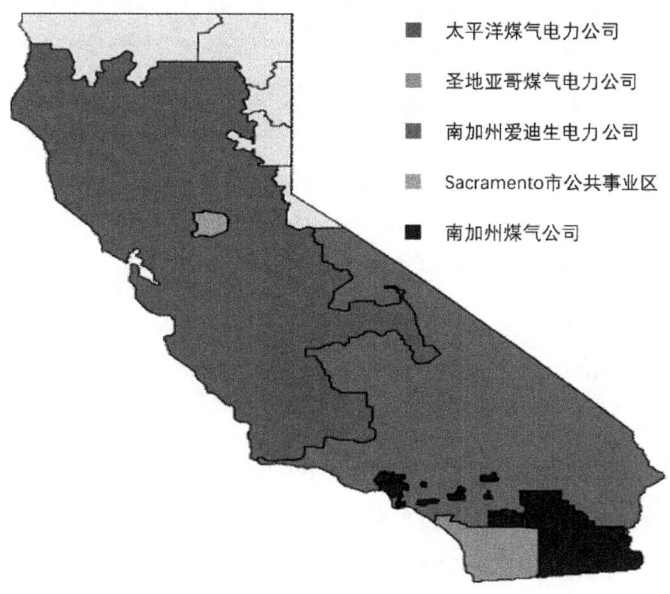

图 1　加州五大 IOUs 的供电范围

1.2　发展目标

圣地亚哥煤气电力公司作为加州最小的一家电力公司，比起当地的太平洋煤气电力公司和南加州爱迪生电力公司更加充满活力，具有成为未来电力行业前瞻性领导者的发展意愿，创立了具有远见的智能分布式微电网互联（Utility Distribution Micro-grid，UDM）发展策略，并开展相关示范项目，包括 Civita 和 Borrego Springs 示范项目。圣地亚哥煤气电力公司 UDM 长期发展策略是实现模块化智能分布式微电网的互联系统，如图 2 所示，图中灰色的点表示分布式太阳能发电，每一个微电网模块就像一个个单独的蜂巢，未来的电网架构不仅在微电网之间实现互联，同时与大电网互联，类似互联网的各个局域网与主干网的形态。这个发展策略要实现模块化的分布式微电网互联，使整个电力系统智能化，并兼具可靠性、经济性和灵活性。

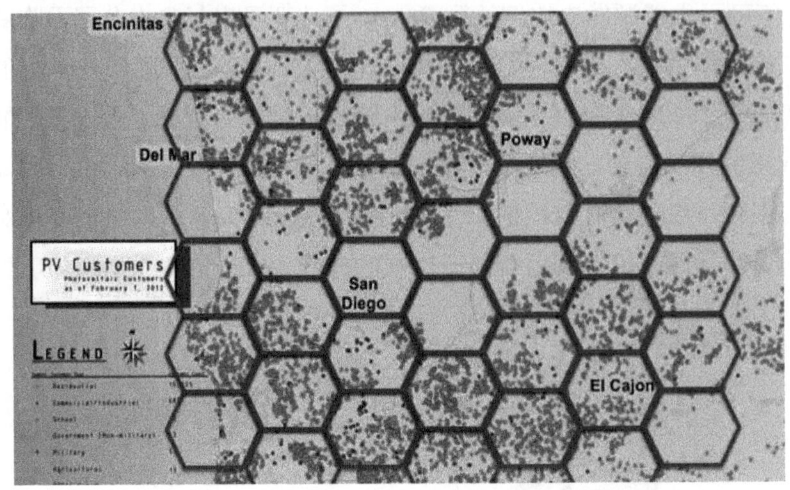

图 2　SDG&E 模块化的智能分布式微电网互联示意图

UDM 发展战略分两步实施，其中 UDM 1.0 的目标如下。

- ❑ 降低 15%峰荷；
- ❑ 无功电压管理示范；
- ❑ 先进技术示范应用。
    - ➢ AMI 技术与微电网控制相融合的技术；
    - ➢ 基于馈线自动化的配电网自愈技术；
    - ➢ 系统故障下的用户孤岛策略；
    - ➢ 利用信息化技术应对多种分布式能源并网影响。

UDM 2.0 的总体目标是增加系统灵活性和自动化水平，规避潜在停电风险，融合不同的新技术和分布式发电应用，提高微电网供电能力，具体表现在以下几方面。

- ❑ 提升应急反应能力；
- ❑ 提高运行操作灵活性；
- ❑ 减少故障处理时间；
- ❑ 增加系统灵活性；
- ❑ 示范应用微电网新技术；
- ❑ 增加微电网负荷容量。

UDM 相关示范项目，包括 Civita 和 Borrego Springs 示范项目。Borrego Springs 项目是与美国能源部合作的示范项目，成为第一个大规模 UDM 项目并实现了初步目标，Civita 项目作为微电网基本模块实现可重复推广的目标。

1.3 Civita 项目实践

Civita 是加州圣地亚哥市所属的一个发展中的地区，占地 230 平方英亩，离圣地亚哥市中心与机场约 5 公里。Civita 的规划用地包括 60～70 英亩绿地，4780 户居民，48 万平方英尺的商业，42 万平方英尺的写字楼，预计 2025 年完成建设，其项目地理位置如图 3 所示。

图 3 Civita 项目地理位置图

圣地亚哥煤气电力公司计划预算 20 亿美元，实现 Civita 能源的可持续发展，打造成一个标准化微电网单元指导未来其他社区建设。作为城市核心区的智能微电网，Civita 微电网不是一个独立运行的微电网，通过互联方式管理区域电网停电、提高本地可靠性。通过示范项目，圣地亚哥煤气电力公司将帮助当地居民实现节能减排，使得社区变成真正的低碳社区。

Civita 项目计划利用 PV 和 EV 充电站、燃料电池、储能、能量管理等技术手段，与城市建设开发商 Sudberry 合作，并与所有项目参与方达成使用提高能效的先进技术的共识，需要说明的是，项目实施过程中考虑到排放标准，取消了微型燃机的安装。具体规划实施项目及进展如下。

- 电力公司与开发商共同投资建设 145kW 的 PV 发电，包括全部屋顶覆盖太阳能板；
- 电力公司在区域电网安装自动化智能开关；
- 开发商投资建设 24 个 EV 充电站；
- 家用电器安装需求响应设备并与智能电表通信；
- 由于供应商问题，箱式储能应用仍在谈判中；
- 由于供应商问题，燃料电池安装被推迟。

项目实施中碰到的困难主要包括下面几项。

- ❑ 由于燃料电池和储能供应商的商业失败推迟了项目安装计划，由此说明微电网技术发展和挑战主要是技术的经济性；
- ❑ 圣地亚哥煤气电力公司股东所持有的 30%股权的核电机组退役，以及大型甲烷充气站的建设，延缓了电力公司对智能微电网实验项目的投入。

圣地亚哥煤气电力公司 UDM 发展战略中的 Civita 示范项目，作为利用和控制客户端资源，通过分布式控制提高了系统安全性、稳定性、可靠性、灵活性，其中分布式电源的协同可视作虚拟电厂与集中供电互补，提高了系统建设和运维经济性，ICT 技术的应用真正实现了多种能源形式的互联供应，体现了未来能源互联网的形式。

1.4　实践成效

圣地亚哥煤气电力公司通过 UDM 发展战略的成果实施，作为美国第一个大规模的微电网项目，实现了基于价格驱动的负荷管理系统应用，并在微电网层面实现分布式能源、储能系统和负荷管理系统的交互，从负荷供应水平看提高了发电系统效率，电网故障后成功实践了计划性孤岛的微电网控制策略提升供电可靠性，同时保证了所有参与方的经济效益。由于项目实现的节能减排效果，获得加州能源环境设计金奖和白金奖认证。

目前圣地亚哥煤气电力公司的 UDM 项目已经进入第二个阶段，即 UMD 2.0 的阶段。通过 UDM 的发展策略成效体现在圣地亚哥煤气电力公司的市场估值上，其股价已经是加州两家最大电力公司的两倍，而市值已经接近太平洋煤气电力公司，超过了南加州爱迪生电力公司。现如今按照市值计算，已经成为加州最大的电力公司。如表 1 所示为加州三大电力公司股价与市值比较。

表 1　加州三大电力公司股价与市值比较

电力公司名称	股　价		市　值	
	2004-12-31	2015-11-24	2004-12-31	2015-11-24
太平洋煤气电力公司	$33.28	$52.55	$16.3 B	$25.8 B
南加州爱迪生电力公司	$32.03	$59.70	$10.5 B	$19.6 B
圣地亚哥煤气电力公司	$36.68	$100.28	$9.1 B	$24.9 B

1.5　圣地亚哥煤气电力公司转型经验

在能源互联网发展的背景下，使圣地亚哥煤气电力公司成功转型的关键因素表现在以下几点：

- ❑ 项目是圣地亚哥城市的主要计划；
- ❑ 开发商对建设绿色建筑和社区的远见；

- ❑ 圣地亚哥煤气电力公司对领导绿色能源和智能电网建设的雄心；
- ❑ 可再生能源发电及 ICT 技术达到经济可行的成熟度；
- ❑ 政府鼓励智能微电网的政策，促使电力公司提高对重要技术的投入。

在目前中国电力体制改革和能源互联网发展的形式下，电力公司的转型问题解决可以参考圣地亚哥煤气电力公司的发展策略。特别是在区域能源互联网中，需要考虑能源供应系统的建设投入只占整个社区开发的很小一部分，通常电力公司是有财务支付能力的，尤其是在取得政府和开发商支持的情况下；另外，区域能源互联网是针对可再生能源发电、自动化设备和需求响应的先进技术的实践，可以在示范项目的基础上不断升级测试更多的能源互联网先进技术。通过圣地亚哥煤气电力公司的实践，证明依据不同的负荷水平和消减负荷能力，区域能源互联网的经济性和可靠性效益几乎已经接近其投资。

2 斯坦福校园微电网

2.1 背景

斯坦福大学占地 8180 英亩，拥有近 1000 栋建筑，斯坦福大学在 2015 年之前其校园的能源供应是由第三方提供，主要使用燃气轮机通过天然气燃烧提供电力和蒸汽，满足校园供电和生活热水需求，同时冷水机组收集建筑余热并直接排放到空气中供冷。因为 2015 年与第三方能源服务商的合同到期，所以早在 2012 年斯坦福大学就开始研究未来的供能方案。经过测算，目前斯坦福大学的供能方式 90%的碳排放来自燃机，并且燃机的余热未加利用直接排放，同时供冷机组能源消耗占到 25%，同样浪费了大量余热资源，如图 4 所示。

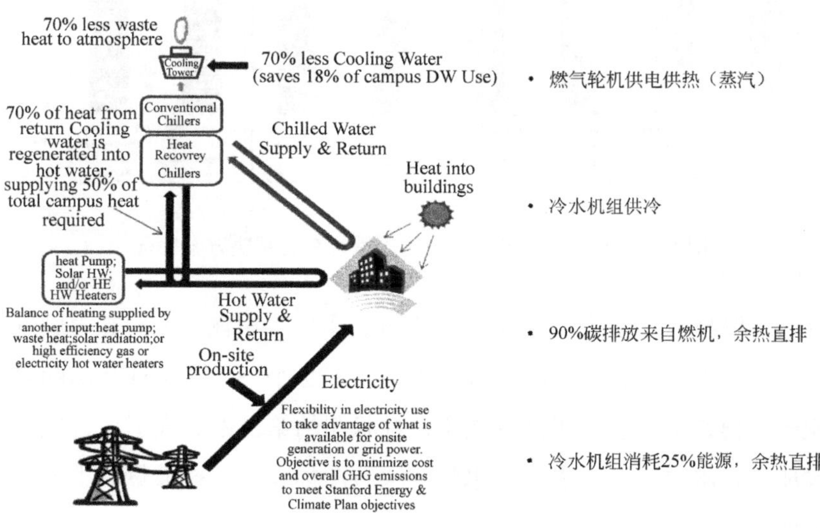

图 4　斯坦福大学原有校园能源系统解决方案

2.2　发展目标

绿色建筑的排放与社会效益已经被当今社会广泛接受,斯坦福大学决定以本校能源系统建设为试验提高能效推广经济的能源解决方案。2015 年校园能源系统的解决方案中，高效的能源管理和应用绿色建筑降低排放是未来能源系统的关键需求。因此针对所有策略，降低排放、节约用水是进行方案比选首先要考虑的衡量指标。

2.3　斯坦福校园智能微电网项目内容

斯坦福大学未来校园能源系统基于全寿命周期成本，针对 9 套智能微电网解决方案进行了比选决策，如图 5 所示。

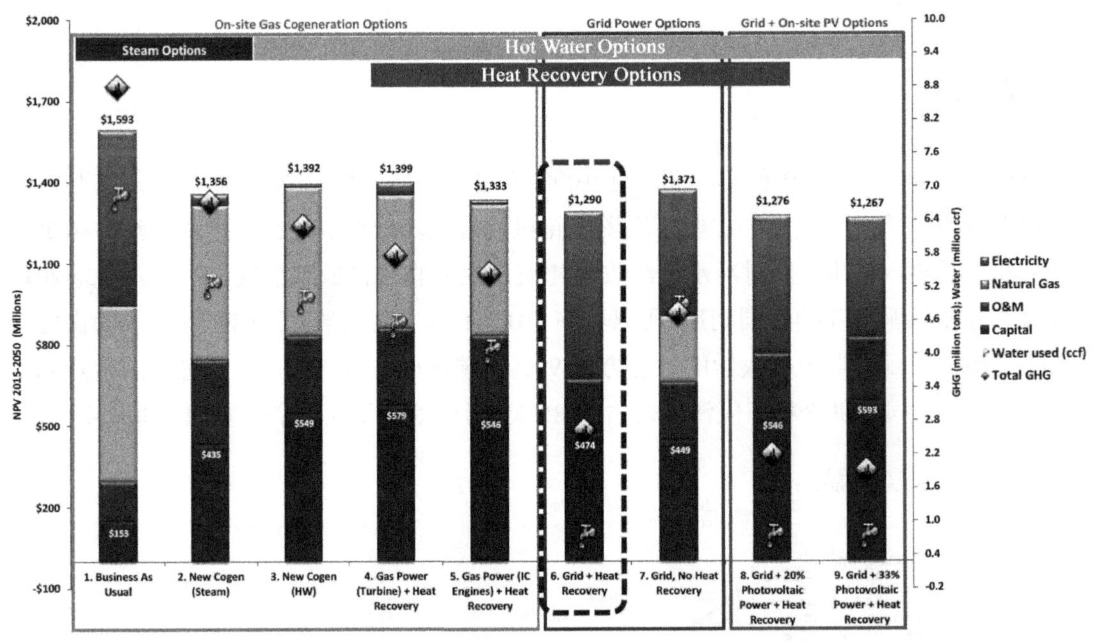

图 5　斯坦福大学未来校园能源系统 9 套解决方案比选

9 套解决方案按照供电模式分为 3 类，燃气、电网、电网+PV。其中燃气供电方式方案包括 5 个，电网供电方案 2 个，电网+PV 供电方案 2 个。图 5 中柱状图的最上面表示购电成本，柱状图的第二部分表示天然气成本，柱状图的第三部分表示运维成本，柱状图的底层表示建设成本，水龙头图标表示用水量，宝石图标表示碳排放量。下面针对每一种方案进行详细说明。

方案 1：第三方投资运营的三联供系统，优点是初期投资与运营费用低，缺点是全寿命周期成本最大，能源利用效率低，无法实现减排和节水目标。

方案 2：斯坦福投资新型燃机，优点是比后面方案初期投资小，因为是蒸汽供热且减排并节水，缺点是比热水供热系统的整体费用高，减排节水效果一般。

方案 3：斯坦福投资新型燃机基于热水供热，优点是进一步减排和节水，但缺点是与方案 2 相比投资上没有优势。

方案 4：斯坦福投资新型燃机基于热水供热及部分余热回收系统，优点是与方案 3 相比减排和节水有少许效果，但初期投资高于方案 3。

方案 5：斯坦福投资新型内燃机基于热水供热及部分余热回收系统，与前面的方案相比减排和节水效果不明显，但初期投资略有下降，是利用燃机供电最好的方案。

方案 6：电网供电，无余热回收，优点是比方案 1 投资小，资产及运行简单，具有长期灵活性；缺点是减排和节水没有真正提高且节水效果不好，没有投资优势。

方案 7：电网供电+余热回收，优点是所有方案中最适合的，成本小，减排和节水效果好。

方案 8：电网+20%PV 供电+余热回收，优点是减排效果进一步提高，如果 PV 能消纳，需确定 PV 占地需求。

方案 9：电网+33%PV 供电+余热回收，全部方案中成本效益最好的，但是需要大量征地且需要多余 PV 电量上网。

通过方案比较，结合斯坦福大学用能需求，其中第 6 套方案体现了最低的全寿命周期成本和最低的折算投资。未来斯坦福大学微电网预算为 4380 万美元，将利用电网供电，采用热泵，太阳能发电及余热回收联合供热，仍采用供冷机组供冷但加装余热回收。根据此解决方案的相应项目建设内容包括以下几项。

- ❑ 实施热能回收再利用系统；
- ❑ 放弃现有联合燃气机组；
- ❑ 铺设 20 英里热水管道取代蒸汽系统；
- ❑ 155 栋建筑实现热水供给而不是蒸汽供热；
- ❑ 投建 1 座高压变电站。

这个方案节省了燃机的投资，降低了碳排放，同时实现了 75%的余热回收再利用，提高了能源利用效率，其原理如图 6 所示。

确定方案后，斯坦福大学 2012 年与加州独立系统运行商签订了直接交易合同，与地方电力公司 PG&E 签订了电能传输服务合同。未来斯坦福大学校园能源供应方式将根据负荷预测，从加州独立系统运行商处购买电力能源，加州独立系统运行商按合同安排发电计划；地方电力公司 PG&E 提供电力传输服务。

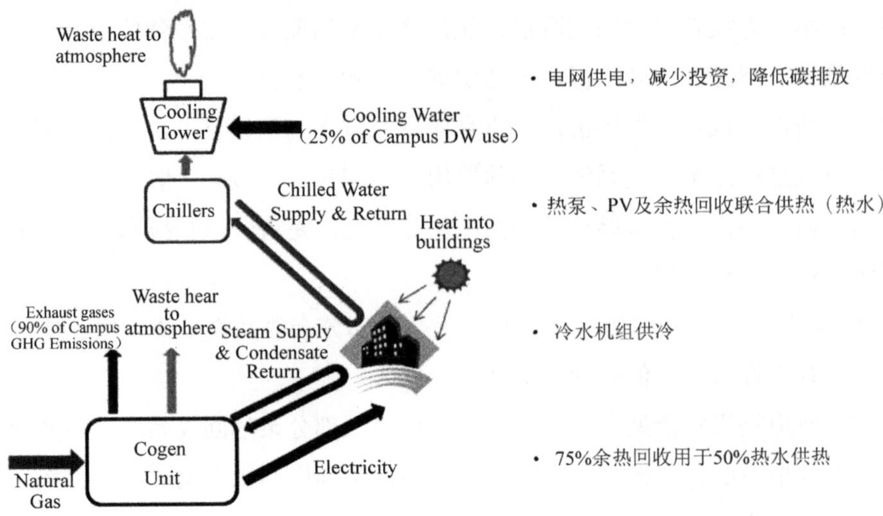

图 6　斯坦福大学未来校园能源系统解决方案

2.4　斯坦福校园能源系统实施成效

该项目已于 2015 年 4 月建成，2015 年 5 月正式运行，由于 ICT 技术的应用，极大程度提高了系统的最大化运行水平，整套系统运行只需要两个人员值守。通过规划阶段的方案详细比选，项目实验性平衡了能源与气候问题，被证明是一个最为经济的能源供给方案的同时实现了减排和节水，打造了一条可持续发展的绿色校园解决路径。利用电网供电和高效余热再利用系统，相比原有系统，实现了 50%的减排指标，18%的节水指标，能效提高了 52%，如果增加 33%的太阳能发电则能效可提高 112%，将节约投资 3 亿美元。

下一步斯坦福大学计划建设 10MW 的 PV，同时建设不同级别的储能，因为斯坦福大学同时需要承诺 PV 发电保证电网的稳定性，所以提供设备的厂家是计划实施的关键因素。

2.5　区域能源网络多能协同规划经验

在目前中国电力体制改革和能源互联网发展的形式下，售电侧能源供应系统解决方案的规划设计可以参考斯坦福大学校园能源系统。总结斯坦福大学实施校园能源网的经验如下。

- ❑ 创新开放、勇于实践和务实的心态；
- ❑ 充分利用直接交易政策提供的机会；
- ❑ 能源持续发展的目标是从原来的微电网上升为智能微电网的标志；

- 艺术化地应用 ICT 技术和热力学工程发挥系统最大化效率；
- 区域微电网方案的规划需要基于不同场景和需求进行分析计算，分布式发电非必要条件；
- 区域微电网方案设计利用成熟技术因地制宜的集成应用，真正实现了节能减排、节约投资的目标。

能源互联网应该用开放的态度对所有的选项进行公平的经济技术比较，而电网供电是一个很重要的选项。

能源互联网与“全民光伏战略”

全民光伏 PVPlus　欧文凯　张海翔

1　背景简介

国家统计局于 2016 年 2 月 29 日公布了《2015 年国民经济和社会发展统计公报》[1]，经初步核算，我国 2015 年全社会能源消费总量为 43 万亿吨标准煤，比上年增长 0.9%。国家发改委《2030 年能源生产和消费革命战略》报告中预测我国 2030 年能源需求约为 60 亿吨标准煤。无独有偶，BP 发布的《2035 世界能源展望》预测我国 2030 年及 2035 年的能源需求分别为 59.4 和 62.7 亿吨标准煤。在一份发改委能源所做的报告中，预测我国 2030 年及 2035 年的能源需求分别为 62 和 64 亿吨标准煤，在煤炭消费零增长的情况下，我国在 2035 年石油天然气消费增量折约 7.8 亿吨标准煤；而按照当前的规划，核电、水电、风电、光伏等非化石能源增量折约 7 亿吨标准煤。因此，我国 2035 年能源保障缺口预计约为 4.9～6.2 亿吨标准煤。

使用煤炭固然可以满足我国 2035 年能源缺口，但这会带来 11.7～14.8 亿吨额外的二氧化碳排放。在 2015 年底，中国在巴黎大会召开前提交的国家自主贡献文件中，提出将于 2030 年左右使二氧化碳排放达到峰值，并争取尽早实现，且 2030 年单位国内生产总值二氧化碳排放比 2005 年下降 60%～65%，非化石能源占一次能源消费比重达到 20%左右。因此，使用煤炭等化石能源将会使我国无法完成碳减排的承诺，非化石能源也无法达到 20%的比例。此外，在党的十八届五中全会上，提出了创新、协调、绿色、开放、共享五大理念，要求建设清洁低碳、安全高效的现代能源体系。建设清洁低碳、安全高效的现代能源体系必须大规模发展非化石能源，在核电、水电受到地理条件限制的前提下，太阳能、风能等清洁可再生能源将会是能源保障的有效解决方法。

短期看，由于当前可再生能源成本偏高，目前大规模发展光伏、风电等会极大地依赖于可再生能源补贴，可能不利于经济平稳发展。但是，长期来看，光伏是未来发电成本最低的发电技术，与此同时，太阳能适宜于大规模的分布式利用，有利于解决我国当前中西部发电大省与东部用电大省的电力资源错位问题。因此，利用清洁煤技术，严格控制煤电新增项目，支持光伏等可再生能源技术的发展和建设，尤其是东部的分布式光伏来解决新增电力需求，使得清洁煤技术与可再生能源技术有机结合，构建有利于能源结构优化、碳排放控制、产业结构转型的绿色低碳发展路径，是解决未来能源供应缺口的最优路径。为此，如果在 2035 年实现我国光伏装机总量达到 14.5～15 亿千瓦（1 450～1 500GW），即人均光伏装机 1 千瓦的目标，可以满足我国 62%的新增能源需求，其余能源保障缺口将由风电等可再生能源补充，称之为全民光伏战略。

本章将简介全民光伏战略设想，探索能源互联网技术在大规模光伏接入电网时的应用，能源互联网所采集的大数据对光伏电站征信，以及能源互联网金融对光伏电站投资的推动作用。

2 全民光伏战略

2.1 全民光伏战略简介

多项人口研究报告数据显示，2035 年我国人口将维持在 14.5～15 亿，因此，按照全民光伏战略人均 1 千瓦光伏装机容量计算，光伏装机将达到 14.5～15 亿千瓦。这与国家发改委能源所发布的《2050 高比例可再生能源发展情景暨路径研究》一书中的结论不谋而合。在该书中，研究结论显示在高比例可再生能源发展的情景下，2035 年我国光伏发电装机预计为 15～16.5 亿千瓦。

国家能源局数据显示，我国 2015 全年新增装机容量 14.9GW，累计总装机容量超过 43GW，超过德国，跃居光伏装机容量全球第一。“十二五”期间（2012~2015），太阳能发电装机容量年均复合增长率为 55.4%。根据国家能源局在 2015 年 12 月发布的《太阳能利用十三五规划（征求意见稿）》，到 2020 年底，力争使我国光伏装机容量达到 150GW（其中分布式为 70GW）。为此，未来 5 年年均需新增约 22GW 的并网光伏项目，预期“十三五”期间我国光伏装机容量的年均复合增长率达 30.3%。2021～2035 年总共须安装 1300～1350GW 才能实现“2035 年人均 1kW 全民光伏”目标。根据光伏装机量增加的规律将任务分解，则“十四五”、“十五五”、“十六五”年均增速预期分别为 21.67%、16.27%、12.03%。要长时间保持如此中、高速增长，任务非常艰巨！因此，推进全民光伏发展，要依靠市场化的力量，依靠全民的力量来推动，而非仅靠政策刺激和行政命令。

2.2 全民光伏战略的意义

“2035 年人均 1 千瓦”全民光伏战略不仅是调整国家能源战略和低碳转型的需要，也是解决日益严重的能源危机和环境危机的手段，还可以是中国经济新发展和转型的驱动力。

到 2035 年时，我国太阳能发电年发电量约为 1.65 万亿千瓦·时，约占全国电力总需求的 16.5%，相当于每年减少了 14.2 亿吨二氧化碳减排量，减少使用了 5.2 亿吨标准煤（以 2015 年全国 6000 千瓦及以上火电机组供电标准煤耗 318 克/千瓦·时估算），为我国履行巴黎大会碳减排及非化石能源占一次能源消费 20%的承诺提供了有力保障。

实施“2035 人均 1 千瓦”全民光伏战略，可以为我国光伏制造产业带来巨大的商机，盘活光伏企业产能，实现我国产业转型升级。根据测算，累计建设 1500GW 光伏电站共需要 5.4 万亿元的固定资产投资，将为国家带来可观的绿色 GDP 增长。光伏电站的建设会带动上游太阳能制造业的发展，在下游，电站的安装、运营与维护，均可以提供大量的工作岗位，带动就业。据估算，光伏的蓬勃发展，在 2020 年光伏发电行业累计就业人数将突破 100 万人。

2.3　全民光伏战略的可行性

2.3.1　我国光伏的资源量

太阳能光伏发电需要占用一定的屋顶或者地面面积，用以铺设太阳能板。根据国家能源局所做的“人人光伏战略行动计划”课题组的研究结论显示，我国适合分布式光伏规模化利用的土地及屋顶的资源量约有 2113GW，草原牧业的集中式光伏资源的资源量约有 1098GW，戈壁荒漠的集中式光伏资源的资源量约有 1400GW，总体资源量超过了 4600GW。由此可见，我国光伏建设厂址的资源量完全可以满足全民光伏战略。

2.3.2　光伏成本的下降趋势

根据光伏国际路线图（ITRPV），预测光伏发电的成本将随太阳能电池出货量而下降，即出货量每增加一倍，太阳能系统的成本就下降 21.5%。如图 1 所示为根据此理论计算得出的光伏成本“学习曲线”（learning curve)。

当前我国国内光伏组件价格已经下降至约 3.8～4 元/ Wp（1MW 以上大型项目），光伏发电的度电成本已经下降至约 0.7～0.8 元/kW·h。这个成本在东部省份已经与一般工商业电价持平，在某些特定场景下，即使脱离国家补贴，光伏电站项目也已经开始盈利。

而根据 ITRPV 的预测，2024 年时，光伏组件价格将降至 2.4 元/Wp，则光伏发电度电成本约为 0.4 元/kW·h。这意味着，2024 年左右，新建光伏电站的光伏成本已经与煤电标杆上网电价持平，考虑到煤电的外部成本的增加，光伏将不需要国家补贴就可以与传统电力竞争，光伏应用将进入高速发展新常态，光伏开始大规模替代传统电力能源。

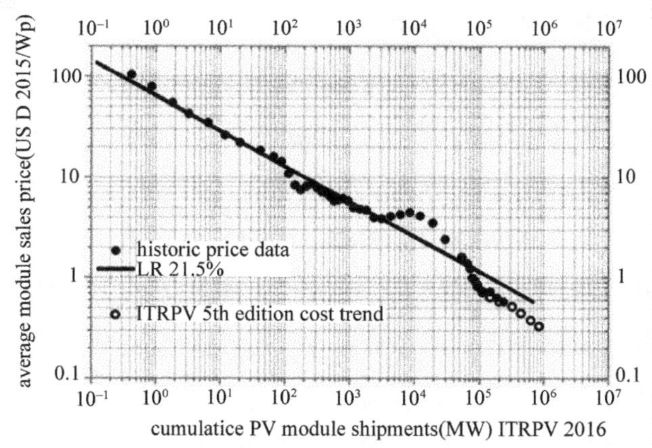

图 1　光伏组件价格与出货量“学习曲线”趋势图[2]

此外，根据 IEA 预测，全球 2035 年光伏累计装机容量预计可达 3500GWp。根据图 1 光伏发电“学习曲线图”计算可得，届时光伏组件价格将下降至 1～1.2 元/Wp，即度电成本可下降至约 0.29 元/kW·h。光伏电力价格将低于各类传统化石能源，成为发电成本最低的电力。

2.4　当前光伏发展的困境

虽然发展光伏拥有着美好的前景，但是当前光伏发展遇到了如下问题。

首先，以风能、太阳能、潮汐能等为代表的可再生能源，因其能量来源，如风、太阳光照、潮汐等具有先天的不确定性或随机性，受所处环境的气象条件、四季变换的季节条件以及所处经纬度地理条件等影响，这种不确定性将严重影响可再生能源能量供给的可靠性、安全性与稳定性。当前的可再生能源如风电、光伏等均是通过与电网并网，在其他的能源供给（如火力发电厂）的支持下进行调峰，以保证电网的安全并且不间断向用户供电。然而，当大量光伏及风电等可再生能源接入电网时，可再生能源因其发电功率的随机性，在较高电网穿透率的情况下，将对电网安全产生负面影响。

其次，融资难、融资贵是当前光伏发展遇到的瓶颈之一。造成这个情况有 3 个主要原因：第一，光伏发电产业属于新兴产业，国家给予了大量的补贴政策以扶持光伏发电产业的发展，从早期光伏发电示范项目的核准电价政策（2008 年之前），到“金太阳”时代的光伏初装补贴政策（2009～2013 年），再到目前的光伏度电补贴政策（2013 年至今），我国光伏发电产业快速发展，累计装机在 2016 年 1 季度已经超过了 50GW，超过了德国，成为光伏累计装机容量世界第一。然而，从“金太阳”时代的大量有质量问题的电站，到目前由于西部光伏电站限电、全国度电补贴发放周期和流程长，使得光伏电站不但发电效率低下，而且项目投资收益受到了极大的影响。项目质量差，项目回款时间长，项目投资收益率下降，使得许多金融机构对于光伏资产持负面态度，导致优质的光伏电站项目也很难融资且融资成本高，蚕食了开发企业的利润，不能形成良好的电站投资循环。第二，目前国家虽然鼓励自发自用余电上网类型的分布式光伏项目，但是由于屋顶分布式项目的装机规模相对于动辄几十、上百兆瓦的规模明显偏小，因为分布式项目装机规模小，无法形成规模效应导致建设成本和运维成本相对较高，小型分布式电站实力强的投资商不愿意投，投资实力较弱的投资商却因资信不足，难以获得融资而无力投资分布式电站。第三，虽然自发自用余电上网类型的分布式光伏项目收益率高于全额上网项目，但是业主的信用问题制约了东部分布式光伏电站的快速发展。中国的制造业正处于一个大的升级转型周期里，很多企业在未来几年可能会面临存续的问题，特别是产能过剩的产业，光伏电站投资人很难判断该屋顶下的用电企业 20 年的用电情况和电费缴纳的稳定性。此外，由于部分项目是企业用电量小而屋顶面积大，而且相对于企业的存续风险，建筑物的建筑年限更容易量化考核，这导致了目前的工商业屋顶光伏项目大多选择采用全额上网模式，因为这样更容易通过投资商和银行机构的风控评估，然而这样会迫使电网需要承担更多的光伏电站的电网穿透率风险和电能质量的问题。此外，在现行的补贴机制下，全额上网项目相比自发自用补贴的金额更多，国家需要为此支出更多的补贴资金使得可再生能源基金缺口进一步扩大，导致补贴拖欠问题重复发生，光伏投资陷入不可持续的怪圈。

3　能源互联网

通过能源互联网，可以实现多能协调、优化，负荷重新平衡，为光伏等可再生能源提供多种电网接入方式，可保证供电的连续性和可靠性，有效解决可再生能源的并网与发电间歇性问题，降低综合用能成本。此外，能源互联网为光伏发电提供创新的商业模式，有利于推动分布式光伏大规模健康快速发展。因此，伴随着能源互联网技术的兴起，当前光伏等可再生能源发展的困境有望迎刃而解，为实现全民光伏战略提供重要的保障。

3.1　大规模光伏接入的能源互联网解决方案

与传统的高成本、高运营难度的大电网相比、能源互联网更能够适应用户的多样化需求。能源互联网是通过利用互联网理念构建的新型的能源——信息相互融合的网络。它可理解为：通过使用先进的电力电子技术、信息技术和智能管理技术，将分布式发电系统、分布式储能系统和各种类型用电负荷组成的大量综合能源微网单元相互连接的新型电力网络，通过能源主干网与煤炭、天然气等电力网络能源节点互联起来，并且可以实现能量流及信息流的双向流动的对等交换与共享的新型能源网络，如图 2 所示。

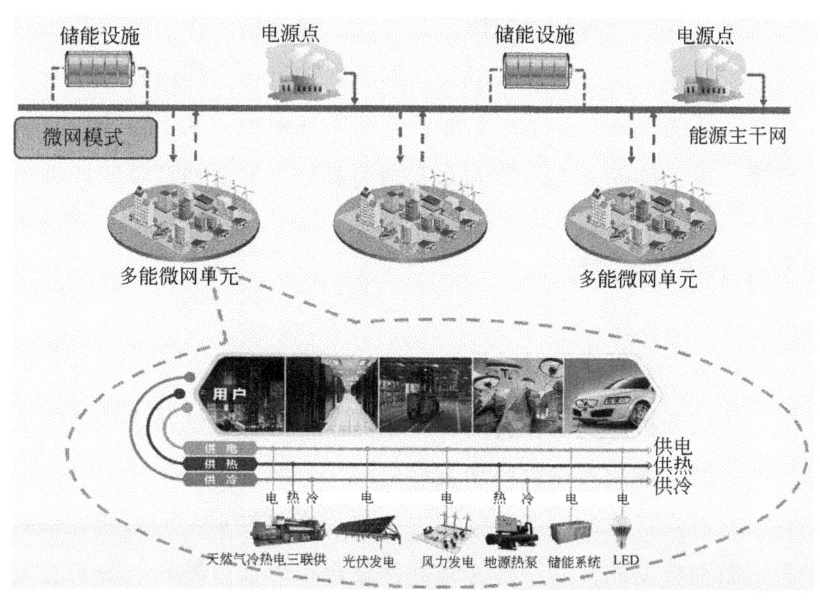

图 2　多能微网构建的能源互联网示意图

能源互联网为大量分布式光伏发电的接入提供了多种接入方式：集中式光伏电站接入、分布式光伏电站接入以及综合能源微网的光伏系统接入，能源互联网提供的多能协调互补，弥补了光伏在电源发电侧产生的波动性，达到解决光伏等对电网稳定性的影响。

一个通过能源互联网解决大规模并网光伏发电系统波动性的成功案例，发生在另一个光伏装机大国德国。2015 年 3 月 20 日，整个北半球迎来了难得一见的日全食，当时德国光伏的装机是 38GW，整个欧洲的装机超过 81GW。按照传统的电网理论，对一个太阳能发电装机占电网总装机量 21.7%的系统来说，光伏发电系统出力从高发电功率下降为零，再恢复为高发电功率的状态，对于电网的稳定性无疑是一种灾难。得益于精准的智能化光功率预测，德国电网提前精确预测出光伏发电系统的当日发电功率变化曲线与用电负荷曲线，并且根据预测曲线提前从欧洲其他国家购进电力，其他国家则提前安排火电等传统化石能源发电厂的发电计划，成功实现了一次欧洲大电网的能源互联，使德国电网经受住了这次考验。

事实上，精准的智能化光功率预测正是能源互联网技术的一个组成部分，光功率预测不仅仅是利用气象卫星数据做出简单的气象预测，还涵盖了现场的气象实施监测数据与电站历史运营数据，通过软件的自学习功能，通过多种复合的数学算法所导出的准确的光伏电站发电量预测。而能源互联网平台通过整合运行数据、天气数据、气象数据、电网数据、电力市场数据等，进行大数据分析、负荷预测、发电预测、机器学习，不但能实时匹配供需信息，整合分散需求，形成能源交易和需求响应，还可以在特殊情景下进行提前的能源需求预测及规划。

我国的电网规模及复杂程度与远超德国，为此，储能系统作为能源互联网中另一个关键的技术支撑，可以保障我国在面对类似德国的光伏等可再生能源发电系统遭遇强烈波动性时，有可靠的、足够的能源互补手段。能源互联网从电力技术上为全民光伏战略的实施提供了有效的支撑。关于储能系统与能源互联网请参阅本书其他章节的详细介绍。

3.2　能源互联网的金融创新

得益于能源互联网的能量+信息的互联模式，在满足能源需求的同时，大量数据被传递和收集，通过大数据分析以及被称为能源互联网 2.0 的区块链技术，使得依赖于能源互联网大数据分析的新型金融模式得以快速发展。

能源互联网金融对光伏电站投资征信的推动作用举足轻重，因为通过精确计量数据，不需要费时费力地甄别数据的真伪，能源互联网平台可以通过整合、分析真实有效的光伏电站投资、建设、运行数据，得到光伏电站项目的建设质量评估、业主资信的评估、投资商综合实力的评估等，通过甄别这些数据，银行等金融机构可以将这些数据作为项目征信依据。例如，将更多的贷款贷给电站建设质量好、业主信誉高的光伏电站项目；防止因为过度的价格竞争而产生的劣币驱逐良币的情况发生，保证光伏电站产业的健康发展。进一步分析该区域光伏电站相关的电网数据、电力市场数据等，可以得出该地区对于光伏电力的需求与消费情况，投资商可以通过这些数据建立财务分析模型，选择投资收益高、消费能力好的地区进行光伏电站或者储能系统的投资，如此可以实现有效的、合理的信息传递，激励投资者通过市场来协调能源网络的建设，而非依赖于政策补贴的指引。

由于光伏发电项目是资金密集型项目，能源互联网金融对于光伏+互联网金融的融合，可以有效降低光伏电站建设的融资成本。如 2.4 节中所描述，由于限电、补贴拖欠、电站质量和业主信用等问题，导致金融机构对光伏发电项目的贷款利率偏高，大部分项目的贷款利率高达 7%～12%。从某种意义上说，相当于国家的可再生能源补贴一部分进入了金融机构，补贴给了金融机构，而不能实现光伏电站建设可持续性发展，这主要是由于目前融资手段过于单一，大部分光伏电站项目只能通过银行贷款来解决融资需求。光伏发电资产是收益率有保障的绿色资产，若扶持推动有大数据征信支撑的光伏互联网金融，既解决了光伏发电项目的融资需求，推动了光伏发电的发展，又正本清源地发展了正确的互联网金融，更是让普通老百姓实实在在地参与了绿色能源的建设并获得了良好的收益回报，一举三得。能源互联网的大数据使得光伏互联网金融创新和光伏资产证券化创新变得可行，由此鼓励居民参与绿色金融产品，降低光伏发电项目的融资成本，解决全民光伏战略实施的资金需求。

当前能源互联网的发展还需技术的进一步发展和完善，也需要国家给予相应的政策支持。但是，能源互联网从增加电网的稳定性和可再生能源的消纳比例，到金融模式的创新方面，从源头上解决了可再生能源建设发展资金不畅的问题，为可再生能源，特别是全民光伏战略构建了有效的技术支撑。

参考文献

[1] 《2015 年国民经济和社会发展统计公报》，国家统计局，2016.2.29 http://www. stats. gov.cn/tjsj/zxfb/201602/t20160229_1323991.html

[2] IEA PVPS, “Snapshot of Global PV Markets 2014”, Report IEA PVPS T1-26:2015, ISBN 978-3- 906042-32-9, April 2015

能源互联网与风电光伏智能管理

远景能源　孙捷

1　能源互联网与智慧能源管理

现如今，电力系统正在发生巨变。在发电端，包括风电和光伏在内的新能源装机正在全球迅速增加；在需求端，随着电动汽车的大规模普及，电力消费的波动性也变得更加复杂。电网系统的调节空间正在从发电和用电两端被前所未有地压缩，与此同时，全球电力价值链上的企业和组织数目正在经历前所未有的增长。为了解决电力系统目前正在面临的挑战，能源互联网的概念应运而生。

发电设备、电网设备、用电设备和用户连接到能源互联网后，进行实时的信息交换，从而实现对整个系统的效率优化和安全调度。基于信息技术的大规模应用，目前被动的、弱信息化的、单向传输的、静态的、封闭式的电网，将进化为市场导向的、服务化的、分布式和集中式相结合的、动态的、开放式系统。电网将能够实现交互式优化，基于高度信息化的基础设施，企业能够开发出新的商业模式和服务应用。互联后的电力系统不仅将实现分布式发电和新能源装机的大规模安全并网，还能通过用户侧管理系统和能源路由器，帮助家庭用户、公共建筑以及中小型企业减少能源消耗，实现错峰用电以减少电费支出。

在能源互联网时代，信息和数据的经营是能源和电力企业的核心竞争力之一。能源互联网打破了行业中的信息不对称，极大提高了传统能源电力系统的效率，降低了成本。同时，也深远地影响着来自思维方式的革命，创造出一种全新的思维模式，核心是以“全连接”来重构能源企业的思维模式，电力消费者和发电企业之间、发电企业和电网之间、电力消费者和电网之间，以及服务企业和消费者之间，都是全连接的。能源企业需要知道的是，能源互联网不是简单的能源+互联网，而是要将其商业模式、营销模式、研发模式、运营模式、服务模式等，都以互联网的时代特征为出发点进行重构。

基于智能传感、云计算、大数据等技术支持，能源的智慧管理将重构能源价值链，更为柔性地服务于未来的能源互联网。

2 从智能风机到智慧风场——风电互联网的领先实践

现如今，风力发电正以前所未有的发展速度，引领着新能源时代的到来。以风电为代表的分布式能源正在改变着一个又一个国家的能源生产、分配与消费格局，将一种新的运行模式推上历史的舞台。然而，发展总是与矛盾相伴。风场投资回报率误差30%以上，相同风资源下发电量低于国外同行10%，大规模脱网事故与过度限电，这些实际都反映着风电行业日益突出的一个根本矛盾，即一个新的、分散的、不完全可控的发电方式，与旧的、集中的、基于发电能力全面可控的生产模式之间的矛盾。传统电力生产的投资运营方式已经越来越适应不了新能源发电的特点，面对大量风场实际发电量只能达到理论应发电量70%的严峻现状，整个行业都在积极寻找解决这一矛盾的方法。

目前，风电场普遍存在着以下几个运营管理的痛点。

- 风场本地运行值班模式人员冗余效率低下；
- 设备检修维护水平不足，工作质量无法保证；
- 总部与现场信息严重不对称，绩效指标不合理；
- 电网友好性差，功率预测不准确，限电管理损失大；
- 资产缺乏健康度管理，最大成本风险大部件失效和折旧无管控。

在这样的市场背景下，目前国内外缺少全生命周期的标准解决方案以及与之相适应的集成设计工具，往往宏观选址和测风塔树立由项目开发部门负责，完成测风以后转入技术部门进行风资源评估分析，常用的设计软件有线性模型WaSP、Windfarmer、Windpro等，CFD内核的非线性模型WindSim、WT等，这些软件可以完成风电场发电量评估，但是下一阶段的技术经济分析往往需要另外的财务及相关部门核实评估，风电场设计被割裂成许多阶段，所做出来的风电场方案通常无法兼顾全寿命周期经济性最优。

这些软件在完成设计后，基本上就不再被复核其结果，风场设计缺失标准化的闭环后评估指标方法体系以及专业工具，无法实现设计闭环标准化的设计后评估方法和工具缺失，无法对风场的设计水平进行量化评价，进而无法形成良好的设计经验和知识闭环到后续的设计持续优化中。投入运营时，也由于没有从风电场运营管理的整体需求出发，导致这些系统都是独立的、零散的系统，各系统本身的功能存在一定的缺陷，系统之间也不能兼容，无法实现功能互补、系统集成。

传统电力生产的投资运营方式已经越来越适应不了新能源发电的特点。国内大部分风电项目运维仍属于粗放模式，风电场的实际发电量仅为理论发电量的65%～70%，体现这一数值的指标就是EBA（Energy Based Availability, EBA=实际发电量/理论发电量）能量可利用率指标。能量可利用率早已被欧美风电开发商作为评估和管理风电场的重要指标，目前欧美风电场的能量可利用率为 85%～90%。

根据 2012 年的统计数据，中国风电场的时间可利用率平均达到了 97.86%，处于世界领先水平。但在风机进入较高时间利用率的阶段之后，若继续沿用以前的指标评体系，实际上就进入了一个误区，因为它模糊了好风机与坏风机、好风场与坏风场的差别，从发电量的角度看，它对价值创造的意义已不大，而基于互联网技术的能量利用率（EBA=实际发电量/理论发电量）风电场评价体系却能彻底打破这种现状，这也因此被视为划时代的风电资产管理模式。

对集团公司来说，EBA 评估模块可以客观、科学地衡量不同风电场的能量捕获水平和电量损失水平，以便确立准确的绩效考核指标。值得一提是，从风电场资产全寿命管理的角度看，EBA 评估模块对接前期投资决策，为前期资产投资能量效率定标，以后期 EBA 指标为前期决策保驾护航。风场运行阶段，各类损失“真相大白”，即资产运行管理透明化，为未来风电场技改优化建立“诊断档案”，进而帮助业主理性选择资产优化方案以及社会化的资产管理服务。

由于测风塔仪器和设备问题、风电场网络无连接、数据采集系统异常等因素的影响，用户提供用来计算 EBA 的源数据中往往存在很多“脏数据”和时间片部分缺失。EBA 评估模块可通过严密的逻辑和算法判断，自动识别并清洗来自测风塔和风机运行等数据的异常值，智能化对不同类型设备数据进行时钟对齐校准。

在数据输入方面，EBA 评估模块支持测风塔、地形图、风机设计数据、风机运行数据等多维度海量数据快速上传。由于用户使用的是不同类型厂家的风机和 SCADA 数据采集系统，源数据的报表式往往纷繁复杂、眼花缭乱，EBA 评估模块提供了标准的数据模板，用户可使用报表字段智能匹配功能或根据自身需求实现个性化报表字段匹配，并储存在个人的数据库中以便后续使用的灵活调用。

基于大数据挖掘和人工智能技术，EBA 评估模块能够支持基于散点的风机状态智能化识别，即使用户没有输入风机状态和故障数据，系统也可仅通过风速和功率两项信息自动挖掘风机设备在运行过程中发生过的状态，自动解耦损失电量，最大程度地还原风机运行真实状态。通俗来讲，就是要让数据说话，把数字世界的信息最大程度地翻译成物理世界能够为人类创造价值的逻辑信息。

中国山西广灵风场就是能源互联网智慧风场模式的实践案例。广灵风场全年发电小时数可达 3000 小时以上，高出同省所有风电场平均发电小时数 50%，位列山西省第一，年运行成本低于周边风场 40%以上，实现基于 EBA 损失电闭环管理，以及基于设备健康度管理的少人值守风电场。

3 从互联网+风电到互联网+光伏——智慧光伏

中国的光伏行业的发展史就是一部跌宕起伏的创业史。2006年以前中国光伏还被看作高科技的小众产业； 2010年前后大量的产能扩张则强化了制造业的色彩，强调规模效益，成本为王；直到2013年后，光伏行业的下游再度兴起，由于光伏电站稳定的收益及类金融特性，大量金融资本开始关注甚至进入这一领域，行业的春天再度来临。而随着分布式光伏电站的崛起，人们开始关注到了电站第三方监控和管理这片市场。

国家能源局数据显示，2015年分布式新增装机量仅1.39GW，仅占新增总装机量的9%。金融机构对分布式光伏电站项目技术风险、产权风险、合规性风险、用电企业违约风险的疑虑，以及对分散的电站运维和资产管理难度高等问题的担忧，让中国分布式光伏市场并未真正开启。

传统上，集中式电站的大面积开发聚集在光辐照资源好的地方，以图获得更高的投资回报。然而越来越多的投资者发现，实际情况事与愿违。限电、土地性质、补贴拖欠、雾霾等问题，对电站的实际收益和企业的现金流产生很大的影响，使得投资回报不尽如人意。

各种不同因素对光伏电站投资的收益和成本影响很大，有时部分因素甚至可能对项目投资一票否决。理性的投资决策，需要从价值角度进行综合地考量。科学理性地综合计算和考量各地区的投资潜力需要对辐照资源、电价及补贴、限电、土地成本、可开发容量、自然风险6大要素的近20项关键问题进行广泛地实地调研、专家访谈、多来源数据库分析，初步建立覆盖全国的投资价值数据库，并基于量化模型编制集中式光伏电站的“投资价值指数”。

投资价值指数反映了在一个地区进行集中式电站投资时考虑风险因素后的收益预期。从指数的计算上看，指数的基础是：等效发电小时数×电价和补贴，反映了发电量的收益。在此基础上，通过限电、土地、可开发容量、自然风险等参数进行修正，以反映不同风险情况下，投资收益预期的折减情况。同时还根据不同地区独有的情况，对敏感性影响因素予以额外修正。最后将指数进行归一化处理，以方便对不同地区进行横向比较。

在投资价值地图上，投资价值较高的地区因为其投资潜力和发展空间，产生明显的“洼地效应”，正在或将吸引越来越多的理性资本进入，加快当地集中式光伏电站的发展。西北地区的集中式光伏电站投资价值指数整体上有所下降，风险有所提高，但仍有价值洼地值得关注，如蒙西地区。集中式光伏电站的投资整体从西北地区向中东部地区转移，中东部一些地区投资价值明显提高，形成价值洼地，值得投资者关注。如河北东北部及中部、山西北部及中部、山东省、安徽北部、河南北部、江苏北部、陕西北部等地区。

从投资收益和投资风险两个方面对价值洼地进行分析。其中，投资收益主要考察辐照资源、上网电价、补贴及落实情况等；投资风险主要考察限电及其趋势、土地成本、可开发容量、自然风险等。建议投资者可以优先考虑投资收益高、投资风险低的“价值洼地”。这些地区大部分近年来已经是集中式光伏电站开发的热点，竞争也相对激烈。

除“价值洼地”外，投资者也可以根据风险偏好，考虑投资收益高、投资风险也相对较高的地区。投资这些地区尤其要注意相关的敏感风险因素。例如，四川西部，尤其要注意土地性质、建设和运维的成本等；投资者也可以根据自身条件和优势，投资收益低、风险低的地区。这些地区如能降低或控制项目的造价，或者通过农光互补等方式获得额外收益，也能获得较好的投资收益，如河南南部、浙江北部等。

正如前面中所提到的，在经济软着陆，优质的房地产等大型固定资产比例迅速下降的大背景下，光伏电站依靠其稳定的现金流成为了一部分长期投资资本追逐的对象，但是市场上资本进入后又迅速逃离。为什么资本不能真正进入光伏电站市场？在针对行业内数十家电站开发商和金融机构调研后发现，影响光伏电站交易最大的痛点在于，资本方没有参与光伏电站开发、建设和运营的全过程，对项目资料的真实性存疑，对电站质量没信心。资产的风险不透明，在电站质量问题爆发后会导致资产的大幅度贬值。电站建设的“黑匣子”一天不打开，资金就难以大规模进入。

未来 5 年内，每年国内光伏电站市场将保持 20～25GW/年的增量，而国内优质第三方评估机构的电站检测评估能力在 10GW/年，大量的光伏电站资源和资产将暴露在风险评估之外。而解决这些问题的根本之道在于消除电站交易中的信息不对称，在识别和把控光伏电站资产的风险同时给予不确定性一个合理的定价。而支撑光伏电站风险定价的三驾马车应该是标准化、数据化、透明化，但这必然不是一个一蹴而就的过程，在未来的 5～10 年中，光伏电站投资的理性繁荣必须建立在公平合理的市场环境下，电站的风险评级将变得不可或缺。

远景认为，电站的风险评级应分为财务风险评估、风险量化、项目风险评估 3 大部分。通过财务评估来揭示风险之下光伏电站的真实收益；以风险量化的方法来解析不同风险对电站现金流的影响程度；最后再通过项目风险评估为光伏电站投资把关，为每个电站进行全生命周期的资产风险评估和评级，综合评测电站整体性能，从而建立起统一的电站资产价值评估体系，以量化的分级系统实现风险的分级管理，让整个光伏行业更理性、更繁荣。

4　能源互联网：万物互联是基础，能源 Uber 模式将重构未来能源系统

未来 30 年后，全球能源装机的 80%将是可再生能源。可再生能源时代将以可再生能

源为龙头、在重构的能源系统，化石能源生产端、能源需求端和电网，将在能源互联网的协助下，更为柔性地服务于这个可再生能源主导的系统。远景认为，能源互联网是可再生能源时代的运行机制，这个机制包含系统、法则、规律和参与方。

未来能源系统将是由数以亿计的风机、太阳能电池板、储能设备、用电终端、充电网络等组成的分布式系统，传统能源企业的运营模式很难支撑，需要信息技术和科学技术的结合，来重构未来的能源系统。

未来能源系统真正的挑战不是电量的问题，而是柔性容量问题，是怎么来调度管理和对待灵活性的问题。容量管理将是电力市场的关键技术，这项技术不是掌握在实体资产拥有者手中，而是在系统管理者手中。未来能源行业的巨头并不是大量拥有能源资产的企业，而是智慧能源系统的管理者，可以通过信息技术、物联网等手段，真正地将上游供给与下游需求无缝对接，像指挥乐队一样。在零边际成本的时候，真正做的是指挥者、管理者，而这个时候，什么时候被调度、被指挥或者优化，才是未来能源世界最重要的元素。

远景认为，在未来能源系统里，管理权重过拥有权，正如共享经济代表 Uber 和 Airbnb 的模式，能源 Uber 模式将重构未来能源系统。

能源互联网与分布式储能

清华大学　慈松

1　引言

电力工业是国民经济发展中最重要的基础能源产业，是国民经济的第一基础产业，是关系国计民生的基础产业，是世界各国经济发展战略中的优先发展重点。在节能减排的经济社会可持续发展需求、全球电网智能化趋势以及我国电力、能源形势日益紧张的情况下，我国电力工业将面临资源环境约束、电力供求关系不平衡、新能源产能过剩等众多挑战。因此，我国电力工业的改革在已取得辉煌成就的同时仍然任重而道远，我国已经明确了从政策支持与科技创新多个方面推进电力工业改革的战略目标，大力推动提升电网安全性、可靠性、经济性与效率的技术突破，并重点发展智能电网、电动汽车、可再生能源分布式发电等能源相关新兴领域。

在这种趋势作用下，作为可再生能源接入、分布式发电和微网，以及电动汽车发展的必不可少的支撑技术的分布式储能技术，成为了电力行业的改革与发展、促进能源结构转化的关键与推手，在电力相关各技术领域发挥着重要作用：大规模分布式储能技术可以有效实现需求侧管理，消除昼夜间峰谷差，平滑负荷，提高电力设备运行效率，降低供电成本；分布式储能技术是智能电网建设的重要组成部分，渗透于电力系统的发电、输电、变电、配电、用电的各个环节；分布式储能技术的应用可以改变传统电力系统稳定控制的思维方式，从一个新的角度认识电力系统的稳定性问题，并寻求一种可能会彻底解决电力系统稳定性的方法；分布式储能技术成为风力发电、光伏发电系统的关键支撑，可保证其供电的均衡性和连续性有效支持解决可再生能源的并网与发电间歇性问题；储能技术是电动汽车动力的直接来源，而分布式储能是构建配套充放电基础设施网络的重要组成部分，是电动汽车产业发展的关键支柱。

另一方面，分布式储能技术已经渗透到其他领域的行业发展中，成为各行各业发展的重要保障，尤其是对 21 世纪以来飞速发展的信息通信产业，储能技术在对电信设备、网络数据中心等供电解决方案中起着重要作用。相比传统电网供电方式，基于储能、分布式储能技术的能源解决方案，在对电信通信设备供电支持中具有独特的优势：通过储能设备断电时期放电，持续提供不间断电力供应；利用多次充放电特性，解决电力供应瞬断问题；有效消除电源多种谐波干扰，提供清洁、高品质供电需要；可靠性高，维护简单，使用寿命长；过载能力强，可适应电机等多种负载的需求；结构紧凑，占地小，部署形式灵活；模块化结构，扩容简单方便。

因此，发展分布式储能技术成为我国“十二五”期间科技、经济发展的重点方向。在2011年3月召开的十一届全国人大四次会议上发布的《国家“十二五”规划纲要》中首次提到了“储能”，要求在“十二五”期间指导新能源、智能电网、储能行业的发展建设以及规划新能源重点建设项目，对推动储能行业的快速发展有积极意义。《国家“十二五”科学和技术发展规划》中也指出“十二五”期间，我国将大力推动新能源、智能电网、电动汽车等产业的发展；完成相关风场示范建设、智能电网示范园区和集成综合示范区的建设以及电动汽车的规模化示范的推广。而我国第一部能源科技规划《国家能源科技“十二五”规划（2011—2015）》也明确了与储能相关领域的发展方向。

本章将对分布式储能技术的前沿动向进行分析，探索分布式储能技术的发展形势与未来形态。

2 分布式储能对于能源互联网的意义

“化石能源枯竭”，“碳排放量剧增”，“气候环境恶化”……进入21世纪以来，能源与环境问题就像达摩克利斯之剑一般悬于人类头顶。为此，人类做出了不懈的努力：利用可再生能源减少化石能源消耗，开发新技术节能降耗。正在人们坚持不懈地探索解决方法的同时，产生于信息领域的一种技术正在以前所未有的速度与力度改变着人类世界，这就是互联网——以最大范围的信息互联共享为基本目标而产生，不仅已经覆盖人类生产生活方面，甚至颠覆了许多传统行业数十年所保持的运作方式。当今信息时代，信息资源成为了一种生产资料，能够衍生出不同形式的产品、经济效益与价值，互联网的成功，就在于实现了信息资源以生产资料的形式在每个人之间互联共享，从而激发每个人的智慧去创造新的生产力，推动各行各业的飞速发展。反观能源网络，以化石能源为主的、集中化管控的电力网络，阻碍了分布式能量产生与互联共享的变革。在互联网思想与应用不断渗透到世界每个角落的同时，能源互联网应运而生，基于可再生能源的分布式能量生产，并像互联网中信息共享那样实现能量的互联共享，以需求驱动的优化配置能源系统，从根本上改善能源构成与资源利用率。

能源互联网的核心思想与目标可以概括为分布式产生的能量，本地化能量的供给以及能量的互联互通。以风能、太阳能、潮汐能等可再生能源为代表的分布式产生的能量具有先天的不确定性或随机性，例如，分布式光伏系统产生的能量受到云层运动、天气阴晴等瞬息万变的气象条件，四季交替季节条件，部署点环境条件以及所处经纬度地理等条件的影响。这种能量不确定性一方面将严重影响能量供给与共享的安全性、稳定性与可靠性；另一方面，能量源互联网中的能量互联共享是与互联网中信息互联共享，即用户侧驱动的能量互联共享，因此，由于分布式能量源的不确定性与用户需求的时空随机性，从任意时刻看，多空间点分布式能量源与用户驱动的能量需求之间自发的平衡显然是不可能的，分布式产生的能量将无秩序的从低熵的能量源流向高熵的负载，最终，流向高熵值负载的能量随意地做了有用功或做无用功，能量流无秩序流动导致其有效利用率极低。

这种能量源的不确定性与能量流的无秩序性，使得分布式储能成为解决上述能源互联网两大问题的支撑性基础，即以分布式储能平滑能量源的不确定性，并为能量的时空转移和能量流的有序流动提供基础。

3　分布式储能的载体

当今，分布式储能有着多种方式或载体，如电池、飞轮、抽水、超级电容以及压缩空气等，而电池储能方式在千瓦级至兆瓦级储能有着其他储能方式不可比拟的优势，如图 1 所示。锂离子电池储能作为电池储能最具前景的方式之一，小容量单体成组或成网在储能系统的安全性、可靠性和可管性方面有着大容量单体不可比拟的优势，这一点已被实际应用验证，例如，特斯拉 Model S 电动力汽车采用了 8000 节 18650（即直径 18mm，高 65mm 的圆柱形电池）小容量单体电池。

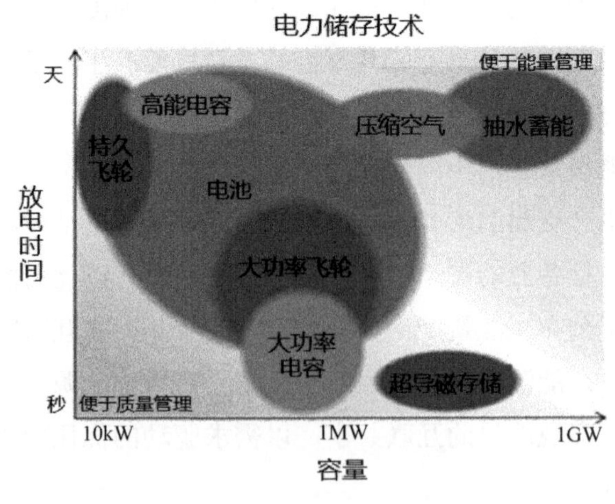

图 1　储能方式或载体性能比较图

大量单体电池成组或成网后将构成复杂的储能系统，给分布式储能系统的内部管理带来了巨大的挑战。

从电池本身来看，首先，电池本身性能受到多维变量的影响，例如，受到温度、电压、电流、荷电状态(SOC)、老化程度及个体差异等多种因素的影响，这种影响表现在低温下电池内部物质的活性下降，高温下电池的稳定性下降，大电流下电池的放电容量骤降，电池老化后其内阻和容量下降……其次，电池与多维影响变量间呈现非线性关系，例如，温度、电流对电池直流内阻和极化电压等的关系，以及电池放电容量和倍率特性等呈现明显的非线性关系；电池的放电电流与电池的欧姆压降和极化电压之间的关系；再次，电池单体间具有无法避免的不一致性，即便是同厂家、同批次的电池，在自放电特性、温度特性、容量、内阻等方面的参数都存在较大的差异，不同厂家的电池单体间的不一致性更是不言而喻。

从方法论来看，大量单体电池成组或成网后将构成复杂系统，对于这种复杂系统优化管理的基础是对复杂系统模型的定量描述，而在复杂系统建模描述中最重要的是定量描述单体间参数的相互依赖关系以及这种关系对电池成组或成网后系统优化的影响，而不仅仅是一种定性模糊的描述，或者割裂各个电池单体以及电池组内在关系的定量描述。此外，由于分布式产生的能量以及用户驱动的能量需求的时空不确定性与随机性，使得这些参量间相互依赖关系的定量分析变得更具有挑战性。而传统的监督学习和加强学习只能定性而无法定量地刻画系统动态特征，无法提供一致、合理的工程判断。另外，大规模电池组或电池网络的优化管理属于巨维度优化问题，优化算法通常随着优化中相关变量维度的增加呈指数倍增加，而传统算法无法实现实时、高精度以及快速收敛，导致大电池组或电池网络优化管理算法具有工程实用性差的问题。

因此，电池作为分布式储能的重要载体，电池单体本身非线性特性与电池成组或成网后单体间的差异性使得电池“管好”是“用好”的基础。

4　分布式储能电池管理系统

4.1　电池网络建模与荷电状态（SOC）估算

目前针对电池的建模主要是单体电池建模；而对于电池组的建模研究主要是针对小规模的电池组合，将其化简为串联电池组与串联电池组进行建模，但是对于大规模电池组或电池网络的建模目前鲜有有效的研究成果。

电池 SOC 通常通过电池的电压、电流、温度等参数间接获得。目前研究所采用的方法主要有：开路电压法、安时计量法、内阻法、模糊推断、神经网络法以及卡尔曼滤波法。

开路电压法利用电池的开路电压与电池的 SOC 存在着函数关系，通过充放电实验确定其函数关系，在 SOC 的估算过程中只要能测量出电池的开路电压，通过函数可计算出电池的 SOC，但是本方法无法在线估算出电池网络的 SOC，必须经过较长时间的静置，使电池恢复到稳定状态，同时本方法只适用于电压相对于 SOC 变化较为明显的锂电池或者电池的充放电初期和末期。

安时计量法是通过采用积分算法对充入或放出电池的电流进行实时测量，只考虑电池外部的特征，而不考虑电池的内部特征，因此为了提高估算的精确度，还需要根据电池工作的实时温度、充放电倍率、电池老化程度等影响因素，对 SOC 进行相应的补偿。但是由于安时计量法是通过对开环的电流进行积分，对电流测量精度要求很高，并且随着使用时间的增加会出现不断增大的累积误差，最终使得计算出的 SOC 值随着使用时间的增加会越来越偏离真实值。

内阻法是根据锂电池的内阻与 SOC 值之间的关系，建立函数模型来估算电池的 SOC 值。锂电池内阻包括直流内阻和交流内阻，都与 SOC 关系密切，影响它们阻值的因素有很多，如温度、活性物质的种类、充放电倍率、SOC 值等。本方法中直流内阻和交流内阻的计算需要考虑温度、活性物质的种类、端电压、充放电倍率等因素的影响，尤其是在实际使用过程中，电池使用方式变化很快，计算起来更加较困难，与电池 SOC 值之间的关系更难确立。

模糊推断和神经网络法是通过建立准确的电池数学模型来计算电池的 SOC 值，通常情况下输入电池工作时的电压、充放电电流、温度等参数,输出电池 SOC 值。由于模糊推理和神经网络均采用并行处理结构，可从系统的输入、输出样本中来获取系统的输入输出关系。由于电池是一个复杂的非线性系统，建立准确的电池模型比较困难，同时需要大量的训练数据，且估计误差受训练方法和数据的影响很大。

卡尔曼滤波法是通过建立锂电池的二阶等效 RC 电路模型，对锂离子电池做出最小方差意义上的最精确的估算，以此来估算出电池 SOC 值，模型参数由实验获得。该方法需要确定的参数较多，计算复杂度高。

4.2　电池组储能系统管控技术

目前电池组是由多个单体锂电池进行固定的串、并联组合，以满足电流、电压与功率的需求。由于单体电池之间存在不一致性，即便是同厂家、同批次的电池，在自放电特性、温度特性、容量、内阻等方面的参数都存在较大的差异，不同厂家的电池单体间的不一致性更是不言而喻，因此，电池组均衡管控是电池组管控中的重要技术。

均衡策略研究主要可以分为：电池容量均衡法、电池电压均衡法和电池 SOC 均衡法。

电阻均衡是利用每个单体电池并联旁路分流电阻来实现电池均衡的目的，其基本原理就是将多余的能量从电压最高的单体电池中通过电阻进行消耗。当电池组充电时充电电流在各节电池中都是相等的，而当某个单体电池中的电压高于其他单体电池，即系统出现不平衡的状态时，控制电路中的多路开关便闭合，该单体电池通过相应的分流电阻来进行分流，并使该电池的端电压下降，直到锂电池电池组中的各单体电池能进行均衡充电为止。当各单体电池的电压趋于平衡时，控制开关就会断开，以阻止分流电阻继续对电池进行放电。电阻均衡法的原理比较简单、可靠，但分流电阻会消耗电能并产生热量。由于流入分流电阻中的能量变成了热量损耗，所以这种均衡电路的效率很低，使各单体电池在均衡过程中白白消耗了电池组的电能。

电容均衡是利用一系列电容对串联电池组中相邻的两个单体电池进行能量转移。随着电容在相邻两个单体电池之间进行反复的切换，整个电池组中各个电池单元的端电压就基本趋向一致，从而达到均衡的目的。电容均衡法不需要其他检测和反馈电路，适用于任何种类的二次电池，而且均衡过程可以贯穿整个电池的充电、放电及闲置过程，几乎不消耗能量，利用效率高。但是电容均衡方法受限于单体电池的位置，例如，高电量电池与低电量电池分别处在电池组的两个不同端，电量从一端传到另一端需要消耗很长的时间。

变压器均衡法是将变压器的原边接于电池组两端，副边接到每个单体电池两端，且变压器副边侧数量与电池组电池个数相等，当系统检测到某单体电池电压过低时，变压器原边开关闭合，将电池组中的能量存储到原边侧，当开关断开时能量传递给副边侧能量最弱的电池，以此实现电池组的均衡管理。这种方法能够实现对电池组快速而低损耗的均衡管理，但是其缺点是结构复杂、元器件多，成本高，不易于实现。

变换器均衡法是利用变换器来实现均衡。在变换器集中均衡中，整个电池组共用一个由 DC/DC 变换器来实现均衡。隔离变压器作为变换器的核心元件，采用同轴多绕组（Coaxial Winding Transformer，CWT）结构。主要是通过单一原边，多个副边的变压器组成的多输出 DC/DC 变换器实现的。在分布式均衡中，每两个单体作为一个均衡子模块的均衡对象，每个子模块由 DC/DC 变换器组成。可将均衡子模块并联在均衡电池两端，或者将两个相邻单体分别作为均衡模块的电源与负载，从而实现单体与电池组或者两个电池之间的能量传递。

慈松博士于 2006 年提出了电池网络的概念，即针对大规模小容量单体电池成组之后，由电池单体差异性和固定连接方式所带来的诸多问题而提出的，一种新的电池成组管理机制和方法。在电池网络中，单体电池模块构成网络的节点。根据电池组运行环境变化，在满足系统性能和用户体验的要求下，电池网络的物理网络拓扑结构可以根据各节点当前的自身情况（如 SOC、SOH、温度等）进行自适应动态重构，极大提高了电池的寿命、可靠性、安全性。电池网络是以互联网信息技术为核心，动态复杂系统理论为基础，智能信息和电力电子半导体为手段的一种屏蔽电池差异性的创新性电池动态成组管理技术。目前该技术已成功管理 1000s 节 26650 锂电池并成功应用于云计算数据中心领域。

能源互联网与集中式储能

清华大学　胡泽春　丁华杰

1　规模化储能在能源互联网中的重要作用

在传统电力系统中，为减小对装机容量的投资、提高电网运行的安全性，大容量的抽水蓄能储能获得了广泛应用。但受自然条件的限制，其容量占总装机容量的比例较小。

在智能电网条件下，随着大规模和分布式新能源发电的发展，其发电出力的波动性和间歇性给电力系统的安全和经济运行带来了新的调整。为平抑新能源发电出力的波动、提高接纳新能源发电的能力，各类化学电池、飞轮等新型储能系统获得应用和发展，其部署的地点涵盖电源侧、电网侧和用户侧。

在能源互联网条件下，通过电能、热能、化学能等多种能源的相互转换和互补，实现电网、气网、热力网、交通网等能源网络的紧密结合[1-2]。对能源的生产，以风电、光伏发电为代表的清洁能源将逐步占据主导地位。清洁能源发电受自然条件的限制，其波动性、间歇性必须倚靠大容量储能实现功率的平滑和能量的时空转移。储能不仅能够通过减少供需波动对能源网络的冲击，更能够相互隔离，有效阻隔级联故障[3]。在多能源系统紧密耦合的条件下，储能必将成为电能与其他能源灵活转换和综合利用的关键设备，是能源互联网建设、发展的基础。

2　规模化储能的现状与发展趋势

电能可以转换为化学能、势能、动能、电磁能等形态存储，按照其具体方式可将传统的储能分为物理、电磁、电化学和储热 4 大类型。其中物理储能包括抽水蓄能、压缩空气储能和飞轮储能；电磁储能包括超导、超级电容和高能密度电容储能；电化学储能包括铅酸、镍氢、镍镉、锂离子、钠硫和液流等电池储能；储热包括相变储能等。

抽水蓄能与压缩空气储能最为成熟，早已经被大规模商业化应用，具有 GW 级的功率容量和小时级的放电时间；镍镉电池、钠硫电池、锂离子电池、液流电池和飞轮储能技术较为成熟，但应用于电力行业的规模尚小，可到数十 MW 级的功率、数分钟到数小时放电时间；超导磁储能、超级电容器目前商业化应用还较少，充放电功率能够很高（MW 级），但时间很短（数秒到数分钟），有着广阔的发展空间。

和物理、电磁、化学储能不同，热能储能仅能进行电能到热能的单向转换。热能储能按照工作温度分为高温储能（储热）与低温储能（储冷），可进一步分为工业制冷（低于 -18℃）、建筑制冷（0～12℃）、建筑制热（25℃～50℃）、工业制热（高于 175℃）。一般把物质内能随温度升高而增大的部分称为显热，把相变的热效应称为潜热，这两类是目前主要使用的热能储能形式。热储能一般用于为用户提供冷、热负荷。例如，采用空调蓄冷技术能够在用户侧提供削峰填谷服务。其利用低谷电驱动电动制冷机制冰，白天用电高峰期将冷量释放出来。蓄热技术还可以用来回收电炉的烟气余热及废热，能够节约能源。在发电侧则大规模地应用于热电联产机组和光热电站[4]，如果与核电站配合运行，可以使核电站按额定功率运行，使得对燃料元件的损害降到最低。

氢气是热值很高的储能物质，具有环保、无碳排放等优点，其制备、运输和存储技术已逐步成熟。随着能源互联网观念的推广，电力制氢气以及进一步合成天然气成为新兴的储能形式。和传统的电力储能不同，制得的氢气或天然气一方面可以用来发电，以满足电网的高峰负荷，另一方面可以直接进入输气管道或封装出售，参与氢气市场和天然气市场的流动。当可再生能源发电剩余时，使用电解水制氢并储存氢气；在发电功率输出不足时，氢气和氧气可发生反应，产生电能反送到电网。制氢储能的日常维护工作量少，维护周期比电池储能长[5]。使用制得的氢气连同二氧化碳合成甲烷，则进一步成为电制天然气，生成的甲烷注入管网中输送到终端用户。制气储能最大的优势在于双向连接了电网和天然气网，能够将电力以天然气的形式存储和运输，利用现有的成熟的天然气存储和运输基础设施，为电力系统的运行提供灵活性[6]，避免了新增基础投资（如增设电力线路），同时解决了新能源消纳的问题，充分体现了能源互联网的意义和价值。

3 规模化储能在能源互联网中的应用

储能系统有助实现多种能源的协调运转，提升确保综合能效[7]。物理储能、电磁储能和电化学储能均为电力储能，而热能储能和制气储能则是“跨系统”的储能形式，热能和氢气、天然气等能源更多是电能向热能和化工负荷的单向转换。因此，传统储能一般仅用于电力系统，而热能储能和制气储能主要用于能源系统的互联。

3.1　传统电网的应用

储能系统在传统电力系统运行方面发挥的重要性主要有以下 4 类。

（1）削峰填谷。储能系统利用其能量的时移能力，在电网中起到削峰填谷的作用。

（2）辅助服务。储能系统能够跟踪发电侧、负荷侧的功率波动，提供调频服务、有功备用以及电压支撑服务。

（3）输配网控制。储能系统在输电和配电网中能够补偿扰动、振荡等，维持电网运行的稳定性。此外，储能系统能够缓解阻塞，延缓线路投资。

（4）负荷侧支持。储能系统一方面利用峰谷电价节省电力开支，一方面减少并网容量，还可用于保障特定用户的供电可靠性及电能质量。

3.2　消纳新能源

储能系统的有功、无功功率输出能够在“四象限”运行，灵活地双向交换功率。储能系统能够平滑新能源出力，有效地提升电网静态电压稳定性，进而能够提高风电和光伏发电的接入容量[8]。风电、光伏等新能源发电由于预测精度较低、可控性较差，会面临由于出力偏差而导致的经济惩罚[9]。储能系统能够提升新能源在电力市场中的竞争力。在欧美电力市场环境下，文献[10-12]提出了储能系统配合新能源在日前市场上的报价策略，包括价格接受者和价格制定者两类策略。文献[13-17]等研究了新能源发电和储能系统在实时市场中的最佳控制策略。常用的控制策略包括线性控制策略、动态规划策略、基于备用容量的控制策略等。进一步地，利用风电等新能源预测精度随时间临近不断提高的特点，文献[18-20]研究了考虑日内市场的滚动优化模型，通过不断地修正出力计划，提高整体的经济效益。

3.3　推动交通电气化发展

电动汽车作为新兴的交通工具，在节能减排、环境保护方面具备很强的优势。电动汽车的发展将交通网和电网联系起来。一方面，作为一种分布式储能资源，大规模的电动汽车能够消纳新能源，为电网提供各类服务。电动汽车通过有序充电或 V2G 控制，能够消纳分布式新能源，削峰填谷，为电网提供调频服务，提高配电网的稳定性[21]。另一方面，大规模电动汽车充电负荷的随机性、不确定性会对电网产生一定的冲击。因此，有研究提出了在电动汽车充电站中配置储能的思路。文献[22]提出了储能系统配合快速充电站的协调充放电策略。根据文献[23]的评估，在快速充电站中不仅能够平滑负荷、减少每日的充电成本，还能够通过减少并网容量提高电动汽车快速充电站的整体投资收益。

3.4 推动能源跨界互联

通过电能和化石能源、热能的相互转化，不仅能够有效吸纳新能源、缓解电网压力，更能充分利用现有基础设施资源，满足供热/冷和化石燃料的需求，提高整体能源系统的安全性和利用效率。

（1）电–气协调

电力制气储能利用新能源过剩的电能制造氢气、天然气等，产生的化石能源不仅可以应用到其他工业场合，还能够反向发电。氢气、天然气等能源通过已有网络能够和电网紧密耦合，在发、输、配、用各个方面为电网提供辅助支持。文献[24]以英国实际系统为例，从技术、经济、环境等方面评估了电制天然气储能对英国电网和天然气网络的增强作用。文献[25]提出了自备电厂生产氢气并就地利用/外输/接入天然气管网等多种模式，探索了风电-氢气的联合协调模式。研究表明，电力制氢能够提高风电场和制氢厂的整体经济收益[26]。文献[27]进一步构建了风电–氢储能与煤化工多能耦合系统的基本架构，不仅能够有效缓和新能源直接并网对电网的冲击，还最大限度地减少了煤化工生产过程中的原料煤和能源煤的消耗。制气储能的加入能够有效避免新能源发电造成的出力波动，有助于电网的稳定[28]；更重要的是能够充分利用现有的天然气基础设施（存储罐、管道），将电力以化石能源的形式存储、输送、回收利用，避免了大规模电网的扩建，提高了整体社会效益。

（2）电–热协调

热力系统与电力系统原本是独立的系统。储热系统能够有效地将电力系统和热力系统互联，充分发挥热能容易存储而电能容易传输的优势，将两个系统整合为一个惯性更大的系统，提高系统运行的稳定性。在电源侧，光热电站和热电联产机组通过应用储热系统，保证光热电站发电的连续性和可调度性[29]，解耦热电联产机组的热-电耦合特性，弱化其“以热定电”的约束，提高机组的调节能力[30]。风电供暖对于解决我国的环境污染问题，尤其是三北地区（东北、华北、西北地区）的弃风限电问题具有极高的价值。大容量的储热系统是风电供暖系统中必不可少的环节，能够缓冲风电的出力波动，提供较为可靠的热力供应[30]。因此，在网络侧，通过储热系统的作用可以将风电等新能源就地消纳，减少电力的外送容量。在负荷侧，智能楼宇利用蓄冷空调系统在电力富余时段耗电蓄冷，在电力紧张时段节电释冷，不仅能够为电网提供巨大的调峰能力，还能就地消纳分布式新能源。

4　小结

规模化储能系统对于能源互联网的促进作用主要体现在以下 4 个方面。

（1）储能系统有助于缓解发电-用电之间的不平衡，延缓电网的扩容投资，还能够为电网提供调峰调频、无功支持和黑启动等辅助、应急服务。

（2）储能系统是高比例新能源消纳的保障。储能系统不仅能够平滑新能源出力、维持电网稳定，还能够提高新能源发电商在电力市场中的竞争能力。

（3）储能系统有助于电动汽车的发展。配置储能系统能够平滑电动汽车快速充电负荷的冲击。而作为分布式的储能资源，电动汽车能够为电网提供各种削峰填谷、备用等辅助服务。

（4）储能系统是多能源系统互联互通的关键设施。传统的储热系统和新兴的电力制氢、电力制天然气储能系统，能够有效连接电力系统和热力系统、化石能源系统，充分发挥各个系统的特点，实现各系统间的优势互补。

储能系统应用于能源互联网，应解决如下两个问题。

（1）应做好多类储能系统的协调规划问题。如何在能源互联网的综合建模中，充分协调电力系统、热力网络、天然气网络乃至交通网络的规划，并考虑各类储能是一个极其复杂的问题。

（2）应解决储能系统的能量调度和管理系统。由于储能系统的能量受限、能量的生产/消耗在时间上的耦合特性，多时段、多能源系统的联合优化调度是发挥储能资源潜力、提升能源互联网价值的关键。

参考文献

[1] 田世明，栾文鹏，张东霞，等. 能源互联网技术形态与关键技术. 中国电机工程学报, 2015, (14): 3482～3494

[2] 李建林，田立亭，来小康. 能源互联网背景下的电力储能技术展望. 电力系统自动化, 2015, (23): 15～25

[3] 赵海，蔡巍，王进法等. 能源互联网架构设计与拓扑模型. 电工技术学报, 2015, (11): 30～36

[4] Chen R, Sun H, Guo Q, et al. Reducing Generation Uncertainty by Integrating CSP With

Wind Power: An Adaptive Robust Optimization-Based Analysis. Sustainable Energy, IEEE Transactions on, 2015, 6(2): 583～594

[5] 郭延纯. 风光互补发电储能系统的经济性分析与研究: [硕士学位论文]. 河北工程大学, 2015

[6] Hansen A B, Nybroe M H. Future possibilities-The gas system as flexibility provider for wind power production[C]. Power and Energy Society General Meeting, 2012 IEEE, 2012:1-8

[7] 蒲天骄，刘克文，陈乃仕等. 基于主动配电网的城市能源互联网体系架构及其关键技术. 中国电机工程学报, 2015, (14): 3511～3521

[8] Le H T, Santoso S, Nguyen T Q. Augmenting Wind Power Penetration and Grid Voltage Stability Limits Using ESS: Application Design, Sizing, and a Case Study. Power Systems, IEEE Transactions on, 2012, 27(1): 161～171

[9] Lee T Y, Chen C L. Wind-photovoltaic capacity coordination for a time-of-use rate industrial user. IET Renewable Power Generation, 2009, 3(2): 152～167

[10] Castronuovo E D, Usaola J, Bessa R, et al. An integrated approach for optimal coordination of wind power and hydro pumping storage. Wind Energy, 2014, 17(6): 829～852

[11] Taylor J, Callaway D S, Poolla K. Competitive energy storage in the presence of renewables. Power Systems, IEEE Transactions on. 2013, 28(2): 985～996

[12] Haessig P, Multon B, Ahmed H B, et al. Energy storage sizing for wind power: impact of the autocorrelation of day - ahead forecast errors[J]. Wind Energy, 2015, 18(1): 43-57

[13] Abdullah M A, Muttaqi K M, Sutanto D, et al. An Effective Power Dispatch Control Strategy to Improve Generation Schedulability and Supply Reliability of a Wind Farm Using a Battery Energy Storage System. Sustainable Energy, IEEE Transactions on. 2015, 6(3): 1093～1102

[14] Peng C, Xin X, Zou J, et al. State-of-charge optimising control approach of battery energy storage system for wind farm. IET Renewable Power Generation, 2015, 9(6): 647～652

[15] Gast N, Tomozei D C, Le Boudec J Y. Optimal Generation and Storage Scheduling in the Presence of Renewable Forecast Uncertainties. Smart Grid, IEEE Transactions on. 2014, 5(3): 1328～1339

[16] Khayyer P, Ozguner U. Decentralized Control of Large-Scale Storage-Based Renewable Energy Systems. Smart Grid, IEEE Transactions on. 2014, 5(3): 1300～1307

[17] Ghofrani M, Arabali A, Etezadi-Amoli M, et al. Energy Storage Application for Performance Enhancement of Wind Integration. Power Systems, IEEE Transactions on,

2013, 28(4): 4803～4811

[18] Ding H, Hu Z, Song Y. Rolling Optimization of Wind Farm and Energy Storage System in Electricity Markets. Power Systems, IEEE Transactions on, 2015, 30(5): 2676～2684

[19] Jafari A M, Zareipour H, Schellenberg A, et al. The Value of Intra-Day Markets in Power Systems With High Wind Power Penetration: Power Systems, IEEE Transactions on, 2013: PP, 1～12

[20] Ding H, Hu Z, Song Y. Optimal intra-day coordination of wind farm and pumped-hydro-storage plant[C]//PES General Meeting| Conference & Exposition, 2014 IEEE. IEEE, 2014: 1-5

[21] Schneider K, Gerkensmeyer C, Kintner-Meyer M, et al. Impact assessment of plug-in hybrid vehicles on pacific northwest distribution systems[C]//Power and Energy Society General Meeting-Conversion and Delivery of Electrical Energy in the 21st Century, 2008 IEEE. IEEE, 2008: 1-6

[22] Ding H, Hu Z, Song Y, et al. Coordinated control strategy of energy storage system with electric vehicle charging station[C]//Transportation Electrification Asia-Pacific (ITEC Asia-Pacific), 2014 IEEE Conference and Expo. IEEE, 2014: 1-5

[23] Ding, H., Z. Hu and Y. Song, Value of the energy storage system in an electric bus fast charging station[J]. Applied Energy, 2015. 157: p. 630-639

[24] Clegg, S. and P. Mancarella, Integrated Modeling and Assessment of the Operational Impact of Power-to-Gas (P2G) on Electrical and Gas Transmission Networks. Sustainable Energy, IEEE Transactions on, 2015. 6(4): p. 1234-1244

[25] 时璟丽，高虎，王红芳. 风电制氢经济性分析. 中国能源，2015，(02): 11～14

[26] Korpas M, Holen A T. Operation planning of hydrogen storage connected to wind power operating in a power market. Energy Conversion, IEEE Transactions on, 2006, 21(3): 742～749

[27] 袁铁江，胡克林，关宇航等. 风电－氢储能与煤化工多能耦合系统及其氢储能子系统的 EMR 建模. 高电压技术，2015, (07): 2156～2164

[28] Heinisch V. Effects of power-to-gas on power systems: A case study of Denmark [C]//PowerTech, 2015 IEEE Eindhoven. IEEE, 2015: 1-6

[29] Cabeza L F, Sole C, Castell A, et al. Review of Solar Thermal Storage Techniques and Associated Heat Transfer Technologies. Proceedings of the IEEE, 2012, 100(2): 525～538

[30] 徐飞，闵勇，陈磊等. 包含大容量储热的电－热联合系统. 中国电机工程学报，2014, (29)：5063～5072

车电分离、自主换电

清华大学　慈松

大力普及发展电动汽车作为国家新能源战略的关键一环，是必然，是方向，是未来。充电桩客观上制约甚至阻碍了电动汽车的普及和发展。

“车电分离，电池自选，自主换电，能量运营” 的能源互联网电动汽车模式，是打通电动汽车、电池、分布式储能产业链和价值链的唯一手段。基于能源互联网和能量信息化技术的用户自主换电的电动汽车才是电动汽车的未来。对充电桩发展的困境的思考，作为政策“宠儿”的电动汽车，在政府过去数年的大力扶持下，中国电动汽车市场的真实状况并不尽人意。按照《节能与新能源汽车产业发展规划（2012-2020 年）》，我国新能源汽车累计产销量在 2015 年应该达到 50 万辆。工信部统计数据显示，截止 2015 年 10 月，我国新能源汽车累计生产 20.69 万辆，不足预期的 50%。“充电桩匮乏”一直被认为是影响电动汽车发展的最大掣肘。笔者认为，“充电桩对于促进电动汽车发展有决定性作用”是一个伪命题，既无科学依据，也没有商业模式，更不符合中国的国情，无法支撑电动汽车的大规模使用，是电动汽车普及发展的最大障碍。我们可以简单地算一笔账：为了满足 2020 年 500 万辆新能源电动汽车充电需求，若按每辆车平均配 1.5 个充电桩的车桩比下限计算（上限是 3 个），500 万辆车至少需要配套建设 750 万座充电桩。以充电桩均价 2 万元/个（其实桩的制造、运输、安装、运维成本和电网扩容的费用加起来要远大于这个数字）计算，将需要 1500 亿元的充电桩投资（这里还不包括更昂贵的集中充电站的建设投资）。然而在政策的刺激下，资本已经开始汹涌地进入充电桩领域，使充电桩领域陷入到非理性狂欢中，很多人忘记了从产业链和价值链的角度考虑，资本投入必须要产生新的价值，产品必须产生完美的用户体验。投资应看价值导向，不从用户的需求出发，非人性化的产品或服务都将被用户抛弃，千亿的资本投入或将化为泡影。

从现有情况看，充电桩行业还没有清晰的商业盈利模式。这里列举一些主要问题供大家思考。

- ❑ 750 万个充电桩谁来投资建；建好的桩如何运维，谁来运维；750 万个充电桩对于分布在全国的范围内的 500 万辆车是否能够满足用户需求和体验？
- ❑ 目前大部分充电桩都建在收费停车位（尤其是公共桩），充电桩和停车位分属不同产权所有人，造成停车费用远大于充电费用，尤其是交流慢充，这将造成充电费比实际的费用高出很多。

- 我国人均停车位数量非常低，很多车主并不拥有自己的专属停车位，这就造成车主和物业之间的矛盾，物业通常以各种正当或不正当的理由不给车主安装充电桩，加剧了充电困难的问题。
- 传统汽车挤占电动汽车充电车位的现象非常普遍，加剧了车桩数量不匹配的问题。
- 电动汽车产业链没有贯通，人－车－电池－桩－网这 5 个环节条块分割各自为战，如快充用起来相对方便，但对电网有冲击，对电池寿命也有损伤，而交流慢充又和用户习惯格格不入，导致车主在使用电动汽车上浪费了大量的时间。

因此，真正解决中国电动汽车的发展问题，还是要回归市场价值和用户需求，需要思考车主真正需要的电动汽车属性是什么。电动汽车的本质是为了方便人们的出行，人性化和智能化是整个汽车行业的出路和目标，看看无人驾驶、车联网等新兴汽车技术就不难发现这一趋势。而现有的插电模式电动汽车和与之配套的充电模式，与汽车行业的发展趋势是相悖而行的，这种模式在很大程度上阻碍了电动汽车的普及和发展。

自主换电模式应成为电动汽车能量补充的主要形式，普及和发展电动汽车需要从电动汽车用户的角度，重新审视目前电动汽车和充电设施发展的模式、思路和方法。用户购买电动汽车最基本的需求是一个出行代步的工具，而电动汽车、电池和充电桩等都是服务于这一基本需求的。根据 CCSE 的统计数据，高达 92%的电动汽车用户每天行驶里程不超过 70 公里，对于轻型乘用车约 6～8 度电就够了。一辆乘用车背着几倍甚至十几倍的所需电池在路上跑，既造成了电池资源的极大闲置浪费，又造成了百公里耗电的急剧上升（自重太大）。

这里面的原因值得进一步剖析：电动汽车是消耗电池存储的电能来驱动行驶的交通工具，因此电动汽车的使用需要不断补充电池消耗的电能。然而，由于电池的能量密度比燃油低 1 个数量级，而用户希望得到和燃油车同等的用户体验，这两者的矛盾是不可调和的，这是客观物理规律，因此电动汽车普及应用的瓶颈必然会出现“里程焦虑：mileage anxiety”这一现象，即用户总是担心没有办法随时随地补充消耗的电量而不由自主地陷入恐慌。这种物理上的不匹配，在应用层面被插电电动车和充电桩模式进一步放大，造成了更大的用户使用烦恼和焦虑，如图 1 所示。

回溯本源，充电桩给电动汽车加电的方式，是作为类比传统加油站给燃油车加油的模式被提出来的，然而提出这个类比的同时恰恰忽略了电池和燃油能量密度相差 1 个数量级这一客观事实，这个事实是充电桩和加油站不具备可比性的深层次原因。因此，依赖于充电桩的建设发展电动汽车的模式和思路从出发点就是错误的。换句话说，如果希望为电动车主提供等同于燃油车和加油站模式的用户体验，技术上必须要做到以下两点。

- 努力增大插电式电动汽车内的电池组容量；

- ❑ 努力建设比加油站多一个数量级的超大规模充电基础设施。

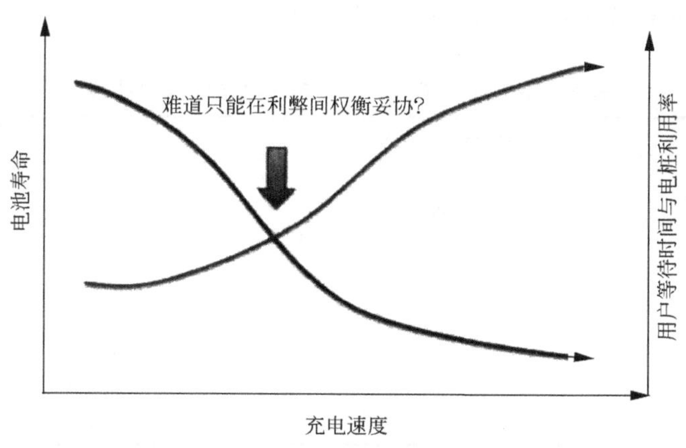

图 1　充电模式的困境

除去可行性和成本的因素，这两者在逻辑上又形成了新的悖论：例如，目前电动汽车整车厂解决“里程焦虑”问题的方法是，提高整车的电池组容量来达到延长单次充电的巡航里程（整车厂想当然的巡航里程）。然而，在电池的比能量相同的情况下，续航里程越高则意味着汽车要背的电池组的重量和体积越大，电池组和整车的成本就会越高，车主的充电等待时间就会越长，这些因素反过来又进一步加深了充电设施不足的问题，如图 2 所示。因此，完全依靠插电式电动车和充电桩模式直接给电动汽车充电，是解决不了电动汽车车主所希望的随时随地进行能量补充的核心需求。

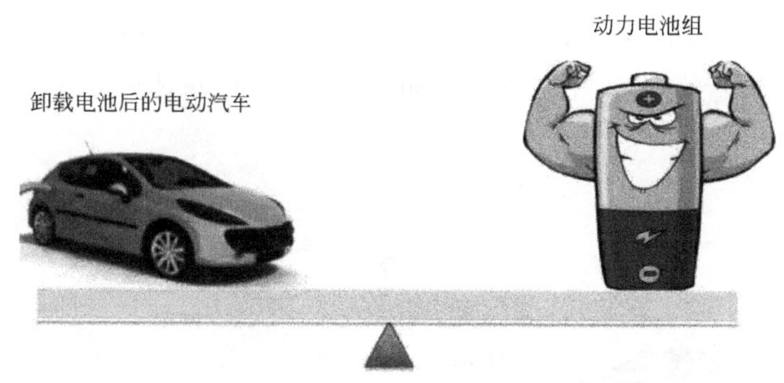

图 2　动力电池重量与成本在电动汽车中的占比示意图

解决这一问题的唯一出路是用户自主换电模式。用户自主换电模式不同于以往国家电网和南方电网的集中换电站模式，是真正意义上的用户自主模式，其技术核心就是电池组的碎片化和能量信息化管控，以及基于能源互联网的定制化的能量服务。在自主换电模式下，车和电池组首先进行分离，进而传统大容量电池组被分割成大量的小容量“电池能量块”，通过能量信息化等技术手段进行自动检测、自动配置、自动管控的信息能量一体化管控，实现电池和管控系统的分离。

如表 1 所示为集中换电模式与用户自主模式对比表。

表 1　集中换电模式与用户自主换电模式对比表

模式	集中换电模式	用户自主换电模式
更换电池重量	几百公斤	十几公斤
换电实施者	换电机器人	车主
换电基础设施投资	高	低
换电基础设施量	非常有限	任意多
换电基础运维成本	高	低
车主换电便捷性	低	高
电池组部署方式	集中	分布式
“互联网+电池”模式	不支持	支持

“电池 Uber”实现真正的 C 端能量共享和运营在自主换电模式下，用户可以根据自己的出行需求自由地选择不同厂家、不同批次、不同新旧程度、不同型号、甚至是不同质量的“电池能量块”，给自己的电动汽车进行按需能量配置。例如，用户通常知道自己当前出行的目的地和里程，因此可以给当次出行配置相关的电池容量。在出行过程中，如果发生行程有变能量不足的情况，用户可在附近的便利店 / 加油站等场所随时找到可更换的电池能量块，甚至可以用“电池 Uber”的电池能量 O2O 和移动互联网，找到能够提供电池能量块的其他车主，自取自换，实现真正的 C 端能量共享和运营。基于电池碎片化和能量信息化及互联网化管控技术的电池能量块，可以实现真正意义上具有“互联网＋电池”属性的移动电源。只有移动电源变为现实，用户侧 C 端能源的自由流通和交易才将成为可能，人－车－电池－桩－网才能消除条块分割，进行统筹优化，支撑和促进能源革命，实现“互联网＋智慧能源”的愿景。届时作为移动用电负载的电动汽车才可以自由行驶，再无丝毫羁绊，如图 3 所示。

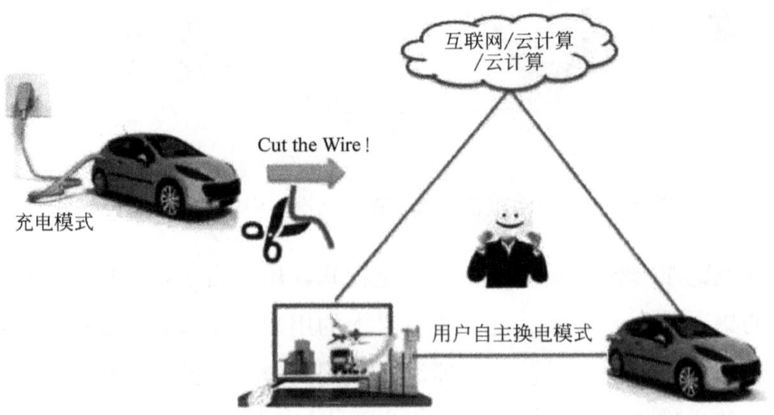

图 3　自主换电模式

自主换电模式也是打通动力电池产业链和价值链的唯一方法，电池组是电动汽车的动力核心，其性能和成本对电动汽车的普及和发展有着决定性的作用。然而，单体电池的品质差异性和传统固定连接的电池成组方法极大影响了电池组的系统效率、安全性、可靠性和可维护性。受限于能量密度、循环寿命、材料成本及安全性的相互掣肘，电动汽车的电池实际上在3～5年间就需要更换，而退役动力电池的巨大价值无法充分利用。在电动汽车领域，必须正视电池组只能使用其20%甚至更低比例的可用容量的事实，这也是电动汽车成本居高不下的原因——目前电池组的成本占到了整车成本的50%以上。此外再加上电动汽车使用时间远远小于闲置时间、缺乏动力电池梯级利用的有效手段等因素，造成了目前电池资源的巨大浪费。

其实单从技术层面看，经过几十年的努力，目前的锂离子电池单体做得已经非常好了，充放电循环寿命可以达到5000～10000次，物理寿命达到10～20年，单体电芯的成本下降非常快（目前已低于1块钱/瓦时）。目前真正缺乏的是电池应用的系统级技术，真正把电池单体变成一种可流通资源的技术，其深层次的驱动力是由于电池已经从过去的耗材变成了一种新的可作为能量载体的固定资产。

从应用的角度看，每一个电动汽车用户都关心自己车上的电池组性能和状态。然而用户真正关心的是什么？用户其实并不关心电池内部的工作机理和电化学特性，用户关心的是电池组充放电效率、经济性、安全行和可靠性等用户体验参数。对于一般用户而言，电池就是能装能量的容器（类比瓶装水和桶装水，又如充电宝）。因此需要从C端重新审视电池应用模式，展望新能源行业的未来发展。自主换电模式可以支撑作为能量容器的电池能量块来承载能源无处不在的美好愿景，可以支撑电池在更细的时空粒度下进行复用和重组。在自主换电模式中，电池的属性将不再由厂家赋予，而是由用户赋予，通过用户需求的正交性进行高密度的复用和梯级利用，从而真正实现电池全生命周期的价值最大化和电池行业的产业链贯通。

自主换电模式可以支撑能源互联网电动汽车的运营模式：车电分离，电池自选，自主换电，能量运营。在电池能量信息化和互联网化管控技术支撑下，电池演变为一种新型的可计算资源，得以在电池应用市场中实现真正流通，而电动汽车可以随处获取以电池能量块形态存在的移动电源，进而可以通过电池能量云平台来进行管理和控制及运营，通过能量大数据平台，管理数量庞大的、在市场流通的电池能量块，从而使电池能量运营以虚拟电厂的形态在C端实现与电网平等的市场地位。

在能源互联网电动汽车的模式中，如图4所示，电动汽车将演变为一种互联网硬件，从而变成能源互联网能量服务的物理载体，类比于苹果公司认为最终的服务体系架构才是真正意义上的长远商业模式。电动汽车可以免费提供给用户，而电动汽车运营商可以依靠能量运营（如电力直供和分布式能源消纳等）和提供的定制化能量服务来盈利。

图 4　能量的信息化和互联网化能量运营

总之，电动汽车的发展需要颠覆式的思维和模式，让一切发生彻底的变化，在变化中实现进步与革新。

能源互联网与电动汽车发展

清华大学　胡泽春　何继江　张洪财

1　电动汽车将在能源互联网中发挥重要作用

电动汽车是杰里米•里夫金在著作《第三次工业革命》中所构想的能源互联网的五大支柱之一。未来电动汽车的普及将大力推动能源互联网的发展，掀起能源领域的巨大变革。

能源与信息的深度融合是能源互联网的核心特征。受计量需求驱动，电动汽车及其充（放）电设施将建立完善的通信网络，从而实现能源网、物联网和互联网的深度融合，构筑了能源互联网的坚实基础。作为一种分布式储能资源，电动汽车将成为能源互联网中的重要“产销者”。大规模的电动汽车在消耗大量电能的同时，也将为智能电网的发输电提供灵活性资源，增强电力系统运行稳定性，提高电力系统新能源消纳能力，促进电力系统低碳化。同时电动汽车作为未来智能交通网与智能电网的耦合点，将促使交通体系逐渐电气化，促进交通网与电网的深度耦合与良性互动，实现交通系统低碳化。

2　电动汽车融入能源互联网的愿景

基于先进的充（放）电基础设施、互联网技术、优化与控制技术，电动汽车将在智能电网、新能源发电、智能交通网等领域掀起巨大变革，成为三者深度融入能源互联网的重要桥梁。高比例电动汽车及充（放）电设施的互联互通与有效调控，将有助于提高智能电网运行的安全性与经济性，提高新能源发电消纳能力，并促进智能电网与智能交通的网融合与良性互动。

2.1　降低对电网的影响，减小基础设施投资

大规模电动汽车无序接入电网充电，可造成电力系统峰谷差加大、调控难度增加、电能质量下降、配网过负荷等负面影响。同时，电动汽车充（放）电设施的建设和配套电网

的升级改造，是推动电动汽车大规模发展的关键，其投资巨大。

电动汽车融入能源互联网的第一个层次，是通过先进的能源互联网技术实现交通电气化的平稳过渡。首先，对电动汽车充电功率进行合理调控，降低电动汽车充电峰荷，平抑规模化电动汽车充电对电网的冲击。其次，通过智能引导电动汽车错峰选择充（放）电设施充电，大幅提高充（放）电设施利用率，降低充（放）电设施和电网的投资需求。

2.2　与智能电网融合，提高新能源发电消纳能力

作为一种用电负荷，未来大规模电动汽车充电负荷将成为居民用电负荷的重要组成部分；同时，作为一种分布式储能设备，电动汽车在必要情况下可以向电网反向放电。

电动汽车融入能源互联网的第二个层次，是实现规模化电动汽车与智能电网深度融合与互动。电动汽车充（放）电设施与新能源发电、储能资源结合，可以通过有序充放电控制，为能源互联网提供大量的灵活性资源。一方面，可以为大电网提供削峰填谷、备用、调频等服务；另一方面，通过有序充电技术、局部电动汽车与电网互动技术（V2G 技术），可以有效提高本地和全局消纳新能源发电的能力，促进电力系统的低碳化发展。

2.3　与能源交通系统融合，成为能源互联网重要能量缓存

智能交通网与智能电网的融合是未来能源互联网的重要特征之一，电动汽车充（放）电设施是智能交通网与智能电网的耦合点，电动汽车车载电池是两网融合的主要工具。

电动汽车融入能源互联网的第三个层次，是以规模化电动汽车为纽带，实现智能交通网与智能电网的融合与良性互动。首先，基于智能交通技术，开展电动汽车智能充电导引，可以影响电动汽车充电需求的时空分布特性，改善智能电网潮流分布，进而影响能源互联网中的能量流。其次，广泛使用 V2G 技术、换电技术、电池梯次利用技术等，可充分利用电动汽车车载电池以及废旧电池的充放电能力；规模化电动汽车车载电池与梯次利用的电池将构成大规模的分布式储能系统，作为智能交通网与智能电网两网融合的重要能量缓存。

3　电动汽车融入能源互联网的关键技术

3.1　基础设施

完善的基础设施建设是电动汽车融入能源互联网的基础，目前国内外生产销售的电动

汽车充电设备绝大部分都不具备有序充电控制以及向电网放电的功能，并不能满足融入能源互联网的基本要求。在电动汽车发展的初期，需要抓住基础设施建设快速发展的机遇期，大力推动新型充（放）电基础设施建设，为未来电动汽车融入能源互联网提供基础设施条件。

3.1.1 智能充放电桩

在居民小区、工作场所、工商业公共停车场等场所充电，是未来电动汽车补充电能的重要方式。由于电动汽车停车时间一般长于所需充电时间，其充电负荷具有较大的调控空间。

在这类充电场所，安装智能充电桩或智能充放电桩，在满足电动汽车用户充电需求的基础上，通过有序充放电调控，调整电动汽车充电的时间段和充电功率，甚至在有条件的情况下向电网放电，实现电动汽车与智能电网互动。

3.1.2 含储能系统的快速充电站

在高速路网以及城市区域，需配建一定数量的快速充电站，以满足电动汽车的紧急充电需求。快速充电站安装直流快速充电桩给电动汽车补充电能，充电时间短，功率大，一般不具备可调控性。伴随着快速充电技术的发展，直流快速充电桩的功率将不断提高。由于电动汽车的充电需求具有随机性，快速充电站内的充电负荷曲线具有显著的间歇性特点，将可能对电网产生较大冲击，影响电能质量。

建设含有储能系统的快速充电站，通过站内储能系统平抑电动汽车的间歇性快速充电负荷，可以有效降低电动汽车快速充电对电网的冲击；同时在夜晚等充电需求低谷时段，站内储能系统的额外容量还可以为智能电网提供灵活性资源。

3.1.3 柔性充换电站

对公交车、出租车等具有换电条件的电动汽车，可以使用换电站补充电能。电动汽车到达换电站后可直接将车载电池更换为已经充满电的电池，而已经使用的电池留在换电站内集中充电，充电模式以慢充为主。由于实现了车电分离，换电站内的电池充电需求并不受电动汽车使用需求的约束，可以在充电站内实现智能充电，甚至向电网放电。

3.1.4 无线充电设施

现有传导式充电设施具有占用地面空间、使用不便捷等问题。而无线充电站利用电磁感应技术实现以无线方式对电动汽车进行能量补给，无线充电的设备埋在地下，节省充电站用地；无须人工插拔充电枪，充电更加便捷。

电动汽车无线充电将可在公交车和其他运营车队得到优先推广。例如，可对公交车上下停车位等进行改造，安装无线充电设备；电动公交车在停车时实现无线充电，解决集中充电站用地难问题，也大幅节省了充电时间，提高了电动公交车的利用效率。

3.1.5　光伏充电站

发展城市分布式光伏资源，将成为我国未来推动光伏资源开发的重要手段。伴随着城市光伏发电的大规模发展，部分城市配电网将由单向功率流动转变为双向功率流动的运行状态，进而引起配电网电压升高等问题，影响供电的安全性。同时光伏出力受天气等因素影响较大，出力具有间歇性，也提高了对电网调峰能力的要求。

通过建立光伏充电站，利用具有可调控特性的电动汽车充电负荷消纳白天高峰时段光伏出力，平抑分布式光伏发电出力的波动，可以大幅提高分布式光伏的消纳能力，同时降低电动汽车的用电成本。

3.2　充（放）电设施规划技术

融入能源互联网对电动汽车充（放）电设施提出了更高的要求，为有效发挥电动汽车融入能源互联网的潜力，需要在电动汽车充（放）电设施建设前期做好合理规划。电动汽车充（放）电设施是一类新型基础设施，其科学的规划方法还有待研究。

电动汽车充（放）电设施的规划，将由传统的以满足充电需求为导向的被动式规划方法，转变为在满足需求的基础上，考虑电动汽车灵活性资源有效利用的主动式规划方法。这就要求在电动汽车充（放）电设施规划的阶段，就要考虑到未来能源互联网运行的要求，为未来电动汽车充（放）电设施与新能源智能电网、智能交通网融合提供基础条件。充（放）电设施规划需要在站级、网络级分别开展研究与应用。

首先，在站级，综合各考虑站内服务电动汽车的充电需求约束，服务于能源互联网的方式与潜力，合理规划站内设备配置，包括变压器容量、充电桩（机）数量、储能系统容量、分布式光伏装机容量等。

其次，在网络级，由于电动汽车充（放）电设施网络是智能交通网与智能电网的耦合点，其规划需要综合考虑交通网和电网的约束，以促进智能交通网与智能电网的良性互动，充分发挥电动汽车充（放）电设施在能源互联网中的能量缓存作用。

3.3　通信系统与数据平台

要实现电动汽车充（放）电设施互联互通的功能，需要建设完善的车辆与充（放）电设施通信系统与数据平台，解决电动汽车及其充（放）电设施网络与智能电网、新能源发电、智能交通网之间的信息和能量的无障碍流通。

与普通用电设施相比，电动汽车及其充（放）电设施的通信能力更加强大。通过智能车载终端、充（放）电设施终端，电动汽车及其充（放）电设施可以方便地接入互联网。

需要建立完善的电动汽车及其充（放）电设施的信息建模与标识技术，形成相关的标准，为打通整个产业链的信息流打下坚实的基础。电动汽车融入能源互联网的互动信息涉及基础设施运营商、电网运营商、交通网、用户等多方信息，一方面，需要先进的信息安全技术，保证通信系统与数据平台的安全运行、安全支付、安全结算；另一方面，数据的开放方案要解决数据的归属、隐私、使用和安全等方面的关系问题。

3.4 智能调控技术

能源互联网条件下，实现电动汽车与智能交通、智能电网的融合，需要在接入电网前的车辆导引、接入电网后的充放电控制两个时间尺度上，对其充放电行为进行调控。

首先，在电动汽车接入电网前，基于智能交通技术，根据交通网、电网的实时运行状态与未来预测数据，通过智能车载终端（或手机 APP）向用户发布电动汽车充电价格信号或充电导引信号，引导电动汽车合理、有序地选择充（放）电设施充电；可有效避免充电需求阻塞，提高充（放）电设施利用率，提高电动汽车参与能源互联网互动的能力。

其次，在电动汽车接入电网后，在满足电动汽车出行需求的情况下，对电动汽车实现智能充放电控制。电动汽车单体容量小、数量庞大，难以实现集中式的有效控制，可通过分层分区的方式进行调控。将大规模的电动汽车群体分解为多个较小的电动汽车群体，各个小群体交由集中商/子控制中心进行控制，实现小群体电动汽车的有序充（放）电。顶层控制则关注多个电动汽车群体之间的协调配合。通过分层控制，将大规模电动汽车互动控制问题转化为规模较小的电动汽车互动控制问题，以及多个集中商/子控制中心之间的协调优化问题，降低了优化问题的规模和求解难度，实现大规模电动汽车的智能充放电调控。

3.5 商业模式与市场机制

建立电动汽车用户与电网、交通网互利共赢的商业模式与市场机制是电动汽车积极参与能源互联网的重要前提。

目前，能源互联网条件下电动汽车与电网互动的商业模式与市场机制的研究和应用仍处于起步阶段。多数商业模式和市场机制的研究对于电动汽车用户参与意愿的考虑不够充分。电动汽车车主是否选择参与能源互联网互动，应由电动汽车所有者自主决定。在综合考虑用户和电网等多方权益的情况下，设计市场机制也应当考虑两种情形：用户不接受电网调控，选择自主决定充放电行为；用户接受电网调控，电网公司或集中商与用户签订合同，保证用户从互动中获得相应回报。

对于第一种情形，可以研究通过分时或实时电价等方式间接影响用户用电行为的商业模式。对于第二种情形，可以研究合理的互动合同模式，来实现电动汽车参与调峰、调频、与新能源发电配合等功能。为促进电动汽车参与能源互联网互动的积极性，针对以上两种情况，都需要在电价、辅助服务价格、新能源碳税等方面，建立激励相容的市场机制，对电动汽车参与能源互联网互动进行补偿。

4　总结

大力发展以电动汽车为代表的新能源汽车已经上升为我国国家战略，在我国政府的大力支持下，未来几年电动汽车将有望迎来快速发展。伴随着电动汽车的大规模发展，能源互联网技术也将随之迎来重要发展机遇期。作为能源互联网的重要支柱，电动汽车及其充（放）电设施将与智能电网深度融合，促进新能源发电消纳，促进智能交通网与智能电网两网融合与良性互动。为抓住能源互联网发展的历史机遇，需要电动汽车、电力系统、交通系统等多个行业携手努力，共同创造电动汽车融入能源互联网的基础设施、技术以及政策条件。电动汽车深度融入能源互联网，将反过来促进电动汽车、电力系统、交通系统等行业向低碳化、可持续化转变，加速促进我国实现以清洁低碳为核心的能源转型。

能源互联网与氢经济

清华大学　林今　张亦弛

氢元素是宇宙中最丰富的元素，发现于公元 1766 年。氢气是重要的化工原料，广泛用于合成氨工业、石油工业、煤制清洁能源工业中。氢气也可以高效地储存化学能。其超过 100 兆焦/千克的热值和燃烧反应为水的特性说明，氢气具有成为重要的二次能源，在能源互联网大环境下发挥用能、储能作用的发展前景。

当前的制氢技术众多。目前看来适于产业化的技术路线包括燃料制氢（煤气化制氢、天然气重整制氢、焦炉气制氢、甲醇制氢），氨裂解制氢，电解水制氢等。具体而言，燃料制氢全生命周期的碳排放量较高；氨裂解制氢属于氢气的再释放；电解水制氢则受限于网电的高成本，且化石能源电力的使用也造成了较高的碳排放。业界认为，将低成本的清洁水电、风电、光伏等可再生能源产生的电力用于制氢，是实现可再生能源有效消纳、获取廉价氢气的主要手段，也是未来真正意义上的“零排放”得以达成的重要途径。

受制于氢气常压下仅为空气 1/14 的密度和低至-239.9℃的液化临界温度，如何高效地储存氢气，获取尽可能大的质量存储密度、体积存储密度，获取尽可能长的存储时间，满足氢气存储-释放的便利化需求并降低存储成本，成为了氢能产业链中无法回避的问题。当前，氢气的储存方式包括物理存储（高压储气、液氢存储和物理吸附存储）和化学存储（金属氢化物存储、液态有机物存储和氨类化合物存储）等类型。具体来说，70 兆帕压力下氢气的密度仅为 39.7 千克/立方米，且大容量轻质储气瓶对材料要求非常高；液氢存储密度可达高压储气密度的接近 2 倍，但氢气加压液化耗能占比巨大，绝热储罐性能要求苛刻，且蒸发损失在长周期存储过程中不可忽略；物理吸附存储的质量存储密度较低，且同样需要低温环境；金属氢化物存储方式体积存储密度较高但质量存储密度低，且需要使用大量的金属元素；氨储氢可以兼顾能量密度、功率密度与储氢材料成本，也便于运输，但目前氨分解需要高温环境；液态有机物高效储氢尚在研究过程中。此外，氢气可以以一定比例掺入压缩天然气获得加氢天然气（HCNG）进行共同储存与使用，加氢天然气在气体燃料结构由天然气向氢气进行过渡的过程中可以发挥重要作用。

氢气的运输同样是氢气大规模利用不可缺少的环节。当前氢气运输的途径包括气氢运输（管束车运输、管道运输），远洋液氢运输等。管束车可以运输高达 20 兆帕压力的氢气，其长距离运输成本较高；管道运输非常适合大规模的氢气输送，全球已有超过 1000 公里的输氢专用管道，其问题在于材料要求高，建设成本高；远洋液氢运输（在使用情境下没有替代者）适合远距离、大容量的氢气运输。从某种程度上来说，氢气的储存和运输需要面对同样的问题，亦即高效、低耗的储运技术开发。

氢气是清洁高效的燃料，但是直接将其用于供热则因为氢气的等热值成本远高于天然气而不具备经济性。加氢天然气用作交通燃料、氢气通过燃料电池用作交通燃料或特殊情境下的电力供应源是利用氢气的合理途径。

在天然气发动机燃料中加入适量的氢气，可以提高混合气燃烧速度、扩大燃料极限，从而提高发动机的热效率、降低排放。根据研究，节能方面，在保持发动机动力性不变的条件下，加氢天然气发动机的当量燃料消耗率比原天然气发动机低 7%。减排方面，与天然气比，加氢天然气燃烧后可减少排放二氧化碳 20%、一氧化碳 30%、氮氧化物 25%。排放达到欧 V 标准，满足环境友好型（EEV）汽车排放标准。 加氢天然气车辆需要一定的改装费用，以 50 万元左右的压缩天然气客车为例，改造为加氢天然气客车增加的成本接近 10%。在当前条件下，用作交通燃料的加氢天然气可以成为具备经济性与可行性、兼顾现有气基能源体系与未来气基能源发展的出色过渡能源。

燃料电池技术是使氢气高效供电的核心技术。按照电解质类型，燃料电池共分 6 类，分别为质子交换膜燃料电池（PEMFC）、固体氧化物燃料电池（SOFC）、熔融碳酸盐燃料电池（MCFC）、磷酸盐燃料电池（PAFC）、碱性燃料电池（AFC）和直接甲醇燃料电池（DMFC）。各种燃料电池技术都可以利用氢气供能；SOFC、MCFC、PAFC 也可以利用甲烷、合成气供能；直接甲醇燃料电池可以以甲醇供能。当前，燃料电池已经在乘用车、叉车、应急电源、分布式热电联产等场合得到了应用。

燃料电池在交通领域的应用被视为燃料电池的核心应用场景。氢燃料电池乘用车具有高续航里程、快加注速度、高加速能力、环境友好等突出特征，有潜力与燃油乘用车、天然气乘用车、动力电池乘用车分庭抗礼。当前，丰田、本田、现代等厂商都在相关领域发力。以丰田 Mirai 燃料电池私人乘用车为例，其售价（不含补贴）为 57500 美元，续航距离 500 公里以上，加氢时间 3 分钟以内，百公里加速 10 秒以内，百公里氢耗 0.7 千克。按照氢气价格 55 元/千克，油价 5.7 元/升，传统汽油私人乘用车百公里油耗 9 升计算，燃料电池私人乘用车在燃料成本方面已经可以战胜传统汽油私人乘用车。和动力电池私人乘用车相比，燃料电池私人乘用车虽然在燃料费用上不占优势，但在以燃料加注时间为代表的使用体验上好于动力电池私人乘用车。自 2014 年 12 月上市到 2015 年 10 月，丰田在日本和美国分别收到了 2000 和 1900 台 Mirai 的订单，同期其产能仅为每日 3 辆，供不应求。丰田预测，到 2020 年可通过各种手段将氢动力系统成本再降低一半以上，并使燃料电池私人乘用车实现真正意义上的量产。此外，燃料电池大巴等商用车也有成功运营的案例，有望在柴油大巴、天然气大巴和动力电池大巴以外再开辟出一个新天地。

燃料电池乘用车的推广，离不开燃料电池技术的进步，也离不开加氢站的普及。当前，建设一座日加氢量400千克的加氢站耗资在百万至五百万美元级别。截至2015年，全球的加氢站总数在200座水平，不能满足大量燃料电池乘用车的使用需求。加氢站的成本和氢气储运成本直接相关，可见氢能源在交通领域的进一步推广应用需要不同领域的大量技术创新。

叉车是广泛应用于物流领域的搬运工具。燃料电池叉车具备高功率、快燃料加注速度和零排放的特点。相比于内燃机叉车，其环境友好特性引人注目；相比于蓄电池叉车，其高能量密度、长寿命、快燃料加注速度的特性有利于提高工作效率。可见，燃料电池叉车适于在封闭仓库、机场等场合发挥其优势。

以燃料电池叉车最大生产商普拉格公司为例，其典型产品GenDrive系列功率在1.8～10千瓦不等，成本在1.2～2.8万美元之间。其主要客户为沃尔玛、可口可乐、联邦快递等零售企业。2014年，全球燃料电池叉车的总出货量为2500余辆，总保有量接近10000辆。可以预见，随着互联网+物流的进一步发展，燃料电池叉车的高效会使其市场进一步扩大。

信息技术部门、银行、医院等重要企业或机构对供电稳定性有特殊的高要求。为了在电力供应中断的情况下能够保证一段时间的工作能力，强大的应急电源系统成为必须。常用应急电源系统包括铅酸蓄电池组和柴油发电机等。铅酸蓄电池组成本低但笨重，备电时间较短、容易造成环境污染，寿命也相对较短；柴油发电机易造成废气污染和噪声污染。相比之下，氢燃料电池具有的能源效率高，环境友好，占地面积小，质量轻，续航时间长，运行稳定可靠，寿命长，综合成本低等优势，适于高标准、严要求的备用电源使用场合。例如，通信用燃料电池应急电源已成熟商业化应用 5 年以上，应用规模达万套级别，我国三大电信运营商已有百余套燃料电池备用电源投入使用；2012年10月25日ElectraGen™-ME 燃料电池系统为受飓风桑迪影响的新普罗维斯登群岛上的手机服务挽回了大约 50%的损失；2012年攀业公司在中国移动开设的首个燃料电池试验局PBP-3000运营至今，经历了沙尘暴、降雪等恶劣天气的考验，依然在稳定运行。燃料电池应急电源的使用，将随着应急保障系统受重视程度的进一步提高而变得更加广泛。

燃料电池热电联产系统（CHP）或冷热电联产系统（CCHP）是高效的分布式供能系统。其综合效率高达90%以上，还具备体积小，工作安静、低排放、优良的负载跟随性等特点，尤其适于户用或工商业使用。京瓷、松下、东芝等日本厂商是户用燃料电池热电联产系统的主要供应商。截至2014年底，户用热电联产系统的出货量已经超过10万台，电功率约1千瓦的设备售价也已下探至不足10万元人民币。对我国而言，南方地区有夏季制冷、冬季供暖的现实需求，户用冷热电联产系统可以使用天然气，并兼顾冷、热供应和电力调峰，具备规模化使用的潜力。

总之，随着燃料电池技术的进步，其使用寿命将得到延长，成本也会获得进一步降低。

和氢气储运技术的进步协同，氢能源会得到更广泛的应用。

可以发现，作为能源互联网的有机组成部分，气态燃料网的发展可以分成 3 个阶段。当前主要是以天然气的生产、储存、输送和使用为特征的“1.0”版本；随着氢能源使用率的逐步增加，以加氢天然气的使用和分子氢的储存、输送、使用为特征的“2.0”版本将成为主流；在氢气的大规模储运取得重大进展、燃料电池的性能与成本控制得到进一步发展后，以氢能的清洁生产、利用为基本特征的气态燃料网“3.0”，将深度融合交通网并和以电网为代表的能源网络双向互动组成一个整体，利用互联网技术和大数据向用户提供综合用能方案，最终实现能源互联网的“大一统”。

能源互联网与电力需求侧管理

中恒电气　周庆捷

1　电力需求侧管理发展沿革

1.1　电力需求侧起源

电力需求侧管理发源于美国。1973 年第一次世界石油危机爆发后，燃料价格飞涨，美国能源界意识到单纯依靠能源供应很难满足不断增长的能源需求，还应该考虑需求侧的节约。电力需求侧管理正是适应这一变化而兴起的新的能源管理方法。这期间，美国建立了同时将供应方和需求方两种资源，作为一个整体进行综合资源规划（IRP）的新理念，对供电方案和节电方案进行技术筛选和成本效益分析，形成综合规划方案。IRP/DSM 在美国、法国、德国、加拿大等 30 多个国家和地区也得到了成功实施，使得电力建设投资减少，电力系统运行的经济性、可靠性得到改善，电价涨幅得到控制，用户电费支出得到降低，能源资源得到节约，环境质量得到改善。

1.2　电力需求侧管理定义及分类

电力需求侧管理（Demand Side Management，DSM）是指通过采取有效措施，引导电力用户优化用电方式，提高终端用电效率，优化资源配置，改善和保护环境，实现最小成本电力服务所进行的用电管理活动。我国电力需求侧管理是指为提高电力资源利用效率，改进用电方式，实现科学用电、节约用电、有序用电所开展的相关活动。

随着我国经济的快速发展，结合以保证能源安全、提高电能效率、加强可再生资源利用为目的工作实践经验，总结并建立了适应国情的电力需求侧管理体系和分类，其中具体项目类型可分为能效电厂项目（永久性节约电力）、移峰填谷项目（永久性转移电力）、需求响应项目（临时性节约电力）3 大类。

（1）能效电厂项目：指电力用户采用提高用电效率的技术手段，对用电设备或工艺进行节电改造的项目。

（2）移峰填谷项目：指电力用户采用技术手段和管理措施，调整用电时间，从而减少高峰时段用电需求，增加低谷时段用电需求的项目。

（3）需求响应项目：指电力用户基于一定的经济激励，在用电高峰期、电网故障情况下，自愿按照电网调度指令，调节用电需求的项目，需求响应技术随着互联网技术、通信技术、自动控制技术的快速发展，在电力市场改革的背景下正在不断拓展内涵与外延。

三类电力需求侧管理项目具体类型如表 1 所示。

表 1　三类电力需求侧管理项目具体类型

项目分类	二级类别	具体项目类型
能效电厂项目	供配电节能类	变压器更换项目
		无功补偿项目
		自动三相不平衡负荷调节项目
		谐波治理
		电力拖动系统节能项目
	建筑节约电力类	空调过渡季冷却塔供冷项目
		绿色照明项目
		热泵空调项目
	能源综合利用项目	余热/余压利用、可再生能源等分布式发电项目
		余热/余压利用、可再生能源替代电能项目
		能量回馈应用项目
	其他节电改造项目	其他项目
移峰填谷项目	电力储能项目	
	蓄热项目	
	蓄冷项目	
	负荷优化项目	
需求响应项目		

1.3　电力需求侧管理国内外发展情况及效果

1.3.1　国外发展

（1）能效电厂

日本是能效电厂项目实施最好的国家，其在体系建设、制度建设、政策扶持方面取得了较多的成果。

① 对企业节能改造项目给予适当财政补贴

根据节能项目预期效益、示范意义情况，日本将企业节能项目区分为“一般项目”和

“大规模项目”等。对一般项目给予投资额 1/3、总额不超过 5 亿日元的补贴；对大规模项目给予投资额 1/3、总额不超过 15 亿日元的补贴；对多家企业联合实施的大规模项目，给予投资额 1/2、总额不超过 15 亿日元的补贴。支持内容包括工业高效锅炉、余热利用、节能服务产业等。

② 对建筑节能改造项目的财政补贴

对于新建建筑节能项目，如果实施改造后建筑物全年能耗削减 15%以上，则给予项目投资额 1/3 的补贴；对于既有建筑节能改造项目，如果实施改造后建筑物全年能耗较过去 3 年平均能耗削减 25%以上，则给予项目投资额 1/3 的补贴。引进建筑物节能管理系统（BEMS）的项目投资，也给予投资额 1/3 的补贴。建筑业主要获得以上补贴，要求必须连续 3 年提交建筑能耗节能报告。

③ 对购买节能产品实施税收优惠政策

企业购买指定目录的节能设备并在 1 年内启用的，可按设备购置费的 7%从应缴所得税中扣除，以应缴所得税额的 20%为上限，或者在普通折旧的基础上按购置费的 30%提取特别折旧。此外，对于租赁节能设备的企业，根据《租税特别措施法》规定，给予设备加速折旧或租税减免的优惠待遇。

④ 对指定节能项目实施低息贷款政策

为鼓励企业投资节能设备，日本政策投资银行与冲绳公库专门为企业购买指定目录节能设备提供低息贷款。中小企业还可向中小企业金融公库或国民用活金融公库申请节能改造设备投资的低息贷款优惠。

此外，日本还大力扶持能源服务产业，利用专业的能源服务公司为业主提供包括节能诊断、解决方案、维护设备及运营管理等全套服务，能源服务公司通过与业主签订合同、收取服务费和分享节能效益获得收益。目前主要以办公楼、学校、医院等设施综合改造项目为主。

（2）移峰填谷

① 美国：高峰日电价套餐

为了减少高峰电力需求，太平洋燃气和电气公司设定了称为 PDP（Peak day pricing）的定价计划。高峰日电价基于分时电价，仅在“紧急日”执行。不规定具体日期，而是根据预测（如由于天气或其他原因，系统可靠性受到威胁、电力批发市场价格极高），提前 24 小时通知用户，用户可根据电器的用电性质来选择降低功率或关闭开关。

② 日本

东京电力公司依靠政府，采取经济技术、行政法规等有效手段及选定的运作方式，鼓励电力需求侧采取各种有效的节电技术来改变需求方式，转移高峰负荷和节约能源。1995 年实现转移高峰负荷 310 万 kW，占其全网负荷的 5%，到 2000 年通过电力需求侧管理实现转移负荷 395 万 kW。

③ 加拿大

加拿大通过实施电力需求侧管理削减高峰负荷近 170 万 kW。其主要措施是：对工业用户进行电力需求侧管理的信息支持和金融鼓励。例如，安大略电力公司对每移峰 1kW 的项目，一次性补助 400 加元/年。

（3）需求响应

随着智能电网的发展，各国积极开展需求响应研究及实践，尤其是美国在需求响应方面取得了良好的效果。据 EIA 预计，美国需求响应以每年 1.5%的速度发展，到 2030 年总体能减少 45%的用电量。

① 美国

美国从 2007 年开始推进需求响应项目的实施，是世界上实施需求响应项目最多、种类最齐全的国家，基于激励、价格两种机制，美国均做了大量需求响应项目。在 2013 年，商业用户和居民用户从需求响应项目中直接获利 22 亿美元。全国范围内共推出 151 个居民分时电价项目，共有约 200 万用户参与。2013 年，美国需求响应资源有 29.5GW 并参与电力市场中，降低了尖峰负荷，增加了系统的效率。

② 欧盟

对于高电费、负荷过重的欧盟电网的问题，需求响应是一个简单、有成本效益的解决方案。欧盟委员会预计需求响应可以减少电力需求高峰 10%，或者 60GW，这相当于整个欧盟火电装机容量的 1/3。实施需求响应，居民用户会节约 10%的电费，工业用户则会至少节约 20%的电费。

1.3.2　国内发展情况

（1）需求侧管理发展及主要政策

20 世纪 90 年代初，电力需求侧管理引入到我国。自我国政府设计电力需求侧管理职能以来，电力需求侧管理工作在我国经历了理念宣传、工作试点、推广应用几个发展阶段。

1991~1995 年期间，我国举办了多次由国际专家主讲的有关电力需求侧管理知识的培训、研讨班。

1996 年~2000 年期间，各省（市）先后开展了多种电力需求侧管理示范项目，取得了一定的经验。有关电力需求侧管理的工作，我国一直在持续开展。国家发改委、工信部、财政部等六部门制定了《电力需求侧管理办法》，于 2011 年 1 月 1 日开始实施。

2004 年《节约用电管理办法》首次定义电力需求侧管理的含义。

2012 年 10 月 31 日，财政部经济建设司、国家发展和改革委员会（以后简称发改委）

经济运行调节局共同发布《财政部国家发展改革委关于开展电力需求侧管理城市综合试点工作的通知》，拟确定首批试点城市名单为北京市、江苏省苏州市、河北省唐山市、广东省佛山市。

2015 年 4 月 7 日，国家发展改革委、财政部发布《关于完善电力应急机制做好电力需求侧管理城市综合试点工作的通知》，要求电力需求侧管理城市综合试点和上海市需求响应试点工作基础上，进一步突出特色，建立长效机制，加强电力需求侧管理。国内目前已发布的电力需求侧管理相关主要政策法规如表 2 所示。

表 2　国内已发布的电力需求侧管理相关主要政策法规

相关政策法规	发布单位及年份	相关政策法规	发布单位及年份
《节约用电管理办法》	发改委 2004 年	《关于贯彻中发[2015]9 号文件精神加快推进输配电价改革的通知》	发改价格[2015]742 号
《电力需求侧管理办法》	发改运行【2010】2643 号	《中华人民共和国电力法》修改	第十二届全国人民代表大会常务委员会第十四次会议
《电力需求侧管理城市综合试点工作中央财政奖励资金管理暂行办法》	财政部、国家发展改革委财建〔2012〕367 号	《节能减排补助资金管理暂行办法》	财建[2015]161 号
《北京市电力需求侧管理城市综合试点工作财政奖励资金管理办法》	2013 年	《关于组织推荐 2015 年全国工业领域电力需求侧管理示范企业的通知》	工信厅运行函〔2015〕337 号
《2014-2015 年节能减排低碳发展行动方案》	国办发〔2014〕23 号	《江苏省项目节能量交易管理办法（试行）》	苏政办发〔2015〕27 号
关于进一步深化电力体制改革的若干意见	中发〔2015〕9 号	《安徽省电力需求侧管理专项资金使用管理暂行办法》	财企〔2015〕1846 号
《关于完善电力应急机制做好电力需求侧管理城市综合试点工作的通知》	发改运行[2015]703 号	《关于合作开展京蒙跨区域碳排放权交易有关事项的通知》	京发改[2016]395 号
《关于改善电力运行调节促进清洁能源多发满发的指导意见》	发改运行[2015]518 号	《关于做好 2016 年电力需求侧管理项目相关工作的通知》	晋经信电力字〔2016〕71 号

（2）能效电厂类型及补贴标准

以北京为例，国内主要开展的能效电厂项目类型及补贴标准如表 3 所示。

① 基准型项目

第 1 类：对提高用电设备能效产生永久性节约电力负荷的改造项目，奖励标准分为 3 档，分别为 300 元/千瓦、400 元/千瓦、500 元/千瓦。

第 2 类：对采用电蓄冷（蓄热）供冷（供暖）技术，产生永久性转移高峰电力负荷的改造或新建项目，奖励标准分为 3 档，分别为 350 元/千瓦、450 元/千瓦、550 元/千瓦。

第 3 类：对通过主动需求响应临时性减少的高峰电力负荷项目，按照响应时间（24 小时、4 小时、30 分钟）签订合同，奖励标准分为 3 档，分别为 80 元/千瓦、100 元/千瓦、120 元/千瓦。

表 3　国内主要开展的能效电厂项目类型及补贴标准

分类号	名称	基准型项目（元）（元/千瓦）	整合型项目（元）（元/千瓦）	示范型项目（元）（元/千瓦）
一、	绿色照明	300	440	360
二、	电机更换	300		360
三、	电机拖动及调速	300		360
四、	空调改造及优化控制	400		480
五、	变压器更换	500		600
六、	热泵	400		480
七、	无功补偿	300		360
八、	生产工艺节电改造	400		480
九、	蓄热电加热	350		420
十、	水蓄冷集中空调	450		540
十一、	冰蓄冷集中空调及冷站	550		660

第 4 类：其他新技术实施的项目，确能实现永久性节约和转移高峰负荷的，由市发展改革委组织专家评审，奖励标准不得超过 440 元/千瓦。

② 整合型项目

通过自愿签订协议，采用整合节约电力指标的方式，承担一揽子永久性节约电力负荷的项目，奖励标准为 440 元/千瓦。

③ 示范型项目

技术先进、运行控制优化、节电效果显著、项目运作模式新颖，能够成为节电技术典范或行业学习标杆的项目，奖励标准为采用同类技术的基准型项目奖励标准的 1.2 倍。

（3）需求响应实例

2015 年夏季我国主要试点城市需求响应完成情况如表 4 所示。

表 4　国内主要开展的能效电厂项目类型及补贴标准

2015 年夏季响应情况	北京	苏州	佛山
削减负荷总量	15.2 万 kW	170.9 万 kW	4 万 kW
响应时间	1 小时	半小时	1 小时
负荷集成商	36	8	3
响应户数	101	557+586	33
用户类别	工业、商业、居民	工业、商业	工业

通过对北京 40 余家负荷集成商的响应统计，各类用户响应资源占比及分布情况如表 5 所示。

表 5　国内主要开展的能效电厂项目类型及补贴标准

用户类型	响应比例				
	0～20%	20～40%	40～60%	60～80%	80～100%
工业	3	8	20	5	4
居民	4	4	0	5	4
酒店式公寓	2	0	1	1	0
商业	6	5	10	0	2
公共建筑	0	0	0	8	9

从统计结果中可以看出，工业类型负荷响应能力主要集中在40%~60%之间；居民负荷分布较为均衡，主要取决于响应措施的激励程度；酒店式公寓数量相对较少，统计规律不具有普遍性；商业主要集中在40%~60%之间；公工建筑集中在60%~100%之间。虽然统计的样本数量还不够多，但基本能够反映出响应资源的潜力还是较大的，尤其是工业、商业和公建类型的用户，相信通过需求响应支持力度的加强，这个规律将进一步明晰。

2　能源互联网与电力需求侧管理

能源互联网是一种互联网与能源生产、传输、存储、消费以及能源市场深度融合的能源产业发展新形态，具有设备智能、多能协同、信息对称、供需分散、系统扁平、交易开放等主要特征。

在经济新常态下，能源领域供需形势已经相对宽松，电力、石油、天然气、煤炭等能源供应都能实现较好的保障，如果仅在需求侧推进消费革命，而不在供给侧推进改革，那么能源的供大于求现象将会愈演愈烈，最终有害于供给侧的发展。另一方面，需求侧的清洁化转型需要供给侧的清洁化转型支撑。因此，推动能源供给侧改革时要紧盯需求侧消费革命的发展方向，避免导致供给侧产能建设的浪费，能源互联网也是供给侧与需求侧的互联。

能源互联网的主要技术包括：

- 智能大电网数据采集分析诊断技术；
- 智能交互终端技术；
- 智能电网需方响应技术；
- 智能变电站技术；
- 分布式能源智能微网技术；
- 能源管理系统。

从政府管理者视角来看，能源互联网是兼容传统电网的，可以充分、广泛、有效地利用分布式可再生能源、满足用户多样化电力需求的一种新型能源体系结构；从运营者视角来看，能源互联网是能够与消费者互动、存在竞争的一个能源消费市场，只有提高能源服务质量，才能赢得市场竞争；从消费者视角来看，能源互联网不仅具备传统电网所具备的供电功能，还为各类消费者提供一个公共的能源交换与共享平台。

能源互联网能够保障多方利益的协调、融合与平衡，主要技术的实现将为“源”、“网”、“荷”的协调与平衡提供支撑，其中的分布式能源智能微网技术、智能变电站技术、智能电网需求响应技术对应“源网荷”的技术发展，站在应用角度，在上述三项技术同步实现的基础上，智能交互终端技术将使得“源网荷”的连接更为便利，接入能源管理系统后才能保证用能大数据的分析与诊断，最终实现提高能源利用的效率与安全。下面结合一些实践对上述主要技术进行简述（智能电网、微网其他章节有阐述，本章不做补充）。

2.1　能源管理中心（系统）

建设能源管理中心是企业信息化系统的一个重要组成部分，它的主要功能是实现能源系统分散的数据采集和控制、集中管理调度和能源供需平衡，以及实现所需能源预测，为在生产全过程中实现较好的节能、降耗和环保的目标创造条件，即对生产能源数据进行采集、加工、分析、处理，以实现对能源设备、能源实绩、能源计划、能源平衡、能源预测等全方位的监控和管理功能，达到企业节能增效的目的。建设能源管理系统将综合降低产品能源消耗，降低能源生产和供应损耗，提高能源动力系统运行的安全性和可靠性，同时减少人力成本，提高能源管理效率和质量，提高企业信息化水平。

系统建设主要内容如下。

（1）先进的能源 SCADA 系统

能源工艺系统分散，面广量大。数据采集对象的选择应按照工艺监控的实际要求、能源系统输配和平衡的要求、能源管理的精度和粒度要求谨慎选择。数据采集系统宜采用分散方式，以减少系统风险和提高系统的安全性和可维护性。根据能源系统的特点和具体情况，综合采用与之适应的基本技术。

- ❑ 行业标准监控和管理技术；
- ❑ 现代安全网络技术和数据通信技术；
- ❑ 数据库及实时数据处理技术；
- ❑ 预测和平衡优化技术；
- ❑ 集成式 GIS（地理信息系统）技术；

- ❑ 数字化运行和调度技术；
- ❑ 异构系统无缝集成技术。

（2）设计集中统一的“数字化”的能源输配及平衡控制应用系统

“数字化”的能源输配及平衡控制应用系统是指在上述技术基础上，利用信息技术手段，实时地再现工艺系统的过程映象，使运行管理和调整决策建立在可靠的过程信息之上。调度人员能够在能源控制中心对系统的动态平衡进行直接控制和调整，从而减少管理控制环节，提高工作效率，尤其在工艺系统故障时的处理指挥和即时系统调整方面，体现出了极大的优越性。

（3）建立系统化的能源成本中心管理平台

EMS（能量管理系统）从成本控制的角度，优化能源管理体制，合理定义能源系统的成本中心。EMS 在系统规划、架构设计、功能配置和应用集成等方面全面反映了能源系统本质的管理特征，根据效益最大化的原则配置能源管理要素，通过能源管理系统的计划编制、实绩分析、质量管理、平衡预测、能耗评价等技术手段，对能源生产过程和消耗过程进行管理评价。

（4）与 ERP 或 MES 系统的无缝集成能源管理

系统实现与 ERP 系统的无缝集成，是确保能源管理功能完整实现和 ERP 系统信息完整的重要技术保证。能源管理系统的基础管理任务之一是实现按成本中心模式，向 ERP 系统提供完整的能源系统分析数据和分析结果，ERP 也将按能源管理和预测分析的需要，向能源管理系统提供公司的生产计划、检修计划和相关的生产实绩信息。信息的交互作用能较好地解决能源系统评价中的不科学因素，在公司层面及时掌握能源消耗情况，并对环境状况做出估计。

2.2 需求响应

电力“需求侧响应”（Demand Response）是电力公用事业公司在政府支持下开展的项目，旨在改变电力用户用电方式，降低或转移高峰用电需求。美国联邦能源管理委员会（FERC）将需求侧响应（DR）定义为：当系统的可靠性受到影响或者批发电力市场电价高昂的时候，终端客户为响应不同时间的电价或激励减少用电量的机制而对其通常用电方式做出的改变。

需求侧资源是未来电力系统以及能源互联网中重要的可调控资源，其调控潜力大、成本低的特点，使得需求侧可控资源能够作为平抑可再生能源间歇性和分布式电源故障情况下维持系统功率平衡的一种有效手段。通过信息交互系统，实时掌握用户用电情况，通过用户侧的智能自动控制设备，对不同用户的不同用电设备进行精细化管理控制，在不影响用户基本用电需求的同时，协调需求侧与供应侧的优化运行。

通过信息交互系统能够及时根据系统运行情况快速向用户传递需求侧响应指令，同时用户也能够通过智能的交互界面，直观清晰地了解系统运行状态、市场电价信息以及自身用电状况，根据供电企业提供的精细化差别电价和自身用电需求，通过移动智能终端调整用电设备工作状态以及自身用电行为。

实施技术要求：

（1）平台建设

电力需求侧管理平台是在电力用户的主要配用电设备上安装用电信息终端采集装置，通过计算机与通信网络在线监测各配用电设备的电力、电量和电能质量数据，将实测的数据保存到数据库中，通过一定时间的数据积累，对数据进行分析，准确报告实际能耗、电能质量、电力污染和电能效率的情况。接受上级平台或企业自定义的需求响应指令，制定需求响应策略，并能够将实施的情况进行数据存储和上送。

（2）用电信息终端采集装置

用电信息终端采集装置是需求侧用电信息监测用的重要设备之一，主要安装于用电需求侧各用户内部的用电分支回路节点上，用于监测采集各分支回路的用电情况，并可采集用户的线路电能质量以及用电安全情况。

（3）通信要求

收集分布在电力用户配网中的电能数据，将电压、电流等模拟信号转换成数字信号，将电能数据传输到数据主站；主要设备有485通信服务器、485通信网络、TCP/IP通信网络及专用千兆以太网等，系统将所有用电信息终端采集装置互联成网络与主站系统连接，其他遥测及遥信数据通过IEC104通信规约与主站系统连接。

3 发展建议

（1）加强法律法规建设。从世界范围来看，将电力需求侧管理明确列入国家法律法规是大势所趋。建议确立电力需求侧管理的法律地位，在《电力法》、《电力监管条例》以及《电力供应与使用条例》等有关法律法规的修订过程中，增加有关内容。

（2）加快电力需求侧管理市场化机制推进顺应深化电力体制、电力市场化改革的新形势和新要求，论证投（融）资体制改革、售电侧电价改革等政策的可行性，包括考虑设立吸引社会资本参与、按照市场化方式运作的节电产业投资基金、尝试将 PPP 模式应用于虚拟调峰电厂建设和运营、开发支持电力需求侧管理的创新性金融产品、节能量交易等。

（3）统筹能源规划，将需求侧管理资源纳入整体规划中。将电力需求侧管理视为虚拟电力资源，调整并整合传统能源、节能、电源、电网的规划方法。

（4）加快探索创新电力需求侧管理财经激励政策。将支持电力需求侧管理纳入电力体制改革、财税、金融、投资、价格等领域改革的视野，加快电力需求侧管理电价、财政激励政策制定，发挥市场配置电力需求侧管理资源的决定性作用，为电力需求侧管理市场化、电力用户等主动参与实施电力需求侧管理，提供充足、适度的财经政策激励。

（5）多方推动电力需求侧管理技术创新，加强对知识产权的保护。

能源互联网与虚拟电厂

中恒电气　周庆捷

1　引言

近几年来，尤其是进入新世纪后，伴随着我国经济的快速发展，新兴技术在电力领域中不断涌现，电力系统各大环节（发、输、配、送）中的传统技术都将面临被新兴技术替代的命运，新兴技术将直接应用于电力的生产、传输、配送和使用。而整体的发展趋势就是以分布式发电为主的能源互联网，能源互联网技术的发展使得新型电源的无缝并网成为了可能，因为它将通信、高级传感、自动控制等技术有机地结合，能够实现自我管理及自我恢复，并有很强的兼容性。分布式电源接入电网后，通过合理的应用能源互联网技术，实现实时互动和协调运行将能够成为现实。在此背景下，虚拟发电厂（VirtualPowerPlant，VPP）技术应运而生，所谓虚拟发电厂实际上是指能源互联网中的一种运行方式，在分散管理系统的监管下，虚拟发电厂能够为发电厂以及用户带来更大的经济效益并提供更高质量的电能服务。虚拟发电厂技术能够解决以往存在于分布式能源与清洁能源接入与控制环节中的难题。虚拟发电厂的概念起源于美国，已在欧美各国获得成功应用，被学术界认为是智能配电网的重要发展方向。

2　虚拟电厂起源

伴随社会的日益进步，全球经济持续发展，随之而产生的是新兴技术的不断涌现和人民生活水平开始不断提高。在此背景下，社会对电力及其他能源的需求都在持续增长。随之而来的是环境、气候等问题的逐渐凸显。电力系统事故也在全球范围内频繁发生，如2003年美国加州大停电、2005年莫斯科大停电、2006年伦敦大停电以及2008年我国南方因雪灾造成的多市县的电力供应中断事故等。加上能源的短缺，各国政府已将节约能源，提高能源效率作为基本能源政策，并实施了一系列节能减排的措施。

需求侧管理(Demand Side Management，DSM)，已成为继煤炭、石油、天然气和电力后的“第五能源”，重要性由此可见。强化 DSM 工作，可以全面挖掘节电潜力，对节能减排有着显著的效果，地位重大。DSM 的定义为：在相关法规和政策的支持下，采取有效的鼓励和引导措施，加以合理运作，通过发电企业、电网、能源服务企业、社会中介组织、相关产品供应商、用户等协调合作，以达到提高终端用电效率和改变用电方式的目的，在满足同样用电功能的同时减少电能损耗和需求，达到节约资源和保护环境的目的，实现社会效益最优化及成本最低化所进行的管理活动。

虚拟发电厂是电力需求侧管理实际运用中的一个创新模式，它的运用可以实现在建设常规电厂和相应输配电系统的同时，提高电能利用效率。

“虚拟电厂”这一术语源于 1997 年 Shimon Awerbuch 博士在其著作《虚拟公共设施：新兴产业的描述、技术及竞争力》一书中对虚拟公共设施的定义：虚拟公共设施是独立且以市场为驱动的实体之间的一种灵活合作，这些实体不必拥有相应的资产而能够为消费者提供其所需要的高效电能服务。正如虚拟公共设施利用新兴技术提供以消费者为导向的电能服务一样，虚拟电厂并未改变每个 DG 并网的方式，而是通过先进的控制、计量、通信等技术，聚合 DG、储能系统、可控负荷、电动汽车等不同类型的分布式能源（Distributed Energy Resource，DER)，并通过更高层面的软件构架实现多个 DER 的协调优化运行，更有利于资源的合理优化配置及利用。虚拟电厂的概念更多强调的是对外呈现的功能和效果，更新运营理念并产生社会经济效益，其基本的应用场景是电力市场。这种方法无须对电网进行改造而能够聚合 DER 对公网稳定输电，并提供快速响应的辅助服务，成为 DER 加入电力市场的有效方法，降低了其在市场中孤独运行的失衡风险，可以获得规模经济的效益。同时，DER 的可视化及虚拟电厂的协调控制优化大大减小了以往 DER 并网对公网造成的冲击，降低了 DG 增长带来的调度难度，使配电管理更趋于合理有序，提高了系统运行的稳定性。

3　虚拟电厂定义

目前，从整个世界范围来看，虚拟电厂的研究和实施主要集中于欧洲和北美。根据派克研究公司（Pike Research）公布的数据，截至 2009 年底，全球虚拟电厂总容量为 19.4GW，其中欧洲占 51%，美国占 44%；截至 2011 年底，全球虚拟电厂总容量增至 55.6GW。然而，欧洲与美国虚拟电厂的应用形式有着显著的不同，欧洲各国的虚拟电厂亦各具特色。欧洲现已实施的虚拟电厂项目，如欧盟虚拟燃料电池电厂（Virtual Fuel Cell Power Plant，VFCPP）项目、荷兰基于功率匹配器的虚拟电厂项目、欧盟 FENIX（Flexible Electriccity Network to

Integrate expected）项目以及德国专业型虚拟电厂（professional VPP，ProViPP）试点项目，主要针对实现 DG 可靠并网和电力市场运营的目标考虑而来，DG 占据 DER 的主要成分；而美国的虚拟电厂主要基于需求响应计划发展而来，兼顾考虑可再生能源的利用，因此可控负荷占据主要成分。因此，尽管虚拟电厂的概念已提出十余年之久，但对于虚拟电厂的框架尚无统一的定义。

目前对于虚拟电厂的文献定义有以下几种。

- 依赖于软件系统远程、自动分配和优化发电、需求响应和储能资源的能源互联网；
- 与自治微网相同的网络；
- 众多连接于低压配电网的热电联产发电机组的组合；
- 不同类型的分散在中压配电网不同节点的 DER 的集合；
- 一个多技术和多站点异质实体；
- 由可接于配电网任意节点的具有丰富操作模式和可用性的一系列技术组成；
- 以直接集中控制方式聚合可控分布式能源（Controllable Distributed Energy，CDE）单位或主动用户网（Active Customer Network，ACN）的信息通信系统；
- 欧洲 FENIX 项目将虚拟电厂的概念定义为：虚拟电厂聚合众多不同容量的 DER，表征各 DER 以建立整体的运行模式，并能够包含聚合 DER 输出的网络影响。虚拟电厂是 DER 投资组合的一种灵活表现，可以在电力市场签订合同并为系统操作员提供各种服务。

综合看来，虚拟电厂概念的核心可以总结为“通信”和“聚合”。虚拟电厂可认为是通过先进信息通信技术和软件系统，实现 DG、储能系统、可控负荷、电动汽车等 DER 的聚合和协调优化，以作为一个特殊电厂参与电力市场和电网运行的电源协调管理系统。

目前，国内有些文献将“能效电厂”称之为虚拟电厂，这与文中所述“虚拟电厂”的概念有所不同，但二者都属于广义上的虚拟电厂。能效电厂是指通过采用高效用电设备和产品、优化用电方式等途径，形成某个地区、行业或企业节电改造计划的一揽子行动方案，降低用电负荷，等效产生富余电能，从而达到与实际电厂异曲同工的效果。可以看出，能效电厂的实现形式在于需求侧的有效节电，而虚拟电厂的实现形式在于电源侧有效分配和管理 DG 发电、储能充放电和可控负荷。

虚拟发电厂概念的提出有效地协调了分布式电源与能源互联网间的矛盾，分布式能源为用户和电网带来的效益和价值得到了进一步的挖掘。VPP 在并入能源互联网后，能为发电企业和供电公司和带来更多新机会。通过虚拟电厂生产的电能，可直接在德国莱比锡欧洲能源交易所交易，亦可销往其他电力市场。VPP 不仅为供电公司提供新的电力销售方式，更使其运营的灵活性得到提高。此外，虚拟发电厂还可以提供紧急的备用电力，使得电网的稳定性得到有效增强。

4 虚拟电厂特点

虚拟发电厂较一般节能措施具有建设周期短，运营成本低，零土地占用，零污染 4 大优势。VPP 有着显著的节能减排效果，因此便于向社会推广，从而促使 DSM 的开展和顺利实现节能减排的目标。VPP 的建设，有利于约束污染源，并对气候恶化起到缓解作用，实现低碳绿色发展，有助于缓解电能紧缺，并能持续发挥作用。另一方面，VPP 有利于企业降低成本，从而提高其竞争力。VPP 是由能量管理系统控制的小型和超小型分散发电机组成的一个集合性电站。其拥有者和操作者可以通过由电脑运算得出的操作规划来获取技术、经济和生态方面的收益。在风力发电等分布式电源逐渐进入家庭之后，虚拟发电厂技术可以实现家庭或个体负载将多余电量反哺电网的可能，并且合理分配周期性分布式电源与可分派分布式电源的工作时间，有效协调地区电能需求和电力批发市场的电力需求。一旦能源互联网技术投入运行，虚拟发电厂技术将会得到更大的应用空间，成为未来电网的发展趋势。

5 国内外研究现状

目前，国内外在此项目及虚拟发电厂开展方面都有一定的发展，尤其国外在此方面已经有了较好的成功经验和案例。在欧洲，虚拟发电厂的提出成为了应对各类分布式电源控制问题的解决方案，在一些地区大规模的虚拟发电厂作为实验项目已经开始运行。德国慕尼黑电力公司通过其拥有的一座新建成的虚拟发电厂，同时运营了 6 台热电联产机组、5 个水电站和一座风电场，其实际能效和实际经济效益均要高于单独运行这些电厂。据了解，这些发电厂的总发电量可达到 20MW。

此外，美国通过政府部门制定了虚拟政策及规则，以市场化运作模式，用基于市场的财政激励政策，调动各方参与虚拟电厂建设的积极性，实现能效的提高；法国通过电价调节负荷；德国通过制定相应的政策法规等措施，支持电力公司实施包括虚拟电厂在内的电力需求侧管理项目，提高用户终端能效。

对于可再生能源，由于有着很重要的地位，所以国内外对其都有着很多的法律条款。特别是欧洲，有着比较完整的政策体系。以德国为例，可再生能源和热电联产单元的法律规定在该国很受支持，例如《可再生能源法》和《热电联产法》。

日本也是一个极其需要虚拟电厂的国家。由于日本破坏性的地震和海啸后，重建工作面临很严重的电力短缺局面。由福岛第一核电站危机和其他发电设施损坏所产生的一系列问题，使该国丧失了几乎4%的电力基本荷载，轮流停电在东京周边成为很正常的现象，这严重阻碍了日本制造业的发展。所以为了弥补电力短缺，增加煤、石油和天然气厂的发电量，同时为了缓解灾害造成的大量经济损失及越来越高的重建成本，同时还要满足日本在《京都议定书》框架下减少温室气体，专家们相信，创建虚拟电厂比增加集中式发电厂，更为快速有效地适应不断变化的能源需求。

高耗能一直是存在于我国经济生产及社会生活中的一个严峻问题。据相关部门统计，我国单位 GDP 的电能消耗为韩国的 3.1 倍，日本的 11 倍，达到世界平均水平的 3.8 倍。损耗严重、利用效率过低无疑是造成我国电力紧缺的症结之一。然而另一方面，能耗高就意味着节电市场潜力大，我国高耗能设备较多，包括照明、锅炉、制冷设备等都有待提高效率。据测算，我国终端用电设备的总节电潜能约为 2000 亿 kW • h。根据发改委的节能规划要求，到 2020 年，我国每万元 GDP 耗能要由 2002 年的 2.68 吨标准煤降到 1.54 吨标准煤，由此将形成 14 亿吨标准煤的节能能力，而这其中很大一部分需要通过节电来完成。因此，VPP 的解决方案无疑在我国有着非常大的市场潜力，对于面临“电力紧张和能效偏低矛盾”的中国来说，VPP 无疑是一种好的选择。

自 2005 年以来，全国范围内，包括江苏、广东、上海等省市地区相继开展了虚拟电厂的试点工作。同时，北京、河北等地也正积极探讨虚拟电厂的建设并形成了一定的规模。同年，我国也由第十届人大第十四次会议审议通过了《中华人民共和国可再生能源法》（简称《可再生能源法》），并于 2006 年开始实施。《可再生能源法》主要对以下几个方面做出了明确的规定：发展可再生能源总量目标制度；可再生能源并网发电和全额收购制度；可再生能源分类上网电价与费用分摊制度；支持农村可再生能源的发展；财政税收鼓励措施。

然而，虚拟电厂工作在我国仍处于探索和试运营阶段，相关实施机制、技术措施、配套政策及组织模式等均有待完善。开展虚拟电厂及其应用的研究，可以对政府、电网企业、电力用户、能源公司以及包括金融机构，节能认证机构等都产生积极的作用，所以促进我国在虚拟电厂中的发展，对国家有着十分积极的意义。

各国对绿色能源都相当重视，并且都在努力实施和开展其项目，虽然有很多虚拟电厂行业尚未完全规范，但这恰恰使未来的探索道路中可以获得更大的成就。

从整体来讲，对于 VPP 的研究和应用仍处于起步阶段，尤其在应用方面，由于现有的建设主要基于大型电力机组，只有一些机组通过普通的远程终端设备 (Remote Terminal Units，RTU)连接到电力管理系统。随着小型机的组建设和投运逐渐增多，VPP 的结构也将发生变化。机组的数量将增加，通信也需要变得更简单、更便直。通过使用小型热电联产机组，虚拟电厂将可以包含有几百个发电机组。

然而，VPP 的控制方式一直是存在于研究中的重、难点。首先，其特殊结构造成了在运用数学模型进行最优化计算过程中的困难。模型需要非常精确，因为不精确的模型可能会导致电力系统无法实现最优化结果，而且，最优化中的余量只有当此优化方法在所定的时间段中能确定解决方案时才能使用。其次，由于 VPP 必须提供分散机组在线控制的自动化方式，如对不平衡电能的补偿，目前尚没有操作者能对结果进行实时检查和改正。

6 虚拟发电厂与能源互联网

“能源互联网”将互联网技术和可再生能源结合起来，为第三次工业革命创造强大的基础。未来，数以亿计的人们将在自己家里、办公室里、工厂里生产出自己的绿色能源，并在“能源互联网”上与大家分享。这种基于互联网思维提出的“能源互联网”概念，包含了基于信息共享的多种能源的“互联互动”及“替代与转化”的含义。2016 年 2 月 29 日，发改委、能源局、工信部联合印发《关于推进“互联网+”智慧能源发展的指导意见》，对能源互联网做出如下定义：“互联网+”智慧能源（以下简称能源互联网）是一种互联网与能源生产、传输、存储、消费以及能源市场深度融合的能源产业发展新形态，具有设备智能、多能协同、信息对称、供需分散、系统扁平、交易开放等主要特征。

能源互联网的需求推动力源于能源供需矛盾和新型可再生能源的出现。其追求的目标是充分利用新技术优势，对不同的供能环节进行整体优化，形成一体化的社会综合能源供用体系，即“能源互联”系统，通过对能源的产生、传输、分配、转换、存储、消费等环节进行整体协调控制，通过整体优化提高能源的利用效率，并通过不同能源间的“替代和转化”提高可再生能源应用比例。电能的方便传输和易于使用的特点，使其在能源整体化应用中将扮演纽带作用。虚拟发电厂作为能源互联网发展理念的新生理念，是能源互联网发展的高级形态，其可以由不同类型电源组成，如风力发电机、光伏组件、微型水电站以及微型生物质电站、电梯势能发电等小规模并且不稳定的电源。虚拟电厂运营商可以像现在的金融工程一样，利用先进的电力电子技术、通信技术和机械技术，在各种现有电源的基础上，进行不同电源、不同项目之间的组合和分解（消纳和储能），以设计出符合客户特定用能需要并具有经济性的电源组合。通过虚拟电厂工程，可以弥补不同类型可再生能源发电本身的不稳定性缺陷。同时在能源整体控制过程中作为局部调节手段参与能源调度控制，将分布式电源、三联供机组、电动汽车、储能装置、可控负荷、智能建筑等，“发用电联合体”进行统一管理，使能量的流动方向由单向向“双向互动、互联”转换，相对传统负荷它们具有更多的智能特性，不但可以受控，而且可以主动提供能量，同时也为负荷主动参与提高能源整体使用效率提供了新手段，新型负荷的互动控制和主动供电能力，可以减小和补充系统备用，提高能源系统整体效率。同时针对用户侧可控负荷和具有发电及其他供能（供热、制冷等）能力的“发用电联合体”，在自愿的前提下可以直接参与或通过“负荷调度控制代理”，应用“虚拟发电厂”技术参与能源互联网的调度控制并参与市场交易。这种基于信息共享的通过能源整体调度控制实现能源的整体优化利用，是能源互联网技术框架的核心内容。

在能源互联网的发源地德国，已经有多个虚拟发电厂“落成”，电厂的构成包括热电联产机组、水电站、风电场、光伏电站等电源，其实际能效和经济效益均要高于单独运行这些电源。德国电信还向家用客户销售小型燃气锅炉发电机，这些发电机将接入互联网和电网，让它们在为家庭供暖之余，还可以共同作为一个虚拟电厂，供能源公司调用。根据美国调查公司 Navigant Research 2014 年 10 月最新公布的预测，全球虚拟电厂合计容量到 2023 年将扩大至 28GW，相当于 1.3 个三峡电站，而这些发电能力将大部分由居民屋顶的光伏电站和海上的风力发电机组提供。

7　与微网的区别

虚拟电厂和微网是目前实现 DG 并网最具创造力和吸引力的两种形式。对于微网的定义，国内一般认为：微网是指由 DG、储能装置、能量转换装置、相关负荷和监控、保护装置汇集而成的小型发配电系统，是一个能够实现自我控制、保护和管理的自治系统，既可以与外部电网并网运行，也可以孤立运行。微网技术的提出旨在解决 DG 并网运行时的主要问题，由于其具备一定的能量管理功能，并尽可能地维持功率的局部优化与平衡，可有效降低系统运行人员的调度难度。实际上，尽管虚拟电厂和微网都是基于考虑解决 DG 及其他元件整合并网问题范畴，但二者仍有诸多区别。

（1）设计理念

微网采用自下而上的设计理念，强调“自治”，即以 DG 与用户就地应用为主要控制目标，实现网络正常时的并网运行以及网络发生扰动或故障时的孤岛运行。而虚拟电厂的概念强调“参与”，即吸引并聚合各种 DER 参与电网调度和电力市场交易，优化 DER 组合以满足电力系统或市场要求为主要控制目标，强调对外呈现的功能和效果。

（2）构成条件

微网的构成依赖于元件（DG、储能、负荷、电力线路等）的整合，由于电网拓展的成本昂贵，因此微网主要整合地理位置上接近的 DG，无法包含相对偏远和孤立的分布式发电设施。虚拟电厂的构成则依赖于软件和技术：其辖域（聚合）范围以及与市场的交互取决于通信的覆盖范围及可靠性；辖域内各 DER 的参数采集与状态监控取决于智能计量

（smart metering）系统的应用；DER 的优化组合由中央控制或信息代理单元进行协调、处理及决策。因此，引入虚拟电厂的概念不必对原有电网进行拓展，而能够聚合微网所辖范围之外的 DG。

（3）运行模式

微网相对于外部大电网表现为单一的受控单元，通过公共耦合开关，微网既可运行于并网模式，又可运行于孤岛模式。而虚拟电厂始终与公网相连，即只运行于并网模式。

（4）运行特性

微网的运行特性包含两个方面的含义，即孤岛运行时配电网自身的运行特性以及并网运行时与外部系统的相互作用。而虚拟电厂作为聚合能量资源构成的特殊电厂，其与系统相互作用的要求比微网更为严格，可用常规电厂的统计数据和运行特性来衡量虚拟电厂的效用，如有功/无功负载能力、出力计划、爬坡速度、备用容量、响应特性和运行成本特性等；其辖域内配电网的运行特性则由配电系统操作员（Distribution System Operator，DSO）进行衡量。

8 虚拟电厂关键技术

（1）协调控制技术

虚拟电厂的控制对象主要包括各种 DG、储能系统、可控负荷以及电动汽车。由于虚拟电厂的概念强调对外呈现的功能和效果，因此，聚合多样化的 DER 实现对系统高要求的电能输出，是虚拟电厂协调控制的重点和难点。实际上，一些可再生能源发电站（如风力发电站和光伏发电站）具有间歇性或随机性以及存在预测误差等特点，因此，将其大规模并网必须考虑不确定性的影响。这就要求储能系统、可分配发电机组、可控负荷与之合理配合，以保证电能质量并提高发电经济性。

虚拟电厂的控制结构主要分为集中和分散控制。在集中控制结构下，虚拟电厂的全部决策由中央控制单元-控制协调中心（Control Coordination Center，CCC）制定。虚拟电厂中的每一部分均通过通信技术与 CCC 相互联系，CCC 多采用能量管理系统（Energy Management System，EMS），其主要职责是协调机端潮流、可控负荷和储能系统。

EMS 根据其优化目标进行工作，其优化目标包括：发电成本最小化、温室气体排放量最小化、收益最大化等。为达到上述优化目标，EMS 需要接收各个单位的状态信息并据此做出预测，尤其对于可再生能源发电机组，如风力发电与光伏发电机组。

此外，电网中可能发生阻塞问题的信息，在虚拟电厂运行的优化过程中也起到至关重要的作用。根据接收到的信息，EMS 可以选择最佳解决方案，优化电网运行。集中控制结构最易于实现虚拟电厂最优运行，但扩展性和兼容性受到一定的限制。

在分散控制结构中，决策权完全下放到各 DG，且其中心控制器由信息交换代理取代。信息交换代理只向该控制结构下的 DER 提供有价值的服务，如市场价格信号、天气预报和数据采集等。由于依靠即插即用能力，因而分散控制结构比集中控制结构具有更好的扩展性和开放性。

（2）智能计量技术

智能计量技术是虚拟电厂的一个重要组成部分，是实现虚拟电厂对 DG 和可控负荷等监测和控制的重要基础。智能计量系统最基本的作用是自动测量和读取用户住宅内的电、气、热、水的消耗量或生产量，即自动抄表（Automated Meter Reading，AMR），以此为虚拟电厂提供电源和需求侧的实时信息。作为 AMR 的发展，自动计量管理（Automatic Meter Management，AMM）和高级计量体系（Advanced Metering Infrastructure，AMI）能够远程测量实时用户信息，合理管理数据，并将其发送给相关各方。对于用户而言，所有的计量数据都可通过用户室内网（Home Area Network，HAN）在电脑上显示。因此，用户能够直观地看到自己消费或生产的电能以及相应费用等信息，以此采取合理的调节措施。

（3）信息通信技术

虚拟电厂采用双向通信技术，它不仅能够接收各个单元的当前状态信息，而且能够向控制目标发送控制信号。应用于虚拟电厂中的通信技术主要有基于互联网的技术，如基于互联网协议的服务、虚拟专用网络、电力线路载波技术和无线技术（如全球移动通信系统/通用分组无线服务技术（GSM/GPRS）、3G、4G）。在用户住宅内，WiFi、蓝牙、ZigBee 等通信技术构成了室内通信网络。

根据不同的场合和要求，虚拟电厂可以应用不同的通信技术。对于大型机组而言，可以使用基于 IEC-60870-5-101 或 IEC-60870-5-104 协议的普通遥测系统。随着小型分散电力机组数量的不断增加，通信渠道和通信协议也将起到越来越重要的作用，昂贵的遥测技术很有可能将被基于简单的 TCP/IP 适配器或电力线路载波的技术所取代。在欧盟 VFCPP 项目中，设计者采用了互联网虚拟专用网络技术；荷兰功率匹配器虚拟电厂采用了通用移动通信技术（UTMS）无线网通信技术；在欧盟 FENIX 项目中，虚拟电厂应用了 GRPS 技术和 IEC-60870-5-104 协议通信技术；德国 ProViPP 的通信网络则由双向无线通信技术构成。

9　虚拟电厂结构

虚拟电厂应当可以涵盖低压和中压两种配电网络中的分布式电源。这些分布式电源应可以分为两类。

（1）公用分布式电源。这类电源包含了风力、水力等发电站，这些发电站本身就是以投放电力近于电网为目的而建造的，但是由于其发电量的变化和难以预测性而需要通过虚拟发电站来整合。

（2）家庭分布式电源：这是一类小型的，为个人住宅、商业或工业分部服务的分布式电源。这些电源在自主负责的电力需求满足之后，如果有盈余，可以将多余的电力反哺给电网。同时，若此类电源无法满足个体的用电需求时，电网也可以向个体提供能源。

一般来说，这些分布式电源都会自带能量储存电池。公用分布式电源通常会连接着一个连接至低压配电网的路径或者储能电池作为负载：而家庭分布式电源一般被看作一个只能连接至中压电网的电力储能元件。

这两种分布式电源具有以下不同点。

（1）目的：家庭分布式电源其运营者的首要目的是满足其本身的电力和供暖需求，同时保证其服务的可靠性，其并不了解电力市场的运行情况；但是公用分布式电源的运营目的就是出售其生产的电能。

（2）地位：一般来说，家庭分布式电源的生产能力相比公用分布式电源会小很多，因此，家庭分布式电源是无法作为一个独立的生产商参与电力市场运营；但是公用分布式电源在电力市场是一个重要的能源供应商。

随着家庭分布式电源逐渐融入电网，这些分布式电源可以自行组合成为一个微电网。而这些微电网都需要一个中央控制系统，来协调其组成部分的运作。使用虚拟发电厂的概念，每个微电网以及分布式电源可以作为两个整体而运行，并且在系统管理任务中可以正常调用。

一些分布式电源具有周期性的特性，如风能、没有储能设备的光伏发电系统；而另一些分布式电源，如燃料电池和微型涡轮机，是可分派的，它们可以迅速、方便地改变运作机能。因此，不论是公共分布式电源还是家庭分布式电源，都可以分成周期性和可分派性两种。

虚拟发电厂还应该配备一些可控负荷，如储能电池或者可分派发电机，以应对分布式电源的随机波动。为了保证虚拟发电站一直带着负荷进行发电，虚拟电厂可以签署一些传统的电力销售协议。

整个虚拟电厂由中央能源单元管理和控制。中央管理系统可以进一步细分成更小的单元，一些学者将其称为本地管理系统，这些本地控制单元一方面与中央控制单元联系，同时和负责协调和控制各自辖区范围内的负荷和发电机，本地控制单元也会参与中央控制单元的决策。

10　虚拟电厂分类

虚拟电厂最具吸引力的功能在于能够聚合 DER 参与电力市场和辅助服务市场运行，为配电网和输电网提供管理和辅助服务。按功能不同，虚拟电厂可划分为两大模块：商业型虚拟电厂（Commercial VPP，CVPP）和技术型虚拟电厂（Technical VPP，TVPP）。

（1）商业型虚拟电厂

商业型虚拟电厂是从商业收益角度考虑的虚拟电厂，是 DER 投资组合的一种灵活表述。其基本功能是基于用户需求、负荷预测和发电潜力预测，制定最优发电计划，并参与市场竞标。商业型虚拟电厂不考虑虚拟电厂对配电网的影响，并以与传统发电厂相同的方式将 DER 加入电力市场。

商业型虚拟电厂可代表任意数量的 DER，同时 DER 也可以自由选择一个商业型虚拟电厂代表其加入电力市场。商业型虚拟电厂的商业职责可以由许多市场活动者来履行，包括现任能源供应商、独立第三方或新的市场准入者。

CVPP 的主要功能如下。

① 规划所有的有关能量和传播流动的花费、收益和约束。依据设定的电力交易时段（15、30 分钟或 1 小时）的时间分辨率，规划功能根据人工输入或自动开启进行循环操作（如两天两次或者两天多次）。

② 负荷预测。提供多种类型负荷的预测计算。其中包含所需的基本数据，即在规划功能中决定的时间分辨率范围内的连续的历史测量负荷值。负荷预测建立分段线性模型用以模拟影响功能变化的行为。例如，日期、天气变化或工业负荷的生产计划等。模型方程系数每天在有新的测量值时循环计算。

③ 根据市场情报，优化潜在收入的有价证券，制作合同中的电力交换和远期市场，控制经营成本，并提交 DER 进度、经营成本等信息至系统运营商。

④ 编制交易计划、确定市场价格、实现实时市场交易。

（2）技术型虚拟电厂

技术型虚拟电厂是从系统管理角度考虑的虚拟电厂，考虑 DER 聚合对本地网络的实时影响，并代表投资组合的成本和运行特性。技术型虚拟电厂提供的服务和功能包括为 DSO 提供系统管理、为 TSOI 提供系统平衡和辅助服务。

技术型虚拟电厂的运行需要本地网络信息和网络控制功能，因此，DSO 是最适合实现技术型虚拟电厂运行的选择。运用技术型虚拟电厂的概念，DSO 也可视为主动配电网操作员，通过使用 DER 提供的辅助服务以优化网络操作。同时，主动配电网操作员可以将这些服务提供给其他系统操作员。

TVPP 的主要功能如下。

① 提供可视化操作界面，并允许对系统做出贡献的 DER 活动，同时增强 DER 的可控性，提供系统以最低的成本运营。

② 整合所有 DER 的输入，为每个 DER 建模（内容包括可控负荷，电网区域网络，以及变电站操作等）。

③ 提供发电管理，监督 VPP 的所有发电及电能存储机组，再根据每个机组各自的控制方式（独立、人工、计划或控制）和机组参数（最小/最大能量输出、功率梯度及能量内容），通过命令界面计算和传输机组的实际状态（起动、在线、遥控、扰动）、机组的实际能量输出及机组起动/停止命令和机组能量设定点。此外，此功能根据机组状态变化监督和发信号给命令响应及设定点。如果有机组扰动，发电管理功能会根据环境变化，同时考虑到所有的限制条件，自行起动机组组合计算来强制重新计划剩下的机组。

④ 在线优化和协调 DER。在线优化和协调功能将整体的功率校正值分配给在控制方式中运行的所有单独的发电机组、储存机组和柔性负荷。分配算法根据以下原则运行：首先，必须考虑机组的实际限制（如最小、最大功率，储存内容，功率调整限制等）；其次，整体功率校正值必须尽可能快的达到；再次，最便宜的机组应该首先用于控制操作中。这里的“最便宜”是以机组在其计划运行点附近所增加的电能控制费用作为参考依据。每个独立机组增加的功率控制费用根据各自的调度计划由机组组合功能计算得出。每个机组各自的功率校正值输出到发电管理功能和负荷管理功能来实现。

11 虚拟电厂在能源互联网中的应用研究

虚拟发电厂技术与能源互联网技术是密不可分的。首先，虚拟发电厂能够对上级智能配电网起到支撑与调节的作用，是保证智能配电网领域安全、有效运行的有力支持。虚拟发电厂技术在电网竞价优化和电力市场中也有广泛的应用。同时，能源互联网技术又是支撑虚拟发电厂发展的基石，如广域测量系统、先进的监控软件和辅助决策体系，以及高级配电运行都是实现虚拟发电厂技术的必要条件。

（1）虚拟发电厂联网运行

由于大多数虚拟电厂是由微型燃气轮机、燃料电池、光伏发电等分布式电源组成，使得 VVP 拥有能利用可再生能源、网损相对较小、环境污染较轻、调度灵活且高效等优点，这些优点保证了 VPP 成为一种极具优势的电网组成部分。同时，由于微型的冷热电联产模式，让 VPP 不仅具备了极高的能源转换效率，也使得其发电成本大大下降。并且，随着分布式发电装机容量的增加，VPP 所发出的功率将逐渐大于本地负荷的消耗，此时，为充分利用 VPP 中剩余的电量，VPP 组成的大规模虚拟发电厂（A Large Scale Virtual Power Plant，LSVPP）将参与并网输电。

（2）在电力市场中的应用

VPP 的出现为分布式电源构建了一个在电力市场占据一席之地的平台。原则上，每个分布式电源在运行时会首先考虑其本身的个性化服务需求，所以只有多余的电能会回馈到电网。因此，在满足本地电能的需求之后，电能通过公共连接点传送出去，通过分配和传输系统满足其他地区的电能需求。

12　虚拟电厂应用前景

分布式发电与大电网联合运营是我国电力工业未来发展的必然方向，而 VPP 则为实现这一宏伟蓝图提供了理论基础和技术保障。在分布式发电与大电网并网过程中应着力发展和应用虚拟电厂技术，并使用新的保护方案、智能仪表和控制方式来满足双向潮流的需要。

VPP 在我国电力市场改革方面也有很大的空间和舞台。将虚拟发电厂投入电网运行，可以将各个独立电厂组织成一个整体，与上级电网交换价格信息，实现价格实时变更。这样开放的电力市场格局，会使得电力价格更加合理。同时，不断变化的电价也会使得各个电厂的单位利润不再确定，督促各个独立发电站投入资源降低发电成本、不断技术创新、实现节能减排。

具体体现在以下几个方面。

① 虚拟电厂是高效利用和促进新能源和可再生能源发电的有效形式。近年来，中国的新能源和可再生能源发电规模持续快速增长。如前面所述，可再生能源发电具有单机容量小、出力具有间歇性和随机性等特点，其单独并网往往会对大电网造成诸多影响。然而，可再生能源发电连同其他 DG 聚合成虚拟电厂的形式参与大电网的运行，通过内部的组合优化，可消除可再生能源发电对外部系统的间歇性和随机性影响，提高电能质量，实现对可再生能源发电的高效利用。与此同时，开展虚拟电厂将使可再生能源发电从电力市场中获取最大的经济收益，缩短成本回收周期，吸引和扩大对可再生能源发电的投资，从而促进新能源和可再生能源的发展。此外，现行的可再生能源发电工程补贴，仅考虑了电量就地消纳的接网工程建设运行费用，没有考虑可再生能源发电远距离送出、送受端电网扩建等因素，不利于可再生能源发电的发展。虚拟电厂的概念强调 DER 对大电网呈现的功能和效用，很大程度上需要进行中、远距离输电。因而，虚拟电厂在中国的开展将对解决这一问题起到重要的促进作用。

② 虚拟电厂是推动能源互联网建设的重要环节。中国《能源发展“十二五”规划》已将大力发展 DER，推进能源互联网建设作为推动能源方式变革的重点任务。虚拟电厂的社会经济效益符合能源互联网解决能源安全与环保问题，应对气候变化，保证安全、可靠、优质、高效的电力供应，满足经济社会发展对电力多样化需求的总体目标和基本要求。虚拟电厂技术的基础是通信技术、协调控制技术、智能计量技术，这也是能源互联网发展所需的关键技术。虚拟电厂的运行方式符合能源互联网信息化、自动化、互动化的基本特征。总的来说，虚拟电厂技术的发展对推动中国能源互联网的建设具有重要的作用。在未来，虚拟电厂应当成为能源互联网的重要组成部分。

③ 虚拟电厂对于完善中国的电力市场体制具有重要的促进作用和指导意义。虚拟电厂的一大重要特征是能够聚合 DER 参与电力市场的运营。电价是电力市场建设的核心问题，而虚拟电厂的盈利正是源于动态电价的激励。虚拟电厂在中国的开展，将加快电价由政府定价向政府与市场定价协同并重的转变。在电力市场中，虚拟电厂既具有传统电厂的某些特征，如稳定出力、批量售电，同时又具有特殊性，主要表现在多样化的电能来源。正是由于其多样化的发电资源，虚拟电厂既可参与前期市场、实时市场，又可参与辅助平衡市场。借鉴虚拟电厂参与多种电力市场的运营模式及调度框架，将对完善中国的电力市场体制起到积极的促进和指导作用。

13 发展意见

① 鼓励用户积极参与虚拟电厂。虚拟电厂在中国还是一个崭新的概念，用户及 DG 所有者对其知之甚少。然而，虚拟电厂的实施需要用户及大量私有 DG 的支持，这就要求相关部门积极宣传参与虚拟电厂的益处，并制定一系列的鼓励机制，从而在不同地区建立虚拟电厂试点项目。

② 合理规划虚拟电厂的范围及职能。尽管虚拟电厂能够代表不同ＤＥＲ所有者的需求并能够为系统提供多种服务，但在中国电力市场并不完善的情况下，为避免管理和调度混乱，应当合理规划虚拟电厂的范围和职能，如在城区等负荷密集地区，以可控负荷构成虚拟电厂作为系统备用，或削减高峰用电；在乡村或郊区，以大规模 DG、储能等构成虚拟电厂，实现对系统的稳定和持续供电。

③ 制定合理的竞争机制和有针对性的政策，完善电力市场运营机制。虚拟电厂与传统电厂的效用基本相同，但发电来源丰富多样。为鼓励新能源和可再生能源发电的发展，我国制定了一系列相应的优惠和补贴政策。一方面，为了避免投机倒把行为以及不必要的购电支出，虚拟电厂的实施应由政府主导，系统调度机构和供电公司负责实施，购电电价

应根据虚拟电厂中的可再生能源所占成分区别设定，同时规定可再生能源发电应尽量并网，并进一步完善现行的分时电价办法，鼓励和促进用电高峰时用户节电和 DG 发电。另一方面，应区别对待不同职能的虚拟电厂（如以 DG 尤其是以可再生能源发电为主的供电虚拟电厂，以参与前期市场为主，实时市场为辅，辅助服务市场为补充；以可控负荷和少量 DG 为主的备用或平衡虚拟电厂，以参与辅助服务市场为主，实时市场为辅）。

能源互联网和碳交易市场

国家发展和改革委气候战略中心战略规划部副主任、清华大学现代管理中心兼职研究员
柴麒敏

1 引言

能源互联网和碳交易市场是怀着共同的“能源革命理想”走到一起的“同志”。在2016年2月国家能源局发布的《关于推进“互联网+”智慧能源发展的指导意见》（发改能源[2016]392号）中明确提出“加强电力与油气体制改革、其他资源环境价格改革，以及碳交易、用能权交易等市场机制与能源互联网发展的协同对接”。能源互联网是扩大碳交易覆盖范围、降低交易成本的重要技术和机制性支撑，碳交易体系是推动能源互联网低碳化、实现能源生产和消费革命的重要金融和市场性手段，能源互联网为碳交易市场提供了必要的信息入口，碳交易市场为能源互联网提供了充分的资金支持，它们共同搭建起一个能源和环境权益类大数据与价值链的平台。随着2016至2018年能源互联网试点示范工作的推进、“两省五市”碳排放权交易试点工作的深化，以及2017年启动全国碳排放交易体系，可以预见能源互联网和碳交易市场建设将有可能逐步完成深度融合，共同支撑能源供给侧的结构调整、需求侧的响应优化，大幅提高非化石能源在一次能源消费中的占比，乃至最终实现生产、传输、存储、消费、交易全链条的重组和再造，完成经济和社会发展的绿色、低碳转型，解决现阶段能源消费中出现的环境、气候、安全、效率、公平等现实问题。

2 能源互联网和碳交易市场的共享

（1）能源互联网和碳交易市场有共享的价值观

两者都是在工业文明遭遇挑战和困局、低碳能源大发展的背景下提出的概念，偏好绿色（再赋权）、扁平（再排序）、开放（再定界）、分散（再集中）、协同（再竞争）等价值观念，注重大众化的参与力量，所谓“能源民主”或“气候正义”。

（2）能源互联网和碳交易市场有共享的能源生产和消费主体

目前预计有 6000～7000 家企业纳入全国碳排放权交易市场，第一阶段将涵盖石化、化工、建材、钢铁、有色、造纸、电力、航空等重点排放行业（2013 至 2015 年中任意一年综合能源消费总量达到 1 万吨标准煤以上（含）的企业法人单位或独立核算企业单位），这些产能或用能单位也将是参与能源互联网构建的主要单元。

（3）能源互联网和碳交易市场有共享的潜在参与群体

能源互联网的建设使得更多小而散的、分布式主体纳入到共同的平台，比如交通（汽车）或建筑（家庭），这部分排放源单体很小，但总的占比很大（约为 60%）且是未来增长的主要来源（约为 70%），目前这些部门的碳交易成本很高、经济性较差，但能源互联网使得这些小单元的信息获取和核证更为便捷和高效，从而大幅降低交易成本，使这些“群众”参与碳交易成为可能。

（4）能源互联网和碳交易市场有共享的扶持对象

能源互联网建设的初衷和功能之一是消纳更多的可再生能源，碳交易市场的抵消机制（如 CCER）主要来源也是可再生能源，未来高比例可再生能源的部署在技术形态上需要能源互联网来实现综合调度和管理，在经济性上需要碳交易市场来体现环境外部性成本，从而使其能与化石能源开展可比的、公平的市场竞争。

（5）能源互联网和碳交易市场有共享的技术、政策和商业模式

构建能源互联网的清洁能源技术、综合利用技术、智能化网络体系、需求侧管理、各类产能和用能设施的改造等，都与碳交易的方法学相通，目前碳交易的范围也主要以能源消费二氧化碳排放为主，能源和气候领域的相关激励政策几乎是重叠的，在商业和盈利模式上短期的政府补贴、产业扶持和长期的技术进步、市场交易都是两者的核心。

3　能源互联网和碳交易市场的共建

（1）能源互联网和碳交易市场可以共建计量、核证、交易、结算等接入设施与支持系统

两者的信息来源是一致的，基础数据都是能源的生产和消费各节点的量，可以考虑以现有的地方能源统计、节能管理、调度系统、排放清单、企业直报系统、注册登记系统、交易系统为基础，进行功能模块的整合或接入，减少重复投入和建设，降低运营和维护成本，利用互联网领域的快速迭代创新能力，建立面向多种应用和服务场景下能源系统和碳交易市场互联互通的开放接口、网络协议和应用支撑平台，发展基于能源和气候大数据的信息挖掘与智能增值业务，实现可再生能源实时补贴和抵消结算。

（2）能源互联网和碳交易市场可以共建基于互联网的多层次、微平衡的市场交易体系

两者可以建立信息互联和价值传递的体系，为不同量级的排放源提供差异化、个性化的金融服务，解决传统碳市场覆盖率有限（一般在40%左右）、经济下行周期交易不活跃和缺乏流动性的问题，培育售电、碳资管、综合运营、第三方数据和金融服务机构等新型市场主体，逐步建设以配额、能量、减排量、辅助服务、“碳币”等为标的物的多元交易体系，根据不同的纳入门槛分层次构建能源和碳交易市场，基于互联网构建实时、灵活、同步的能源和碳交易电子商务平台，实行强制和自愿、场内和场外、中央和地方的“双轨制”，通过第三方或区块链等新兴技术建立强信用记账方式，鼓励个人、家庭、分布式能源等小微用户灵活自主地参与共同交易市场，形成全经济、全社会的合力，在控制传统重化工业生产性耗能和排放的同时，有效管理新型城镇化过程中消费型耗能和排放的增长。

（3）能源互联网和碳交易市场可以共建服务于能源生产和消费革命的合理定价机制

通过两者建设推动能源体制改革，特别是电力改革，理顺电力等能源产品的价格形成机制，建立多方参与、平等开放、充分竞争的能源市场交易体系，还原能源商品属性，解决当前由于电力和热力价格传导不畅等原因，将间接排放纳入碳交易计算范围，造成不同标准、重复计算（约为20%）或重复分配可能带来配额不同质的问题。同时通过碳交易市场机制，将环境和气候变化的外部性成本纳入现有的能源价格形成机制，逐步取消化石能源名目繁杂的各类补贴，形成充分反映生态价值的绿色定价模式，让各种能源品种公平参与市场竞争。

（4）能源互联网和碳交易市场可以共建能源、绿证、碳及衍生品的价值流转体系和金融服务平台

搭建两者跨领域跨行业的信息共享与业务交融，培育能源和环境权益类交易金融大数据和云计算平台，逐步发展并行的能源和碳交易远期、期货、掉期、期权等金融衍生产品，满足市场参与者多样化的金融服务需求，支持能源资源、设备、服务、应用的资本化、证券化，推动碳质押、碳抵押、碳债券、碳基金、碳回购等多种模式健康发展，为基于“互联网+”的B2B、B2C、C2B、C2C、O2O等多种形态的商业模式创新提供平台，并为灵活用能、灵活减排等新业务提供增值服务。

（5）能源互联网和碳交易市场可以共建以跨区能源基础设施和碳交易市场互联互通为主的“绿色丝绸之路”

作为新工业革命的世界潮流，寻求低碳增长和实现能源公平很可能是中国产业和金融国际化战略中少数障碍较小的“最大公约数”。结合国家“一带一路”建设和《巴黎协定》中关于两个市场机制建设的内容，两者可以共同开发东亚、亚洲、欧亚等跨区市场联接，建立开放共享的能源互联网和碳交易市场国际合作机制，加强与周边国家能源基础设施和跨区碳交易市场的互联互通，组建区域性交易系统和平台，逐步完成计量、核算、传输、

监测、报告、核查、分配、交易、监管等规则的基本对接，共商共制跨区域的通用技术标准，包括能源转换类标准、设备类标准、信息交换类标准、安全防护类标准、交易类标准、计量采集类标准、监管类标准等。

4 能源互联网和碳交易市场的共赢

（4）能源互联网将使得全民碳交易市场成为可能

由于交易和监管成本限制以及经济下行周期影响，在全球实行碳定价的 40 个国家和超过 20 个城市、州省或地区的实践中，始终存在两大类共性问题，一是交易覆盖率较为有限，二是交易流动性和活跃度不足。很大部分原因是由于小型分散的排放源很难纳入到交易体系中，有限的覆盖范围很容易造成碳泄漏、行业间不公平等问题，而且使得碳交易为大型组织所垄断，但无论从存量还是增量看，小型分散的排放源都占据绝大部分。碳市场流动性缺乏的深层次原因就在于没有唤起大众市场参与的动力，没有把人民对美丽中国、美好环境的向往与节能减排降碳、推动能源革命等联系起来，但要推动后者需要新的技术、模式和制度的视野，形成全民低碳的风潮，从供给侧和消费侧同时形成低碳转型的动力机制。能源互联网从技术上依托能量和信息的互联可实现能源生产和消费数据的实时采集，大大降低了传统碳交易市场中控排单位减排量第三方核证的成本，并使得碳交易能伴随着如电力交易的批发和零售同步开展，大大降低了交易和监管成本，让消费端交易、微交易成为可能。如果在一定的范围和阶段能分步实现以零边际成本促成碳交易覆盖范围的扩大，那么对节能减排本身就是一项革命性的创新，其带来的系统效益是极大的。截至 2015 年，中国 7 省市试点碳市场累计成交配额约 5000 万吨二氧化碳当量，交易额约 14 亿元，成交 CCER 超过 3000 万吨二氧化碳当量，成交额约 3～4 亿元，全国市场预计覆盖排放量 30～40 亿吨/年，实现碳现货交易 12～80 亿元/年、碳期货交易 600～4000 亿元/年，“能源互联网+碳交易市场”的共享共建将有可能使该数值至少翻一番，最终形成一个年交易额突破万亿元的全球最大市场。

（2）碳交易市场将极大地提升能源互联网的市场竞争力

碳市场的形成将碳排放的环境外部性内部化，并通过交易的方式发现价格，其一方面提高化石能源的消费成本，另一方面则通过抵消机制（CCER）使可再生能源行业获得额外的财务收入而降低成本，高比例的可再生能源接入系统需要技术性支撑，使得能源互联更有必要和价值。随着碳金融的发展，能源互联网企业和行业的融资渠道及来源更为丰富，国际多边金融机构、政策性银行、财政资金持续投入，商业银行、投资银行、保险公司、基金公司等借鉴了信贷、保险、证券等传统金融产品设计思路，围绕配额、CCER 推出了一系列的碳金融产品。从目前国际市场的数据看，每年清洁能源投资中的 1/6 至 1/5 左右来源于碳市场的融资功能。未来在中国的 CCER 市场，70%左右的交易将有可能来源于新能源市场，能源互联网企业通过碳市场实现的融资规模，在 2020 年前有望达到 50～230 亿元，2030 年累计将超过 3 万亿。同时，碳市场将有可能与绿色电力证书交易、财政补贴等相互补充，从而进一步提高和实现能源互联网企业的合理利润水平。

在全球新一轮科技革命和产业变革中，互联网理念、先进信息技术与能源产业深度融合，正在推动能源互联网新技术、新模式和新业态的兴起。随着 2015 年《巴黎协定》的达成和碳排放峰值目标的实施进入日程，中国当前正步入应对气候变化、能源革命政策实施和市场建设的新阶段，宏观政策施力点将逐步过渡到总量控制，化石能源消费将出现拐点、低碳能源投资将超过传统能源，以增长转型、能源转型、消费转型为主的低碳革命进入提速增效阶段。中国碳交易通过“十二五”时期的试点，已经建成初具规模、运行稳定、初显减排成效的区域碳排放权市场。经历了早期的探索与准备，下一阶段中国特色的碳市场建设，不应该仅仅是模仿和参照欧盟等西方市场的逻辑和范式，而是要有自己的特色与亮点，而能源互联网等新兴技术和模式的提出，为解决碳市场大众化、普惠性提供了新的思路，使得碳交易不仅局限在生产端而扩展到能源生产、传输、存储、消费等各个阶段和节点，也为避免造成区域发展新的不公平、行业间的碳泄漏提供了可能的解决方案。当今世界，能源问题是很多经济、环境、社会甚至政治问题的源头和起因，推动能源互联网和碳交易市场的大众化进程将有可能变革性地解开此类问题的症结，如气候变化等长期系统性问题都可以迎刃而解。技术赋能，很多原先是乌托邦的理想都在逐渐变为现实。

参考文献

[1] 国家发展改革委气候司. 关于推动建立全国碳排放权交易市场的基本情况和工作思路. 中国经贸导刊，2015，1：1-3

[2] 国家发展改革委气候司. 加快推进全国碳排放权交易市场建设. 中国经济导报，2015/6/13

[3] 柴麒敏. 亟待建立统一的生态产权交易市场体系.中国改革，2015，377(5)：78-81

[4] 段茂盛，庞韬. 碳排放权交易体系的基本要素. 中国人口资源与环境. 2013，3：11-17

[5] 段茂盛，庞韬. 全国统一碳排放权交易体系中的配额分配方式研究. 武汉大学学报(哲学社会科学版)，2014，5：19-23

[6] 柴麒敏，王田，徐华清. 后巴黎时代气候政策和绿色市场展望. 环境保护，2015，24：33-38.

[7] 柴麒敏，徐华清. 中国 INDC 寻求绿色低碳增长新动力. 21 世纪经济报道，2015/7/6，第 17 版

[8] 徐华清，柴麒敏，李俊峰. 应对气候变化的中国贡献. 光明日报，2015/7/2，第 5 版

[9] 柴麒敏. 迈向 2030:中国的低碳政策展望. 经济观察报，2015/6/29，第 22 版

[10] 李俊峰，柴麒敏等. 中国应对气候变化政策和市场展望. 中国能源，2016，38(1)：39-46

能源互联网的实施效益评估

清华大学 郭庆来 何继江
信达证券 曹寅

1 能源互联网产业效益分析

1.1 能源结构

1.1.1 大幅提升清洁能源在能源体系中的比重

能源互联网将成为接纳高渗透率可再生能源的系统化技术解决方案。首先，能源互联网能够推动实现弃风率下降的快速下降，缓解甚至解决弃风、弃光、弃水导致的清洁资源浪费。在2020年前，基本实现将弃风率控制在1%以下，基本实现风电光伏处于满发状态。其次，能源互联网的发展可大幅提升可再生能源发电在电力当中的比例，力争从2015年的23%，上升到2020年的29%，2030年的53%，在2050年达到86%。可再生能源在一次能源中的比例也有望进一步提高，保障2030年可再生能源在一次能源中的比重达到20%以上。

能源互联网也将促进电动汽车产业的发展，支持2020年中国包括纯电动、插电式、燃料电池汽车在内的新能源汽车产销量达到200万辆，保有量达到500万辆。到2050年，纯电动汽车、插电式混合动力汽车及氢燃料电池汽车将年占车辆市场保有率86%。

1.1.2 提高能量生产和利用效率

尽可能提高能量生产和利用效率是能源互联网最重要的目标：在给定一次能源的前提下，尽可能提高能量的转化效率，降低因技术和市场原因导致的能源浪费，以及火电非常规调峰（80%运行以下）导致的煤耗增加和排放增加。

在产出输出和消费体验不变的前提下，使用尽可能少的能源，消费尽可能少的能量，大幅提高能源和能量的利用效率，从能源利用的角度出发，解决目前中国单位GDP能耗相对过高的困境。

大幅减少由于应对尖峰负荷的电源、电网和调峰调频的投资。需求侧响应资源大幅增加，使全社会电力需求响应资源与发电侧抽水蓄能电厂的调峰能力大体相当，此外，电动车还将提供巨量的低谷负荷，通过能源互联网得到有效调度，从而大幅减少电网的调峰调频投资。

不同能源生产端之间的信息互联和物理直接互联，实现能源转换整合化和供给多样化；能源生产端和消费端之间的信息互联和物理直接互联，实现能源消费精细化和布局分布化。

1.1.3　减少温室气体排放，改善环境

在能源供给端大幅提高可再生能源比例，同时在能源消费端大幅提升能源利用效率，积极减少温室气体和污染物的排放，改善环境。

通过能源消费端和能源生产端的全互联，赋予消费者对于能源生产、配送、消费和后处理价值链的充足知情权，明确能源消费者的环保权力和责任，鼓励消费者在能源生产和配售过程中的积极参与，激发消费者的环保意识，将能源清洁化进程从由政府主导，转变为由能源消费者主导，真正实现环保的可持续化和主动化。

实现 2030 年达到碳排放峰值，力争在 2025 年达到峰值，且将峰值尽可能控制在较低水平。京津冀地区的雾霾指数也将由于能源互联网推动可再生能源的高比例接入和能效的大幅提升，从而得到有效治理。

1.2　确保能源安全

提高能源生产和利用效率，降低单位 GDP 能耗，减缓中国能源消费总量增长速度，并且通过能源互联网，大幅提升可再生能源的利用效率，从而缓解中国对于化石能源的依赖，甚至大幅减少中国化石能源消费总量，改变中国油气资源的对外依赖。

随着可再生能源的装机增加、发电单元的布局分散化、交通工具的电气化以及多元主体的市场进入，未来的能源系统将日益复杂，责任主体和市场机制也将变得错综复杂。通过能源技术（ET）和信息技术（IT）以及互联网商业模式（E-business）的融合，实现能源系统生产、配送、消费、调度、控制和管理的智能化，最终实现复杂系统的简单化和自组织化，使得能源相关决策可以进行系统化仿真和验证，对能源生产消费价值链进行全局优化，并且可以在极短时间内对干扰和破坏做出更灵活的反应，做出正确决定，确保系统可靠性和健壮性。

1.3 能源产业

1.3.1 促进国民经济增长，创造价值和就业机会

能源基础设施的智能化，以及能源产业的商业模式互联网化，开辟了能源产业价值创造的新途径和能源产业就业的新形式，能源产业的开放化和服务化将衍生出众多新业态，不仅有效促进了在能源领域内的大众创业和万众创新，同时能够吸纳大量新增就业。

能源互联网将有效提高能源生产和利用效率，降低单位 GDP 能耗，确保有限的资源投入能够支撑更大的国民经济总量。能源互联网也将有效降低能源价格，带动下游产品价格的下降，从而促进消费，增加企业利润，增强中国产品的国际竞争力，全社会的经济活力因此而增强，不仅如此，能源价格的下降也将减缓社会对通货膨胀的预期，释放更多货币和财政政策调控空间，为应对经济转型提供支撑。

1.3.2 加速中国能源产业“走出去”进程

将能源互联网塑造成中国能源产业的品牌概念，配合一带一路，结合“中国制造 2025”规划，能源互联网将成为中国产业输出的火车头，通过为发展中国家提供能源互联网的全套解决方案，带动中国领先全球的互联网商业模式。

以能源互联网为核心的全套解决方案，包括特高压、清洁能源发展、电网运营、能源互联网建设及运营，以及智能家居、智慧储能等相关产业，将能实现以下 4 项工作的协同效应：中国的过剩产能输出到发展中国家，有效促进雾霾治理；推动中国能源产业实现转型升级，成为有世界竞争力的产业；将中国的能源模式扩展到发展中国家，增强中国国际影响力；帮助发展中国家发展清洁能源，实现能源转型，凸显中国在世界气候变化治理中的关键作用。

1.3.3 为能源体制改革保驾护航

通过能源生产端和能源消费端的全互联，以及能源的分布化和智能化发展，能源互联网赋予能源消费者充分知情权，保障能源消费者、能源生产者、能源配送者、能源销售者之间的对等权力，扭转目前能源行业供应方和消费方权责利不对等的情况，形成以能源消费者为核心，以市场机制为规则，以价格为杠杆的能源行业新生态，发动市场的力量，为能源体制各项改革保驾护航，真正还原能源产品的商品属性。

2　能源互联网效益实现手段

能源互联网效益的实现离不开具体的实现手段，本节旨在从微观角度回答如何实现各项效益，选择关键的能源互联网技术分析其产生效益的机理。

2.1　多能综合利用技术

通过能源互联网技术可实现电、热、冷、气、油、煤、交通等多能源链协同优势互补，其潜在效益包括：多能源系统协同规划建设，可以减少重复建设导致的浪费，提高经济性；在产能侧，通过储热、电制氢等方式，可以应对可再生能源的不确定性，减少弃风弃光，提高可再生能源的消纳能力，支撑高比例可再生能源的接入；在用能侧通过多能综合利用，实现梯级利用和余能回收，提高一次能源综合利用效率，减少能源消耗和各种污染物排放等；为用户提供多样化用能选择，用户具有更大的优化空间和能源替代的可能，可以满足用户不同品位的能源需求，降低用能成本，提高供能的可靠性。如图 1 所示为多能综合利用技术表示图。

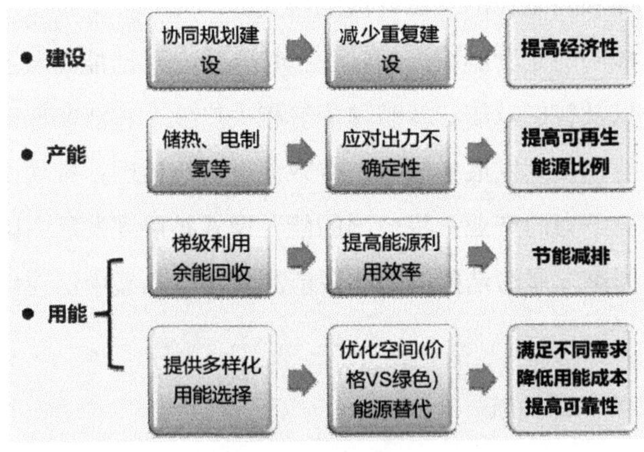

图 1　多能综合利用技术示意图

2.2　分布式供能技术

分布式供能包括分布式燃气发电（或冷热电联供）、分布式光伏、分布式风电、分布式地热等。发展分布式供能具有以下潜在效益：分布式供能以清洁能源（天然气）、可再生能源（生物质能、风、太阳能）等为主要能量来源，清洁环保，污染少，可以提高可再生能源比例，有助于我国环境改善和减少碳排放；分布式供能的产能效率较高（如冷热电三联供），可以提高能源使用效率；分布式供能本地生产和消纳，可以减少能量远距离传输造成的损耗，减少基础设施建设，并减少投资和运行维护成本；分布式供能可以并网或独立运行，可以在电网发生大面积故障时继续为重要负荷供能，提高供能的可靠性和安全性；分布式供能投资较小，产能方式灵活，可以促进民营资本的参与和产消者的出现，促进能源市场的形成和发展；分布式供能可为偏远地区供能提供有效的解决方案。如图 2 所示为分布式功能技术示意图。

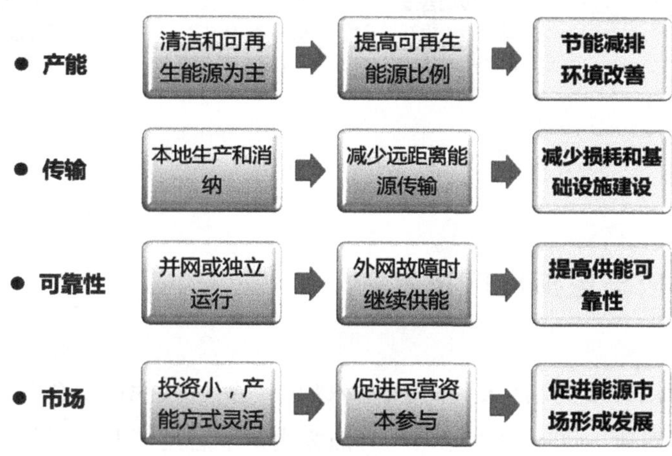

图 2　分布式功能技术示意图

2.3　先进能量传输技术

先进能量传输技术包括交直流特高压技术、直流电网、能源路由器、超导技术等，具有以下潜在效益：交直流特高压技术可以实现电能的远距离大容量传输，实现能源在空间层面的互补和优化配置，促进可再生能源的大规模开发利用；直流电网在远距离传输上相比交流电造价更低，传输容量更大、损耗更小，调节快速，不存在稳定问题并可以限制短路电流，减少输电走廊，在直流负荷比例较高情况下可以减少逆变器和备用容量并减少损耗；能源路由器可以实现分布式能源和系统的即插即用和互联，支持大量主动负荷的接入和能量的双向流动，支撑分布式能源的接入与消纳，支持端对端的能量自由交易和共享，具有更加灵活的能量控制，可以提高系统安全运行水平；超导技术可以大幅提高电能传输容量，减少输电损耗，减少输配电传输走廊，提供超导储能等。如图 3 所示为先进能量传输技术示意图。

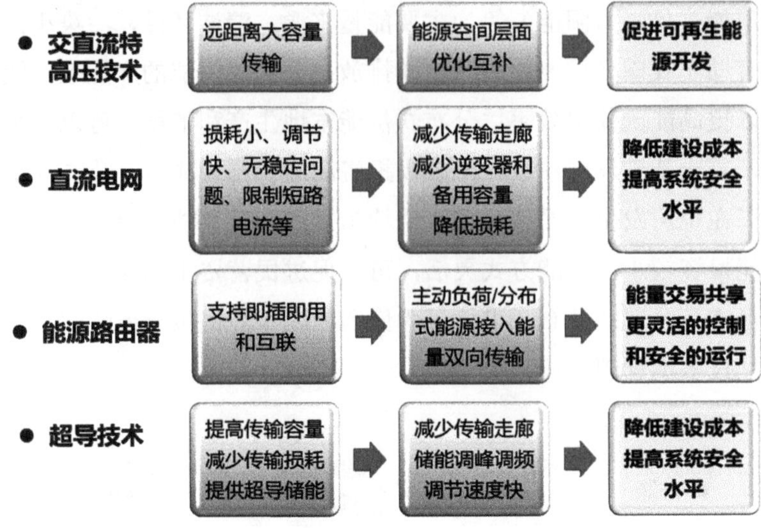

图 3　先进能量传输技术示意图

2.4　需求侧响应与虚拟电厂技术

需求侧响应通过价格机制和控制手段，激励用户实现用能需求在时间和空间上的合理分布，在高峰负荷时段主动减少用能，一方面为用户节省用能开支，另一方面显著降低负荷峰值，降低负荷的最大容量需求和系统的调峰压力，提高设备利用率，减少或者延迟设备投资，减少传输损耗，并提高系统安全运行能力；在低谷负荷时增加用能，可以减少低谷时段弃风，提高可再生能源消纳能力，同时提高设备利用率，增加发电机组利用小时数和发电效率，减少排放；此外需求侧响应可以向电网提供新的可调控能力，参与辅助服务，为电网安全与经济运行提供支撑。

虚拟电厂技术可以实现不同空间、类型的产能及用能的协同，激励用户（产消者）进行智能控制，减少波动性和随机性，实现网络友好接入，提高系统安全运行水平，并支持能量的自由交易和共享。如图 4 所示为需求侧响应与虚拟电厂技术示意图。

2.5　储能及其网络化应用技术

储能包括储电、储热、储冷、储气等不同类型，是能源互联网的关键技术之一。集中式储能可以为能源系统提供有效的调控资源，实现能量在时间维度的优化配置，提供调峰、调频、辅助服务等作用，提高系统运行的安全性和经济性；分布式储能主要由用户进行智能控制，是需求侧响应的有效资源，可以达到节省费用，提高可再生能源利用率等需求侧响应效益，此外分布式储能可以通过互联网化管控实现能量信息化，提高存量巨大而利用率极低、碎片化存在的储能的利用率。如图 5 所示为储能及其网络化应用技术示意图。

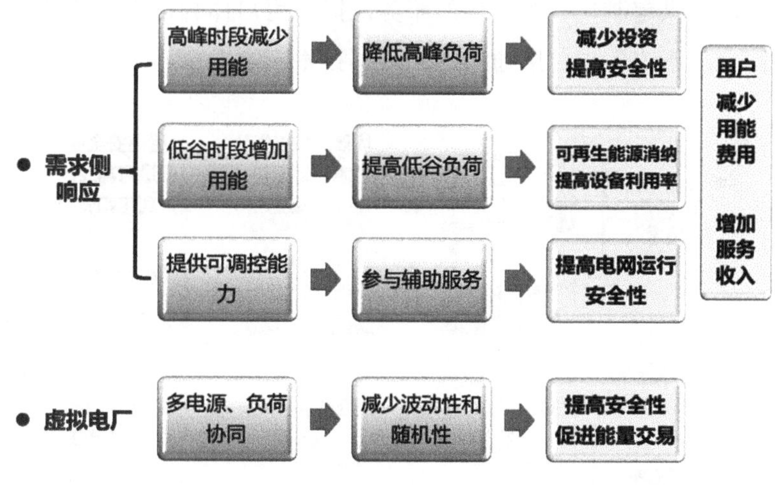

图 4　需求侧响应与虚拟电厂技术示意图

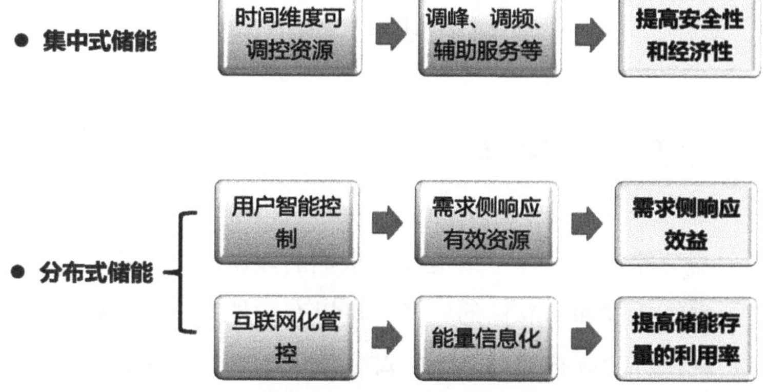

图 5　储能及其网络化应用技术示意图

2.6　先进传感通信与大数据技术

先进传感通信技术使得能源互联网能够实时感知整个系统的状态，从而可以进行在线分析和控制，提高系统的安全运行水平和可靠性，促进资源的优化配置和能量的动态平衡，节省成本、降低能耗，应对各种波动性从而提高可再生能源利用率；促进信息的实时共享，为能量的分享和交易提供基础，促进能量交易共享，支持能量市场的发展。

大数据技术提供处理海量实时数据的能力，揭示能源互联网更多更精细的特征，如更精确的可再生能源出力预测、精细化负荷建模等，从而提高可再生能源的发电效率和利用率，促进需求侧响应的实施，提高系统安全运行水平等。此外大数据可以深入挖掘用户的行为和心理特征，提供定制化、个性化的服务，提高用户体验，支撑能源的交易、共享及其他服务。如图 6 所示为先进传感通信与大数据技术示意图。

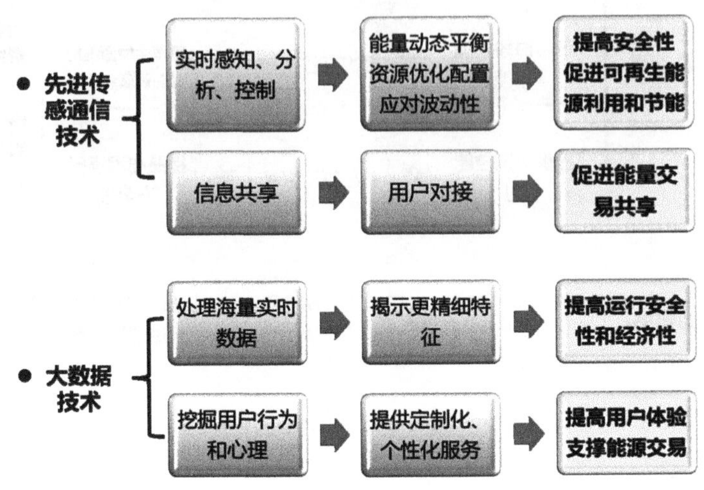

图 6　先进传感通信与大数据技术示意图

2.7　先进能效管理与节能技术

先进能效管理与节能技术可以有效提高需求侧的能源利用效率，是节能减排的基础，在保证生产率、用户舒适度和可靠性的同时，可以有效地降低终端能源需求，从而减少能源的生产和资源消耗，减少碳排放，降低能源供应成本，提高能源安全水平。如图 7 所示为先进能效管理与节能技术示意图。

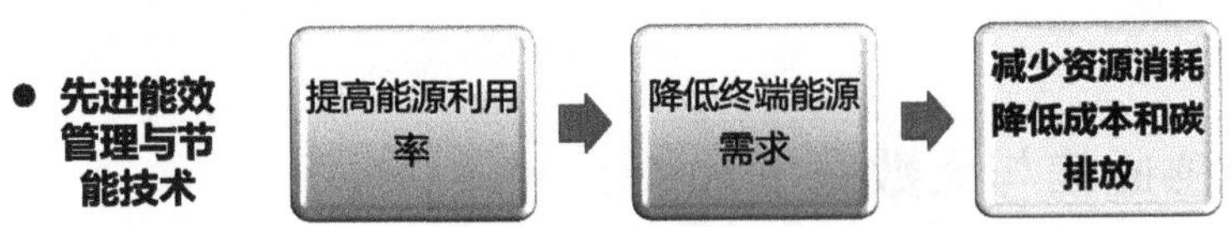

图 7　先进能效管理与节能技术示意图

2.8　电动汽车

电动汽车是典型的移动式储能，在有效控制下可以发挥类似储能的作用，未来庞大的电动汽车保有量将提供可观的可调节容量，参与调峰、调频等辅助服务，一方面为用户获得收益，另一方面降低电网调峰压力，提高系统安全运行水平，提高设备的利用率，延缓或者减少投资；通过使用可再生能源替代传统汽油等化石燃料，可以减少化石能源消耗和进口，促进可再生能源的开发利用，减少碳排放和空气污染，提高国家能源安全。如图 8 所示为电动汽车的优点。

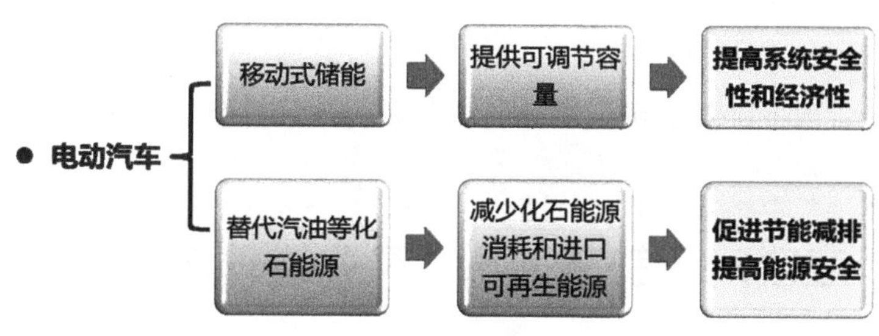

图 8　电动汽车的优点

3　能源互联网效益评估机制建议

能源互联网作为一个新型的能源系统，其效益评估也是一个相当复杂的系统问题，其精确评估必然需要更多的研究，需要进行长期的投入，因此提出能源互联网效益评估建议。

- ❑ 尽快建立能源互联网实施效益评估指标体系，提供更加全面客观的评估依据。指标体系需要从多个层面客观全面地评估我国能源互联网的实施效益，考虑多样化因素，适应不同层次不同主体不同类型项目的效益评估需求。
- ❑ 建立能源互联网成熟度模型。借鉴智能电网成熟度模型思路，建立适合能源互联网的成熟度模型，结合能源互联网相关技术、示范、商业等发展现状，能够从多个维度评估能源互联网的发展阶段，可分析不同国家、不同企业能源互联网发展的路径、特点和差距，确定能源互联网每个发展阶段的重点效益指标与实现路径，鼓励、指导和支持能源互联网的发展和投资，定期开展能源互联网的成熟度评估。
- ❑ 建立能源互联网效益评价机制与平台。该平台可以管理能源互联网项目，实施全过程的项目前评估、项目中跟踪评估和项目后评估的纵向评估流程，建设基于云技术的效益评估方式，为大、中、小型能源互联网建设提供典型案例和标杆项目，方便快速开展效益评估，并结合大数据技术进行横向比较和效益监督。

天然气分布式能源："互联网＋化石能源"的先行者

国务院发展研究中心资源与环境政策研究所　洪涛

1　引言："互联网＋智慧能源"是先进能源生产力的表现形式

"互联网＋智慧能源"（以下简称"能源互联网"），通过天然气、可再生能源等各类清洁能源的高效转化，统筹利用天然气、太阳能和风能等新能源发电、储能，将使能源流、信息流、能量流等出现无缝连接从而改善能源系统效率，以更好地满足客户气、电、热、冷等能源需求。能源互联网是能源发展的创新形式，将颠覆原有的能源行业分工，出现高开放性的新兴业态，也会颠覆性改变过去的一些市场规则，倒逼政府改变管理方式，催生产业组织创新、商业模式创新和政府管理方式创新。

天然气分布式能源是指以天然气清洁能源为燃料的分布式能源系统，应用燃气轮机、燃气内燃机、外燃机等各种热定力发电机组和余热雷勇机组能量转化设备，为用户提供冷、热、电等各种负荷需求。天然气分布式能源在分布式能源系统中具有核心地位，是我国实现节能减排和清洁能源利用迫切发展的重点。天然气分布式能源具有节能、减排、经济、安全、削峰填谷等不可替代的多元优势，特别适合城市能源系统。

2　化石能源积极参与能源互联网有利于实现清洁化低碳化转型

2.1　能源互联网未来新形势下建设现代能源体系的重要形式

党的第十八届五中全会通过的《中共中央关于制定国民经济和社会发展第十三个五年规划的建议》，提出要以创新、协调、绿色、开放、共享的发展理念引领我国"十三五"乃至更长时期的经济社会发展。新的发展理念要求我们必须加快推进能源革命，加大能源技术创新力度，努力实现能源转型，建设清洁低碳、安全高效的现代能源体系。能源互联网的提出呼应了上述发展理念，是"十三五"时期乃至2030年实现"互联网＋"创新发展及能源生产消费革命的重要形式。

2.2 能源互联网是我国能源转型并实现创新发展的重要标志

能源互联网融汇了能源革命与创新发展的共同要求，是推动我国能源革命的重要实践，有利于提高可再生能源比重，有利于促进化石能源清洁高效利用，有利于提升能源综合利用效率，有利于推动能源市场开放和产业升级，有利于促进装备制造业新的增长点，对提升能源国际合作水平具有重要意义。

推进我国能源向清洁化、低碳化转型非常急迫，十三五时期是我国能源转型的关键时期，必须在加快深化能源领域改革、推进能源革命，实现能源转型等方面有重大突破。宏观上看，天然气是我国能源转型的重要过渡能源，能源互联网可以有效统筹能源生产与能源消费，二者结合的天然气分布式能源是我国能源转型并实现创新发展的重要标志；微观上看，天然气分布式能源是绿色城镇化中先进城市能源系统的重要形式，是建设低排放或近零排放试点的重要具体实现手段。

2.3 能源互联网可让化石能源利用更加清洁高效并可改善存量

随着全社会电气化水平的提升，能源互联网的未来是以电网为核心平台，但这个过程不是短期内一蹴而就的。目前的能源系统仍有电网以外的多种形式并存，供需两侧大比例的"脱网"能源几乎全都是化石能源。让化石能源通过"互联网化"而提升效率，是现阶段促进能源转型的必要途径，可促进化石能源的清洁化与低碳化转型。基于可再生能源或电侧的能源互联网应用可以实现增量创新，而基于化石能源的能源互联网应用可以实现存量改善，以上两方面需要并重。尽管在发展初期，能源互联网只是局部的增量创新，但"互联网＋化石能源"的发展与普及可以让化石能源利用更加清洁高效，并逐步改善供给侧存量结构，同时优化消费侧能源结构。

3 天然气分布式能源将成为我国"互联网＋化石能源"先行者

3.1 分布式能源是具互联网特征高效安全清洁的能源利用方式

分布式能源是一种在地域上分散、建在近用户端、相对独立的能源供需体系。以具有互联网拓扑特征的电力网络为例，传统的大型集中式能源供应站（大型中心电厂）一般远离用户，通过大电网、高电压的输变电传输将电力送到终端用户。分布式能源是将发电和供能装备建在近用户侧，利用天然气等清洁能源、本地光伏等可再生能源，或结合工业余热余压等，通过能源梯级利用的方式，满足用户冷、热、电、整齐、生活热水等各种能源负荷的需求。

天然气分布式能源可以高效优化能源供需两侧，同时为能源系统提供更好的安全性。化石能源（以天然气为例）的“开发加工→管网传输→用户”，正像可再生能源“转化发电→电网传输→用户”那样的利用消费路径，都是将能源通过自然垄断的拓扑网络传输到消费侧，而天然气分布式能源正处于用户和传输环节之间的一个连接消费侧与供给侧关键节点，可以将化石能源系统与电力系统有机地结合起来，并以满足用户多元能源需求为核心高效配置供给侧能源。储能技术的快速发展，将有利于让这两个系统形成完整闭环，逐步减少对网络型自然垄断基础设施的依赖，同时有利于降低电和气的峰谷差，充分利用谷间低价，进一步提升效率。

3.2　天然气分布式能源是汇聚化石能源与电力系统的重要领域

天然气分布式能源是指利用天然气为燃料，通过冷热电三联供等方式实现能源的梯级利用，综合能源利用效率在 70%甚至更高，并在负荷中心就近实现能源供应的现代能源供应方式。天然气分布式能源的典型模式是电热冷热三联供，特别适合为城市和负荷中心提供高效的清洁能源，一定规模的天然气分布式能源，可提高天然气利用规模，也可降低峰电负荷。天然气分布式能源是国际上公认的效率最高的能源利用方式之一，系统能效可以达到 80%左右，兼具高效低排放、运行灵活、系统安全性好等特点，有利于解决电网调峰和安全问题，并能改善能效和能源结构。

技术经济特征决定天然气分布式能源可以高效参与能源互联网。一方面，与传统集中式发电和天然气利用方式相比，天然气分布式能源具有重要优势：提高能源利用效率，节能减排；发挥对电网和天然气管网的双重削峰填谷作用，增强能源供应的安全性；具有较好的经济效益，节省社会公共成本。另一方面，与电力系统的交互，有利于对消费侧信息的采集与共享，这也符合能源互联网的“开放”特征。

3.3　发展天然气分布式能源是化石能源互联网实践的重要途径

天然气分布式能源给传统的化石能源利用增加了互联网基因。开放共享的能源互联网生态环境，能源综合效率明显改善，可再生能源比重显著提高，化石能源清洁高效利用取得积极进展，大众参与程度及用户体验大幅提升，有力支撑能源革命。主要表现为以下几方面。

（1）有利于推动清洁及可再生能源智能化生产与清洁替代。鼓励用户侧建设冷热电三联供、热泵等综合能源利用基础设施，提高分布式可再生能源综合利用水平；促进可再生能源与化石能源的协同生产，推动对散烧煤等低效化石能源的清洁替代；鼓励建设与化石能源配套的电采暖、储热等调节设施，增强供能灵活性、柔性化，实现化石能源高效的梯级利用与深度调峰；加快化石能源生产、管理和调度体系的智能化改造；建设市场导向的生产计划决策平台与智能化信息管理系统，实现化石能源需求侧与供给侧的高效匹配，实现供应链运营集约高效。

（2）推动分布式储能将与利于区域微网形成完整闭环。开发储电、储热、储冷、清洁燃料存储等多类型、大容量、低成本、高效率、长寿命储能系统，将有利于天然气分布式能源形成微网完整闭环。推动建设小区、楼宇、家庭应用场景下的分布式储能设备，实现储能设备的混合配置、高效管理、友好并网。

（3）加快推进能源消费智能化与低排放社区试点建设。鼓励建设以智能终端和能源灵活交易为主要特征的智能家居、智能楼宇、智能小区和智能工厂，支撑智慧城市建设；普及智能化用能监测和诊断技术，建设基于互联网的信息服务平台；构建以多能融合、开放共享、双向通信和智能调控为特征，各类用能终端灵活融入的微平衡系统；建设家庭、园区、区域不同层次的用能主体参与能源市场的接入设施和信息服务平台。

4　我国天然气分布式能源仍处发展初期面临挑战但前景光明

4.1　起步晚，规模小，比重低，总体上仍处于起步阶段

天然气分布式能源在国际上发展迅速，但在我国还处于起步阶段。我国开始发展天然气分布式能源仅十余年，装机容量占比不足 1%。这与世界各国总发电量中约 10%来自分布式能源的比例相比很低。从分类上看，区域式项目主要在大型社区和工业项目中发展，楼宇式项目成为提高建筑能效的重要选择。从分布上看，呈现点状集中，仅在北京、上海、广东等资源充足、经济发达地区发展较快。从性质上看，多为政府主导的示范项目、城市地标项目。从效率上看，与燃煤的传统火电和供热相比，物理能效较高、经济能效较低，且前者改善程度高于后者。从数量上看，发展规模仅为"十二五"规划目标的不足一成。据中国城市燃气协会分布式能源专业委员会统计，截至 2014 年底，我国已建成天然气分布式能源项目 85 个，总装机 108 万千瓦；在建项目 22 个，筹建项目 53 个，累计装机容量超

过 380 万千瓦。总体上看，我国天然气分布式能源的装机规模、能源系统占比、效率指标、普及程度等方面，和国际先进水平相比还有巨大差距。

天然气分布式能源是我国集中能源供应系统的有益补充，但需要因地制宜。我国的能源资源禀赋、经济发展阶段、生产力布局、建筑结构和居住条件，与西方发达国家相比有很大的差异，因此，决定了我国的能源发展战略、天然气分布式能源的发展重点和路径，也会与这些国家有很大的不同。我国能源相对集中，能源消费地域逆向分布的客观条件，决定了集中式能源开发和跨区远距离输送仍将是解决我国能源和电力供应问题的主渠道。

4.2　受重视，前景好，总体发展空间很大，尤其是城市

“十二五”以来，国家及部分省市相继颁布了相关政策法规大力扶持天然气分布式能源发展，并建设了部分具有代表性的示范项目，为天然气分布式能源的进一步发展奠定了良好的基础。一是政府重视天然气分布式能源发展，并将天然气分布式能源用气列为优先发展类，并已开始解决并网运行、上网电价形成机制等问题。二是政府制定了雄心勃勃的计划，据华电电科院预测，2020 年在全国规模以上城市推广使用分布式能源系统，装机规模达到 5000 万千瓦。三是未来我国天然气供需比重将大幅提高，天然气分布式能源将是重要的利用途径，长期看，气源是有保障的，天然气分布式能源将有很大发展空间。天然气分布式能源在我国已具快速规模发展的条件。目前我国天然气供应日趋增加，智能电网建设步伐加快，专业化服务公司方兴未艾。

2015 年被看作是“天然气分布式能源元年”，相关项目大批出现，进入实质性开发阶段。一方面，更多央企开始涉足天然气分布式能源，形成了良好的带动效应。2015 年以来，中海油气电公司、南方电网、中石油、国华电、中广核等企业纷纷布局天然气分布式项目。另一方面，以天然气分布式能源为主的综合供能体系正在推广，意味着行业可以得到可持续发展。未来，天然气分布式能源的输入将以天然气为主，但还会有太阳能、风能、火电等作为补充，目的都是为保障供能的稳定性、高效性。随着城镇化的推进及环保约束趋紧，天然气分布式能源在城市高密度区、工业园区等特定地区将大有可为。

未来，天然气分布式在我国的发展将以提高能源综合利用效率为首要目标，给用户带来便捷、经济的能源体验。“十三五”时期，将仍以实现节能减排任务为工作抓手，重点在能源负荷中心建设区域分布式能源系统，如城市工业园区、旅游集中服务区、生态园区等；因地制宜发展楼宇分布式能源系统，鼓励创新发展多能源互补利用的分布式能源系统。例如，在天然气供应有保障的地区或经济发达、能源品质要求较高的地区建立示范工程，通过示范工程积累经验，为大规模推广奠定基础。鼓励创新发展多能源互补利用的分布式能源系统，在条件具备的地方开展天然气与太阳能、风能、地热能等，多种可再生能源互补利用的工程示范，为今后的大规模推广应用奠定基础。

4.3　底板（供气）和顶板（售电）的双向约束正在破解

分布式能源在国内所遭遇的所有问题的总因是中国落后的能源体制，尤其是电力体制与油气体制不适应新兴能源利用方式的发展和应用。输入侧（底板）方面，燃料气价与供气方式是影响成本与稳定运行的重要原因。除了一些基于工业园区的区域式项目可获得较廉价的直供气外，多数项目尤其是楼宇式项目的供气价格和供气方式被特许经营权下的城市燃气公司锁定，用户没有选择权也没有议价能力。输出侧（顶板）方面，旧有电力体制影响天然气分布式能源项目的成本摊薄，表现在就近供电与售电难、被附加备用容量费等，计划电价、气价与市场热价也双侧挤压着天然气分布式能源的盈利空间。

2015 年前已投运项目总体上运行状况不容乐观，物理能效与经济能效难以有效协调。虽然已投运项目多为政府支持的示范项目，但真正实现较好经济效益的并不多。运行负荷率不高，没有真正满足"为用户定制"的能源消费需求。"高物理能效、低经济能效"的现象比较普遍，成本因素已成为高物理能效的羁绊。随着电价、气价的市场化方向改革，运行不乐观的问题正在缓解。

4.4　天然气分布式发展的发展经验与条件值得我国借鉴

（1）天然气分布式能源在国外得到较快的发展，已成为世界电力发展和天然气利用的新方向。天然气分布式能源在整个能源系统中的比重不断提高，并为特定的能源微系统提供安全冗余。

（2）法律保证、有效机制和政策落实是发展天然气分布式能源的关键，包括：构建法律体系，制定促进政策；余电上网、并网合法化成为政策首选；完善补偿机制，破解上网难题；制定长期规划，重视城市建筑与工业领域应用等。

（3）天然气是中短期内分布式能源可靠的输入燃料选择。由于具有经济、稳定、清洁、便捷、高能源密度等相对优势，天然气是目前世界范围尤其是城市内分布式能源的主要燃料，并可得到有效保障。全球天然气供给相对宽松，中短期的低价格区间，也为天然气分布式能源的发展增加了筹码。

5　能源与经济的转型发展将为天然气分布式能源提供发展良机

我国未来的转型发展需要能源转型支撑，天然气分布式能源是城市能源系统的重要选择。我国未来将建设绿色、高效的城镇化，需要灵活、清洁的能源微系统，工业转型升级与园区循环化需要集成、高效的能源供应微系统，未来低排放社区的发展也离不开分布式能源。中央关于“十三五”规划建议也明确提出，减少政府对价格形成的干预，全面放开竞争性领域商品和服务价格，放开电力、石油、天然气、交通运输、电信等领域竞争性环节价格。“互联网＋智慧能源”及创新发展，将引领新兴商业模式在能源领域发挥作用。

5.1 “互联网＋”为天然气分布式能源发展提供契机

2015 年 7 月国务院印发《关于积极推进“互联网＋”行动的指导意见》（简称《指导意见》）指出，发展“互联网＋”智慧能源，通过互联网促进能源系统扁平化，推进能源生产与消费模式革命。《指导意见》特别指出，要加强分布式能源网络建设，实现分布式电源的及时有效接入，逐步建成开放共享的能源网络。2016 年 2 月发布的《关于推进“互联网＋”智慧能源发展的指导意见》（发改能源[2016]392 号）也提出，“鼓励发展天然气分布式能源，增强供能灵活性、柔性化，实现化石能源高效梯级利用与深度调峰”，多项重点任务均与天然气分布式能源相关。

5.2 能源市场化改革为天然气分布式能源创造更好发展条件

天然气价格改革日益推进，未来将有市场化的燃料气价格与更灵活的供气选择，体现了“基础开放、大众参与”和“市场驱动”的原则。发展改革委宣布 2015 年 4 月 1 日起天然气存量气与增量气价格正式并轨，11 月 18 日发布的《关于降低非居民用天然气门站价格并进一步推进价格市场化改革的通知》凸显了国家加快天然气市场化改革的决心。油气体制改革将“管道网运分开”、“放开竞争性环节政府定价”、“放开下游环节竞争性业务”作为改革重点，可以预期将有更多的天然气销售主体出现，流通环节效率将有较大提升，市场化改革后的价格也将有所降低。目前，国际 LNG 现货价格持续走低，据预测将维持较长时间，新增市场主体也将提供更加多元、灵活的供气方式和更经济的燃料气。

5.3 多部门激励约束政策共同促进天然气分布式能源发展

项目政策环境日益完善，多部委与重点城市规范与激励并重，体现了“探索创新、示范先行”和“科学监管”的原则。2011 年 10 月，我国《关于发展天然气分布式能源的指导意见》公布以来，全国有天然气分布式能源项目获得了政策激励。2014 年底，发改委、能源局和住建部联合印发《天然气分布式能源示范项目实施细则》，完善了天然气分布式能源示范项目审核、申报等管理程序。在中央政策的鼓励下，各地纷纷出台相关细则。2015年起，长沙市每年安排预算资金 3000 万元用于天然气分布式能源项目及相关产业链的发展，预计年末将建设 20 个天然气分布式能源项目，总装机达 800 兆瓦，年天然气消耗量 10 亿立方米，年发电量 40 亿度。环保方面的排放限制政策趋紧，环境税逼近出台与碳税加紧研究，工业园区循环化改造等，都将成为有利于天然气分布式能源发展的倒逼条件。

6 天然气分布式能源发展与能源互联网的快速发展区域高度重合

能源互联网将在多用户需求、多能源供给的地区优先发展，尤其是高密度城市区和工业园区，这些地区都有较高的能源负荷与较完善的能源基础设施。

6.1 天然气分布式能源发展将让城市能源系统更加清洁绿色和高效

（1）提高区域能源综合利用效率，在特定地区大力推进区域天然气分布式能源建设。在城市工业园区、新型小城镇聚集区、旅游集中服务区、生态园区等大型区域能源负荷中心，应大力推进区域天然气分布式能源项目建设。

（2）建设绿色高效城市能源系统，在城市高密度区因地制宜发展楼宇天然气分布式能源项目。在城市医院、宾馆、大型商场、影剧院、商务楼宇、大型车站等交通枢纽以及其他大型公共场所，因地制宜发展楼宇天然气分布式能源系统。

（3）天然气与可再生能源结合可更加绿色，创新发展多能源互补利用的分布式能源。在条件具备的地区，鼓励结合太阳能、风能、地源热泵等可再生能源，创新发展多能源互补利用的分布式能源。

6.2 天然气分布式能源的重点发展区域将是华东、华北、华南等区域

（1）华东、华北、华南都是天然气分布式发展的优先地区和优势地区。这些地区都是我国城镇化程度较高的地区，经济发达，能源价格承受能力强；民用需求稳中有升，工业需求更讲质量。这些地区是用气用电负荷集中区，对冷、热产品需求旺盛；气源丰富且多元化，天然气管网、LNG 接收站等基础设施条件较好；用电用气的季节性明显；环境倒逼落实更加彻底。

（2）京津冀协同发展将需要区域能源协同转型，天然气分布式肩负重任。天然气替代散煤已成为该地区大气污染联防联控的重要手段，大幅提升天然气比重是该地区能源协同

转型的有力抓手。产业重心布局将伴随京津冀协同发展，一些重大基础设施建设和新兴工业园区的建设将给天然气分布式能源提供更好的参与机会。冬奥会的申办成功，让北京-张家口一线的相关清洁能源基础设施和重点项目，结合可再生能源的微网社区正在建设。

（3）其他地区也将各具优势发展天然气分布式能源。东北、西北、华中、西南地区总体上条件不如华东、华北、华南地区，但也各具有利条件，共同点是这些地区都是城镇化发展的潜力区，将有更多的城市公共建筑出现。工业化中，新园区出现和旧园区的循环化改造也将提供多种能源需求。中长期看，东北地区也将面临能源清洁低碳转型，东线俄气将为未来煤改气提供气源支撑；西北、西南近气源地，重化工产业急需能源供给转型；华中、西南是产业转移的重点目的地区，新的产业聚集下或将出现很多新的工业园区。东北、西北、西南地区可再生能源丰富，有利于与天然气分布式能源共同组建低碳绿色微能源系统，生态保护区等微网也需要天然气作为稳定的输入能源。

7　小结

以天然气为代表的化石能源参与能源互联网是“互联网＋智慧能源”的发展方向和重点任务之一，是“互联网＋化石能源”的重要标志。发展天然气分布式能源将有利于实现：推动化石能源生产消费基础设施智能化，推动化石能源与信息通信基础设施深度融合；建设多能（化石能源与可再生能源、一次能源与二次能源、热冷气电储等）协同综合能源网络；营造开放共享的能源互联网生态体系，培育绿色能源灵活交易市场模式，以具体实践落实电力体制改革、油气体制改革、绿色城镇化及能源转型；带动能源互联网的关键技术攻关，包括支持能源互联网的核心设备研发、支持信息物理系统关键技术研发、支持系统运营交易关键技术研发以及自主燃机研发与制造现代化。

天然气分布式能源具有美好未来。期待电力体制改革、油气体制改革、能源市场化取得实质性成功，天然气分布式能源将挣脱束缚，更深更广地融入能源互联网，成为高效稳定的能源利用方式。

多能协同的新一代能源网络

清华大学　郭庆来　孙宏斌　潘昭光

1　多能协同是能源互联网的核心特征之一

广义的能源系统包括电力、供热、供冷、石油、天然气、电气化交通等多个子系统，现阶段供电、供热、供气、交通隶属于不同部门或企业来进行管理、规划、运行与运营，能源系统之间存在固有藩篱，互联互通有限，多能源链间的协同很少。这种相对割裂的状态造成了许多能源设施的重复建设和浪费，无法充分发挥协同潜力，抑制了能源使用效率的提高与可再生能源的消纳，甚至可能造成能源体系中的薄弱环节，影响能源生产与使用的安全性。

能源互联网是能源系统和互联网思维深度融合的产物，互联网思维和理念为能源系统的发展提供了重要的借鉴和参考价值。互联网作为近几十年全球发展最快速、影响最广泛的领域，离不开其本身具有的符合时代潮流和发展规律的理念和技术，反过来这些理念和技术也不断塑造着人们的观念和行为。在互联网众多的思维和理念中，一个核心和基本的理念就是互联网的开放互联。在互联网产生以前，从来没有像现在那么多的人、信息、资源可以如此开放地互联。可以说互联网的繁荣发展，正是建立在这些用户开放互联的基础上。互联网让用户之间的等级差距变得最小化，只要有终端和网络，任何用户都可以开放地接入互联网，通过互联实现资源、信息的共享。

开放互联也是能源互联网的核心理念，而多能协同正是体现能源互联网开放互联的关键特征之一。多能协同是指能源系统中的电、热、冷、气、油、交通等各子系统在生产、传输、转化与利用等各个环节实现互补与优化。能源互联网打破现有多种能量形式相互分割的藩篱，通过多能协同真正实现整个能源系统的互联、互通与互补。这也是能源互联网有别于现有智能电网的核心特征之一。

目前，能源和环境已经成为制约国民经济可持续发展的主要瓶颈，从传统的粗放型能源利用方式向精细化、分散化、可持续的能源利用方式转变成为趋势，而多能协同正是其中关键技术之一。各种能源转换技术（如热电联产、冷热电联供、吸收式制冷、热泵、电采暖、电制氢等）的发展为多能协同提供了物理基础，使得能源之间的转换成为可能，能源系统之间的耦合越来越强。此外各种传感通信技术的发展，可以实现不同能源系统的信息共享，为能源的协同运行提供了技术支撑。多能协同体现在能源系统不同的层面，包括规划层面、管理层面、运行控制层面、运营交易层面等。不同层面面临的问题、需要的技术也是不同的。

多能协同在不同空间范围其表现形式也有不同：在楼宇的范围，冷、热、电在能源使用方面的协同是关键，可以减少能源消耗，提高能效，降低成本；在园区、区域的范围，电、热、气在能源生产方面的协同更为重要，通过不同能源形式的组合，实现最低成本的供应能源；在国家或者国与国之间的范围，主要是电和天然气协同，对于国家的能源安全和经济发展影响很大。

多能协同近几年已经在国内外逐渐得到了认可，成为新的热点，许多研究机构和企业正在开展相关的研究和示范应用。在国际上，发展综合能源系统（integrated energy system 或 multi-vector energy system 或 multi energy system）成为推动多能协同概念发展和应用的重要举措。综合能源系统在欧洲的发展尤其迅速，2005 年 ETH 承担了 Vision of Future Energy Networks 研究项目，认为未来能源网是电、热、冷等网络的相互耦合，提出了 Energy Hub 和 Energy Interconnector 的概念和模型，得到了大量的应用。西班牙 TELEFONICA 有 District of Future 研究项目，瑞典有 Western Harbour Front Redevelopment-Malmo 示范项目，德国有 Berlin District Energy System 等项目，这些项目都在研究多种能源形式之间的耦合互补问题。英国也有多所大学开展了相关研究。在美国，NREL 在 2013 年成立了 Energy Systems Integration 研究组，涉及多种能源相互耦合和新能源接入，IBM 有 Smart City 等项目。此外，澳大利亚 Wollongong 大学有 SMART Infrastructure 等研究项目。

在国内，天然气冷热电联供已经有许多示范应用，例如，上海崇明东滩生态城项目，采用能源总线技术和联供技术，实现区域内集中供冷供热，综合利用了可再生能源和低品位能源，提高了一次能源综合利用效率，实现了区域能源的节能高效低碳运行；上海世博 B 片区央企总部能源中心（示范）项目，采用三联供系统供冷供热供电，制冷量不足时由水蓄冷装置+电制冷机组来补充，供热量不足时由水蓄热装置+燃气锅炉来补充；上海西虹桥商务区能源站项目，区域内设置三个能源站，能源站以基于天然气的冷热电三联供为主，冷热量通过管网输送到末端用户，根据运行调节和系统经济性的需要，辅以蓄能系统、锅炉、电力驱动制冷设备等辅助设施，提高能源站的供能弹性和安全保障能力；广州大学城冷热电联供项目，分布式能源供能系统包括分布式能源站、区域供冷系统和集中生活热水系统，能源站的一次能源天然气得到了梯级综合利用，系统的能源利用效率达到 80%以上，达到了高效节能、优化能源结构、控制污染、改善环境的目的。

2 多能协同是能源互联网实现效益的重要手段

环境问题已经成为制约我国可持续发展的重要挑战。据《中国气候公报（2014 年）》统计，2014 年全国平均霾日 17.9 天，京津冀和长三角地区分别达到 61 天和 66 天，占了全年将近 1/5 的天数。而雾霾的产生很大一部分来自化石能源的使用，比如煤炭占我国能源消费总量的近 70%，以及我国大量化石能源汽车的使用等。为了减少化石能源的使用，近几年我国可再生能源发展十分迅速，但同时消纳问题依旧非常突出。据能源局统计，2015 上半年全国风电弃风电量 175 亿千瓦•时，同比增加 101 亿千瓦•时；平均弃风率 15.2%，同比上升 6.8 个百分点，其中蒙西、甘肃、新疆、吉林的弃风电量达到 33、31、29.7、22.9 亿千瓦•时，弃风现象非常严重。随着可再生能源装机容量的继续增加和电力负荷增长的放缓，可再生能源消纳问题变得更加迫切。而从能源使用来看，我国的能源使用效率较低，虽然我国单位 GDP 能耗持续下降，但仍远高于世界平均水平，2011 年时仍为世界平均水平的 2.5 倍。

多能协同是应对上述能源挑战的重要手段。通过多能协同技术可实现电、热、冷、气、油、煤、交通等多能源链协同优势互补，其潜在效益包括以下几点。

- 多能源系统协同规划建设，可以减少重复建设导致的浪费，提高整个能源系统的经济性和效益，例如，通过分布式发电的就地生产和消费，可以减少电能的远距离传输，从而减少相应基础设施的建设；利用天然气、电、热之间的负荷峰值在时间上的差异，以及气、电、热的储能装置的配合，可以减少负荷高峰，从而减少建设规模；通过不同设备之间容量的匹配，能够提高设备的利用率，减少浪费。
- 在产能侧，通过储热、电制氢等方式，可以应对可再生能源的不确定性，减少弃风弃光，从而可以提高可再生能源的消纳能力，支撑高比例可再生能源的接入，例如，含储热装置的光热发电可以提供平稳可控的电出力，有利于电网的调峰调频，在张北等地区已有示范运行，避免了传统风光不确定性的影响；利用多余的风电在冬季为居民供暖，也已经在东北、北京等地试行，而且可以减少煤炭或者天然气的使用，有利于减少冬季的雾霾问题；电制氢技术通过将多余的电制成氢，进一步处理后进入天然气系统，同时解决了存储和传输的问题，在弃风严重的风电基地和弃水严重的西南地区都有广阔的应用前景。
- 在用能侧通过多能综合利用，实现梯级利用和余能回收，提高一次能源综合利用效率，减少能源消耗和各种污染物排放等，例如，天然气冷热电联供能源站，可以通过冷、热、电、气的综合利用，按照能量品位高低对能量进行梯级利用，从总体上安排功、热（冷）与物料、热力学能等各种能量之间的匹配关系与转换利用，可以大幅提高能源的利用效率，典型的分布式冷热电联供效率可以达到 80%以上，高于传统只发电时 40%左右的效率。

- 为用户提供多样化的用能选择，用户具有更大的优化空间和能源替代的可能，可以根据需要选择不同类型的能源（天然气、电、热或冷等），从而可以满足用户的不同品位能源需求，也通过选择成本更低的能源形式从而降低用能成本，此外还可以通过不同能源之间的互济提高供能的可靠性，当某种能源供应不足时，使用另一种能源进行替换。

3　多能协同是能源互联网创新创业的沃土

多能协同的实现依赖于技术进步、政策支持以及市场培育，可以说多能协同是未来能源互联网创新创业的沃土。

技术进步方面。要实现能源之间的互联和协同，离不开各种多能协同技术的发展。首先是设备级的各种能源捕获和转换技术，如风机、光伏、光热、冷热电三联供、热泵、吸收式制冷、电动汽车等技术，仍有大量新技术需不断完善，如低风速风机、新材料光伏、含热储的光热电站、微型燃料电池、电解制氢、电动汽车充放电等。其中既有偏向于基础性的材料等学科，也有偏向于应用的学科。目前许多技术的成本还比较高，阻碍了商业的推广，需要通过技术创新不断降低成本，并使其适应于更多的场景。其次是系统级的相关技术，多能协同使不同系统间的耦合增加，能源系统间的相互作用更加复杂，系统的运行方式更加多样，使得系统的复杂性也迅速增加，在规划、运行、运营等层面都需要新的技术支持，如多能流协同的规划设计、多能流能量管理、多能源多用户的交易机制等。其中包括许多理论方面的创新需求，如多能相互作用的机理、不同气候、负荷组成下的规划配置、效益评估等，也有许多技术方面的创新，需要解决实际应用中面临的许多问题，开发相应的软件或平台。同时互联网新兴的大数据、云平台、移动互联网等技术也具有重要的应用前景，可以用于规划、运行、运营等层面，提供更有效的技术支持。

政策支持方面：除了原有的分布式发电支持政策之外，在我国最近发布的指导性政策文件中，对多能协同提供了重要支持。《国务院关于积极推进“互联网＋”行动的指导意见》提出“建设分布式能源网络，建设以太阳能、风能等可再生能源为主体的多能源协调互补的能源互联网”。《国家发展改革委国家能源局关于促进智能电网发展的指导意见》提出“加强能源互联，促进多种能源优化互补，鼓励在城市工业园区（商业园区）等区域，开展能源综合利用工程示范，以光伏发电、燃气冷热电三联供系统为基础，应用储能、热泵等技术，构建多种能源综合利用体系”。《国家能源局关于推进新能源微电网示范项目建设的指导意见》提出，联网型新能源微电网应重点建设“利用风、光、天然气、地热等可再生能源及其他清洁能源的分布式能源站，基于智能配电网的综合能量管理系统，实现冷热电负荷的动态平衡及与大电网的灵活互动”，“具备足够容量和反应速度的储能系统，包括储电、蓄热（冷）等”。此外《中共中央国务院关于进一步深化电力体制改革的若干意见》及其配套政策，为售电侧市场的开放提供了指导，明确了“拥有分布式电源的用户，供水、供气、供热等公共服务行业，节能服务公司等均可从事市场化售电业务”。这是天然气冷热电分布式发电发展的重要机遇，为其盈利和推广提供了可能。依托天然气冷热电分布式发电可以成立局部的售电公司或者能源服务公司等，为用户提供电、热、冷、气等多种能源服务，并提供不同类型的价格套餐，如分时电价、需求响应激励、电热耦合价格、电冷耦合价格等，实现售电公司和用户的双赢。

市场前景方面：作为新兴的代表未来能源发展的技术，多能协同具有广阔的市场前景。首先是目前非常迫切的可再生能源开发及其消纳问题，既给多能协同提出了现实要求，也为其发展提供了机遇，比如目前已经在多处试点的光热发电、风电供暖等，以及技术不断进步的风电制氢、水电制氢等。作为未来高比例可再生能源重要的支撑技术，一旦成本下降到合适区间，这些技术将取得大范围的应用。多能协同的另一个重要应用场景是冷热电联供能源微网，而我国正处于快速的城镇化阶段，同时低碳高效绿色的要求越来越高，大规模开发建设的城镇、园区、绿色建筑、工业需求侧响应，为冷热电联供能源微网提供了广阔的发展前景和机遇，可以建设大量的冷热电联供能源微网，从底层实现能源的高效化绿色化。我国目前有超过 300 个城市启动了智慧城市的规划和建设，能源的智能化是智慧城市的重要组成部分，为多能协同的发展提供了综合的平台和政府支持。此外，随着我国天然气供应量的增加，在更大范围内的天然气、电之间的耦合也会增加。广阔的市场前景为技术的示范、应用、进步、降低成本等提供了可能，具有巨大的商机。

第4篇　机制篇

- 支撑能源互联网的市场机制
- 能源互联网与能源体制机制改革
- 能源互联网商业模式与实现
- 能源互联网的市场形态和商业价值链革命
- 欧洲能源互联网的发展
- “互联网+”智慧能源催生天然气新业态和新体制
- “互联网＋”煤炭：行业供给侧改革新平台
- 当“卖油郎”牵手“互联网+”——小案例分享，大思维拓展
- 培育绿色能源灵活交易市场模式
- 互联网思维对能源互联网的借鉴

支撑能源互联网的市场机制

清华大学　陈启鑫　王毅

1　能源互联网带来的变革与变化

能源互联网是把互联网创新成果与传统能源行业这一“百年老店”深度融合呈现的一种新业态。互联网技术的融合与互联网精神的渗透必将为能源行业注入更多全新的动力元素，进一步提升传统能源行业的生产、传输和利用效率，实现能源行业的华丽蜕变。

在“互联网+”的助力下，创新的能源互联网商业模式将如雨后春笋般涌现，重塑能源行业创新体系和激发能源行业创新活力。商业模式是指为了实现客户价值最大化，把能使企业运行的内外各要素整合起来，形成一个完整的高效率的具有独特核心竞争力的运行系统，并通过提供产品和服务实现持续盈利的整体解决方案。任何一种商业模式的落地都将受到政策、机制、技术、资本等各方面的约束，也将得益于新机制、新技术、新融资等各方面的变革与变化。同样地，能源互联网商业模式的真正落地也有赖于能源互联网这一新兴业态所营造的环境和带来的变革与变化，具体体现在以下 4 点。

（1）组织方式的变革

一方面，以往的电、热、气等各种形式能源系统在规划、运行等各方面几乎都是保持独立的，缺乏多种形式能源综合管理的“横向突破”，以产生各种形式能源的协同效益，实现各种形式能源在生产到消费的高效性、便捷性。另一方面，在能源的生产、传输、存储、消费等各个环节存在一定程度的壁垒，缺乏能源生产到消费自由运营的“纵向突破”，以激发多样化的能源运营方式，实现能源生产、传输、存储、消费等自由组合运营。能源互联网带来的“横向突破”和“纵向突破”将打破现有各种形式能源的“条条框框”，实现能源固有组织方式的突破。

（2）市场环境的营造

开放、自由、充分竞争的市场将激发市场中各商业主体的积极性，实现更大的价值创造与市场的高效运行。我国在电力、油气等各种能源体制方面的改革已经拉开序幕，将培育更多的市场主体，使原有的能源市场变得更加活跃，这也成为能源互联网构建的最大原动力。在充分竞争的能源市场中，各商业主体需要自觉地提高自身竞争力：能源生产商需要更高效更低成本的生产优质能源，能源传输商需要理性评估能源传输系统的规划方案实现资产的高效利用，能源零售商需要以用户为中心提供个性化的用能服务等。

（3）关键技术的突破

能源互联网的构建需要在能源生产、转化、传输、储存、接入等，各方面关键技术的突破作为支撑。在能源生产方面，分布式光伏、风电等新能源技术将实现能源互联网的低碳化、清洁化；在能源转化方面，冷热电联产机组、电转氢等将实现能源的自由高效转化以促进能源系统的可靠性和灵活性；在能源传输方面，无线充电技术、高压直流技术等将实现能源传输的便捷性；在能源储存方面，高效的电池、储热泵等将实现各种能源形式的低成本高效储存，打破能源特别是电力生产消费的实时平衡约束；在能源接入方面，多段直流技术、固态变压器等，将实现发电用电设备的自由接入和即插即用。

（4）互联网精神的觉醒

能源互联网的建设绝不仅仅是各种能源系统在物理层面的革新，更包括信息层面和价值创造层面的变革。“互联网+”行动呼吁互联网技术与各种传统行业的融合，在电力等能源行业这样的“百年老店”，更需要互联网精神的觉醒，需要在能源系统的规划、能源的生产到供给实现观念上的转变。能源互联网时代需要重视能源大数据中蕴含的价值，需要实现以用户为中心的能源供给，需要实现各种用能设备的自由接入以体现平等开放，需要创造能源设备的众筹以实现高效融资等。

能源互联网的建设将突破固有体制，打破“条块分割”的现状；营造市场环境，孕育多样化的商业主体；突破关键技术，促进能源生产到消费各环节的变革；唤醒互联网精神，用新的视角审视各种形式能源系统的运营方式，而这些不管在物理层面、制度层面，还是价值创造层面的变革与变化，都将为能源互联网商业模式提供创新的源泉，也将促进全新能源互联网市场机制的产生。

2 “三位一体”的能源互联网交易体系

为了支撑能源互联网时代丰富多样的商业模式，需要构建合理而灵活的市场体系，设计相应的配套机制。能源互联网在物理层面上需要实现多种能源形式的相互耦合与标准化交易，而在价值创造层面上需要创造能源的现货、期货两级市场。与此同时，能源互联网时代还将衍生出除能量市场以外的其他各种市场，如碳交易、绿币、能效、配额交易等。

如图 1 所示为“三位一体”的能源互联网交易体系图，在构架这样一个能量耦合、价格耦合、衍生交易“三位一体”的能源互联网系统之上，能源的交易也将呈现出立体化、多样化、个性化的特点，在市场结构、交易主体、交易模式、交易商品、市场监管等各方面均产生重要的变化。进一步地，针对能源互联网交易的特点与需求，本章将试图展望未来支撑能源互联网创新商业模式的市场机制及其运营方式。

图 1　“三位一体”的能源互联网交易体系

（1）能量耦合

电、热、冷、气等都是人们日常生产生活中必需的能源，现有各种形式能源的消费与交易都是相互独立的。然而，在能源互联网时代，各种形式能源的耦合程度不断加强，如在能源生产侧，冷热电联产机组在产生电能的同时，也能产生热能和冷能；在能源消费侧，用户能够选择消费不同的能源而达到同样的用能效果如空调用电全暖和暖气直接供暖等。于是，电、热、冷、气等多种形式的能源可以展开自由的交易，甚至可以通过“焦耳”来计量能源的消费，而不是单独的一度电、一立方米的燃气等。

（2）价格耦合

能源互联网时代将还原能源的商品属性，当然也需要尽可能地实现能源真实价格的发现。所以，需要在能量市场、碳排放市场等各种市场中，建立现货交易、期货交易相互支撑和耦合的两级市场体系，以增加市场透明度，提高资源配置水平，真实反映供求双方对供求关系和价格走势的预期，使能源的交易变得更加自由活跃。

（3）衍生交易

除了电、热、冷、气等能量市场外，还需要建立辅助服务市场、容量市场、碳交易市场、绿币交易市场、发电权市场、售电权市场等各种其他衍生交易市场。辅助服务市场、容量市场等有利于促进能源系统的安全可靠运行；碳交易市场、绿币交易市场等有利于促进能源系统对新能源的接纳水平，降低碳排放等。发电权市场、售电权市场等有利于促进能源市场有效竞争和增加市场活跃度。

3 能源互联网交易机制的特点与需求

在能量耦合、价格耦合和衍生交易“三位一体”的能源互联网交易体系中，其交易机制将具备鲜明的特点，主要体现在以下几点。

（1）交易主体多元化

首先，交易门槛降低，交易主体不再是相对固定的少数经核准主体。随着能源互联网理论研究和试点工作的深入，加之新电改对售电侧的不断放开，能源互联网背景下的市场环境将涌现出更多交易主体。除了现有市场中如发电企业，电网企业这些少数经核准的主体，未来的交易主体和市场构成将更为丰富广泛，各类售电公司、园区、楼宇甚至个体用户都可能发掘自身的网络接口，不同程度地参与能源互联网交易市场。其次，基于互联网的能源交易，带来网络用户数量的大大增加。随着能源互联网的推进，将会有越来越多的用户感受到互联网交易的便捷，传统的能源用户将越来越多地参与到互联网交易中。然后，能源供应者和消费者交易主体的角色和权责可相互转换。

和传统模式中固定的供求关系不同，能源互联网交易市场中，供应者和消费者的角色并不再是一成不变。相反，类似于互联网中信息交互的特性，能源互联网中广泛的能量交互将使得能源供应者和消费者交易主体的角色和权责可以发生相互转换。这将使得市场可能自洽地实现利益分配的优化并形成更为高效公平的利益分配格局。最后，交易的参与和退出自由选择，市场结构动态变化。市场管理部门将制定明确的市场准入与退出机制，在满足相应要求的前提下，交易主体可自由选择参与或退出市场。这将充分发挥市场的作用，使其结构实现更为灵活的动态变化，从而提升资源协调优化配置的效率，同时加强市场的适应性。

（2）交易商品多样化

一方面，多元供应，电力变多种能源。能源互联网强调“横向多元互补”。多种能源的参与和协调互补是其区别于智能电网的重要特征之一。除了电力之外，油、气、热等多种能源都将实现广泛互联与多元供应，并最终实现能源的优化利用。另一方面，电能单一同质化产品变为用户自定制的差异化需求。交易模式和市场的不断开放与完善，将为用户提供种类丰富的交易商品，将赋予用户更多的自主选择权，使用户能够摆脱单一同质化的电能消耗，自主定制自身的能源消费方案进而满足自身的差异化需求。

（3）交易决策分散化

首先，地区区域的整体平衡变为不受地理约束的局部平衡。能源互联网通过运用先进的互联网技术以及分布式发电等技术，使得区域内的能源生产与能源消费之间建立灵活便利的联系，能源传输不必再通过传统的主网，而是能够实现产供销的区域一体化。然后，优化目标由购售价差为代笔的经济目标，变为清洁、环保、多种。传统的能源交易双方都以利润最大化或成本最小化这一经济指标为目标进行交易决策。随着能源互联网的推进，清洁能源的供应比例大大增加，用户对自身用能行为智能化控制水平不断提升，同时可以实现能源的综合利用，因此，交易的决策目标也将会随之变化。最后，集中式的整体优化决策，变为分散自平衡优化，帕累托最优。传统的能源供应由大网架统一调度，统一决策，进行整体优化决策。前面已经提到，基于市场的能源互联网的建立能够通过先进的互联网技术与分布式发电、储能等技术，实现局部区域的产供销一体化，从而使区域实现自平衡，并且能够通过自我调节实现帕累托最优。

（4）交易信息透明化

一方面，信息源由单一交易中心发布变为互联网信息服务提供商。在传统的交易模式中，能源交易信息皆由各交易中心统一发布，且交易信息较为单一。能源互联网建立后，交易量将会大大增加，这将带来数据信息量的大幅提升。同时，由于交易不再完全受大网架控制，因此将会出现大量的互联网信息服务提供商来为供需双方提供信息服务。另一方面，交易信息的充分、透明，提升了市场交易的有效性。市场化的交易将大大促进交易信息透明度的提升，能够保障交易的有效性。

（5）交易时间即时化

一方面，由固定周期交易变为用户自行发起的即时交易。随着技术的进步和市场化的深入，交易的时间范围也将逐步实现即时化，满足人们第一时间的需求。另一方面，交易将在短时间内完成，供需双方的反应速度在交易中占有重要作用（抢单）。随着即时性的提升和交易主体的大幅增加，未来的能源交易竞争将更加激烈，速度将成为决定交易能否达成的关键因素之一。

（6）交易管理市场化

随着能源互联网的推进和市场化改革的深入，交易管理也将变得更加市场化，准入核准将变为自由选择进入退出；交易量限额管制逐步放开，由供需双方自主决策；同时，原有的价格限制管制具有滞后性被动性，而未来将变为激励相容的倍率引导。

（7）交易约束复杂化

互联网交易的灵活多变性与能源传输网络的物理约束的矛盾将不断增加。交易的灵活性必须有先进的技术作为支撑，交易量的增大和交易的无序性将大大增加能源传输网络的压力，甚至超出传输网络的物理承受能力而导致交易无法达成。

（8）交易监管专业化

能源互联网的交易涉及能源供应安全和价格监管，因此在互联状态下的能源专业涉及更多专业和领域，因此需要的监管设施和人员都会有更高程度的专业化需求。

能源互联网与能源体制机制改革

华北电力大学　刘敦楠

1　引言

能源互联是信息通信技术与能源系统深度融合的产物，由电力系统、交通系统、能源分布和信息网络紧密耦合构成，整合了能量流和信息流，是我国能源革命的重要战略，能够解决当前我国能源结构不合理，以及经济发展与环境保护之间的不协调问题。2015 年，“互联网+”写入李克强总理的政府工作报告中，这意味着“互联网+”成为国家经济社会发展的重要战略。在此背景下，2016 年 2 月 24 日，国家发改委、能源局、工信部联合发布了《关于推进“互联网+”智慧能源发展的指导意见》（以下简称《意见》），对今后一段时间的工作进行了国家层面的顶层设计，阶段的划分，并提出了重点工作任务。

2　能源体制、商业模式与关键技术的循环突破发展

能源互联网的发展与能源体制改革进程关联密切，能源互联网的开展需要当前的能源体制上做出改变，将多种能源形式、多参与主体纳入到能源互联网中；能源体制改革的落实，如化解传统供能方式的过剩产能、提高可再生能源的消纳比例、提高能源利用效率，都要依托于能源互联网的能量信息交互平台的强大协同调控能力。《意见》提出了十大重点任务，对能源互联网的发展做出了规划，重点提及了营造能源生态体系、商业模式创新与关键技术发展。

能源互联网参与主体开展商业模式要以能源体制的改变为先行条件，能源体制的改革水平约束了能源互联网的发展水平。

商业模式的开展与转化升级都要以能源体制改变为依托，在其基础上，为能源市场中的参与主体提供生存和发展的环境，让参与主体可以得到投资回报，吸引外部资源，激发内部活力，为关键技术的研发做充分准备，促进能源互联网的发展。

我国的能源互联网建设还处于初级阶段，要实现高比例消纳新能源，智能调控供需，提高综合能源利用率，需要不断在技术上有所突破，满足能源互联网发展的需求，关键技术的突破可以对能源互联网的发展起到巨大推动作用，促成能源体制的深化改革，如图 1 所示。

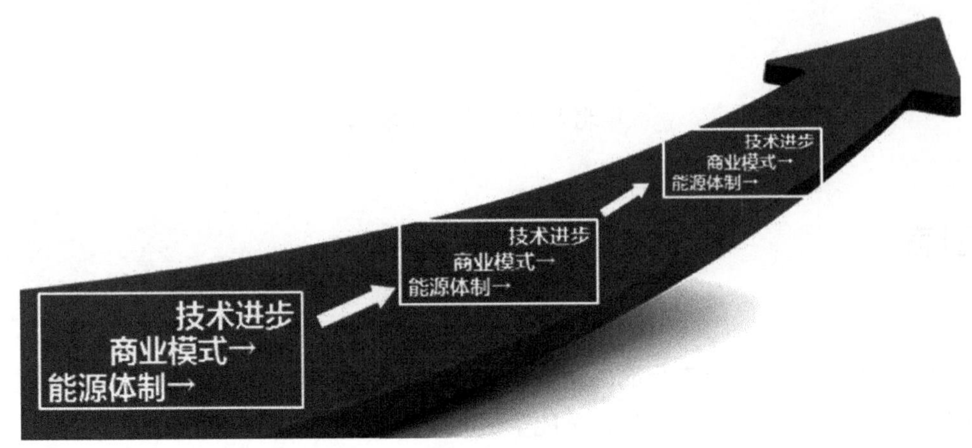

图 1　能源体制、商业模式与关键技术循环突破发展方式

3　能源互联网下的市场特征分析

（1）参与主体多元化

未来的售电侧市场中，交易主体和市场构成将更为丰富广泛，各类主体都可能发掘自身的网络接口，不同程度地参与能源互联网交易市场。因此市场参与主体将出现显著增加，种类也更多元化。同时，由于用户端分布式能源的广泛接入，能源互联网的能源生产者与消费者可能会发生角色转换，用户也可通过自身的分布式能源作为能源供应方参与售电市场。因此能源交易平台应当向着自由度更高、兼容性更好的方向发展。

（2）交易商品多样化

在能源互联网背景下，售电机构卖的不仅是电，还有服务。能源互联网将使终端用户真正有能力、有可能、有动力选择供电商，充分利用不断进步的智能电网技术，为用户提供更为个性化的用电方式。未来用户能够从自身的用电需求出发，实现电能的“定制化”，不仅可以定制电能的价和量，还可以选择相应的电能服务，如电能质量要求、事故处理速度等。

（3）数据信息透明化

能源信息数据量庞大，结构复杂程度高，且具有高度的实时性。因此，未来能源数据信息的共享和发布将可能在多个平台同时进行，售电市场的参与主体都应当具备大数据分析处理职能，能够精细化地分析用户不同的用能需求，实现能源服务的个性化与定制化，同时也需要重点关注能源数据信息的安全问题。

（4）交易过程实时化

在互联网框架下，电力交易由固定周期的交易变为用户自行发起的即时交易。随着技术的进步和市场化的深入，交易的时间范围也将逐步实现即时化，满足人们第一时间的用能需求。

综上所述，在能源互联网框架下的电力市场与传统电力交易有着显著的不同。能源互联网市场化需要在能源互联良好发展以及市场的有序建设下逐步实现。因此，本章从能源互联网在政策下的发展方式和市场机制保障进行研究。

4　保障体系

（1）构建市场机制

深化能源体制改革，建立统一开放、有序竞争的现代“能源+互联网”市场体系，进一步发挥市场优化资源配置的作用。鼓励和引导多元化市场主体依法平等有序进行市场活动，推动能源互联网市场主体的多元化发展。

- ❑ 规范市场准入机制：考虑市场化改革的需求及监管的要求，设定了灵活性标准、硬性标准和量化指标，明确其产业条件、环保条件、技术条件及资质条件。
- ❑ 规范市场退出机制：对于违反国家法律法规、严重违反交易规范或破产倒闭的主体，应当强制退出市场，剥夺再进入市场的权利并向社会公示。
- ❑ 建立绩效奖励机制：对先进企业给予奖励，如税收优惠、增加发电比重、提高信用等级、资金奖励等；对未满足要求的企业进行惩罚，如提高税收、减少发电调度安排，调低信用等级、资金惩罚等。

（2）制定法律法规

健全能源法律法规，加快推动能源法制定和电力法等相关法律法规的修订工作，并制定能源互联网新技术、新应用、新业态发展的相关政策。

- ❑ 税收激励：研究和调整能源互联网相关领域的征税环节和税率，完善节能减排税收政策，建立和完善生态补偿机制，探索建立绿色税收体系，通过税收优惠加大对清洁能源及能源互联网关键技术的扶持力度。
- ❑ 消费引导：实行差别化能源价格政策，加强能源需求侧管理，推行合同能源管理，培育节能服务机构和能源服务公司，构建能源互联网终端消费信息平台。
- ❑ 监管机制：市场环境和政策环境都存在一定欠缺。建立相对完善和有效的监管体系尤为重要。监管部门一定要够顶层，要保证监管高度；监管规则要明确并详细，要能落地并有深度；拓宽监管广度，监管部门要有监管的延伸性，不可各个环节都独立监管，杜绝监管真空；强化监管效度，明确监管机构的独立性，同时要兼顾好中央监管部门和地方监管部门的责权分工。

（3）技术扶持

- 保障资金机制：加强政府对能源互联网科技开发的支持力度，通过资本金注入、贷款贴息、服务外包补贴、融资担保等形式，吸引民资、外资等社会资本参与能源互联网建设；鼓励银行业金融机构加大对节能提效、能源资源综合利用和清洁能源项目的支持；建立健全能源互联网共性技术研发的投资管理机制，加大对战略性、创新型、前瞻性、示范性项目的支持力度，落实重点项目建设和运维资金保障。
- 鼓励科技创新：积极组建国家重点实验室、国家科技研发中心、产业技术创新战略联盟等创新平台，建立以企业为主体、市场为导向、产学研用相结合的创新体系；引进和培育一批领军型、复合型、专业型人才；鼓励多元主体对能源互联网关键技术的创新，着力进行信息网络融合、智能电力系统、传感网络及大数据处理等技术创新研发；推进能源互联网相关技术、应用和管理标准的建立及实施，加强对知识产权的保护。

（4）人才组织保障

- 加强人才建设：加强对能源互联网重大战略问题的研究和审议，指导推动能源互联网产业发展和市场规范。支持举办各类专业论坛、专业会展等活动，引导相关企业、社会团体、专家学者和群众参与能源互联网建设，形成更广泛、更深入、更活跃的能源互联网建设氛围。
- 加强组织建设：积极推广能源互联网最新研究成果、技术、产品和试点项目，扩大示范带动效应；发挥政府引导带动作用，形成推动能源互联网建设合力。

5　小结

能源互联网是推动能源体制改革的关键。能源互联网为推动电力市场化进程提供了信息流和能量流自由流动的开放平台，多种资源的协同调配，多样化市场参与主体的交易平台以及更广泛的交易、服务范围。通过交易体系与商业模式的创新，以市场补偿的方式，使能源互联网中的多方参与主体具备市场竞争力，提高可再生能源的可消纳比例；通过构建市场机制，制定法律法规，着力科技创新，保障人才组织等方面的政策，保障能源互联网的快速发展，使能源互联网市场化进程以更高效的方式进行，从而促成能源体制的改革。

能源互联网商业模式与实现

清华大学　陈启鑫　王毅

1　引言

能源互联网将改变原有能源系统“条块分割”的状况，把电、热、冷、气等多种能源形式在生产、输送、存储、消费等各个环节耦合起来，即在各种新型的能量转换、储存与分配设备的支撑下，用户能够获取灵活、高效、即插即用的能量服务。此时，在能源消费侧，用户关于不同形式能源的需求是可调整、可转化的；在能源供应侧，将出现多家竞争性的能源服务供应商，甚至用户本身也可以成为能量供应者。而互联网以信息为纽带，以数据为资源，以互联为手段，一方面能够充分测量、采集、分析能源从生产到消费全流程丰富的数据信息，使得各个环节变得更加可观、可测和可控，使得用户对于自身的能源消费行为能够具有更加深刻的了解，系统运营商对于设备的运行状态能够具有更加准确的判断；另一方面，则是以互联网为载体，能够将能源系统中分散化的用户、差异化的能源、多元化的商业主体紧密联系起来，扩大市场成员的交互范围与频度，降低交易成本，显著提高市场成员参与能源交易的便利性与存在感。多种能源形式的融合和互联网精神的渗透必将催生一个竞争充分、多边对等、主动参与的全新的能源系统生态圈。

能源互联网将打破传统意义上对于能源供应、消费环节泾渭分明的“鸿沟”，孕育众多商业主体，创造百花齐放的商业模式。在能源互联网时代，富有生命力的商业模式将以用户为中心，充分挖掘数据资源，善于抓住改革机遇，重视利用核心技术，从而最终实现创造价值的目标。能源互联网时代的商业模式，狭义目标可以是降低成本，保证能源安全，获取最大利益，广义上则以引导用户需求调节生产欲望为前提，可包容更多变量来最大程度地丰富目标函数，其最终的目的是要以能源为龙头来完成“需求满足生产”这一消费领域的彻底哲学转换。基于以上分析，本文将从“以用户为中心的价值创造”、“以数据为核心的信息增值”、“以技术为驱动的业务革新”、“以改革为契机的效益挖掘”4 个方面对能源互联网时代可能出现的众多商业模式及其实现的方法进行归纳、抽象与分析，如图 1 所示。

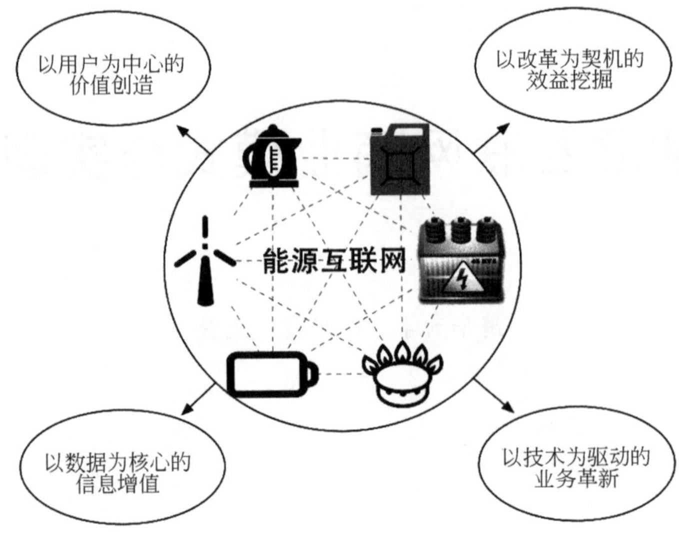

图 1　能源互联网的商业模式示意图

2　以用户为中心的价值创造

以用户为中心，一方面需要满足用户基本的多样化用能需求，以用户便利作为商业模式的核心；另一方面还可以诱导性地改变用户的消费习惯、提供创新性的商品与服务，从而为整个能源系统创造出新的价值。这种价值可以引渡到用户侧，也可以沉淀到系统运营商、服务提供商或者设备制造商上。大致上，所创造的价值可以归结为 3 大类：促进用户节能增效，促进资产利用效率，提升系统运行效益，如图 2 所示。

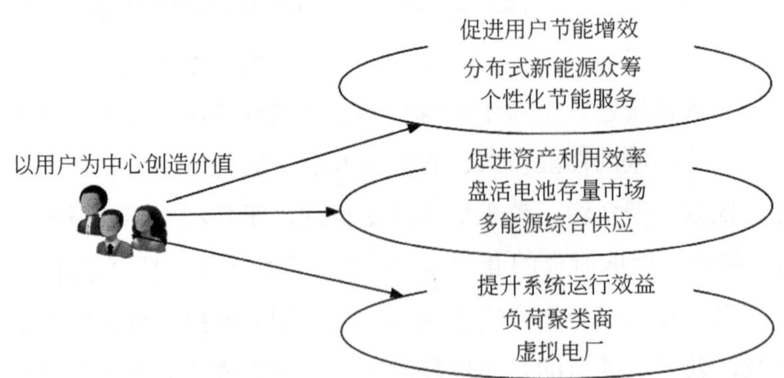

图 2　能源互联网的商业模式：以用户为中心的价值创造

（1）促进用户节能增效

例如，通过利益共享甚至众筹等商业模式，为用户的屋顶安装太阳能光伏板，在经济可行的前提下，该商业模式将有利于快速发现具有投资机会的“黄金”屋顶，并快速匹配资金、技术与专业的服务资源，如“滴滴清洗”、“i 光伏”等新型的商业模式，从而促进了分布式、清洁化能源的随地采集、高效利用。又如，构建基于 SaaS 模式的能效管理平台，对企业、园区、校园等用户的用能状态进行全方位评估，设计个性化的节能解决方案，使用户的用能行为对能源系统更加友好，实现用户的管理节能与技术节能，降低用户的用能成本。

（2）提高资产利用效率

例如，通过整合社会上闲散、冗余、性能受限的储能电池资源，可以形成类似“能量 Uber”的电池租赁、配送与交易平台。平台运营商为用户构建一个储能电池的信息发布和交易匹配平台，并提供储能电池的物流传输渠道。用户可以通过平台发布自己电池当前的状态，获取其他用户的能量需求，在平台上实现能量的供需匹配，开展电池的租赁业务，从而盘活电池的存量市场，提高电池的利用效率，为电池租赁双方创造价值。又如，充分整合电网、热网、气网等能源网络的生产设备与管网资源，构建相互协调、多能耦合的综合能源供应体系，可同时面向用户提供可调节、可转化的能源服务，充分利用不同能源系统在时段上的错峰效应与调节能力，提高整个能源体系的设备利用率与运行负荷率；其商业模式可以通过系统运营商或第三方服务提供商，向用户提供“电、热、冷、气”多种形式能源互补搭配的“能量套餐”，省却用户“多头购买”之苦，又充分挖掘了资产的利用效率。再如，可通过众筹等灵活的手段，以类似“绿能宝”的商业模式，将能源设备的建设与能源消费在投资阶段就关联起来，使得更多的资金可以投入到利用效率较高的固定资产中，提高基础设施建设的融资效率，缩短投资回报周期，降低投资风险。

（3）提升系统运行效益

例如，成立负荷聚集商的运营主体，通过对用户的用能行为进行科学的管理，充分挖掘用户的需求响应等各种资源，参与到实时电能市场或辅助服务市场中，可降低系统的运行成本，实现用户与运营主体之间的双赢。又如，成立虚拟电厂运营主体，通过先进的信息通信技术和软件系统，实现分布式电源、储能系统、可控负荷、电动汽车等分布式资源的聚合和协调优化，并作为一个特殊的“电厂”整体参与能量市场，辅助服务市场交易，为系统运行提供了一类“化整为零”的额外调节资源，满足互联网时代“零边际成本”的理念。

3 以数据为核心的信息增值

能源互联网时代，能源系统中每时每刻都在产生、收集、存储、处理着海量的数据，大数据遵循新的摩尔定律，呈现指数级的大爆发增长。人们已开始重视数据中包含的价值，而以数据为核心的商业模式也将在能源互联网中扮演着重要的角色，可以通过信息的增值来提供创新性的服务，如图 3 所示。从信息增值提供的出口上看，主要可以分为提供“生数据”、提供“熟数据”、提供数据驱动的创新服务三个层次。数据的拥有者适合于提供生数据，大数据技术的提供者适合于通过处理和分析提供熟数据，而服务提供者则适合于基于数据分析提供个性化的信息增值服务。

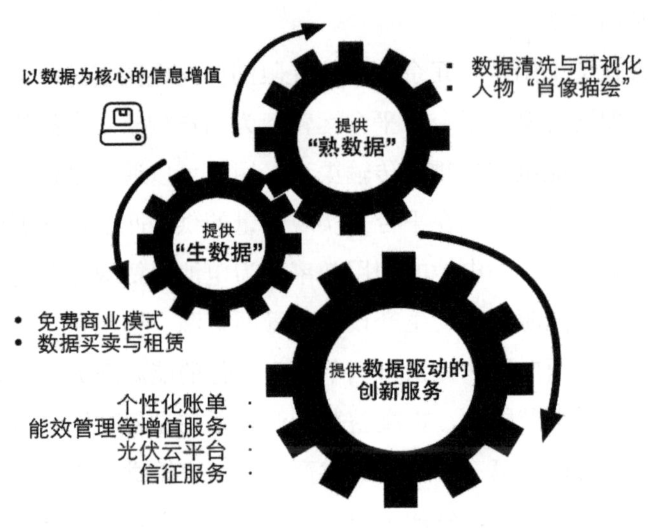

图 3　能源互联网的商业模式：以数据为核心的信息增值

（1）提供“生数据”

例如，系统运营商（如电网企业）或设备制造商（如电表制造商）可以通过为用户提供低价甚至免费服务的商业模式，以获取用户的各种用能数据（如用电功率、用气流量），以及与能源系统运行状态相关的数据（如电网电压、热网温度等）。这些信息虽然是未经处理的，但通过挖掘，其内部可能蕴含着揭示用户消费习惯、生活方式等重要的商业信息，可以在其他“跨界”的商业领域产生巨大的商业价值。在互联网时代，能源大数据甚至可以标准化，按照容量、用户数量、采集周期频度等作为数据商品的计量或标签，在标准化的交易平台上进行数据资源的买卖、授权使用等商业活动，从中产生一定的运营利润。

（2）提供“熟数据”

例如，对用户用能数据、设备运行状态数据等纷繁复杂的一手采集数据进行整合与清洗，构建大型的数据中心或云平台，实现对于海量数据的高效管理，提供便于分析的“干净”数据或可视化数据，为用户更加深入的知识发现提供基础。又如，通过对用户用能等海量数据进行深入挖掘，并将其与用户的社会地位、工作状态等基本属性进行映射与关联，可以精准地辨识用户对于电价的承受能力、参与需求响应的意愿、实施能效管理的潜力等，对用户作为一个市场营销对象的全方位属性进行“肖像描绘”，为相应商业活动的开展提供重要的分类标签与定位线索。

（3）提供数据驱动的创新服务

为用能用户、售电商、新能源开发商甚至是“跨界”的商业主体，提供创新服务是能源互联网大数据分析重要的价值体现。例如，通过手机、邮件、社交平台等手段，为用户提供个性化的用能账单，让用户对自己的用能行为进行实时感知，并提供远程化、智能化、趣味化的智能用能控制手段，将智能用能变成一种社区化、可排序的平台式活动，让用户从中得到乐趣与实惠。又如，深入分析用户的用能行为、用能结构，通过非介入式能效辨识等技术手段，辨识用户的低效用能设备，为用户实施能效管理提出个性化的建议，为用户创造更贴心的价值，从而产生附加的增值服务。再如，构建面向光伏、风能的大型数据中心或数据云平台，基于其实现数据采集、运行监测、资源评估、选址优化、发电预测、故障预警、可靠性评估、全生命周期资产管理等链条式、一站式的服务，从而构建特点鲜明、排他式的商业模式。此外，还可以通过整合用户的用能数据、账单结算数据等，对用户的信用等级提供新的评估侧面，为银行等部门提供征信服务等。

4　以技术为驱动的业务革新

能源互联网各项关键技术的突破，是催生新型商业模式的重要“催化剂”，而商业模式本身也将对技术的发展成熟产生重要的推动作用，二者相辅相成。从能源互联网的物理架构层面上看，可以将各种关键技术的突破归结为两个大类：能量转换技术与能源存储技术，如图 4 所示。

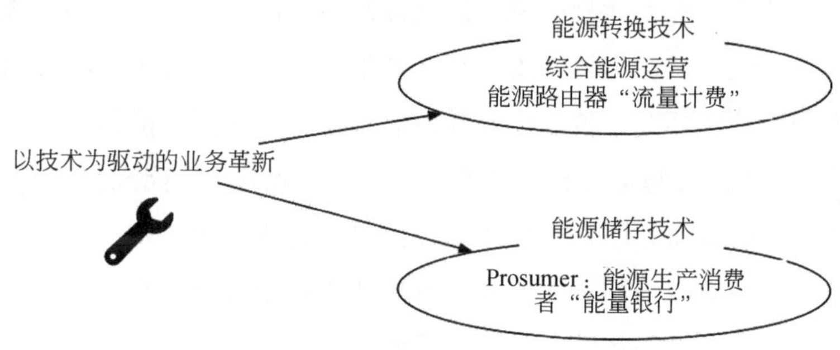

图 4　能源互联网的商业模式：以技术为驱动的业务创新

（1）能量转换技术

例如，先进的能源联产技术、高效的电、热、冷转换技术、低成本的电/热制氢技术等，将催生综合能源运营商的商业模式发展，可依托于小区物业或工业区、高新区管理机构开展。又如，能量路由器等关键技术的突破，将有利于实现对于终端多种能量设备，尤其是新能源、电动汽车的即插即用，实现终端能量消费实现多种能量按统一的标准进行“流量计费”，改善用户体验；并使得整个能源交易市场体系具有更大的开放性与包容性，不同形式的能量可以转化为标准化的“焦耳”产品，通过等效的当量转换，可打通不同能量市场间的壁垒，开展更大规模的标准化能源交易，有利于培育金融性的衍生产品，为各种创新性的金融性商业模式的孵化提供重要的支撑条件。

（2）能源存储技术

例如，高效的能量存储技术，包括分布式储能、相变储能、储热技术、电动汽车充电等技术的发展，将使得能量存储单元变成一类常用的“家用电器”，如特斯拉刚刚上市的 Power Wall。用户基于此类“储能电器”，配以屋顶光伏等分布式发电设备，即可摇身一变成为一个角色模糊的能源生产消费者（Prosumer），Prosumer 参与能量市场交易本身就是一种商业模式上的创新，而利用互联网将这些分散化的市场成员链接起来，实现随时随地、灵活对等的能源共享与交易，也可催生出类似代理商、合作社、PPP 等多元的商业模式。又如，高效的能量存储技术甚至可能催生出类似“能量银行”的创新型商业模式，用户可以选择将自己多余的能量存储到“能量银行”中，在考虑存储成本（佣金）与损耗（负利率）的前提下，可在随后从银行中支取相应的能量，并对能量的盈亏平衡进行出清与结算。

5　以改革为契机的效益挖掘

为适应我国能源供需形势的变化，保障国家能源安全，推动能源生产和消费革命已成为我国的一项长期战略。电力体制改革、油气体制改革已相继拉开序幕，成为能源互联网蓬勃发展最大的改革红利。在更加宽松、具有竞争性的市场环境下，能源的生产、传输、转化、存储、消费等各个环节将被打通，其商品属性将被还原。能源销售业务的寡头垄断将被打破，能源系统的投资与运营将允许社会第三方资本进入，能源的交易也将打破管制，回归以市场配置资源的本质。因此，以改革为契机，将催生出一批新的商业模式，通过获取改革红利挖掘出新的效益增长点。此类商业模式大致上可以归结为 3 大类：能源零售竞争、能源系统运营与能源交易运营，如图 5 所示。

（1）能源零售竞争

例如，电力体制改革提出了放开售电侧市场，允许五类不同的市场主体逐渐售电的举措，从而在电力市场中形成了“多买多卖”的竞争格局，使得售电成为了一个新的商业模式，售电商可以面向用户提供稳定优惠的用电价格、个性化的服务套餐或者附加相应的增值信息，吸引汇集用户资源，并代理用户在电力市场中购入电能。

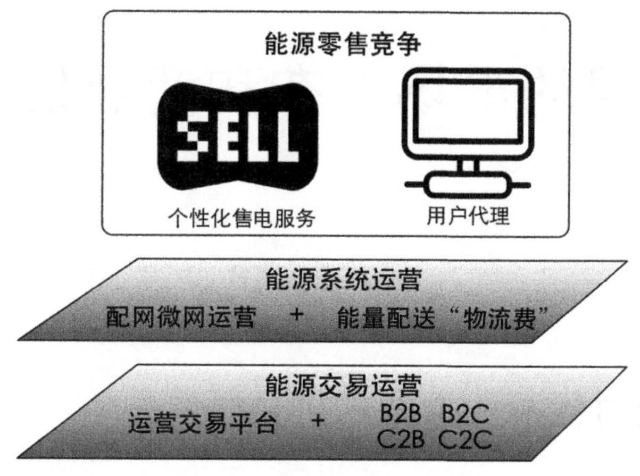

图 5 能源互联网的商业模式：以改革为契机的效益挖掘

（2）能源系统运营

例如，电力体制改革提出了放开增量配电资产的运营权，允许社会第三方资本进入，从而催生出配网、微网的能源系统运营商的新型商业模式，打破了传统电网企业唯一垄断的市场地位。此类新的商业模式可以实现发电、配电、售电等不同环节的纵向整合，以物理网络的运营为抓手，收取能量配送的“物流费”与“管理费”，并满足用户的多元化电能需求。

（3）能源交易运营

例如，电力体制改革提出组建电力交易中心，将推动形成一个独立的、竞争性的交易平台，并催生出新的商业模式。首先，运营能源交易平台本身将成为一类有利可图的商业模式，平台运营商可针对不同的交易类型、交易形式与交易量，向交易双方收取相应的佣金与结算费，并管理平台上的现金流。其次，在能源交易平台上，买卖双方可以开展多种类型灵活的能量交易，如大用户或售电商可以直接与电厂开展 B2B 交易；平台可以提供类似“电力淘宝”的业务，允许售电商到平台上“摆摊”兜售不同的用能套餐，方便用户选择，实现能量交易的 B2C 模式；平台可以支持小用户（Prosumer）之间基于 C2C 的互济余缺式的电能交易，把能量交易自由化、电子商务化；平台同样可以支持用户自行发布其个性化的用能需求，而售电商可以“摘牌”为其提供相应的定制化套餐，从而实现个性化的 C2B 服务。

能源互联网的市场形态和商业价值链革命

信达证券　曹寅

1　能源互联网时代商业模式的重要性

能源业正在迅速改变。传统能源企业现在面临着来自市场的新进入者如像 EnerNoc 这样的负荷集成商，还有很多基于互联网生态的全新企业，更重要的是，在能源互联网时代，能源消费者将前所未有地成为能够重塑市场格局的重要“玩家”。

能源生产和消费领域的技术创新，如可再生能源、电动汽车、储能、智能用电器等，使得消费者看待和使用能源的方式产生了巨大变化。这种剧变迫使能源企业不得不重新考虑与消费者之间的关系以及互动的方式，简而言之，能源企业需要重新考虑其的商业模式。直到现在，包括中国在内，世界上大多数地区的能源消费者无法选择自己的能源供应商。绝大多数的能源公用事业企业以自然垄断的方式掌握了一个地区的大部分消费者，所以根本没有动力也没有必要考虑如何吸引和保留客户。但是，随着全球各国能源体制的改革和开放，以及技术的创新和产业化，未来，消费者有更多的能源供应可以选择，可以在不同的供应商、不同的电源、不同的资费套餐，以及不同的服务和产品之间进行自由选择，消费者甚至还可以通过互联网组织起来，成立自产自销、区域互济的合作社形式组织参与竞争，通过市场化的竞争，实现能源系统的经济性、清洁性、可靠性的最佳平衡。

虽然现在越来越多的消费者知道能源系统正处于转型阶段，但是只有非常少一部分消费者具备对于能源电力的基本知识。因此，在消费者从被动接受消费到主动参与生产的大转型过程中，能源部门和企业起到重要作用，通过设计并运作新的商业模式，改变目前能源生产消费的内卷化现象，即边际效益递减的发展道路，通过基于互联网和新的能源应用模式的结合，实现能源发展的外卷化，以商业利益激励新的主动型消费者，构建新的生产者和消费者互动关系，进而实现边际效益递增的发展模式。在这一商业模式转型过程中，能源市场的新进入者就可以起到难以想象的颠覆式作用，如互联网企业、消费电子企业，以及消费者通过互联网自组织的合作社性质企业，因为这些新“玩家”比传统能源企业更理解消费者，更善于和消费者沟通，决策和创新更快。

为了说明能源行业的商业生态变化，可以通过表 1 进行前后比较。

表 1　能源行业的商业生态变化比较

特点变化	传统能源时代	能源互联网时代
产品/服务	标准化	根据客户需求的特制化
收入模式	传统公用事业/制造业的成本加成模式	服务业的价值导向模式
产品更新周期	十几年—数十年	数月
市场环境	封闭的垂直价值链	开放跨界的扁平化生态系统
企业估值方式	根据现金流估值	根据消费者数量估值
企业经营评价	由监管部门根据条例和标准考核	由消费者决定，评判标准多变

为了在能源互联网时代获得成功，所有能源企业必须习惯多变和复杂的竞争环境。在传统意义上，能源企业之间的竞争主要着眼于 3 个因素，即效率、可靠性、运营。但是在能源互联网时代，企业之间竞争的核心战场在于如何运用新技术，如何建设联通消费者的营销渠道，以及最重要的如何构建有特色的商业模式。面对行业生态的颠覆式变化，所有企业都无法置身事外，不管这些企业目前拥有多么无法撼动的市场地位。

这对于目前的传统能源企业来说并非危言耸听，下面举几个在未来将会普遍遇到的挑战作为例子。

- ❑ 电网企业如何说服电动汽车车主参与以牺牲电池循环寿命为代价的 V2G 方案？
- ❑ 电网企业如何安排大量电动车有序充电？分时充电？
- ❑ 电网企业如何说服电力用户在峰时放弃用电？并且在谷时多用电？
- ❑ 分布式储能用户如何和电网互动？何时购电储能，何时售电上网？
- ❑ 分布式发电用户如何和电网互动？何时从电网购电，何时自发自用，何时余电上网？
- ❑ 电网企业如何应对能源自给自足的负荷脱网和用户脱网现象？

这些挑战并不难以解决，但是在目前的电网调度控制方式下，基本上无法给出让所有参与方都满意的解决方案，其根源就在目前电力行业半计划非市场的用户互动方式和资源配置方式。要解决这些未来必然出现的重大挑战，必须通过商业化的行为调动所有参与者的积极性，并且通过多层次的市场来进行价值的交换和利益的补偿，这就是能源互联网时代商业模式的意义所在。如果说前能源互联网时代的能源行业的范式，是由生产者主导的中心决策式体系，支撑体系运行的是行政指令和单边计划；那么能源互联网时代的能源行业范式则是由消费者和生产者共同协调的去中心化体系，支撑体系运营的是商业模式和市场行为。

2　能源互联网时代的商业模式类型

所谓商业模式，其本质就是企业以商业利益为目的，组织和管理资源（输入要素），形成能够满足消费者需求（输出产品/服务），并且可复制可持续的系统。能源互联网商业模式的特殊性就在于如何利用互联网来组织和管理各类要素。

互联网的伟大之处在于通过信息和通信技术实现了人与人、人与设备、设备与设备之间的信息全互联，并且通过全互联实现了对于个体的赋能。但是，任何事物发展都有阶段性，能源互联网商业模式的发展也概莫能外，根据发展阶段，能源互联网商业模式可以分为 Beta 时代，1.0 时代，2.0 时代。

（1）能源互联网商业模式 Beta 时代：网络营销和电商模式

Beta 时代商业模式仅仅把互联网当作媒体，是产品服务营销的线上延伸，类似互联网早期的垂直行业门户和电商形式，即发电企业、售电企业、能源服务企业以及其他相关企业，通过互联网平台发布产品和服务信息，可以看作能源行业的“淘宝”和“阿里巴巴”。相似的商业模式，在国外早已出现，典型企业即是新西兰的 Powershop 售电公司，和其他供电商一样，Powershop 从电力批发市场买电，支付电网输电费、配网使用费等费用后，卖给终端消费者，然后定期从用户的量表读数，收取费用，进而赚取差价，但这是全世界第一家在网上销售电的公司，完全没有实体机构，卖电完全在网上进行。用户进入 Powershop 的网站，输入地点、现在的供电商、每月电费等信息，网站会自动计算出更便宜的方案给用户，用户选定满意的方案后，直接在线签订供电合约。目前 Powershop 已经是新西兰最大的售电公司。

（2）能源互联网商业模式 1.0 时代：资源聚合器模式

未来，发电侧，能源生产者和消费者之间的身份会逐渐模糊化，消费者不仅仅以分布式电源的形式提供直接出力，更多的消费者将以需求侧响应、电动汽车 V2G 及快速发展的储能等方式为电网提供基于节能和负荷转移的等效出力。在输电侧和配电侧，随着电力体制改革的继续深入，售电市场彻底放开，电网收入监管的常态化和市场化，以及由于双侧波动性大幅上升，大量波动性可再生能源和大量随机性负荷并网，输配电企业盈利模式将从采购-销售电力转型为采购-销售辅助服务。

因此，在能源互联网 1.0 时代，互联网的角色将从 Beta 时代的媒体角色更进一步，成为聚合装机和负荷资源然后优化配置的互动平台。聚合器商业模式将改变原有能源系统“条块分割”的状况，把电、热、冷、气等多种能源形式在生产、输送、存储、消费等各个环节耦合起来，聚合器商业模式可以理解成目前电网调度中心的进阶角色，只是在能源互联网时代，平台调度的资源将更多元化，调度方式不是基于决策中心的单边指令，而是基于商业博弈的去中心化系统均衡。聚合器商业模式以互联网为载体，能够将能源系统中分散化的用户、差异化的能源、多元化的商业主体紧密联系起来，扩大市场成员的交互范围与频度，降低交易成本，显著提高市场成员参与能源交易的便利性与存在感，聚合器商业模式将在垂直电商商业模式上有质的飞跃，主要体现在 3 点：参与配置的资源多元化和综合化；配置资源的方式将实现智能化和情景化；配置资源的方式有很强的金融化特点。

（3）能源互联网商业模式 2.0 时代：能源泛在云模式

在能源互联网商业模式 2.0 时代，能源生产者、消费者身份的边界进一步消解，并且发电资产的所有权和管理权也会被分离。各种所有制的电网公司继续深入转型，成为能量流、信息流以及资金流的交换枢纽。在售电侧，由于能源生产和消费者、电网资源使用者和辅助服务提供者的身份模糊化，狭义的售电公司会消失，能量和服务的销售会从 B2B，C2B 等模式，转型为 Cloud 2 Cloud，Batch 2 Batch 和 Peer 2 Peer 模式，售电公司进一步抽象为能量交换和配对撮合的平台，并且提供“交易+”增值服务。

届时，能源互联网的典型商业模式将是能源泛在云。由于可再生能源、分布式能源、柔性负荷达到较高比例，能源生产者和消费者边界消弭，各种设施和设备的普遍智能化和互联化，计算能力和人工智能的泛在化，基于成熟开放的能源市场机制，能源互联网将实现能源价值链上各环节的融合，各类能源生产设施融合为能源生产云，各种能源消费者融合为能源消费云，并且生产云和消费云也将互相融合，成为生产消费一体化，能量流、信息流、资金流一体化的能源泛在云。能源泛在云模式将具有超大规模、虚拟化、高可靠性，通用性、高可扩展性，按需个性化、廉价化的特点。

欧洲能源互联网的发展

德国华人新能源协会　廖宇

1　引言

“能源互联网”最初的概念，可以表述为能源生产体系下的网端互联：Internet of Energy（IoE），着重点是以现代通信技术ICT为主对能源电力系统进行互联。按照清华大学曹军威教授的说法，能源互联网是互联网技术、可再生能源技术与现代电力系统的结合，是信息技术与能源电力技术融合发展的必然趋势。电能虽然仅仅是能源的一种，但电能在能源传输效率等方面具有无法比拟的优势。因此如果以开放、互联、对等、分享的原则对电力系统网络进行重构，可以提高电网安全性和电力生产的效率，使得能源互联网内可以跟互联网一样信息分享无比便捷。

这一理念与智能电网的概念在欧美国家齐头并进地发展着。德国政府2008年开始推动的E-Energy能源互联网示范项目，就是以新型的ICT通信设备和系统为基础，在6个城市试点不同侧重的智能电网示范项目，以最先进的调控手段来应付日益增多的分布式电源与各种复杂的用户终端负荷。在这一概念框架下，“互联”是最重要的关键词，而对于这一体系下的“能源互联网”，我们不妨称之为“能源端的互联网”。

随后随着欧美国家电力市场的不断放开和能源价格的攀升，IT技术尤其是移动互联网技术的不断发展，“能源互联网”在不少国家形成了一个新的创业生态圈：Energy's Web/App（能源圈的互联网应用）。例如，在美国的opower，新西兰的powershop和德国的Green Packet等，都是借助开放的售电端活跃市场和节能增效的大背景出现的新型互联网创业公司。这一概念下的“能源互联网”，呈现的是前所未有的互联网激情和各行各业的融合诚意，电力作为一种24小时不断变化价格的新型商品，成为电动汽车、智能家居及互联网应用等多个行业的交叉点，引领着需求侧管理、主动配电网这些纯能源系概念，不断与互联网及移动终端产生结合。在这一概念框架下，“开放”是最重要的关键词，对于这一体系下的“能源互联网”，我们可以称之为“能源圈的互联网”。

可是从“端”到“圈”，似乎依然不足以显示这一概念的宏伟。从 2013 年初开始，媒体上出现了在设想难度和拓展力度上都远超上面两个阶段性定义的“能源互联网”，应该用 International connected energy network 全球能源互联网来表述最为准确。全球陆地风能资源超过 1 万亿千瓦，太阳能资源超过 100 万亿千瓦，为了利用它们，“全球能源互联网将由跨洲、跨国骨干网架和各国各电压等级电网构成，连接北极、赤道等大型能源基地，适应各种集中式、分布式电源，能够将风能、太阳能、海洋能等可再生能源输送到各类用户，是服务范围广、配置能力强、安全可靠性高、绿色低碳的全球能源配置平台，具有网架坚强、广泛互联、高度智能、开放互动的特征”。

平心而论，可再生能源比例达到一定程度后，电网内的能源流动将颠覆目前已有的模式，动辄几千万千瓦的能量输送将成为地区和国家间电力交换的常态。因此如果要把最大限度的提高能效和保证环保作为目标，就必须要有全球化的能源观来支撑技术上的无限发展。这一概念下的能源互联网，“网”是最重要的关键词，对于这一体系下的“能源互联网”，只能勉强用“能源的互联网”来粗表其博大精深。

端、圈、界，其实这 3 种流派之所以不同，是因为对其中的能源互联“网”着力不同：需要互联的究竟是互联网，物联网，还是电网、天然气网？所以从传统工业逻辑出发，这 3 种流派并不冲突，亦无轻重之分。但是从互联网的角度打量，却有着严重的先后之别。对于偏向硬件的通信互联网产业来讲，能源端的互联网驾轻就熟，路由器/交换机/智能电表换个标签就可出发；而奉行软件至上素喜抢占用户入口的移动互联网应用界，能源圈的互联网应用也如雨后春笋：分布式电站监控，电力大数据分析，售电套餐搜索甚至是家庭能源管理。

我们必须承认，随着德国能源转型的深入，随着交易电量的持续增加和越来越多的独立交易商的出现，为了帮助中小公司们玩转电力交易和获取行业相关数据，很多新兴的能源互联网服务公司也专门在售电侧进行了商务拓展和开发。

例如，2000 年创立的一家叫做“能源大门”的能源互联网公司，其推出了一个在线的能源交易信息查询和服务平台，甚至还推出了手机及 iPad 平台的移动应用版，可以非常方便地让售电公司或个人用户查询实时电力交易信息和交易量，目前市场的变化和期货市场的批量交易信息。除此之外，重要的行业消息，涉及电力、天然气、煤、石油和可再生能源的相关动态和分析报告也可一览无余。

而在个人用户端，不少售电公司都纷纷推出了移动账户管理端应用 APP。例如，德国鲁尔区的传统电力公司 RWE 推出的一系列移动应用，包括企业群、个人电费管理、智能家居控制和电动车充电等各种应用，除了可以方便地管理自己的电费账单、查阅用电数据和各种价目，同时还可搜寻附近的充电桩，控制家里可远程调控的电器设备，了解最新的电价和能源信息。可以说在这一方面，售电侧的活跃市场竞争与德国人注重实用性和环保精神的有效结合，促进了新老电力公司飞跃式的改变——仅仅从省去纸质账单一项来看，就是一笔不小的环保经济收益。

除此之外，很多售电公司最需要的服务是如何阻止客户流失和吸引客户加入。因此新型的客户数据库管理和智能分析系统是很多售电公司急需的互联网端服务，也有很多公司应运而生提供各种专项服务。例如，有家 IQ1 的柏林公司就可以以旧 SAP 的客户信息系统直接分析客户数据，在客户冒出更换电力公司的念头之前，就推荐公司主动联系客户进行新价目的游说活动 ，最大限度地防患于未然，留住主导客户。这种智能化的电力客户信息管理系统，对于加强服务体验是非常重要的手段。

如上所述，德国在售电侧尤其是电力服务端的繁荣，确实得益于电力市场的放开。但同时能有现今百花齐放的局面也和整个售电服务领域被盘活，深度广泛的和互联网、金融、通信等领域跨界结合密切相关。这也就是昭示了售电侧改革后可能出现的变化：八仙过海各显神通，由此引发的一系列行业及衍生的变化将会纷至沓来，令人应接不暇。

2　能源互联网在德国

德国能源互联网始于 2008 年的 6 个 E-Energy 示范项目，如图 1 所示。在 E-Energy 成功结束后，开始了 IRENE, peer energy cloud , ZESMIT　和 Future Energy Grid 项目。

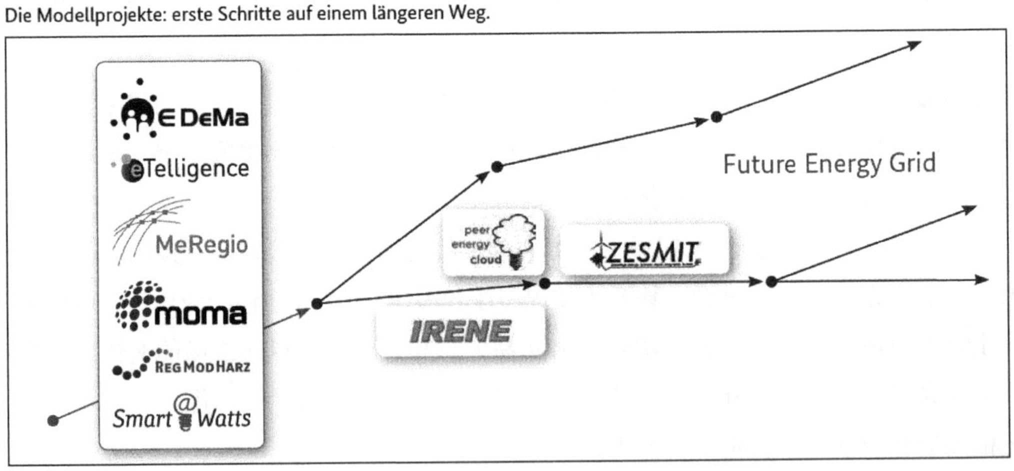

Die Modellprojekte: erste Schritte auf einem längeren Weg.

图 1　德国能源互联网始于 2008 年 6 个 E-Energy 示范项目

E-Energy 的 6 大示范项目背景：2000 年德国制定了能源转型的政策，目标是使全德国的能源利用“环保，经济，安全”。这个目标奠定了德国构架能源互联网的基础。在生产消费者、服务者、电网运营商共同参与的电力市场平台上，形成6大技术的支撑。

- ❑ 层级式系统运营；
- ❑ 细胞式系统控制；
- ❑ 终端节能；
- ❑ 提高一次能利用效率；
- ❑ 生产管理；
- ❑ 负荷管理。

E-Energy 项目是在德国实施的三大战略下产生的。

- ❑ Green IT Pioneer：始于2008年的国家行动计划，旨在提高ICT在能源领域的渗入，另一方面减少全国IT行业的能耗。
- ❑ Hightech Strategy 202：源于2006年，于2010年正式形成，旨在帮助创新转化为市场化的产品，加速科研成果投入实际应用。
- ❑ Digital Germany 2015：始于2010年，旨在推进德国ICT产业的发展以及渗入其他各行业。

在政府部门BMWi和BMUB的支持下，E-Energy向全德国招标示范地区进行示范项目，在2008年至2013年5年内进行开发和示范能源互联网领域的关键技术与商业模式，共有6个地区竞标成功，5年内政府发放共计14千万欧元用于支持示范项目，如图2所示。

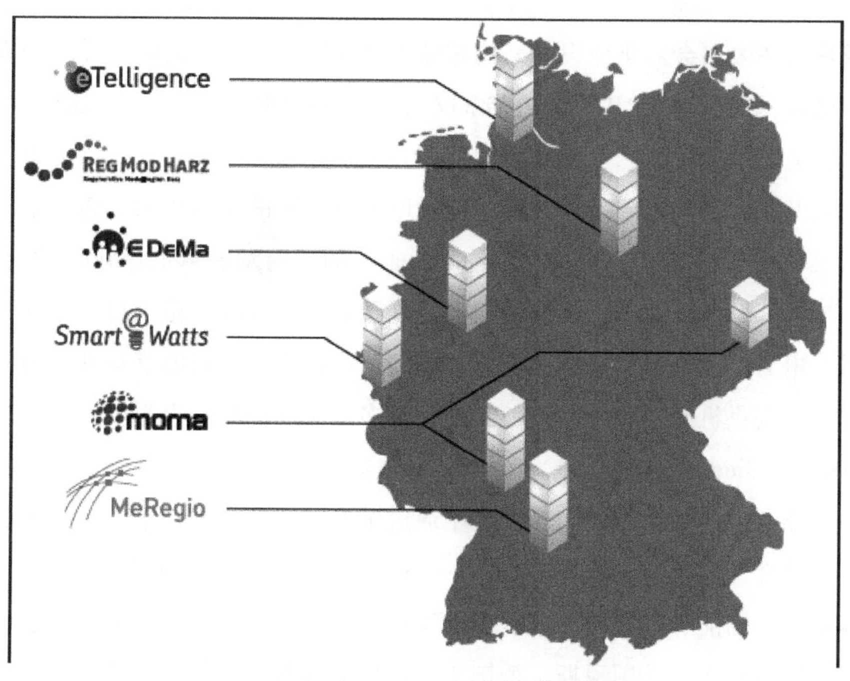

图2　德国招标示范地区示范项目示意图

值得注意的是：

- 竞标地区不仅是当地政府的事情，而且是电网公司、设备生产企业、技术开发企业联合成一个集体共同竞标。可以说每一个地区都是进行了当地能源经济基础设施和企业实力情况分析后，制定了详细的计划，才有资格参与竞标。
- 这 6 个示范地区的选择也是颇有深意，南北东西都有分布，且各个地区的可再生能源发展比例都有当地省市的特色，如北部的 eTelligence 属于风电大量馈入区，而南部的 MeRegio 则是光伏较多。另外，每个项目所在的地区有大城市曼海姆，也有小乡村。
- E-Energy 的目标不止是推进科研、产品的开发和示范，更是建立起电网、企业、政府、协会的交流纽带，并且大力推进标准的制定以及推广国际标准中。
- E-Energy 虽然共有 6 个示范地区，每个地区项目的内容不尽相同，但为了实施 6 个 E-Energy 项目，政府建立了一个跨项目的联合组织，集成了大学、企业、咨询、协会、科研机构，并指定了领导单位为 BAUM 咨询公司。

3　其他欧洲国家能源互联网

为了响应欧盟委员会对于建设未来的智能电网的号召，一个由欧盟委员会牵头，总耗资已达 540 亿欧元的项目 GRID4EU 在欧洲 6 个不同的国家分别展开了。GRID4EU 是目前欧洲最大的智能电网项目，它以 6 大能源公司为主，并由一系列的电力供配售公司，电器设备制造商以及研究机构共同参与。本着发展以及试验新的电网技术，通过示范项目的实行来制定标准，分析智能电网的成本效益，为未来的电网发展奠定基础的目的，自 2011 年 11 月以来，GRID4EU 在 6 个不同的国家建立了 6 个不同的示范项目，这 6 个项目根据当地的气候，电力资源情况又各有侧重点，以便增进各示范项目的互补性，为横向比较研究以及经验共享提供机会。在 GRID4EU 中，诸多未来电网的概念得以实现，如需求侧管理技术（Demand Side Management），分布式发电（太阳能，风能等新能源与传统化石能源结合），储能、微电网。而在实施过程中通过电网的监控和用户端的系统控制，各供配售电公司既能够有效地参与到电力市场中，保证整个智能电网的顺利运行，用户也能得到可靠的能源供给，为能源互联网的发展提供了一个启示。这 6 个项目分别位于：意大利切塞纳，捷克弗尔赫拉比，法国尼斯，德国雷肯，瑞典乌普萨拉以及西班牙卡斯特里翁。如表 1 所示，列出了这 6 个示范项目所涉及的范围及侧重点。

表 1　6 个示范项目所涉及的范围及侧重点

示范项目	项目侧重点
意大利切塞纳	先进系统控制，增加网络承载能力，最大程度集成可再生能源，分散发电单元
捷克弗尔赫拉比	中低压自动运行，电动车与电网的结合，电能质量检测及孤岛运行
法国尼斯	通过负荷预测，储能设备，微电网来优化分布式太阳能板与电网的结合，同时鼓励用户参与到电力市场中
德国雷肯	电网的监测，以及基于多智能体系统的中压电网控制
瑞典乌普萨拉	基于高级量测体系和智能变电站的低压配电系统的监控
西班牙卡斯特里翁	实现中低压的电网自动化以及提高用户在电网中的参与意识

通过表 1 不难发现，GRID4EU 下的能源互联网示范项目具有如下特点。

（1）因地制宜，利用原有基础设施

6 个试点项目均从 2012 年开始启动，至 2016 年收尾，若从零开始，以欧盟国家平均的施工速度，几乎是不可能完成的任务，可见试点项目中，均不同程度地利用了原有的电网设备基础，这也间接地告诉我们，能源互联网，不仅仅在对新能源网络架构的规划建设，更强调对于传统网络及资源的利用及整合。

既然是整合，则不可忽视地区之间的差异性。GRID4EU 的试点项目巧妙地利用了本地区的气候条件及与此气候条件相对应的能源方式：德国北威州地处温带海洋性气候，有风又有阳光，巧妙利用了 RWE 旗下的风机及太阳能为所在地区提供能源；身处南欧的意大利和法国拥有无可比拟的太阳能资源，PV 的大量介入和管理固然为不二之选；捷克位于欧洲中部，气候温和，虽然风电、太阳能资源较为稀缺，但热电联产设备的接入，也为能源网络的调节增添了多种可能性。

（2）分层管理，组织架构清晰明确

能源互联网是一张大网，但绝不是一张毫无章法的乱网，在整合能源网络各路资源和对网络进行管理时，必须首先明确网络的组织结构，从而分层管理。GRID4EU 的项目中无一例外地将配电网分为中压网络和低压网络，并赋予其不同的作用和目标。

中压网络更多地承担着地区潮流和负荷调节的任务，其调节目标主要为功率平衡及电压平衡；低压网络则更多侧重于用户端的交互，因而电动车、节能建筑（包括小型 PV，小型 CHP）多在低压网络接入。此外，低压网络还要承担用户数据的收集采集以及反馈的任务。

（3）削峰填谷，巧用储能分布发电

能源互联网之所以能够优化全网运行，稳定电价，具有较高的承载能力，储能设备功不可没。4 个接入分布式能源的项目中（德国、意大利、捷克、法国），意大利和法国直接新建了锂电池储能设备；捷克的项目中也采用 EV 的接入作为小规模储能；唯一没有使用储能设备的德国是因为 RWE 旗下的风机和太阳能设备容量，与其经营区域内的最大负荷大致相等，基本可以实现平衡。

储能设备的接入帮助能源互联网削峰填谷，对于网络运营和管理者来说，能量的流动更加灵活、稳定，对于用户来说，能源的价格波动也将相应减小。

（4）智能仪表，需求管理全民参与

能源互联网中，对于大数据和信息的交互也日趋重要。瑞典的试点项目几乎完全侧重于智能仪表的使用，15000 个用户跻身于信息洪流之中，当然也享受着信息化带来的红利：电能质量的检测、电价的分析以及低压配电网中用户需求的分析，使得虚拟电网、需方管理不再仅仅是一个能源互联网参与者茶余饭后的谈资，而是一个个货真价实的工程案例，真实地、一点一滴地改变着人们的生活，改变着人们对于能源互联网的理解。而在大量的储能设备和分布式太阳能板的基础上发展出微电网的概念，即在单个或者几个用户的小区域内，实现能源的完全自给自足，这就需要在用户端广泛推进需求侧管理技术（Demand Side Management），利用智能电表来实现小区域内的能源管理，而这正是在大区域内实现削峰填谷可能性的保证。因此在用户端的调控以及信息的采集，是整个智能电网的前提条件，而以此为基础的智能电表、家庭能源管理的控制系统、电池及其管理系统则是硬件基础。

（5）供求预测，防患未然保障供电

除了在用户层面的能源管理，在配电网层面通过天气预报以及用户端提供的信息，能够进行准确的负载以及发电预测，做到早预防、早准备，能够最大限度减少对电网的冲击，提高供电的可靠性，一套完整将气候、建筑、工业、电网等大数据结合的电网管理系统是未来发展大势所趋。

（6）启示

在以后售配电放开、相关电力公司众多的情况下，如何实现各个公司的资源整合和信息共享，是该由一个公司来管理开发这样一个系统以确保信息交流更为方便可靠，还是基于众多公司共同合作信息开放上的能源互联网更加具有活力，也是值得讨论的地方。此外，在此智能电网基础上的用户参与，是以什么形式，最终又能达到什么样的资源分配情况，（用户是否可以自由售电，用户与电力公司的双向售电协议，用户电力信息是否公开，资金流与能量流的方向等）又是一个能源互联网实现时面临的问题。而在此衍生出来的新的商业模式（如配售电公司出租设备给用户，收取设备出租费）又该如何规范，在能源互联网大势所趋的情况下，如何能让更多的用户参与进来，制定相应的政策，并且此政策必须基于一定的电力销售分配结构之上。在欧洲，供配售电以及用户端四者分离，每层的参与者都可以通过对下一层参与者提供的信息进行分析来进行管理和监控，也可以通过对上一层参与者提供的信息来优化资源分配。最后就是能源互联网实现过程中的高昂成本问题，虽然电池以及新能源设备价格降低，但单单一个尼斯城内的智能电网的初步建设就花费了 3000 万欧元，而这些就需要像欧洲的试点项目一样，由欧盟委员会牵头，各大能源公司和各行各业通力合作，并且需加上居民的高度参与才能完成。

“互联网+”智慧能源催生天然气新业态和新体制

国务院发展研究中心资源与环境政策研究所　郭焦锋

天然气是“互联网+”智慧能源的有机组成部分。要遵循“创新、协调、绿色、开放、共享”发展理念，以能源技术革命为支撑，以“互联网+”为手段，以智能化为基础，以发展天然气为重点，全面深化天然气领域改革，推动能源体制革命，促进天然气和信息深度融合，推进天然气产业新技术、新模式和新业态发展。通过天然气、可再生能源等各类清洁能源的高效转化，统筹利用天然气、太阳能和风能等新能源发电、储能，使能源流、信息流、能量流等出现无缝连接从而改善能源系统效率，以更好地满足客户气、电、热、冷等能源需求。

1　天然气是高效、清洁、低碳的优质能源

几乎所有工业化国家都曾经历过以煤为主的能源结构导致的严重大气污染问题，国际经验表明，大力发展天然气是发达国家以及新兴经济体能源系统优化升级过程中的典型做法。特别是近年页岩气革命的成功，使全球天然气资源可开采200多年，这改变了天然气的定位并影响了全球天然气发展态势。尤为重要的是，天然气发电有助于电网消纳风能、太阳能光伏等新能源，同时保证电网运行的安全性和稳定性。大力发展天然气，是促进新能源快速发展，并最终向未来以可再生能源为主的能源体系过渡的重要途径。

大力发展天然气将成为有效缓解大气污染的重要途径。天然气高效、清洁、经济、安全，是一种较为理想的优质能源，具有以下优点：一是使用范围广泛。天然气可广泛地用于民用（家用、供暖）、工业、发电、交通运输（燃气汽车）等领域。二是利用效率高。从原料生产、输送至发电的全生命周期来看，气电的能效约为40%，而煤电仅为30%，前者比后者高约35%。三是可降低污染物及二氧化碳等气体排放。与等热值煤炭相比，每千立方米气可分别减排二氧化碳、二氧化硫约4.33吨和0.0483吨，而且基本不含铅尘、硫化物以及可入肺颗粒物（PM2.5）等有害物质。四是经济性可行。以发电为例，虽然目前

我国发电成本差距较大，但随着技术进步和环境财税政策的完善，从全生命周期成本看，在 2020 年前后，天然气发电成本有望降到 0.5 元/千瓦·时左右，与清洁煤电和风电相当，低于光伏发电，具有一定的市场竞争优势。而且，天然气发电比煤电启停更快，调峰灵活快捷。随着风电、太阳能发电等可再生能源的大规模应用，调峰的压力将更大、范围也更广，天然气发电将承担更多的调峰任务，可促进可再生能源快速发展。五是安全可靠。天然气输送便利，可用管道进行长距离输送，在一定条件下可液化，提高了储运的便利性。同时，气电系统可接近我国电力负荷中心，不存在煤电等出现的长距离输送和安全等问题，是最可靠的优质能源之一。据统计数据显示，京津冀除可通过集中处理而降低污染物及 CO_2 等气体排放的发电用煤约 2 亿吨外，工业、供暖等用煤每年达 1.4 亿吨，这些以分散使用为主且缺乏有效环保措施的煤炭通过燃烧，每年向大气中排放大量的污染物。研究结果表明，如果散煤全部用天然气替代，京津冀天然气需求量将增加 750 亿立方米/年，与等热值煤炭相比，每年可减排二氧化碳约 3.2 亿吨、二氧化硫约 360 万吨、烟尘约 130 万吨，将有效缓解京津冀大气污染十分严峻的形势。

2 气—电协调发展实现多能互补、开放共享

能源互联网的核心是面向能源网用户开展服务，通过商业模式从分工式到分布式的颠覆、制造模式从大规模制造到大规模定制的颠覆、消费模式从产品经济到体验经济的颠覆，以具有能源特色的基于平等、开放、协作、分享互联网思维进行能源互联网运营，通过气、电、热、冷等多能源联合优化，显著提高能源的综合利用效率。

（1）坚持平等理念，提供用户选择

传统能源系统对多种能量的需求难以“一揽子”满足，用户被动式消费、选择权得不到尊重，近邻之间能源难以交易、互换，能源得不到高效利用。因此，必须全面放开用户选择权，赋予用户对能源的自主选择权，消费者可按需求自主、高效、清洁、低成本用能，创造美好生产生活环境。要以“互联网+”天然气形成新的商业模式、管理模式、生产模式、营销模式，注重创新互联网化的天然气商业模式。要以分布式天然气、可再生能源发展为重点，促进小微企业与家庭、个人等参与天然气和电力交易。要以用户为“上帝”和出发点，打破垄断、分工合作、促进竞争、提供选择，能源用户依法拥有相应的话语权和选择权，生产者和消费者的角色被进一步模糊，促进能源生产与消费融合，提升用户参与程度与用能体验。

（2）坚持开放理念，再造竞争市场

要全面开放电力及天然气市场，符合条件的各种主体均可进入市场，形成主体多元的

市场竞争格局。通过创建能源互联网市场规则，健全能源互联网市场机制，建立统一开放、竞争有序的市场体系，其中，能量市场完成能量交易，辅助服务市场保证整个系统的安全稳定运行，增值服务市场提供超出常规服务范围的服务，金融资本市场提供能源领域金融性资本运作平台。商业模式由参与市场的主体决定，或可出现能源交易供需方都是商家的B2B模式，能源供应商直接把商品或服务卖给终端用户的B2C模式，个人与个人之间在网上买卖能源或提供能源服务的C2C模式，用户发布能源或服务需求信息并选择性价比最佳的供应商（由供应商报价、竞标）的C2B等交易模式。

（3）坚持协作理念，实现多能互补

传统能源系统以集中式供给为主，传输损失大、系统效率偏低、可再生能源消纳比率有限，电力、热力、燃气及分布式能源等分项进行规划，缺乏一体化总体筹划和部署，多能融合效用难以发挥。因此，要实现具有自然垄断性质的能源管网等基础设施的第三方公平接入，建设以智能电网为基础，与天然气管网、热力管网、交通网络等多种类型网络互联互通，多种能源形态协同转化、集中式与分布式能源协调运行的综合能源网络，形成支撑气、电、冷、热等多种能源形态灵活转化、高效存储、智能协同的网络系统。推进能源输送通道和通信网络在量测、计算、控制等多功能环节上的高效集成，建设信息系统与物理系统相融合的智能化调控体系，实现能源互联网的实时感知和信息反馈，通过智能能源网络、分布式能源和储能设施等互联互通，实现供应侧和需求侧协调平衡，建成不同能源管网、不同主体之间互联互通的现代能源运输和通信体系。

（4）坚持分享理念，构建共享生态

基于互联网技术和理念，建立新型能源市场交易体系和商业平台，发展储能和电动汽车应用、智慧用能和增值服务、绿色能源灵活交易、能源大数据服务应用等新模式和新业态，构建能源互联网开放共享生态体系。坚持平等互利、共赢发展、不断创新的原则，通过创建成功的商业模式与利益共享机制，为海量用户提供多样化、高质量的服务。融合小区、楼宇、家庭应用场景下电、热、冷、气等多能源系统，提供小区、楼宇、家庭综合能源服务，推进家庭能源管理。利用天气信息与传感器找到能耗源，通过控制家用电器参与需求侧响应，利用可视化、移动端应用及分析，根据实时能源价格提出可行建议，推进综合智能家居与多能源管理。

“互联网+”将促进未来天然气产业高效开发利用。通过推动天然气消费革命、供给革命、技术革命和体制革命，利用互联网的智慧运行云平台，促进天然气的智能开采、优质化加工、分质分级利用、废弃物利用流程全链条的智能化改造，实现天然气的智能化生产，增强天然气供应灵活性、柔性化；推进用户侧建设冷热电三联供等综合能源利用基础设施，促进天然气发电、分布式天然气与可再生能源的协同生产，实现天然气高效的梯级利用与深度调峰，提高天然气综合利用水平；加快天然气生产、管理和调度体系的智能化改造，实现天然气供应链集约高效运营。

3　推动能源体制革命，促进“互联网+”天然气快速发展

能源互联网的运营从根本上依赖能源市场交易机制与价格形成机制的创新，没有合理的市场机制和创新的商业模式，能源互联网难以真正实现。因此，要着力推动能源体制革命，充分发挥市场在资源配置中的决定性作用，全面深化天然气领域改革，为发展“互联网+”天然气提供必要条件和制度保障，驱动形成能源新业态。

为促进“互联网+”天然气快速、健康发展，必须尽快健全和完善一系列政策保障措施。

（1）建立现代能源市场体系

加快形成统一开放、竞争有序的市场体系，是使市场在资源配置中起决定性作用的紧迫要求，要打破行政垄断，形成多元市场主体和有效竞争的能源市场格局，构建统一开放、竞争有序的现代能源市场体系。要分离自然垄断业务和竞争性业务，放开竞争性领域和环节，公平市场准入，培育多元化市场主体；建立统一开放的现代交易平台，建设各具特色的区域市场，逐步融合形成全国统一的能源市场，加快建设具有价格发现功能的现货市场，推进能源期货市场建设。

进一步推进电力市场体系建设。完善市场主体准入标准，建立长期稳定的交易机制。完善辅助服务考核机制和补偿机制，推进跨省跨区电力市场化交易，促进电力资源在更大范围内配置，推进电力期货和衍生品交易。建立独立的电力调度交易机构，完善电力交易机构的市场功能。保留必要的公益性调节性发用电计划，提升普遍服务水平。向社会资本放开输配电投资，鼓励参与售电业务。逐步推进智能电网在用户侧的双向互动、智能控制、多能源优化，实现与互联网和多能源系统相衔接。

全面推进天然气市场体系建设。放开天然气勘探开发市场准入限制，全面实行矿业权招投标制度，严格执行天然气区块退出机制，建立矿业权交易以及天然气地质资料共享机制。推进天然气干线管道独立、强制推行天然气管网等基础设施的第三方公平接入。

培育新能源市场体系。全面放开用户侧分布式电源市场，准许接入各电压等级的配电网络。完善促进水电、风电和太阳能在全国更大范围内消纳的市场机制，加快培育能源互联网、分布式能源和综合能源服务市场，构建集中式能源和分布式可再生能源、储能设备以及负载设备能够无差别对等互联的能源系统。

（2）完善市场价格形成机制

价格机制是市场机制的核心，市场决定价格是市场在资源配置中起决定性作用的关

键，要按照“管制中间、放开两头”的总体思路，区分自然垄断和竞争性环节，建立真实反映能源资源稀缺程度、市场供求关系、环境成本和社会可承受的能源价格形成机制。政府只制定具有自然垄断性质的能源价格，放开竞争性领域和环节价格，由市场竞争形成，稳妥处理和逐步减少交叉补贴，还原能源商品属性。

完善电力价格机制。要分开输电配电价格与发电售电价格形成机制，放开竞争性环节电力价格。发电售电价格主要由市场决定，输电配电价格实行政府定价。完善环保电价政策，建立和完善可再生能源电价、辅助服务电价、需求侧响应价格激励等政策。

完善天然气价格机制。要全面放开天然气竞争性环节价格，由市场决定，政府仅制定具有自然垄断性的管网等基础设施价格和配气价格。建立国内与国际市场联通，具有重要定价能力和影响力的国家级天然气现货、期货交易平台。

完善与能源发展战略相协调的财税政策。统筹各能源品种，清费立税，通过公平、合理的顶层税费制度安排和设计，合理确定能源税费总体负担水平。完善财税优惠政策，实行能源资源国家权益金制度，完善矿业权使用费、矿业权价款、资源税等制度，体现资源全民共享原则。提高能源行业国有资本收益上缴公共财政比例，理顺国家与开发主体、中央与地方能源资源收益分配关系，更多地惠及地方，调动地方积极性。逐步取消交叉补贴，建立和完善对生活困难人群和部分公益性行业的定向补贴机制。健全能源价格监管制度，形成各种能源品种之间合理的比价关系。

（3）建立现代能源法制体系

健全完善我国能源法律法规体系，是建立能源管理法治秩序的基本要求，是实现能源可持续发展进行的顶层设计，是在能源领域贯彻落实依法治国基本方略、推进依法行政、保障我国能源安全的重大举措。要尽快推动出台能源法，加快修订电力法、煤炭法，制定石油天然气法，实施好可再生能源法，并加快能源监管条例等法规规章建设。

出台能源基本法。出台统领能源各专门法和配套法规的《能源法》，从整体上规定能源法律法规体系的基本框架和总体思路，确定能源其他法律法规制定和修订的基本依据，规范能源战略规划、监督管理、开发生产、加工转换、储备与运输、贸易、调峰与应急、环境保护、科技创新等行为。

完善能源单行法。尽快修订《电力法》，适应电力体制改革需要，明确市场主体，建立电力交易、调度机构设立和运行制度，支持新能源和分布式能源发展。研究制定《石油天然气法》，按照石油天然气体制改革要求，确定资源所有权制度、矿业权退出转让交易制度、管道独立和第三方公平准入等。落实好可再生能源相关法律，明确可再生能源发展规划实施主体和责任，完善可再生能源技术创新促进技术研发产业体系建设的发展路线，为可再生能源发展提供法制保障。

加强法规规章建设。完善《电力监管条例》、《电网调度管理条例》、《中华人们共和国对外合作开采陆上石油资源条例》、《中华人们共和国对外合作开采海洋石油资源条例》、《探矿权采矿权转让管理办法》、《矿产资源勘查区块登记管理办法》、《矿产资源开采登记管理办法》等。研究制定“石油储备条例”、“海洋石油天然气管道保护条例”以及“能源监管条例”，明确能源监管规则、规定、方法和程序。

“互联网＋”煤炭：行业供给侧改革新平台

内蒙古煤炭交易中心　温琳

1　引言

当前我国煤炭行业进入需求增速放缓、生产能力过剩和库存消化迟缓、环境制约强化、结构调整攻坚“四期叠加”的新常态，加快煤炭行业供给侧结构性改革已经成为刻不容缓的必然选择。新常态呼唤新技术、新思维，煤炭行业需要服务创新，煤炭流通企业责无旁贷，“互联网+”煤炭成为业界的共同命运选择。广义上的“互联网+”煤炭，指的是将互联网、物联网、移动通信网、大数据、云计算、人工智能等与煤炭行业深度融合，全面提升煤炭勘探、设计、生产、安全、运销、洗选、环保、管理、监管等技术水平和管理水平，促进煤炭行业科技进步和转型升级，推动煤炭清洁、绿色、高效、低碳利用。狭义上的“互联网+”煤炭，则是指基于煤炭供应链B2B业务，开展互联网思维下O2O创新服务模式的第三方煤炭电商平台，提供线上交易线下履约、信息资讯、第四方物流、供应链金融等创新服务。本文主要是从“互联网+”煤炭的狭义定义来理解。

“互联网+”煤炭电商平台，作为煤炭行业供给侧改革的连接器、驱动器、加速器，链接煤炭供给/需求、线上/线下有效互联互通，催化金融交易、运力交易等新兴业态，推动煤炭供给侧与需求侧的有效协同，支撑“互联网+”能源乃至能源互联网的创新发展。“四期叠加”新常态下，“互联网+”煤炭电商平台正当其时，指引着煤炭产业升级与服务创新的新方向，是煤炭行业供给侧改革的新平台。

2　“互联网+”煤炭电商平台实现煤炭供给/需求、线上/线下互联互通

（1）“互联网+”煤炭电商平台是连接煤炭供给侧和需求侧的市场化桥梁

“互联网+”煤炭电商平台发挥连接器作用，实现煤炭供给侧和需求侧的互联互通，链

接参与煤炭交易活动的主体，包括煤炭生产企业、煤炭消费企业、煤炭经销商、煤炭交易经纪商以及专业服务商，包括煤炭铁运商、煤炭海运商、煤炭汽运商、煤炭内河水运商、煤炭港口商等。传统煤炭交易的搜寻成本、产品不匹配成本很高，煤炭上下游节点着眼于实现自身利益最大化，事实上造成了整个煤炭供应链成本的提升。“互联网+”煤炭电商平台建立买卖对接机制，为煤炭买卖双方提供接洽、谈判、签订合同的场所，扮演着媒介的角色，保证煤炭交易公平有序，形成价格发现机制，保障合同有力执行，从而能够吸引诸多的煤炭交易商参与，大大降低以往交易模式下的搜寻成本、产品不匹配成本，弘扬契约精神，争创标准、开放共享、服务为本。

“互联网+”煤炭电商平台是商业流、资金流、信息流的汇聚地。“互联网+”煤炭电商平台具有双边平台的属性，交易商的云集涉及大量的产品信息、交易信息，同时，在商业流的基础之上伴随的是资金流。“互联网+”煤炭电商平台通过安全标准、创价增效、绿色低碳、服务创新的机制和方式，实现各个价值流的顺畅流动和无缝对接。“互联网+”煤炭电商平台提供与虚拟价值流相关的交易、结算、信息等基本服务，实现对煤炭供应链虚拟价值流的管理。

“互联网+”煤炭电商平台是层次分明、功能齐全、手段先进、运行规范的全国煤炭交易市场体系的关键构成主体。“互联网+”煤炭电商平台引领能源交易方式转型升级，提高煤炭大宗商品交易的效率与便捷性，催生煤炭信息服务、金融服务、物流服务全方位商业模式变革，丰富能源大数据的体量、类型和速度，孵化煤炭大数据的新应用与新业态，成为整个能源交易体系中的数据中心，发现真实的能源价格，有效地满足多元化的需求，为国家的能源安全提供大数据支撑。

（2）“互联网+”煤炭电商平台需与煤炭智能物流园区实现线上线下（O2O）互联互通

煤炭属于大宗生产资料商品，流通需要大量的运力和场地，煤炭物流一直是行业的痛点，“合同好签、兑现不易”，是“互联网+”煤炭电商平台与其他大宗商品电商平台的重要区别所在。“互联网+”煤炭电商平台需要强有力的线下支撑，依赖与煤炭智能物流园区的有效互动。近年来，“互联网+”煤炭电商平台如雨后春笋般涌现，但大多数平台缺乏线上线下互联互通的能力，未能抓住煤炭行业的痛点。

煤炭智能物流园区是煤炭供应链实物流的管理平台，属于煤炭供应链的交收系统。煤炭智能物流园区集洗煤、选煤、配煤为一体，对煤炭进行加工处理以及流通优化，提高煤炭品质，提升煤炭附加值，实现煤质的标准化，在进入电厂燃烧之前，就将可能的排放降到最低，使得煤质与电厂的个性化要求相一致，提高了煤炭燃烧效率。“互联网+”煤炭电商平台是煤炭供应链虚拟价值流的管理平台，属于煤炭供应链的交易系统，集交易、信息、咨询、物流和金融服务为一体，实现煤炭交易的标准化。“互联网+”煤炭电商平台与煤炭智能物流园区 O2O 有机结合，通过“互联网+”煤炭电商平台完成交易，通过煤炭智能物流园区完成实物交收，实现煤炭线上与线下的互联互通，交易与交收的对称，形成完整的煤炭供应链管理系统，优化选择、扩大经营、降低成本，满足了煤炭供应链的各方利益，整体提升了煤炭供应链效率。

3 "互联网+"煤炭电商平台以煤炭电子交易为核心，开展N项衍生创新服务

（1）"互联网+"煤炭电商平台的核心是推动煤炭市场化电子交易

"互联网+"煤炭电商平台的基本属性是集中型煤炭现货电子交易市场，交易标的物是煤炭现货，包括煤炭中远期现货与即期现货，不包括煤炭期货，属于贸易而非金融范畴。"互联网+"煤炭电商平台以现代信息通信技术为支撑，提高煤炭大宗商品交易的效率与便捷性，提供专场交易、担保交易、挂牌交易、煤炭超市等多种交易模式，将数目众多的买方和卖方聚集在一个中心交易场所，并使其之间以浮动的价格进行交易，成交价格的形成由交易市场的规则所决定，实现了煤炭交易的高效规范、公开开放、安全透明、灵活机动，满足了个性化需求，保障了交易商权益，提升了合同履约率。"互联网+"煤炭电商平台是集中型市场，在集中的时间段与集中的场所开展煤炭交易，是有组织的煤炭专业市场。

"互联网+"煤炭电商平台的核心功能是煤炭的价格发现，即真实反映价格，而非操纵、决定价格。"互联网+"煤炭电商平台提供煤炭交易、金融服务、物流服务，提高煤炭供需双方的交易效率和资源匹配度，改善运输效率，降低煤炭实物流成本，实现煤炭供应链的价值共创、收益共享，驱动煤炭行业朝向产品清洁低碳标准化、价格与价值平抑化、指数期现金融化、行业综指大数据化的方向发展。

（2）"互联网+"煤炭电商平台，基于煤炭交易，开展金融交易和运力交易服务。

通过"互联网+"煤炭电商平台，推进煤炭电子交易，催生信息服务、金融服务、物流服务全方位商业模式变革。煤炭交易过程除了涉及实物流之外，还衍生出大量的商业流、资金流、信息流，为基于煤炭交易的创新服务提供了空间。在煤炭行业"四期叠加"的新常态下，煤炭交易本身的利润空间已经非常有限，而其衍生服务则是广阔的蓝海。"互联网+"煤炭电商平台开展"1+N"多种服务，其中，1是指煤炭电子交易这项核心业务，而N是煤炭电子交易相关的多项服务，如结算、交收、金融、物流、信息与质保业务等，其中金融与物流服务是最具潜力的领域。

煤炭供应链每笔交易都涉及大量的资金，因此开展供应链金融服务，降低资金成本、提升资金效率、保证资金安全非常关键。煤炭行业开展供应链金融的重点和难点在于煤炭货权全供应链的有效监管。"互联网+"煤炭电商平台整合信息、资金、物流等资源，集中煤炭物流相关信息，实现煤炭物流的全过程可视化管理，在线跟踪煤炭的最新动向，提

高物流的透明度，为供应链金融服务提供风控系统，开展票据贴现、货权质押融资、应收账款融资等供应链金融服务，提前支付煤贸资金，盘活现金流，提高了资金周转率，提升了企业利润率。

公路汽运是煤炭流通的重要方式之一。“互联网+”煤炭电商平台建设与运营，集铁路、汽运、港口、物流担保服务于一体的现代物流服务体系，通过集中化物流信息管理来优化与简化煤炭物流，提高煤炭供应链效能，为煤炭交易方创造更多的价值。“互联网+”煤炭电商平台可借鉴互联网约租车的创新模式，将其引入煤炭公路运输之中，创新车联网模式，建立汽车运输管理平台，打造煤炭物流的“滴滴专车”。“互联网+”煤炭电商平台电子交易一旦达成，即有效地提供煤矿、园区、港口的运输信息，自动匹配最为节约成本的铁路、汽运的物流服务，优化路径，形成托运方、承运方的社交网络，实现车、人、货的移动互联。

4 “互联网+”煤炭电商平台重塑煤炭交易体系，支撑能源互联网构建

（1）“互联网+”煤炭电商平台，推动煤炭供给侧与需求侧协同运营

“互联网+”煤炭电商平台为煤炭行业供给侧改革注入了创新驱动力，发挥驱动器作用，加快煤炭供给侧改革，促进煤炭脱困减负。“互联网+”让煤炭生产、流通、消费始终在线，煤炭供应侧与需求侧高效匹配、互联互通，煤炭供应链运营集约高效。通过“互联网+”，将需求侧的煤炭需求和价格信息实时反馈给供给侧，以需定产，让煤矿生产尽量满足电厂的多样化、个性化要求，驱动煤矿改变调整生产方式，实现煤炭交易的标准化与个性化，激发调动整个供给侧的生产要素，化解煤炭产能过剩，创新供给激活需求，提高煤炭利用效率。

“互联网+”煤炭电商平台以煤炭大数据体系来支撑供给侧与需求侧的协同，采集煤炭产能、价格、库存、销售、运输，港口、电力企业的基本数据，建立煤炭交易大数据库，形成煤炭价格指数，运力价格指数，为煤炭生产、消费和国家产业调整提供重要依据。“互联网+”煤炭电商平台持续集结煤、电、油、气、碳排放等各类能源资源，汇聚海量能源交易大数据、价格大数据、运力大数据，深入挖掘能源大数据价值，成为国家能源交易体系中的数据中心。“互联网+”煤炭电商平台积累了大量的用户交易数据，平台的建设与成功运营也将为信用体系建设提供重要的支撑。

（2）以“互联网+”煤炭电商平台为突破口，支撑能源互联网发展

“互联网+”煤炭电商平台的探索和实践将为“互联网+”能源电商平台，乃至能源互联网的发展提供新的思路。以“互联网+煤炭”电商平台为基础，搭建综合型“互联网+能

源"电商平台，促使能源回归市场属性和商品属性，促进绿色能源的点到点交易，以实际需求为驱动，更加有效地匹配能源生产和消费，寻求不同能源生产和消费方式的协同，形成最为智慧的能源供应链体系，使得整个能源供应链得以更加高效、稳定、有序，助力国家能源安全。

在"互联网+"煤炭电商平台基础上，实现交易主体多元化。"互联网+"煤炭电商平台以煤炭的产、运、销企业为主。在煤炭产、运、销企业互联互通的基础上，将集结石油、天然气、电力等各类型能源企业加入平台，促进不同能源的协同，提高平台的多样性。以能源交易为核心，建设并运营能源大数据、大金融、大安全平台，促进能源交易方式转型升级，实现能源互联互通。能源互联网中的各个参与主体既是"生产者"，又是"消费者"，颠覆传统的以生产顺应需求的能源供给模式。"互联网+"能源电商平台将成为链接双边甚至是多边的平台，促进能源共享经济的发展。

在"互联网+"煤炭电商平台基础上，实现交易商品多样化。进一步开拓交易商品类型，集结煤、电、油、气等各类能源，尤其是电力资源实现网上交易。电力作为重要的二次能源，是实现各能源网络有机互联的链接枢纽，电力互联是实现能源互联的重要途径。通过将多种类型能源引入电商平台，促进不同能源的协同发展，提高平台的多样性。煤炭与其他能源多能互补、高效转化，使整个能源供应链得以高效、稳定、有序。

5 小结

党的十八大五中全会上，网络强国战略和供给侧改革思路横空出世，"互联网+"、供给侧改革俨然已经上升到国家战略层面，也势必影响到煤炭行业的发展路径。煤炭在我国能源消费结构中将长期占据主体地位，煤炭的清洁高效利用既是支撑经济社会发展的内在要求，也是走可持续发展道路的必然选择。"互联网+"煤炭电商平台的建设运营既是必要的、也是条件良好的、还是迫切的，可谓正当其时。

"互联网+"煤炭电商平台并非是将煤炭交易过程简单搬到线上，而是着眼于对整个煤炭供求生态体系的重构，创造新的价值，突破行业瓶颈，降低行业综合成本，实现重资产的轻资产化管理，创造行业新业态。通过"互联网+"煤炭电商平台，建设煤炭交易市场体系，促进能源交易方式转型升级，激发煤炭企业的创新活力，提高煤炭供需双方的交易效率、资源匹配度和阳光透明度，改善煤炭运输效率，降低煤炭物流成本，形成煤炭营销电商化、交易金融化、投资市场化、融资网络化等创新商业模式，走能源清洁、低碳、精细化利用之路，推动能源大数据、大金融、大安全平台化建设、运营和创新服务，最终实现国家能源互联互通，国际能源互联互通。

当“卖油郎”牵手“互联网+”——小案例分享，大思维拓展

中国石化销售有限公司　杨浔英　闫小莉　王剑
国务院发展研究中心资源与环境政策研究所　郭焦锋

1　引言

面对中国经济步入中高速增长的新常态，油气市场供大于求、竞争日趋激烈的局面，石油石化各大集团积极应对，调整发展战略，转型升级，提质增效，同时以价值最优为原则，通过由提高管理水平向增强服务能力转型，积极参与市场竞争，不断创新商业模式。

互联网以“平等、开放、协作、分享”为理念，利用移动互联网、物联网、云计算、大数据等技术手段，通过对产业生产、交易、融资、流通等环节进行改造，使得信息高效流通，从而形成更高的生产、资源配置和交易效率。其中，产业互联网是以生产者为主体，消费互联网是以消费者为主体，而能源互联网以其“分布式、开放、互联、绿色、高效”等典型特征，促使生产者和消费者的角色被进一步模糊，促进能源生产与消费融合。能源互联网被认为不仅仅是能源技术的变革，更是能源生产、消费乃至人类经济社会的深刻变革。

“卖油郎”是能源领域最接近消费者的成品油终端销售环节。本章描述了“卖油郎”牵手互联网，从而实现“互联网+智慧能源”的有益探索。通过转变理念、拓展思维，利用O2O模式，依托车联网平台，探索并适应越来越高的个性化市场需求，为传统企业由生产制造商向综合服务商转型积累了经验。同时期冀，借助更大规模更深层次的“互联网+智慧能源”模式，获得企业未来更大的发展机遇和潜力。

2　内外因素驱动：为什么要牵手“互联网+智慧能源”

（1）外部环境倒逼

“能源互联网”概念的提出是对传统能源行业的一大冲击。尽管提出的时间仅有七八

年，但是却引起了全球的高度关注。为了减少环境污染和温室气体排放，应对全球气候变化，以低碳、高密度、绿色等新能源替代煤炭等化石燃料是未来能源行业发展的大趋势。在国家政策层面，国务院发布的《关于积极推进“互联网+”行动的指导意见》中，提出了“互联网+”智慧能源的实现途径，即推进能源生产智能化、建设分布式能源网络、探索能源消费新模式和发展基于电网的通信设施与新型业务。而且，备受关注的国家《关于推进“互联网+”智慧能源发展的指导意见》也已在2016年初发布，构建能源互联网产业体系，打造开放共享的能源互联网生态环境指日可待。

“互联网+”智慧能源的来袭，无疑对传统石油石化行业来说面临着新的挑战，急需转变理念，找出新招，积极应对。为此，加快推进产业转型升级，加快推进信息化与工业化两化融合，抢占“后石油时代”的制高点势在必行。

（2）内部发展需要

在创意层出不穷、更新与时俱进的“互联网+”面前，作为传统成品油销售企业——“卖油郎”，在企业形象维护、客户营销、业务拓展、产品推广等方面仍采用“老派”坐商方法已显得十分落伍。在企业形象维护方面，微信、微博等新媒体传播速度之快，使得“老派”石油企业常常处于被动地位，甚至多次被推到舆论的风口浪尖，于是创新自我和推广企业形象显得十分重要和迫切。

在企业业务推广、客户营销等方面，传统的营销推荐方式存在诸多弊端。一方面，在油品和非油品（便利店）业务不断扩大、扩量增效压力日益增大而员工人数不能增加的背景下，一直处于忙碌状态的员工，经常无暇顾及和“开口”服务，加之营销方式过于传统，企业精神自上而下层层传递而层层衰减，最终难以到达客户，便出现了“最后一公里”的营销障碍问题。另一方面，对于加油客户、非油品消费者、用油大客户等这些客户需求的挖掘，仍然停留在传统的调研与分析上，而面对系统海量的大数据，建立强大的云计算分析系统，实现对加油站加油客户以及公交、城际大巴、企业用户、城市运输货车、长途运输重卡等客户分类，以把握不同客户的真实需求，实现分类精准营销，利用“互联网+智慧能源”成了创新、转型、升级的强大内在驱动力。

3　两个创新推动：如何借力“互联网+智慧能源”

（1）通过组织创新打造一支高效的“创客”团队

一方面，突破传统的公司管理机构限制。某市石油公司以现有员工为基础，借力外部专业机构，打破部门限制，由不同领域、富有创造力的青年员工组建“互联网+”管理团队。另一方面，激发团队创新精神。该团队尽管人员规模不大，却是一个创新型组织、学习型组织，具有较强的研发能力，人人都是创新实践者的“创客”，只要“创客”有创意、有想法就可付诸实践，而公司给予“创客”充分容错的机会，以激发“创客”的创新积极性和主动性。“创客”通过定期学习以及头脑风暴式交流，将提出的创意迅速形成方案并落实到具体工作中。同时，注重创意方案的定期评价和效果后评估，不断调整、完善创意方案，对实践中难以发挥效率和效益的方案及时给予否定。这种勇于探索、勇于自我否定的创新，促使创新成果不断扩大。

（2）通过商业模式创新全方位打造自媒体平台

按照“核心人员主导、大众参与传播”思路，开发和运用好微博、微信、QQ 等新媒体，努力提升企业内部及外部宣传，尤其是扩大对外的影响力。该“创客”团队现拥有微博 1 个、微信订阅号 1 个、微信服务号 1 个、QQ 兴趣部落 1 个，还有兴趣爱好、业务发展微信群几十个，共同形成了“卖油郎”自媒体矩阵平台，多措并举，宣传效果十分显著。该“创客”团队所在的城市有 800 多万人口，属于发达地区，仅拥有几十人的“创客”团队，利用互联网信息高效流通的优势，服务于广大的用户，而且将“互联网+”的理念运用到非油业务经营当中，着手打造自己的便利店微商城服务平台。另外，“创客”团队开始积极探索第三方合作，开启“互联网+”时代的互惠共享的商业模式。

其中，“微信服务号”顺应主流新媒体的发展趋势，成为该“创客”团队所在公司全力打造的重点项目。同时，通过招投标模式引入第三方进行平台开发建设，微信公众号得以全新改版和专业化运营。该公众号上线后，为客户提供的服务包括附近油站导航、加油卡服务、在线预约办卡、今日油价查询、线上抢购、需求调研、企业优惠以及企业动态推荐、点赞基层服务等，受到很多顾客的青睐。而且，“创客”团队组建客服队伍，在线帮助客户解决遇到的各种问题。

借助微信公众号开展微营销、微宣传、微服务，也取得了明显的成效。该平台通过开展投票、抽奖、团购、秒杀等多种形式的新媒体营销互动活动，以直面客户的营销方式，拉近了“卖油郎”与顾客之间的距离，吸引和发展了不少铁杆粉丝。短短时间内，平台关注人数就达到几十万人。发布的公司营销、业务推荐、企业动态、油价资讯等方面的信息已有 100 余万条，最佳图文阅读数达到 40000 个以上。在内部员工推广公众号的竞赛活动中，通过有效的激励方式，极大地调动了员工“开口”营销的能力，人均“开口”推荐客户达到 130 个，最高的达到 1500 个。在新业务拓展方面，通过团购及抢购活动，实现了非油品 O2O 业务；在高标号油品推广当中，通过开展粉丝互动、晒加油照片等形式，当月带来销量环比增长 7.12%。

4 未来努力方向：“卖油郎”携“互联网+智慧能源”迎接新的春天

（1）借助“互联网+智慧能源”，全面拓展业务

依托加油站的加油业务，全面拓展各项服务，提升非油业务竞争力。从提升客户体验角度出发，实现加油站多元化经营，提供餐饮、快速洗车、快速汽车保养、汽车快修、轮胎更换等便利性服务。该“创客”团队所在的公司已开启“汽车生活馆”试点，并与“苏果”、4S 店、太平洋保险等企业开展第三方合作，加油站除提供加油、充值、发卡等服务外，还提供快餐鲜食、公交充值、车险办理、金融理财、支付宝支付等便民服务。不远的将来，还会尝试提供免费 WiFi、线上购物便利店线下体验、客流数据分析等更多“互联网+智慧能源”应用和相关服务。

（2）借助“互联网+智慧能源”，实现大数据营销

国内几大石油销售企业，共有近 5 万座加油站、3 万座便利店，加油卡客户达到数亿量级，这些资源的潜在客户量巨大，可组建一个非常大的“互联网+智慧能源”平台。以该“创客”团队所在的城市为例，就有二百多万汽车保有量、几百座加油站和数百个便利店，这些资源可通过“互联网+智慧能源”平台，进一步发挥互联网团队的作用，建立起属于该“创客”团队特有的大数据资源，通过分析大量的消费者行为数据，通过判断找出精准的消费目标受众。一方面，可借助加油卡系统的客户资源建立数据库，通过互联网、新媒体等渠道向客户宣传推介自助加油等业务，在快速发展这些业务的同时扩大数据库的容量。另一方面，以 APP 应用、微信公众号等方式实时采集消费信息，挖掘新型支付方式扩大客户资源库。这些渠道积累的大量数据，可为“卖油郎”掌握客户信息、研究消费偏好和客户关系管理提供可靠来源和有力支撑。

（3）借助“互联网+智慧能源”，实现多方合作共赢

如果说“羊毛出在猪身上”这句话还有其道理的话，其实说的就是合作共赢的道理，由此带来让客户在该团队所在公司“免费加油”、“免费买非油”不再遥不可及。受当前越来越多的互联网企业之间开展跨界营销的启发，石油销售企业可以从与车相关的保险、修车、洗车等业务角度着手，引入第三方如门户网站（如腾讯）、搜索引擎（如百度）、电商网站（如阿里巴巴）、通信公司（如移动）、线上支付平台（如支付宝）、车辆服务平台（如滴滴打车）、银行、金融、保险等，实施组合营销，实现不同专业、不同领域的跨界合作。未来基于大企业的数据平台，与第三方合作可找到相同的目标客户群，形成规模化定制的生产和营销模式，提高客户消费的便利性和自主性，共同满足客户群体的“一

揽子”需求，实现互惠共赢。

（4）借助“互联网+智慧能源”，挖掘重卡客户需求

细分大客户信息获悉，重卡客户是“卖油郎”重要的用户群体。这一群体的全国汽车保有量达 500 多万辆，其用油特点有别于其他客户。这一群体对产品质量的要求并不高，而对价格极其敏感，且用油量是普通私家轿车的 8～10 倍，其 50%是个人拥有车辆，虽然有些挂靠在一些集体车队，但其迫切需要的是降低运输空载率。随着油品资源持续增多，国内石油石化大企业在这类客户上的丢失率越来越大。面对新的形势，大企业可运用“互联网+智慧能源”的思维模式创新服务，帮助这一群体有效解决空载率。通过与保险、金融、运输管理的等方面服务相结合，帮助这一群体及时配货，改进加油卡服务内涵，同时加油卡给予一定的加油优惠，以增强用户的黏性，促使“卖油郎”有效提升“互联网+”重卡运输服务的能力和水平。期望不久的将来，重卡客户能够感受到大企业的贴心服务，如同现今城市里人们享受的“滴滴出行”那么方便且有效率，同时创新一定会给大企业带来丰厚的回报。

（5）借助“互联网+智慧能源”，介入电动车行业

石油石化大企业如何利用加油站和“互联网+”介入电动车行业，是今后几年摆在这些企业面前的大课题。从未来的发展大趋势看，“卖油郎”一定要利用好自身的优势并以科学的方式进入该行业。当前看，“卖油郎”进入该行业有换电池、提供充电桩和租赁 3 种方式。总体上来说，换电池方式，“卖油郎”需要参与电池生产或销售业务，既要冒投资风险又不具备专业技能，具有较大的不确定性。加油站提供充电桩方式，在电池充电还需要较长时间的技术条件下，单座充电站需要占用宝贵的土地资源，机会成本较高，且难以形成规模化、商业化经营。相比较而言，“租赁”方式较为现实可行，即“以租代卖”提供整车出租服务。这种方式是利用电力体制改革契机或与地方政府争取政策，如通过峰谷电价差形成套利机会，即晚上用电低谷时低价或免费充电，白天按照市价向电动车租赁者销售电量，赚取电价差。这样可以利用加油站的便利条件或与非油业务结合，解决电动车“最后一公里”的换电池问题。“租赁”方式项目启动需要通过引进风险投资解决资金问题，引进专业技术人才，买断一些技术或与电动车生产厂家合作，批量购买电动汽车，或可考虑在政府电动车补贴和优惠政策比较完善的城市，试点探索可行的商业模式，建立健全经营管理机制。同时，扩大“创客”团队，完善“卖油郎”已有的“互联网+智慧能源”服务平台，以现有加油站为依托，利用物联网、云计算、大数据等技术，形成“互联网+成品油+电动车+非油”的综合性能源服务体系，把“卖油郎”打造并转型成为现代能源综合服务商。

5 产业互联网催生传统产业价值再造

如果说过去的20年互联网改变了人们的消费行为和生活，有研究认为，未来20年互联网将改变“社会的核心”，包括“所有的行业、规则和思维”。同时，预示着产业互联网时代的到来，意味着在所有的行业中，企业、生态链关系和生命周期将实现互联网化。

目前石油石化大企业通过ERP以及若干孤立的信息系统聚集了大量的数据，这种自下而上大量的数据涌入，与现有的管理模式下管理层还没有时间和精力顾及大数据的有效处理问题，使目前的信息仅仅是单向传递，造成了信息碎片大量堆积，出现了相互独立的若干信息孤岛。这些信息系统以统计功能为主，缺乏价值再造功能。但是随着云计算、大数据、物联网和移动互联网等技术的普及，将促使每个行业都具备收集、传输及处理大数据的能力，基于互联网技术再造研发、设计、生产、销售、服务等各个环节。价值再造功能的实现离不开大数据，对服务业来说，O2O已经帮助其领先一步，将整个业务流程互联网化。随着供应链信息的公开、透明，生产型服务企业只有依靠创新才能形成新的核心竞争力。以材料成本近似于产品成本将没有任何意义，产品的真正价值可以通过服务创新再体现并提升产品的附加值。从目前能源行业互联网化的进程可以看出，产业互联网在我国已崭露头角。

另外，在消费互联网领域，电子商务以不可阻挡之势颠覆传统的零售业，而随着产业互联网的深入发展，新的平台表现出明显的专业性、垂直性等特征。也许正如前面所提及的重卡运输、电动车和一些特殊危化品运输领域一样，目前我国的市场环境还不够开放，市场规则还不够完善，“卖油郎”的转型不可能一路坦途，但是可以相信，未来的产业互联网必将拥有一个自由生长的市场环境，产业互联网产业也将迎来新的春天。

培育绿色能源灵活交易市场模式

中国循环经济协会可再生能源专业委员会　彭澎

1　建设基于互联网的绿色能源灵活交易平台

中国传统电力市场为统购统销的单一中间环节市场，既电网统一购买所有电源企业所发的电力，同时电网向全部用电户销售电力，呈现事实的中间环节垄断格局。在这种模式下，为了避免垄断产生高额利润，由政府价格监管机构来制定发电和用电的价格。每个电力开发商和用电户在通过对历史用电量估算的情况下，提前向电网公司报送发用电计划，方便电网保持两端的电力平衡。可再生能源所发电力在上网端与火电同网同价，同时火电的标杆上网电价也是固定的，电网在执行调度的时候，在没有绿色调度排序的前提下，天然倾向稳定输出的电源。这在一定程度上加剧了可再生能源的弃风、弃光现象，以完成远距离电力传输的特高压为例，准东至华东（皖南）±1100 千伏特高压直流输电能力为 1200 万千瓦，可配套建设 2×66 万千瓦火电厂 10 座，总装机规模约 1320 万千瓦，风电 520 万千瓦，光伏 250 万千瓦，年外输电量约 650 亿千瓦·时，其中约 80%的电量仍为火电电量。

市场中最核心的根本是用户的需求，在缺乏互联网等信息传输手段的情况下，电力用户无法对所使用的电力品种提出自己的要求。传统的电力市场格局无法为解决可再生能源消纳提供更多的选择，唯有未来与互联网的深度结合，实现信息和电力双向传输，才能为绿色电力的消纳提供更广阔的空间。在未来，电力用户完全可以向售电公司要求所使用的电力为绿色能源，从市场终端将优先消纳权向电力生产上游传导。我国现在为治理东部大气污染，鼓励西北火电代替东部火电，但这种做法并不能彻底解决雾霾等问题，本身新疆等地城市也是雾霾高发地区，并且为实现“十三五”非化石能源占一次能源比例 15%的目标，在未来的五年都需要加大可再生能源电力的消纳，而不仅仅是装机量的增长。所以，能源互联网的融合不仅仅是能源产业的需求，也是大气污染治理和实现“能源革命”的必要支持条件。

可再生能源后期没有燃料成本，运维是最主要的支出，并且与发电量直接相关。由于可再生能源的后期运维差别较大，整个运维市场呈现碎片化的模式，事实上增加了度电成本，在设备等价格下降空间有限的情况下，更加高效的运维服务是可再生能源在价格方面提高竞争力的重要手段。电力市场改革之后，将实现电流和发用电信息的配对，如果通过互联网信息管理系统，建立可再生能源发电实时监控数据中心，在大数据的基础上，链接用户端电力消费市场，可以更大程度上为用户提供低电价、绿色低碳的电力供应和交易服务。并且在大数据基础上，可以形成规模化的运维市场，不仅可以提高设备的发电效率并且可提高绿色电力供应质量，更好地参与到电力市场交易中。

2 构建可再生能源实时补贴机制

可再生能源电站的收支非常单一，由于不牵扯到燃料采购等情况，项目投产后仅有设备运维费用。营收方面，电价是由国家审批的上网电价且 20 年不变，其唯一的收入来源就是电力销售，因此整个项目资产取决于上网电量。前面已经说过，通过能源互联网解决可再生能源电力消纳等问题，在电力卖出之后，如何实现实时营收也是困扰可再生能源开发商的重要问题。

无论风电、光伏、生物质发电，政府审批的上网电价分为两个部分，第一部分为当地脱硫脱硝火电标杆上网电价，第二部分为补贴，补齐火电和审批上网电价的差额部分。所有的补贴都来自可再生能源基金，基金来源是工商业用户支付的每度电里包含的可再生能源附加费，每度电交 1.9 分。按照我国全国的用电量基金正常规模为每年 1200 亿元，来支付当年所有的可再生能源补贴，但是由于自备电厂等不交附加，每年的基金规模能收到的大约为 900～1000 亿元左右。基金的钱交给电网公司，由电网转移支付给可再生能源的开发商。最终谁能领补贴，谁不能领，是由财政部、发改委、国家能源局联合发布的一个补贴目录决定。目录发布的周期没有任何规定，下一批项目目录什么时候发、项目建成截止日是多少完全由财政部决定。

通常情况下，优秀企业回款更加及时，减少财务成本之后，形成价格优势，对落后企业进一步挤压使其退出，随后提高全行业的生产效率。但在可再生能源开发市场，由于后端电价是锁定 20 年，电力收购方只有电网公司一家，所以市场规律已经失灵。如果从补贴拖欠延展开来，可以看到目前整个可再生能源的开发链条从项目备案，申请并网，电力销售，收入回款，没有一个环节由市场决定，全部都是行政审批决定，因此面临一方面企业等待补贴心急如焚，新的项目难以继续开发；另一方面补贴拖欠的情况下，上网电价无法降低，一旦再降电价，市场情绪进一步被打压。但是不降电价，补贴总额会增长过快，可再生能源基金难以承受，补贴拖欠将继续恶化。

解决补贴拖欠的关键在于，首先，在收缴方面，补贴必须足额收缴；其次，在发放环节，补贴能够及时发放。本次电改中的配套文件《关于加强和规范燃煤自备电厂监督管理的指导意见》中，明确要求自备电厂要承担社会责任，足额缴纳国家重大水利工程建设基金、农网还贷资金、可再生能源发展基金等，在制度上为全额征收可再生能源基金奠定基础，因此解决补贴拖欠问题的路径在于落实政策及消除信息不对称，进一步提高整体电力市场的信息化服务，理清补贴的来源和去处。未来基于能源互联网的电力交易平台，在实现火电、水电、风电、光伏、生物质等发电实时在线交易和结算后，哪些电力应该支付基金，哪些电力应该收到补贴，将完全透明，因此补贴可以实现实时收缴，实时发放。可再生能源基金收支情况应公开，补贴资金取之于社会，用之于新能源，是全社会在支持可再生能源的发展，及时让公众了解基金的收支情况，有利于增强公众信心，也符合政府信息公开的原则。

3　构建可再生能源全国数据平台

可再生能源发电在近十年才实现真正的商业化，其标准、数据积累都远远低于传统化石能源。在产业发展初期，项目设计及建设质量方面难免良莠不齐，近年来可再生能源电站质量问题频频爆发，产品质量及使用年限日渐成为整个可再生能源产业急需解决的问题。影响可再生能源项目质量的因素有很多，主要有产品劣质、标准匮乏、设计粗糙、工程建设质量等 4 个关键因素，如果不能采取行之有效的措施杜绝“以次充好”的电站，将降低全社会对可再生能源项目的信心。另一方面，在项目规划及电网调度运行方面，目前缺少准确的可再生资源数据，电力规划具有一定的盲目性，造成电力规划不准确、出现偏差，导致部分地区弃光弃风现象比较严重；大规模可再生能源发电并网接入给电力系统的安全稳定运行带来了挑战，安全稳定分析需要建立准确的可再生能源电站模型，需要长期、大量、准确的可再生电站运行数据为可再生电站模型优化提供支撑。

未来，依托能源互联网建立的国家级可再生能源数据中心，将构建能够全面反映电站质量、技术、性能、信用表现的数据集、数据库，建立收集和统计系统，推动数据透明化，通过积累可再生能源发电项目长期运行数据，可以对通过项目各环节运行状态进行对比分析，发现项目设计及建设中的质量问题。同时，还可以结合可再生能源气象数据和电力市场需求侧数据，从气象、发电、输配、用电打造一体化的能源数据体系，未来能够实现更高比例的可再生能源消纳和更安全、稳定的电网平衡。

4　可再生能源融资平台

总体来看可再生能源产业问世的时间较短，技术尚不完全成熟，投资回报期限较长，和传统行业相比，产业发展面临的风险较多。可再生能源产业按照上下游可以分为制造业和电力市场，两个市场各有其特点，但是都面临融资难的困境。

可再生能源制造业具有资本投入大和技术含量高的特点，这一显著的特点预示着企业在创立阶段和成长阶段所需的投资额巨大，投资回报周期较长，企业面临的各种经营性风险较多。同时，由于近几年项目上马数量巨大，行业面临的国内外市场竞争十分激烈，市场需求变化大不确定因素较多，是制造业发展面临的较大风险。另外，作为高科技行业，可再生能源制造业的技术风险不容忽视。新能源产业出现的历史时间较短，相关支撑技术还不十分成熟，面临的不确定因素较多，同时各个子行业都存在着较大的技术可替代性，导致新能源制造业在整个生产的多个环节都存在技术风险。然后是市场风险。我国可再生能源产业的部分核心技术和产品很大程度上来源于国外并面向国际市场销售，大量的光伏企业组件生产对外依存度过高。与此同时，由于受到国外金融危机和部分国家启动的外贸“双反”调查的双重压力，加之产业盲目扩张产能过剩，导致产品出口不畅积压严重。

可再生能源市场开发方面，同样面临较多的开发公司都在成长期，缺乏固定资产作为担保。可再生能源电力项目的特殊性决定其一，项目建设周期较短，沉淀资金速度快，需要大量的资金周转；其二，可再生能源，二十年所发电力由国家以固定电价收购，解决了后期销路问题，现金流稳定，并且中小型企业一样能够开发出高质量的项目。这两个特点决定清洁能源是稳定性项目，但开发需要大量资金，如果无法得到低成本的融资，那么开发成本将难以下降，导至上网电价很难降低。

我国现有的金融市场中，银行仍然是融资服务的主力，其主要依靠抵押担保来进行控制风险。可再生能源发展时间较短，在既没有没有大量的历史数据跟踪也没有未来的电力预测下，对于投资方而言，无法预计未来的风险和收益的关系，只能依靠其他的资产担保才能覆盖未知的风险。传统的商业银行其信贷对象主要以大中型国有企业为主，对企业评级和资质的要求较高，大部分新能源企业达不到银行设定的信贷融资的基本要求。而区域性商业银行由于信贷方向涉及面较窄，银行信贷资金规模有限且缺乏有效的配套措施，面对新能源产业的巨额融资需求，也往往爱莫能助。例如，农业银行视光伏企业的经营状况，把有融资需求的光伏企业分成“支持、维持、压缩和退出”4 类，对于新增的融资需求一般都不予以支持。除去贷款等间接融资，可再生能源企业获取的直接融资数量较少，远远低于国外同行业的水平。股票融资是直接融资的主渠道，但由于发行新股环节多要求高，需要经过监管部门的严格审查层层审批，因此只有数量极少的可再生能源企业有机会通过资本市场获得融资。风险投资是企业获取直接融资的另一个渠道，然而可再生能源项目的收益具有稳定和最大发电量固定的特点，在风险投资领域并不受欢迎。

解决可再生能源融资难的方向应为项目融资，在项目投融资方面，虽然可再生能源发电技术已基本成熟，支持的政策体系和管理制度也基本建立，但是中国金融机构和传统融资方式仍然难以适应多元化的光伏发电发展。这一方面体现在社会对可再生能源行业认识不足，行业间沟通和宣传的欠缺造成了可再生能源与金融从业者对彼此业务的理解障碍和信息不对称；另一方面，可再生电站的发电量主要都集中在电网企业，由于电网数据的保密要求，没有合法的公开机制，造成金融机构无法判断未来电站的电力生产能力。这些未知的风险和问题都将在能源互联网建立后，出现一揽子的市场化解决方案。未来在可再生能源全国数据中心建立之后，实现数据透明化，充分暴露了风险和收益，可在此基础上配套建设相应的融资平台，按照可再生能源项目不同周期，分别评估不同的风险敞口，并提供与之相匹配的融资服务和融资成本。具体分析可再生能源项目的整个生命周期主要可分为两个阶段，建设期和运营期。其中建设期短，风险大；运营期长，风险小。针对这两个阶段，融资平台可以提供前期的融资租赁服务、后期的长期贷款服务及资产证券化服务。

互联网思维对能源互联网的借鉴

清华大学　曹军威

1　互联网思维

1.1　互联网思维概述

互联网是继交通、电力等人类技术进步和社会发展所形成的最新的基础设施，与传统电子网络和局域网不同，互联网从一开始就是开放对等自下而上逐步发展起来的，它以开放简洁的协议（TCP/IP）实现了信息的互联互通。

互联网应用从最早的E-mail/门户的Web 1.0时代，历经搜索/社交网络的Web 2.0时代发展到基于云计算、物联网、移动互联网的Web 3.0时代，打开了人、物、信息彼此之间的链接通道，彻底打破了信息（数据）与其他要素的紧耦合关系。例如，即时通信及移动互联技术支持自媒体和自投稿信业务的开展，丰富的服务内容吸引越来越多的用户关注互联网，同时参与进一步丰富网络内容；Google、YouTube、Flickr等专门网络服务提供商的细致化分工，使企业密切关注用户的需求变化，以用户体验质量（Quality of Experience，QoE）为核心的技术研发使得互联网更具针对性和持续性；各种开源平台，如Hadoop平台、涉及网络协议的软件定义网络（Software defined networking，SDN）等和社交网络为群智（Crowdsourcing）解决问题提供了基础，为Internet持续创新提供了不竭动力。

如今互联网已经超越了技术范畴，成为了一种具有超强融合能力的生态环境，正以巨大的力量逐步颠覆多个传统产业的生产和经营方式。其天然具备的开放、平等、透明、分享等特性，使得信息（数据）在工业社会中的巨大潜力爆发出来。

所谓互联网思维就是用互联网方式来解决问题，它利用互联网的特性及新技术新模式重新审视市场、用户、产品、企业价值链以及整个商业生态，其去中心化、快速精准化、信息对称化的方式大规模实现了生产关系重建。互联网思维强调以用户为中心，基于其衍生出来的用户思维、极致思维、流量思维、社会化思维、大数据思维、平台思维和跨界思维等思维模式将击碎传统企业的竞争壁垒、帮助原本存在已久的落后的行业实现突破性质的飞跃。

1.2　互联网对传统行业的影响

2015 年 3 月 5 日，十二届全国人大三次会议在人民大会堂举行，国务院总理李克强在会上作政府工作报告时，提出国家要制定“互联网+”战略。2015 年 7 月 4 日，国务院发布《关于积极推进“互联网+”行动的指导意见》。“互联网+”是把互联网的创新成果与经济社会各领域深度融合，推动技术进步、效率提升和组织变革，提升实体经济创新力和生产力，形成更广泛的以互联网为基础设施和创新要素的经济社会发展新形态。

互联网是一个工具，与各行各业融合之后，能够赋予它们新的力量。在中国互联网过往将近 30 年的发展历程中，互联网与广告业、零售业、银行业、通信业等传统行业的结合，造就了百度、阿里巴巴、京东、腾讯等众多的互联网优秀企业。目前，移动互联网浪潮正在改变和颠覆着更多的行业，旅游、交通、金融、房产、医疗、教育都在思考变革的方向，寻求新的发展模式。互联网与传统行业的融合，最需要改变的是思维，要跳出原来的体系，进入一个更大的系统。

总结起来，互联网对传统行业的影响特点主要有以下 3 点。

- 打破信息的不对称性格局，竭尽所能透明一切信息。
- 对产生的大数据进行整合利用，使得资源利用最大化。
- 互联网的群智意志拥有自我调节机制。

1.3　能源互联网的理念

能源互联网旨在构造一种能源体系使得能源能像信息互联网中的信息一样，任何合法主体都能够自由接入和分享；从控制角度看，在于通过信息和能源融合，实现信息主导、精准控制的能源体系。通过互联网和新能源的结合打造一张具有扁平化结构和智能化功能的能量网络，来整合分布式、间歇性、多样化的能量供应和需求，实现可再生能源高效利用、满足日益增长的能源需求、减少能源利用过程中对环境造成破坏。能源互联网中的分布式能源以开放对等的方式供应和分享，各能源单元主观能动，形成类似信息互联网、具有自我服务、自我维护和自我更新的生态环境。现阶段基于互联网技术构建的能源互联网主要有 3 种形式。

第一种以互联网的开放对等理念和体系架构为指导，形成新型的能源网。这时候能源互联网（Energy Internet）的本质是能源网。以美国的 FREEDM 为典型代表，效仿网络技术的核心路由器，提出了能量路由器的概念并且进行了原型实现。

第二种借助互联网收集的能源相关信息，分析决策后指导能源网的运行调度。这时候能源互联网（Internet of Energy）的本质还是信息互联网。以欧洲的 E-Energy 为典型代表，打造一个基于信息和通信技术的能源供应系统，连接能源供应链各个环节业务流程，实现示范应用形成能源需求和供给的互动。

第三种是以上两种理解混合在一起，两种成分都有，以日本的数字电网、电力路由器为典型代表。

1.4 能源互联网的意义

在互联网对传统行业的生产经营方式以及商业模式产生巨大颠覆的影响下，能源产业模式也得到互联网式的洗礼。能源互联网改变了能源供需方式和结构，从目前自上而下的集中式转型为上下互动的集中式和分布式相结合，通过能量来源的自由选择和互动管理，既满足了消费者对能源电力服务和信息的需求，同时又满足了能源安全可靠性要求。

基于互联网理念构建的能源互联网对于能源可持续发展具有深远意义。它通过局域自治消纳和广域对等互联，可最大程度地适应风、光等大部分可再生能源接入的动态性，通过分散协同的管理和调度实现动态平衡，提高可再生能源的利用率。此外，能源互联网着重在分布式可再生能源接入越来越广泛，源用场景越来越普遍的形势下，借鉴互联网理念提供一种自下而上的新型组网方式，并不是取代现有电网架构，通过局域自治和广域能量交换最大限度的适应源-用的动态随机性，减少对大电网的影响，大大降低大电网的安全稳定性风险，是对现有大电网的有益补充。

2 互联网思维对于能源互联网的借鉴

基于互联网概念，能源互联网中能量以类似于因特网的方式，在电力线路网络中按需流动。本节从能源基础设施、信息物理融合、应用、商业模式 4 个方面展开讨论互联网思维对能源互联网的借鉴。

2.1 互联网思维在能源基础设施层面的借鉴

电力是构成涵盖各种一次能源的能源系统之前提，基于现有电网建设特点及应用，特别是电能在能源传输和转化效率等方面具有无法比拟的综合优势，电网仍是能源系统重要的基础设施，未来能源基础设施传输方面的主体必然还是电网，此外还包括各种储能装置、电力电子控制以及充电桩等新能源基础设施。从广义而言，能源系统基础设施涵盖了能源生产端、能源传输端、能源消费端的数以亿计的设备、机器、系统及能源运输管道等，如图 1 所示。

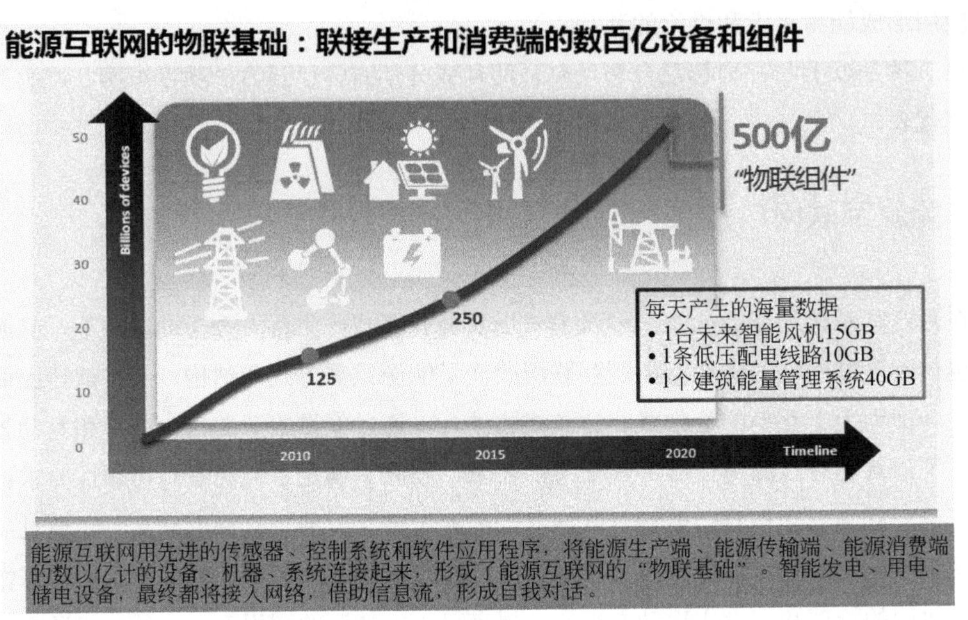

图 1　能源系统基础设施

能源互联网作为枢纽实现多能源的互联互通，不能完全摒弃已有的传统电网。其内涵是采用互联网理念、方法和技术变革能源基础设施，通过构建互联网式的新型电网架构，使得能量的开放互联与交换分享可以像互联网信息分享一样便捷。能源互联网区别于传统能源基础设施的本质特征包括以下几点。

（1）开放

互联网实现信息的随时随地接入与获取，主要取决于开放式的体系结构。能源互联网要实现开放性可以借鉴互联网及其扩展的网络技术，实现可再生能源和储能、用能装置的"即插即用"。

（2）互联

能源互联网中，"局域网"内部可以进行多种能源形式的转换及风光储用的平滑与协调，但"广域网"的互联必须是建立在局域消纳的基础，形成简捷的能量交换方式，才可能实现大规模互联。在这一点上可以借鉴互联网思维，建立简捷易行的能源通信标准协议，实现多能源的互联互通，最大限度地开发利用可再生能源，提高一次能源和二次能源的综合利用效率。

（3）对等

同传统电网自顶向下的树状结构相比，能源互联网的形成是能量自治单元之间的对等互联，任意单元之间的连接是逻辑上的，真正地实现必须建立在分散路由的基础之上。互联网体系架构决定了其鲜有安全稳定性问题，通过大量冗余等方式保证整体上的可靠性，同时通过分散路由等方式实现设备和线路的动态备用，保持一定的利用率。能源互联网可以借鉴其中的机制，但能量和信息的交换和传输有本质的不同。相比现在集中式电网自上而下的紧耦合模式，能源互联网能实现局域自治，在广域互联中能量的传输可以通过多次路由实现解耦，进而避免了一系列安全稳定性问题；同时，局域不稳定问题可以通过广泛互联实现广域的动态互备用，在保证冗余和可靠性的同时不降低系统的利用率。

（4）分享

分布、分散与分享也是能源互联网的主要特征，原来仅依赖于中心调度与管理的功能可以采用分散-协调的方式来更高效地实现，而“局域网”（如微网）的监控甚至可以采用没有“中心”的对等模式。借鉴互联网应用中社交网络的信息分享机制，能源互联网中各局域网间的能量交换与路由也都是就近实时动态进行的，以分散式局部最优和高效的全局协调，来实现电网整体能量管理的调度优化。

2.2 互联网思维与技术在信息物理融合方面的借鉴

能源互联网是信息领域所产生的开源创造和分布架构等思想方法，融入能源领域的必然产物，是一个典型的信息物理系统。由于能源互联网的自身特点，其信息物理系统在感知、计算、通信和控制方面提出了新的能力要求，主要体现在以下 4 个方面。

（1）全面态势感知

能源互联网信息物理系统所涉及的设施、设备及终端类型多、数量大，为实现对这类系统的信息主导、精准控制，借鉴互联网思维，构建能源互联网的高级量测体系（AMI），实现对设备状态、生产能力和负荷能力等状态全面态势感知和精准预测。

（2）高安全高可靠通信

能源互联网信息物理系统通信结构复杂并具有多尺度动态性，对能量控制与信息交互响应要求严格，因此要求这类系统具有高可靠、高安全的通信能力。借鉴互联网思维针对能源互联网的通信架构与协议进行分析和设计，实现异构通信系统集成及其安全防护。

（3）大数据分析处理

伴随着能源互联网应用深化随之而来的是海量数据的产生，其规模也将沿数据类型、量测终端、采用频率等多个维度呈现爆发式增长，借鉴互联网思维和模式构建能源互联网大数据分析处理平台，拓展和深化能源互联网大数据应用。

（4）分布式协同控制

随着大量分布式能源的广泛接入，能源互联网信息物理系统将包含大量自治能力强、异构的能源局域网系统，要求能源互联网系统具备较强的分布式协同控制能力。基于互联网思维构建集中与分布结合的系统控制架构，通过能量路由器这样的核心管控设备实现智能协同调度。

2.3　互联网思维与技术在能源互联网应用方面的借鉴

典型的能源互联网应用包括如下板块，如家庭能源互联网层面（智能设施、电动汽车等）；社区能源互联网层面（智能建筑、微网等）；区域能源互联网层面（配电网、分布式发电、需求侧管理等），在各个层面的能量管理之上还需要反映能源供需关系动态调配的电力交易。

未来互联网思维的借鉴将体现在更多的能源互联网应用中，如能源消费者之间的即时合作、设施共享、费用实时和跨期分摊、动态电价和计费服务等。基于互联网思维的能源互联网应用将体现为以下几个特征。

- ❑ 信息透明：打破信息的不对称性格局，竭尽所能透明一切信息。
- ❑ 开放共享：能源互联网各参与方在开放共享的环境下可以进行多种类型的交易。
- ❑ 平等共赢：各能量单元无论体量大小，都能够无差别参与能量市场、辅助服务市场及碳交易市场。
- ❑ 自适应：互联网的群蜂意志拥有自我调节机制。
- ❑ 民主化：互联网化的能源更加民主化，能源不再被电力企业所垄断，民众可以通过可再生能源设备发电并通过向电网售电获得盈利。

2.4　互联网思维在能源互联网商业模式方面的借鉴

互联网思维下的商业模式利用互联网平等、开放、协作、分享的精神，以获取用户价值为导向，提供创新服务，从而颠覆和重构整个商业价值链。目前看来，主要催生出如下 6 种商业模式，能源互联网可以借鉴互联网思维创新其商业模式。

（1）工具+社群+众包

互联网利用其便捷的交流方式，将散落在各地的分散需求聚拢在一个平台上形成新的共同需求，并达到一定规模，以此解决重聚的价值。这种模式最典型的代表是微信，微信已从最初的社交工具发展到具备支付、重置、购物等多项商业功能的综合平台。

能源互联网从一开始就是一个以众包定义的能源网络，其中每一个分布式发电项目和微网都是一个众包单元，这些单元通过协作和互补构成了一张智能强健并且绿色经济的电力网络。无论企业还是家庭参与者都可以以平等的角色参与到包括电站开发、电站运维、微网运营、管理平台、需求侧响应等各类应用中，相互协作将代替传统的电网调度命令。此外，在能源互联网时代，个人将首次能够参与能源系统的管理和投资，单个个体不仅能够通过互联网金融众筹建设分布式电站项目，还可以作为能源互联网的重要主体参与需求侧管理，成为电力网络最重要的末端细胞。

（2）长尾型商业模式

此种商业模式的本质是通过 C2B 实现大规模个性化定制，以销售多款少量的利基产品，媲美传统面向大量用户销售少数拳头产品的销售模式，所以此种模式需要低库存成本和强大的平台，并使得利基产品对于兴趣买家来说容易获得。能源互联网可以通过大数据分析平台为广泛的用户提供个性化的精准供能、需求侧管理、低碳节能等产品服务。

（3）跨界商业模式

互联网对传统行业的颠覆实质上就是利用高效率来整合低效率，对传统产业核心要素的再分配，通过跨界重构商业价值链。能源传统行业可以借鉴这种模式转型为能源服务和管理企业；电网公司将逐渐从输配电资产的投资和运营管理企业进化为信息服务企业；而源行业同其他行业的融合也将涌现，BAT 这样的互联网企业会成为售电公司，未来类似的跨界整合会越来越多。

（4）免费商业模式

互联网产品以流量为基础构建自己的商业模式，即以免费、好的产品吸引用户，继而转化成流量，然后再利用延伸价值链或增值服务来实现盈利。

免费可以作为一种营销手段，但绝不是一种商业模式，因此免费战略的核心就是如何将流量变现。能源互联网应用流量思维可以有 3 种方式：首先是基础服务免费，增值服务收费；其次是短期服务免费，长期服务收费；最后一种则是用户免费，第三方付费。

（5）O2O 商业模式

O2O 就是将互联网思维与传统产业相融合，未来 O2O 的发展将突破线上和线下的界限，实现线上线下、虚实之间的深度融合，其模式的核心是基于平等、开放、互动、迭代、共享等互联网思维，利用高效率、低成本的互联网信息技术，改造传统产业链中的低效率环节。

能源消费领域最具想象空间，会产生各种类型的 O2O 商业模式（B2B，B2C，C2B，C2C，监控节能类、方案解决类、交易类）。

（6）平台商业模式

平台型商业模式的核心是打造足够大的平台，产品更为多元化和多样化，更加重视用户体验和产品的闭环设计。未来能源互联网行业的竞争一定是平台之间的竞争，无论是电网这种行业最大平台，还是行业化的光伏电站运维平台，智能楼宇能源管理平台等，必须以开放合作共赢的姿态，建立供需双方可以自由选择的平台，方可在能源互联网生态圈之争中立于不败之地。

3　互联网发展历程对于能源互联网发展趋势及体制机制的启发

3.1　能源互联网未来发展预测

鉴于能源互联网与信息互联网的相似性，可以设想，能源互联网的发展将经历与信息互联网发展相似的路线。初期主要开展网络基础设施的建设，建立具有扩展性、灵活性的分布式能源共享网络；然后随着商业应用的展开，开发与信息互联网中信息发布、搜索、交易类似的能源发布，能源供给与需求信息的搜索，点对点实时能源交换，B2B、B2C 的能源交易平台等能源网络应用；最后，能源互联网广泛普及并终将像信息互联网那样，创造出与传统经济完全不同的能源互联网经济模式，并将改变人类的生活与工作方式。

3.2　能源互联网发展体制机制借鉴

需要注意的是，能源互联网与信息互联网既有相似之处，也存在差异。要想取得比信息互联网更大的成功，既要借鉴信息互联网的成功经验，也要充分考虑自身的独特性，因而其建设将是一项复杂的系统工程，需要基于顶层规划和前瞻性基础研究统筹考虑、系统布局；攻克新能源、信息、智能控制、系统管理和网络安全等能源互联网关键技术；积极研发具有自主知识产权和竞争力的高科技产品，开展实验验证和研究成果的典型应用示范，采取循序渐进的方式，科学推进能源互联网的发展。除此以外，伴随着售电侧的放开、大规模可再生能源和分布式能源的接入以及电力交易的市场化，国家层面也有必要建立完善相关的监管体制，来保证整个能源市场的健康稳定。